变宋

王安石改革的逻辑与陷阱

徐富海 著

北京大学出版社
PEKING UNIVERSITY PRESS

图书在版编目（CIP）数据

变宋：王安石改革的逻辑与陷阱/徐富海著.—北京：北京大学出版社，2023.5
ISBN 978-7-301-33841-4

Ⅰ.①变… Ⅱ.①徐… Ⅲ.①王安石变法－研究 Ⅳ.①K244.05

中国国家版本馆CIP数据核字（2023）第065359号

书　　　名	变宋：王安石改革的逻辑与陷阱 BIANSONG：WANGANSHI GAIGE DE LUOJI YU XIANJING
著作责任者	徐富海　著
责 任 编 辑	闵艳芸
标 准 书 号	ISBN 978-7-301-33841-4
出 版 发 行	北京大学出版社
地　　　址	北京市海淀区成府路205号　100871
网　　　址	http://www.pup.cn　新浪微博：@北京大学出版社
电 子 信 箱	zpup@pup.cn
电　　　话	邮购部010-62752015　发行部010-62750672　编辑部010-62752824
印 刷 者	天津中印联印务有限公司
经 销 者	新华书店
	720毫米×1020毫米　16开本　25.5印张　402千字 2023年5月第1版　2024年1月第5次印刷
定　　　价	78.00元

未经许可，不得以任何方式复制或抄袭本书之部分或全部内容。
版权所有，侵权必究
举报电话：010-62752024　电子信箱：fd@pup.pku.edu.cn
图书如有印装质量问题，请与出版部联系，电话：010-62756370

目　　录

引言 \ 1

第一章　从基层调查谈起 \ 1
一封奏章引发的争斗 \ 5　　关键时刻 \ 13　　难以信服 \ 18
基层来人了 \ 21　　小人物的命运 \ 22

第二章　新皇帝的梦想 \ 29
素有大志 \ 30　　钱袋空空 \ 32　　能干的人不多 \ 34
添乱的人不少 \ 38　　寻找英才 \ 42

第三章　王安石其人 \ 52
伤"仲永"的少年 \ 53　　小县治理 \ 59　　抵制政令 \ 69
成功的逻辑 \ 72　　地方做官二十年 \ 74　　经术正所以经世务 \ 77
明妃曲 \ 83

第四章　一元复始 \ 88
处于历史转折点上 \ 89　　盛世危机 \ 95　　"八使"调研 \ 102
敢为天下先 \ 106　　唇枪舌剑 \ 112　　争议焦点青苗法 \ 126
条例司被废 \ 136　　基层又来人了 \ 143　　王安石用人 \ 148
支持者如何变成了反对者 \ 154

第五章　战犹酣 \ 163

西北危急 \ 163　　　东明县群访事件 \ 170　　　交钱免役 \ 178

市易法的"生意" \ 185　　　上香引起的彻查 \ 190　　　挟官府而为兼并 \ 199

政策调整引来的祸 \ 204

第六章　大宋军事 \ 210

保甲源起 \ 210　　　真实目的 \ 219　　　一个保丁的生活轨迹 \ 225

兵马大计 \ 233　　　平戎策 \ 238　　　理财之法 \ 243

第七章　一叶知秋 \ 247

天涯沦落人 \ 249　　　青州故事 \ 252　　　齐州烟云 \ 257

杭州美景 \ 265　　　陕西风雨 \ 276　　　地方主义的代表 \ 286

官家主义 \ 289

第八章　天灾人祸 \ 296

又是旱灾惹的祸 \ 296　　　借灾说事 \ 304　　　权力诱"祸" \ 310

契丹渔利 \ 315　　　内部分裂 \ 320　　　辞相之后 \ 326

第九章　独掌天下 \ 330

巨大财富 \ 330　　　异论相搅 \ 334　　　皇帝亲自改革 \ 337

五路伐夏 \ 339　　　永乐城惨败 \ 345　　　宋神宗之死 \ 347

势同水火 \ 351　　　新法变质 \ 355

第十章　千古功过 \ 358

古代如何看？\ 359　　　近代如何看？\ 362　　　现代如何看 \ 363

外国如何看 \ 366　　　理想与现实之间 \ 372

后记 \ 385

主要参考文献 \ 388

引　言

　　中华文明源远流长，形成的治国理念、制度和方法异常丰富，治国理政智慧、经验及其教训深刻地沉淀于国家治理体系之中，历久弥新。探索古代中国治国之道，有利于理解今日之中国，更能为今日中国的国家治理提供有益镜鉴。

　　二十多年来，笔者搜遍了中国历史典籍，从中寻找社会治理经验以及应对各类危机的方法，最后定格在了宋朝。大宋繁华而开放，商业发达、文化昌盛、百姓富足、生活多彩，令人赞叹不已；诸多个性十足、自由奔放、才干卓越的精英人物，令人倍感向往。不仅如此，在北宋崇宁年间，建立了古代王朝最为完善的福利救济体系：以安济坊为基础的福利医疗系统、以居养院为基础的福利系统、以漏泽园为代表的福利性公墓——不仅远超之前的汉唐，而且也胜过之后的元明清。宋朝因此成为很多现代人最愿意"穿越"回去的朝代。

　　对宋代社会发展成就惊叹和向往之余，笔者也为宋王朝派系纷争、兵疲将弱、武备皆废、外族侵凌的状态扼腕叹息。特别是以发展生产、富国强兵为目标的王安石变法，屡次被废，屡次又起，变法引发的争论不停，内耗不止。甚至北宋灭亡后的八九百年间，关于变法功过的评价始终没有定论，一直争论不休。为什么一系列"好的想法"变成"坏的政策"呢？为什么一个"好人"没有办成"好事"呢？为什么一个个"便民"的举措变成了"害民"的恶政呢？追根寻底，其中蕴含的变法政策逻辑和社会运行规则，无疑具有很多借鉴和启发意义。

变　宋

在众多历史变革中，王安石变法无疑是中国政治史、经济史、思想史上最具转折性、最有影响力的事件之一。

一

在我国历史上，很多朝代稳定运行一段时间后，大都出现贫富差距扩大、经济活力消退、社会矛盾重重等问题。北宋中期，表面上经济繁荣，科技文化空前发达。然而，在"百年无事"的表面下，内忧外患，国库空虚，连办理皇帝丧事都捉襟见肘。政府税费收不上来，各种利益相互渗透，各种力量牵连纠结，导致国家看似有巨大资源，但就是动用不了，如同一个臃肿肥胖、"三高"（高血脂、高血压、高血糖）问题严重的中年人，心有不甘却又力不从心。由此，以宋神宗和王安石为代表的变法派不得不试图通过变法来解决系统性社会危机。

但怎么变法呢？变法派有哪些治病救人的"灵丹妙药"呢？

也许历史存在巧合。起于鄞县的旱灾及救灾的诸多措施，成为解决政府财政危机、力求富国强兵的王安石变法的源头。遥想当年，二十多岁的鄞县县令王安石，通过抗旱救灾、兴修水利获得了升迁的政绩，成为转"危"为"机"的典范。但二十年后，一场旱灾成为压倒新法的最后一根稻草。开封城门小吏描绘的《流民图》被送给皇帝御览的第二天，新法就在全国被暂时废止。此后，支持和反对变法的人形成新旧两党更替执政，互相打压，斗争此起彼伏，从此北宋王朝危机连连，灾难不断，祸乱不停，直至被异族鲸吞蚕食。其后，厄运并没有结束，新旧两派内斗更为激烈，内耗迅速瓦解了宋朝为数不多的生机活力，也连带导致变法主导者王安石在此后的几百年间成为"历史罪人"。

找出那次社会危机的缘起，探讨变法实施的现实逻辑，探求危机治理的原理和规律，及早排除下一个隐患，无论对个人、企业还是整个国家，都具有不可争辩的意义。

王安石变法始于熙宁二年（1069），结束于元丰八年（1085），亦称熙宁变法或熙丰变法。变法背景是北宋立国百年，表面无事，实则危机重重。制度因

引　言

循，社会矛盾重重，财政入不敷出，贫富分化加剧，边境军事挑衅不断，燕云国土收复遥遥无期：大宋王朝"内不能安民，外不能御敌"。在有志之士的呼吁下，变法成为时代的选择，成为当时各界人士的共同心声。如何通过变法解决财政危机，如何克服因循守旧的氛围，如何实现国家统一富强的梦想，成为北宋政府不得不面对和解决的问题。面对北宋社会经济高度繁荣与国家积贫积弱的矛盾，王安石提出以"民不加赋而国用足"为特点的变法，通过加强政府对经济的干预，希望用市场经济的方法，全面系统地改变国家吸取社会资源的方式，增加国家财政收入，达到富国强兵的目的。不仅如此，王安石还试图通过保甲法、市易法等措施，强化国家权力对基层社会的渗透与控制。王安石不乏理想主义情怀，但绝不是狂热的空想家，在冷静、理性与务实的分析下，他将宏达且精细的构想和具体法度政策紧密结合在一起，在理论与现实的迷雾中探索可能的道路，彰显了积极进取、敢为天下先的情怀和勇气。中国历史不仅仅是一部文化传承的历史，更是一部不断改革进取的历史。以往我们过于强调中国文化的传承性和稳定性，其实，不断地改革、创新、创造，才是千年中国生生不息的强大动力。[1]这种变革的传统，为中国社会改革、思想创新、经济增长开辟新风气、树立新格局。

追溯千年，变法并不是没有实践基础，王安石曾在鄞县小试牛刀，成效显著；他的变法策略，并不是没有规划，王安石和宋神宗君臣探讨多年才逐步一项一项有序推出；他的变法理念，无一不显示了为国谋利、为民造福的良好愿望；他的变法力度可以称得上强有力，皇帝不顾反对无条件鼎力支持，另有能干之才奔走推行；追溯变法精神，王安石不怕世人反对，以"天变不足畏，祖宗不足法，人言不足恤"的勇气一力推行……但是，如同我国历史上很多变法一样，王安石变法并没有达到预期的目标。不仅如此，变法反而引起了更为广泛的经济社会危机。

一千多年来，变法功过是非争议不断，褒贬不一，甚至分为截然相反的两极：赞同者认为变法积累了巨大财富，在一定程度上挽救了北宋中期社会危机；

---

[1] 康震：《千秋万岁名：在王安石千年诞辰之际的一点思考》，纪念王安石诞辰1000周年学术研讨会论文集，2021年，第17页。

反对者则称变法误国误民，是导致北宋灭亡的罪魁祸首。总体上讲，在宋朝之后的八百年间，王安石变法一直被否定，王安石也被看成祸国殃民的"小人"。但近代以来，特别是20世纪初，随着西方经济学的引入，一些人开始从经济学的视角分析王安石变法，对王安石及其变法的评价发生了颠覆性的变化。维新变法先锋梁启超认为，王安石实在了不起，青苗法、市易法不就是近代"文明国家"的银行吗？保甲法不就是西方警察制度吗？保马法不就是用现代政府购买服务的方式解决战马饲养的问题吗？他认为，王安石变法的措施，直到今天，仍然不落伍。[1] 他甚至把王安石比作一个从当代穿越回去的人，用全套的现代经济制度改造近千年前积贫积弱的王朝。

二

在北京市西城区宣武门外教子胡同南端东侧，在一片看似不起眼的房屋之中，隐藏着一座历史悠久的千年古刹——北京法源寺。作家李敖《北京法源寺》一书的出版，使得它名声大噪。该书讲述了清末著名变法维新人物谭嗣同在受刑前曾到法源寺一游，探索生死大义，在他被杀后尸骨又被偷偷存放在该处。一时间，引无数人前来寻访。

然而，包括我在内的很多访客到这里后才发现，这里曾经发生过一件令华夏民族痛心疾首的大事：北宋皇帝钦宗及众多皇室成员曾被囚禁于此[2]。1127年，北方女真族建立的金朝的军队攻陷北宋首都汴京（开封），大肆搜刮金银珠宝、古玩字画[3]等财物之后，掳掠宋徽宗和宋钦宗两任皇帝及皇族、贵戚、大臣、美

---

[1] 梁启超：《王安石传》，北京：商务印书馆，2015年，第3—4页。
[2] 宋钦宗及被俘人员被押解北上，路经幽州，囚禁在北京法源寺。后来又被押送到中京、上京、韩州（辽宁昌图八面城）和五国头城（黑龙江依兰县），宋钦宗最终客死异国他乡。
[3] 金军攻下开封，搜刮文物字画，作为战利品用车装运到北方。因为苏东坡和司马光的名声已经传到了塞外，金军特别索求二人的书画作品带回金国。

女、工匠等十多万人，得意扬扬地返回北方，举行"牵羊礼"[1]的受降仪式。据《大金国志》记载，金兵一次就运走了300万锭金、800万锭银、5400万匹丝织品和1500万匹缎，据后人估计，比宋朝向金缴纳岁币110年的总和还多[2]。此后，北方汉族生活于异族铁骑之下几百年。这件令中原王朝倍感耻辱、刻骨铭心的事件，被称为"靖康之耻"。

穿越时空，站在这座唐朝皇帝李世民为哀悼征辽东阵亡将士修建的寺院里，征伐与灭亡、强大与虚弱、荣耀与屈辱形成强烈的对照，大唐的功业更加衬托出"靖康之耻"的惨烈。它不仅仅是一场亡国祸事，更是一次需要永远铭记的文明灾难。悲古怀今，痛定思痛，不由让人追问，为什么一个被称为世界最富裕的帝国，竟然有如此悲惨的结局？

历史不仅给我们很多美好的智慧和启迪，也毫无保留地呈现出了沉痛的教训与血淋淋的现实。危机、失败、混乱、失衡都可能迫使人们重新思考或质疑原来的观念或制度。翻阅历史，关于北宋灭亡的原因有很多探讨。北宋继承者——南宋皇帝赵构为开脱父兄的罪责，以靖康元年（1126）以来士大夫们的议论为依据，把"国事失图"的"罪魁祸首"由误国奸臣蔡京上溯至王安石。他下诏命重修《神宗实录》，要求"直书王安石之罪过"，定下了否定王安石变法的基调。后来，元朝修《宋史》时承袭这种观点，于是王安石作为北宋灭亡元凶的论调成为传统官方定论。

但详细了解历史会发现，这位"历史罪人"不贪不腐，不讲排场，生活节俭，一件衣服能穿很多年。尽管性格有些执拗，但大多数人不得不承认他清廉高洁，富有才智，无论是个人操守还是才华都得到了新旧两党的肯定。王安石不是一个无恶不作的小人，不是那种以变法搏取名利者，更不是毫无才智的庸才笨蛋。但是，在应对大宋王朝社会危机的宏大试验中，王安石变法不仅没能达到目

---

[1] 牵羊礼是指当时金国的一种受降仪式。要求俘虏赤裸着上身，身披羊皮，脖子上系绳，像羊一样被人牵着游行，寓意像羊一样任人宰割。当年，宋徽宗、宋钦宗等被掳人员到达金朝上京会宁府时，被迫与后妃、诸王、驸马、公主等头缠帕头，身披羊裘，袒露上身，游行至阿骨打庙行"牵羊礼"。后妃、公主等女性，不仅在"牵羊礼"游行时裸露身体，而且在仪式前后多沦落为金国贵族的玩物，宋钦宗的皇后朱琏等人不堪忍受侮辱自杀。

[2] ［德］迪特·库恩：《儒家统治的时代：宋的转型》，李文锋译，北京：中信出版社，2016年，第244页。

的，而且造成的后果影响巨大，余波荡漾，如同海底地震引发的海啸，在平静的海平面下奔袭，最后登上几千公里甚至数万公里之外的大陆，掀起滔天巨浪。

改革是社会发展的根本动力，但是阻碍创新也是传统社会的一大特点。与历史上很多变革相似，王安石变法也遭遇了巨大的阻力，现代史学界有人哀叹，王安石变法是宋朝由弱变强的唯一机会，也是传统专制主义中央集权体制最后一次整体性综合改革，此后无论是元、明还是清朝，再也没有人敢在整体制度创新上探索得更远。北宋之后的南宋，备受外敌打击和侮辱，政治、思想、文化的多元性被过度打压，生命力消退，谨小慎微的情绪弥漫到社会的各个领域。[1] 从此，中国的政治经济体制改革，只剩下一个非常没有出息的保守目标，那就是尽力维持稳定，对内严密控制，避免滋生不安的因素，求得暂时平缓，而罔顾社会发展的活力。于是，"不求有功，但求无过"成为一种官场哲学，被老油条式的官僚们奉为圭臬。没有革新机制的国家，逐渐衰落，或被侵略，或被推翻，王朝更替，无辜百姓陷入悲惨的境地。

作为传统王朝最大问题之一的财税制度，成为很多朝代不懈改革以求解决的难题。黄宗羲《天下郡国利病书》卷十四中指出：传统赋役始终是"明税轻、暗税重，横征杂派无底洞"。无论是唐朝的"两税法"，还是明代"一条鞭法"，都是将各种税、赋、徭、役整合为一，且严格要求自此以后不许额外征收其他费用，这些改革措施在当时一度使"丛弊为之一清"。但是，其最终运行结果大多与最初设计初衷南辕北辙。随着社会迁转流变，有人似乎"忘记"了"正税"中已然包含了此前的各种税费，一俟财政吃紧、开支缺口，就会新设税收名目，加征加派，成为"积累莫返之害"。[2] 由此，现代史学家们将黄宗羲概括提炼的中国古代社会治乱往复循环现象，称之为"黄宗羲定律"[3]。这个规律提出，许多王朝在建立初期，由于了解民间情况和民众的力量，统治者还能克勤克俭，与民休养生息，农民的负担一般较轻。但是随着统治机构日益庞大，上层阶级生活日益奢

---

1 [美]刘子健：《中国转向内在：两宋之际的文化转向》，赵冬梅译，南京：江苏人民出版社，2002年，第16页。
2 刘金祥：《黄宗羲定律与帕金森定律》，《深圳特区报》，2016年10月25日。
3 现代史学家们将这一由黄宗羲概括提炼的"历史上每推行一次并税改制，就会催生出一次摊派和收费高潮"的现象，称之为"黄宗羲定律"。这一定律较为深刻地阐明了古代社会治乱往复的恶性循环状况。

侈，农民的负担便日益加重，等到了几乎难以忍受的时候，朝廷就会有人出来进行改革，以缓解民怨沸腾的局势。但随着时间的推移，整个社会积重难返，王朝便走向了灭亡。

所以，才有了 1945 年 7 月黄炎培向毛泽东提出的历代王朝兴衰的周期率。他说："我生 60 多年，耳闻的不说，所亲眼看到的，真所谓'其兴也勃焉''其亡也忽焉'，一人，一家，一团体，一地方，乃至一国，不少单位都没有能跳出这周期率的支配力。一部历史，'政怠宦成'的也有，'人亡政息'的也有，'求荣取辱'的也有，总之没有能跳出这周期率。"毛泽东回答："我们已经找到新路，我们能跳出这周期率。这条新路，就是民主。只有让人民来监督政府，政府才不敢松懈；只有人人起来负责，才不会人亡政息。"[1]

由此推论，摆在千年前宋神宗面前的问题，不仅是内忧外患的问题，也是王朝进入中期后持续发展及政权合法性问题。如何通过"富国强兵"实现王朝统一？如何提升皇帝的权威性？如何加强统治的合法性？这不仅影响到皇室血缘继承的正统性，而且也与执政效果和各阶层的拥护密切相关。分析王安石变法的制度设计和失效的原因，对于理解两千多年的中国社会性质，对于理解中华民族历史的性格养成，乃至理解当代的改革，都具有重要的历史价值和现实性启发。

三

纵观我国历史，不乏变法先例。春秋时期诸侯富国强兵的革新（管仲改革、子产变法等），战国时期地主阶级改革（赵武灵王改革、商鞅变法等），古代王朝为挽救统治危机进行的变法（王莽改制、周世宗改革、张居正改革等），还有少数民族为了稳定统治采用的汉化措施（北魏孝文帝改革），针对当时社会弊端，力图挽救统治危机。这些变法，大都以失败告终，变法者得善终不多。但这些改革无论成败与否，都不像王安石变法存在这么大的争议，是非功过的评价截然不同。千百年来，熙宁变法是整个中国历史上最具诱惑力的历久弥新的大题目。

---
[1] 转引自曲青山：《从未来维度认识把握"两个确立"》，《中国纪检监察报》，2022 年 7 月 7 日。

变　宋

王安石变法到底有什么魔力呢？

从总体上看，王安石变法是中国历史上一场非常特别的经济社会改革，从学术、思想、理论到决策、立法、施行和政策调适；从政治、经济、军事到教育、风俗和人心；从中央、各部到州府、县镇和乡村，变法深入到国家社会的每一个环节、阶层和群体，它的拓展性、普及性、执行力度以及对后世的影响十分罕见，其推行过程中遇到的悖论、陷阱与困境，都具有很强的时代性和普遍性。[1] 从变法思想看，王安石变法最大的魅力是"民不加赋而国用足"：老百姓上缴的税率不增，国库的总收入仍可以增多，多么神奇的政策！但如何做到呢？一是增加经济总量，摊大缴税基数。二是政府少花钱，也能买到好东西。政府直接成立相应机构，贵卖贱买，同时将财政税收大规模地商业化，将实物赋税货币化，刺激商品的生产与流通，通过加快经济周转增加财富。但事实上，变法并没有按照这个逻辑施行，"不加赋"却加重了老百姓负担，扩大商品化却限制了商品经济发展，不想"与民争利"却在官僚和地主利益集团转嫁赋税的实践中变本加厉地"与民争利"。

王安石变法的历史案例表明，良好的动机并不能确保良好的结果。出发点良好的政策可能产生非预期后果，导致一系列非预期的社会效应，导致变法走向了当初设想的反面，掉入了"非预期陷阱"。在现代社会理论中，最先提出"非预期结果"的是美国社会学家罗伯特·默顿（Robert K. Merton），他认为"有意的社会行动产生的既不在意图之中，也不在意料之中的后果"[2]，包含意外收获，也包含意外危害。由于默顿分析的是一般的社会行为，因此他将出现非预期结果的原因归于疏忽、错误、意识形态偏执等导致的知识缺乏。与此不同，社会学家吉登斯提到专家知识的运用可能带来的意外后果，强调抽象知识应用到具体情境中发生的"操作失误"、理想化的专家知识因脱离实践而导致的"设计错误"等。著名的社会风险理论学者贝克认为，现代社会是风险社会，在物质财富增长的同时，风险也在不断积累和扩大，人们试图减轻风险的各种努力，可能不可避

---

[1] 俞菁慧：《回望"孤岛"——写在王安石千年诞辰之际》，纪念王安石诞辰1000周年学术研讨会论文集，第73—74页。

[2] 刘玉能、杨维灵：《社会行动的意外后果：一个理论简史》，《浙江大学学报（人文社会科学版）》，2008年第3期，第42—48页。

免地产生新的未预期的各种风险。[1] 如果我们不能很好地做好预防,可能导致比原来更加不利的后果。

"非预期陷阱"概念只是说明了王安石变法失败的后果,没有解释为什么改革者没有避开"陷阱"。在理论上,西方公共政策理论专门研究分析了政策在设计、执行、评估等过程中失效的原因。马兹曼尼亚和萨巴蒂尔认为,政策目标不清晰、政策方案具有外部性,可能导致政策设计失效。戈金、斯托克等指出,导致政策失效的原因可能是政策执行主体相互冲突、缺乏合作、沟通不畅等问题。还有一些专家学者通过分析具体政策案例,探讨政策执行效果偏离初衷的原因。其中,普雷斯曼和威尔达夫斯基对美国联邦政府"奥克兰计划"失败原因的分析,指出政策执行中"联合行动"的困难,揭示了政策设计与实际执行的偏差。通过对王安石变法的研究分析社会政策失灵的具体表现、内在机理、应对思路,有利于促进中国特色治理理论创新。

王安石变法的结果说明,政策运行并不只是具有正功能,有时还可能出现一些不利于社会秩序维持、妨碍社会发展的负功能。认识政策的负功能和潜在风险,是政策研究必不可少的内容。因此,对王安石变法的评价也不能仅仅陷于非黑即白的模式。历史上很多有识之士都指出变法既有优点又有不足。

经历过庆历新政的欧阳修提出"知易行难"四个字,他深知宋朝弊病积重难返,牵一发而动全身,制定法规与政策很容易,但要使新政推行而不受阻扰则很难;裁减冗官、杜绝营私舞弊不难,但要长期坚持,不受到攻击和诋毁则不容易。

近代以来,维新派梁启超大声歌颂:"呜呼!皋夔伊周,邈哉邈乎,其详不可得闻。若乃于三代下求完人,惟公(王安石)庶足以当之矣。"[2] 而同时代的林语堂则得出"一项神圣不可侵犯的主张,永远是为害甚大的"的推断。针对同一个人,两种截然不同的评价,为什么呢?连林语堂都不得不承认:"王安石所鼓吹的那套道理与□国当时所付出的代价,至今我们还没有弄个清楚。"[3]

---

1 缪延亮、廖岷:《政策的非预期陷阱:体制机制视角》,第128页。
2 梁启超:《王安石传》,第3页。
3 林语堂:《苏东坡传》,北京:北京联合出版公司,2014年,第5—6页。

历史学家黄仁宇说，王安石距离古人远，距离现代人近。对于这场改革，人们在当时、一百年后、一千年后的感受是不一样的。王安石变法不存在"最后的叙述者"，那段大家以为已经"了结"的历史并未了结，历经千年巨变之后，依然激荡回响。

从林语堂、黄仁宇到当下，又过去了几十年，从工业社会向信息时代转变，国家又逢转折的关键点。

那么，是不是到了该弄清楚的时候呢？

围绕王安石变法，笔者从另一个角度进行了具有现代意涵的解读。由于变法涉及人的问题、制度问题与政策环境的问题，所以本书采用了综合政策分析工具，分析变法涉及的几大因素。

第一个因素是政策的决策主体。任何政策都是由人来制定并执行的，人是国家治理及政策分析的首要因素，人的理性与非理性、主观性与客观性，人的价值理念、观点与偏好，都会对决策产生影响。变法的主体——政策决策者是以北宋皇帝宋神宗及王安石为代表的变法派。年轻的皇帝素有大志，力图实现宋朝开国百年来"收复燕云，威服辽国，再造汉唐辉煌"的伟大梦想。但现实很骨感，刚刚继承大统的皇帝发现财政匮乏，钱袋空空，能干的人不多，添乱的人不少，寻找治国的英才成为皇帝首先解决的急迫问题。于是，倡导变法的王安石越次入对成为推动变法的骨干力量。

第二个因素是政策制定与实施的过程。这就涉及制定政策的背景、决策、执行等环节，涉及政策组织机构、规章制度、沟通协调与资源保障等一系列因素。变法之初，朝廷命令"熙宁八使"到各地察访，设立了变法机构三司条例司，推出来一系列富国、强兵、取士之法。变法政策一旦出台，就不得不面临政策执行"失灵的风险"，包括政策错位性失灵、缺陷性失灵、利益变异性失灵及负面性失灵。

第三个因素是政策实施的效果与反馈。一项政策若要顺利实施，不偏离初衷，需要对政策执行的过程进行有效控制，正确评估与不断回应执行过程中出现的问题，这样才有可能根据实际情况不断调适，保证政策的有效实施。因此，需要走到政策执行的末端，走进基层，听听青州故事、看看齐州烟云、欣赏杭州美景、感受陕西边境血雨腥风，细察政策具体执行的效果。

第四个因素是政策环境。变法本身形成了一个系统，而这个系统又处在一个更大的系统中，这个更大的系统就是变法的政策所处的内外环境。北宋中期面临严重的政治、经济、军事、社会等一系列系统性社会危机，而当时专制主义的政治环境、小农经济为主的经济环境、传统儒家重义轻利的文化环境以及改造自然的生态环境，都时刻影响着变法政策实施的整个过程。另外，政策的模糊性、风险的不确定性也时刻影响着变法的整个过程，天灾人祸导致王安石两次罢相，而独掌天下的宋神宗伐夏失败，让人得以窥见这场轰轰烈烈的变法的"宿命"。

为充分阐释和分析以上四个因素，本书分为九章：

第一章：从一次看似普通的基层调查入手，以韩琦上书反对青苗法为例，分析为什么皇帝柜信两个宦官而不信三朝宰相，阐述调查结果被认可的主客观依据，揭示出不同利益集团的不同立场及主观认识差异。

第二章：进入宋神宗的生长环境和主观世界，分析宋神宗的志向和梦想。年轻的皇帝继承了一个危机重重的国家，最大的志向就是国家富强、打败西夏、收复燕云、威服辽国，恢复汉唐辉煌！但实现这个梦想，需要英才，如何觅到人才呢？

第三章：深入分析王安石其人其事。宋神宗找到了实施变法的人选——王安石。王安石是怎么被选中的？他提出了什么变法主张？本章主要介绍王安石的成长之路，以及他曾经在鄞县、常州进行治理的试点，从中发现变法政策形成的过程，探讨这些地方试点如何演变成一场涉及北宋国运的轰轰烈烈的变革。

第四章：一元复始，万象更新，经过多方准备，变法终于启动。本章主要介绍北宋中期面对的盛世危机（严峻的社会危机、财政危机以及军事危机），分析了"八使"调研的安排及启动变法引起的三次激烈争论。新旧观念争锋、人事更迭，一些人进入变法队伍，一些人被先后逐出，本章深入分析了变法中的用人策略，着重分析了为什么一些支持者变成了反对者。

第五章：变法全面展开，引发"倒海翻江卷巨澜，奔腾急，万马战犹酣"的壮丽场面。通过东明县群访事件中的免役法、上香引起的市易法彻查之争，阐释变法斗争的剧烈程度，深入分析变革推动力量以及政策实施的重大缺陷，深入揭示了为什么一个看似利民的政策调整为何引发了一场滔天大祸。

第六章：不得不说的大宋军事。本章简要梳理了保甲法、将兵法、保马法、设置军器监等法令和措施，与变法派共同畅想了通过军事改革实现人强马壮、兵精粮足、武器先进从而开疆拓土、一统山河的辉煌梦想。这个梦想，不仅更深一步揭示了王安石变法的真实目的，也从一个小小保丁成长之路的艰辛曲折揭示了这个梦想不得不面对的残酷现实。

第七章：一叶知秋。本章走进北宋的州县乡镇，看看变法引发基层的众生相。无论是欧阳修、郑獬和赵抃的青州从政故事，曾巩、苏辙搅动的"善治"与"恶法"交相辉映的齐州烟云，还是杭州苏轼修建的美丽苏堤和他遭受的牢狱之灾，以及大宋边陲陕西军民经历的血雨腥风，都深刻揭示了新法在各个层面激荡起的风云。例如，在齐州下辖的地区，积极推行市易法的德州通判赵挺之与反对新法的德安镇黄庭坚发生了激烈争论，两位基层官吏各执己见，公文往来不绝，被当时普通老百姓视为"怪事"。

第八章：变法遭遇的天灾人祸。城门小吏掀翻了当朝宰相，严重的旱灾引发王安石第一次罢相，契丹的侵扰与变法派分裂导致的内外交困迫使王安石离开了政治舞台。

第九章：宋神宗集大权于一身，独掌天下。继续进行变法的宋神宗，亲自改革内政，主持对外战争，但五路伐夏和永乐城失败摧毁了皇帝的斗志和精神。宋神宗驾崩，变法落下了帷幕，但也留下了一个争斗不休的摊子。其后，权力斗争加剧，"新法"几度恢复，但实际上完全变质，失去了积极的内容，变成了对百姓的肆意掠夺，原本"利国利民"的宏大改革一步一步蜕变成了"亡国害民"的恶政，"好的想法"变成了"恶的政策"。

以上"四个因素"和"九个方面"的分析，似乎涵盖了王安石变法的方方面面，但是历史并非如此简单，王安石变法给我们留下了许多疑惑，还有很多问题有待解答。有些问题是宏观的，有些却非常具体。怎么探索和解答这些问题和疑问呢？

毛泽东说："你对于那个问题不能解决么？那末，你就去调查那个问题的现状和它的历史吧！你完完全全调查明白了，你对那个问题就有解决的办法了。"[1]

让我们也从一次基层调查谈起吧。

---

[1] 《毛泽东著作选读》上册，北京：人民出版社，1986年，第49页。

第一章

从基层调查谈起

北宋熙宁年间，一个平常的日子，有两个人悄悄地溜出了京城。

像普通人一样，他们风尘仆仆，来到乡下，走到田间地头，询问平民百姓，官府发放的贷款有没有帮助？是否存在强迫的情况？大家对这个政策是否满意？获得一手材料之后，两人又悄悄地返回。

在我国历史上，像这样的基层调查，多如牛毛，上自皇帝微服私访，下自各级官吏细察暗访，数不胜数。但很少有调查像这次一样，在当时引起极大争议，影响到最高决策者的判断，甚至被认为影响到国家的存亡和中国历史的走向。

为什么这么说呢？这两个人非常重要吗？

或许不是。他们既不是朝廷官员，也不是专业调查机构人士。相反，他们身有残缺，身份低微，可能被很多人看不起。如果在大街上，他们公开自己的身份，可能会引起一阵没心没肺的笑声。

他们是宫里的宦官。

宦官，俗称太监，又称中官、内官、内臣、内侍等，是皇帝身边的仆人，宫廷干杂事的仆役。在中外历史上，宦官存在的时间很长，有着上千年的历史。最初，宦官由被处以宫刑的罪人充任，或从民间百姓年幼子弟中挑选。自东汉开始，宦官全都被阉割失去性能力。他们绝大多数身份卑贱，地位低下，命运悲惨；但在历史特殊时期，却有少部分宦官抓住机遇，独揽大权，作威作福，成为一种特殊的政治势力，对国家政局产生重大影响。例如，唐朝末年，宦官甚至拥有废立皇帝的能力。著名历史学家白寿彝曾经提出："一般来说，在皇帝勤于政事，积极有为的时候，宦官是难于插手政治的。反之，在政治腐败，皇帝不理政事或难于理政的时候，宦官则往往乘隙而入，染指于政，甚至左右政局。"[1] 在王朝的中后期，中央或地方权臣势力日渐膨胀，当皇帝感到权力受到威胁时，有时便会利用内朝宦官分割外朝相权，内外制衡，或者监视朝臣，控制地方势力，从而引发宦官操纵军政大权的局面。而宦官又多是古代王朝中最腐朽、最反动的政治势力的代表，其专权极易造成政治更加黑暗，更加腐朽，最终导致王朝覆亡。可以说，宦官专权依附于专制皇权，但其专权又加速了中央集权的腐败和王朝的灭亡。但历史上宦官专权这种"好"日子不多，也不常有。宋代初年，对宦官参政防范很严，设立了很多制度钳制。宋太祖下令，禁止宦者"干预政事"，规定宦官到一定年资必须转出外任。故宋代虽有童贯、梁师成等祸国宦官，但他们并没有凌驾于宰相等大臣之上的权势，也没有如唐朝、明朝末年的宦官那样操纵国家权柄的能力。

据史料记载，这两个外出进行基层调查的宦官，既不是大奸巨贪，也没有左右朝政的能力，他们只是众多太监中伺候皇帝比较成功的两个。当时这两位宦官已经具有相当高的级别。例如，蓝元震先后侍奉过宋真宗、宋仁宗和宋神宗三位皇帝，经历过庆历新政，是宋神宗最信任的内侍之一，与司马光、王安石等大臣皆有来往。当时宋神宗派出这两位去暗访，实属机密，详细内容外人不得而知，只知道两个人前往的地方是都城开封的"府界"。

北宋都城开封府下辖十七个县，其中开封县与祥符县是城区，即都城城墙之内的区域，归开封知府管理，而其他十五个县位于郊区，构成了"府界"，由其他官员管理。简单来讲，"府界"就是首都辖区之内非首都核心区域的部分。这两位宦官前往府界地区，既能够远离城区到达基层，又距离皇宫不远，可以尽快

---

[1] 转引自裴书研：《浅析唐代宦官专权的演变及其原因》，《渭南师范学院学报》，2010年第6期，第86页。

获得需要的信息。更为重要的是府界不归开封知府管辖，皇帝可以免于被京城官僚蒙骗。在下基层调查这件事上，两位宦官除了将调查结果上报皇帝外，似乎没有发挥更大作用。据可查的资料记载，在事件的后续发展中，这两个宦官没有再次介入变法事项，也没有发挥关键的作用。对这次调查，他们或许兴趣不大，没有特别在意。或许对他们来说，将调查结果上报，任务也就结束了，原来干什么，还是干什么，继续小心翼翼地伺候皇帝一大家子。

调查人员身份比较特殊，是不是意味着他们调查的事情非常复杂呢？翻翻《宋史》，可以看到他们调查的事情并不复杂，也没有什么困难之处，甚至可以说非常简单。调查的是什么呢？就是前面提到的，去乡村问问，政府给老百姓贷款这事是好还是坏？对老百姓是否有帮助？熟悉农村的人都知道，传统社会经常发生冬春青黄不接的情况，去年的粮食吃完了，今春的庄稼还要播种耕种，这个最需要花钱却没钱的季节，往往也是农民日子最为艰难的时候。这时，官府低息发放一些贷款，让农民买种子，等秋天收获时偿还。这个政策看起来简单明了，既解决了老百姓的临时困难，又使他们避免了高利贷的盘剥。有人说，这是一个"利国利民"的"善举"，一项富国强民的"德政"；但也有不同的声音，称这项政策存在"强迫""扰民"甚至"劳民""害民"的弊处，必须立即废除。到底是"利民"还是"害民"？老百姓是欢迎还是不欢迎？只有调查才能搞清楚，这就是皇帝派两名太监进行基层调查的目的。目的很明确，事项也不复杂。也许，皇帝知道这两位太监的水平，对他们也没有太多的要求，只是让他们去看看情况，如实汇报。

但这项看起来非常简单、普通的调查，却在朝中引起了轩然大波，上自宰相，下自小吏，文人骚客，纷纷卷入其中，争斗不已。最后，多个位高权重之人丢官弃位、被贬离职，其影响延续甚久，甚至后人感叹北宋王朝覆灭即始于此。

从这个后果来看，这两位太监的基层调查，不再是无足轻重，而是责任重大；不再是简单平常，而是意义深远。

为什么这么说呢？

要知道原因，就得分析调查的背景。

宋　变

北宋熙宁年间一个重要的历史事件就是王安石变法。这次调查的事项便是王安石变法措施中最著名的"青苗法"，调查目的是了解青苗法对老百姓是好还是不好。具体讲，在老百姓困难时，国家发放贷款，是不是能解决老百姓的燃眉之急，是不是能发挥雪中送炭的效果？从宏观意义上讲，该法令涉及调剂农业丰歉、扶危济困、减缓土地兼并，涉及北宋王朝的立国之本，关系到改革继续与否、制度创新废立、变法成败。似乎，北宋王朝的命运，全系于这次不起眼的基层调查之上。虽然调查的意义重大，但调查的对象非常明确，就是接受贷款的农户——问问农户的真实感受。调查的方法也不复杂，就是走乡串户，随机性的访谈——谈谈贷款有没有帮助，是不是解决了农户的困难。

如果从现代社会调查理念和方法来看，这次调查属于比较简单的走访。科学的社会调查，要有调查背景、目的、对象、内容、方法、时间安排、预算等内容。显然，这次基层调查没有这么讲究，没有什么复杂的程序，只是简单的走访，而且在走访过程中，不是随机抽样，而是偶遇访问。偶遇访问是指遇到谁问谁，不考虑随机样本分布，没有抽样过程，怎么简单怎么方便怎么来。在访谈的过程中，主观性占了很大比例，因为问什么人，要看走到了什么地方；得到什么答案，要看怎么问；满意度是多少，要看调查对象的类别及所占比例是多少。这次基层调查，当然没有按照现代科学的调查方法进行，但调查的目的与现代调查一致，都希望了解到事实的真相。

翻看史籍可以发现，虽然这项调查意义重大，但历史记载却不详细，而是非常简略，甚至有人怀疑这次调查根本就不存在，可能是编出来的故事，一个纯粹的杜撰。

但这种看法很容易被否定。第一，派出的这两个太监，有名有姓，一个叫张若水，一个叫蓝元震；第二，宋神宗亲口证明确有其事。据《宋史》记载，宋神宗说"吾遣二中使亲问民间"[1]。皇帝自己说派了两名太监去民间查问。显然，这次调查的存在是毫无疑问的。

皇帝为什么派人去基层调查呢？

1　[元]脱脱：《宋史》卷一七六《食货志四》，北京：中华书局，1977年，第4285页。

这还要从一封奏章谈起。

一封奏章引发的争斗

《宋史》记载,调查直接起因于一封奏章。一封从遥远的地方寄来的奏章。

写奏章的人是谁?奏章上说了些什么?

写奏章的人名叫韩琦,大宋王朝的前任首相。熙宁三年(1070)二月,镇守北宋要地大名府的韩琦,寄来了一份令人震惊的奏章。在奏章中,韩琦认为皇上下诏实施青苗法,目的是让农民得利,防止豪强地主兼并土地,同时增加政府收入。但在实施过程中,有的地方要求所有农民都贷款,不管他们是不是需要。如果不贷款,官员会前来催迫。富裕的农户不愿意借款,但被地方官府强迫贷款付息;愿意借款的贫穷农户,借钱时容易,还款时困难,官府则强迫担保人代为承担债务。虽然青苗法明文禁止强迫摊派,但是实际上仍然存在强迫的情况,造成了很多弊端。所以,韩琦请求废除青苗法,罢免那些急功近利推行新法的官吏,仍像原来常平仓那样免费发放救济款物。[1]

韩琦的奏章字数不多,但关键的内容都提到了。第一,青苗法执行走样了,和发布时的原意不符,有严重的硬摊派行为。[2] 之所以有硬摊派,毛病就在法令本身。比如城乡居民里的上等户,很多本是"兼并之家",人家有的是钱,根本用不着借贷。但问题出现了,如果这些有偿还能力的人不借,利息就会减少,所以,韩琦才说"条文虽然禁止抑配(强迫贷款),但如果不抑配,上户(富人)必然不愿意借"[3],为了保障甚至增加利息,地方政府硬摊派,不愿意借的农户也非得借,可这公平吗?第二,地方官吏急功近利,过分追求利息。提举司要求将所有青苗钱都要贷出去,指望收取利息,作为自己的政绩。对此,县镇的官吏怎么敢不执行呢?原来设置青苗钱,偶尔用于不常见的灾害赈济是可以的,

---

[1] 参见刘成国:《王安石年谱长编》(三),北京:中华书局,2018年,第1001—1005页。

[2] 徐富海:《基层调查在王安石变法中的应用及效果探究》,《东华理工大学学报(社会科学版)》,2021年第5期,第509页。

[3] 参见[宋]杨仲良:《皇宋通鉴长编纪事本末》卷六八"壬戌朔"。

但是现在设立机构,派遣官员,将其作为每年春天和夏天的通常做法,都要求收取二分利息。怎么能将权宜的做法常规化呢?原来诏书规定先试点后推行,现在试点的地方尚不能顺利实施,就遽然派出提举官在全国推行,甚至于四川、广南也派出了督促的使者,让各地疑惑纷纷。韩琦请求皇上停止派遣提举官,建议让原来的提点刑狱官按照常平旧法来实施。第三,官府追债太凶狠,败坏了皇帝的名声。韩琦发现,"兴利之臣(捞钱的官)纷纷四出"。[1]为了政绩,官吏想尽办法让所有人借钱。但小民们借钱,借时容易还时难,一旦还不起,差役们便用皮鞭子蘸水使劲地抽他们,导致民不聊生。韩琦高呼:皇上,都是您的子民,不能这样凶残啊!

这份奏折如同一滴水溅到热油锅里,立刻掀起了噼里啪啦的爆裂声。

年轻的皇帝震惊了。宋神宗手捧奏章,一连串地感叹:"韩琦,真是忠臣。身在外地,不忘皇室。我本以为青苗法是利民的,谁承想害民到了这种地步?"于是,皇帝自动地顺着这个思路想下去。青苗法是有问题的,老百姓贷款还不起怎么办?而且,青苗法只针对农业,为何在城市里也放青苗钱?还要动用国家机关去追债,那注定了要家破人亡、民不聊生的!老百姓不安分了,国家怎么还能稳固?这些都是新法引起的……皇帝变法的信心开始动摇了。[2]

也难怪年轻的皇帝疑惑,因为他面对的是"千年争议不断的问题",所处的是"千年未有之变局"。奏章中提到的青苗法,于熙宁二年九月颁行,是王安石变法措施的核心,也是争议最大的一项。

虽然争议大,但青苗法说起来并不复杂,即在每年青黄不接时,官府向民间发放贷款。为什么政府要这样做呢?因为农民手里没钱,春天想种地却没有种子、肥料、耕牛等生产资料,如果借高利贷,可能还不上;如果被迫出卖自己仅有的土地,没有了土地就可能变成流民,流民多了会导致社会动荡。春秋时期管仲说过,有恒产则有恒心。无恒产则无恒心,一个吃了上顿没下顿的流民毫无疑问是社会不安定分子。翻看历史,张角、黄巢、李自成、洪秀全都是

---

[1] 转引自马立诚:《历史的拐点:中国历朝改革变法实录》,北京:东方出版社,2016年,第188页。
[2] 参见高天流云:《天命不足畏:王安石变法的细节》(上),北京:北京联合出版公司,2015年,第142页。

流民领袖，许多朝代灭亡大部分因素归于流民。所以，历朝历代的统治者大都相当重视贫富差距过大以及由此产生的流民问题。从根本上讲，中国古代社会以农为本，农业生产靠天吃饭，丰年谷贱伤农，灾年谷贵伤民，就需要靠政府来平抑物价，维护社会的稳定。最常用的办法称为"常平法"，专门用来储存平抑物价之粮食的仓库就叫常平仓。具体做法是，在丰年谷贱的时候，政府拿出一笔钱来，平价收购粮食，将之储存于官方粮库，等到灾年谷贵时，再平价卖给百姓。这种举措可以防止富户奸商囤积居奇，投机倒把，从而做到"物价常平，公私两利"[1]。至于宋朝的广惠仓，始建于宋仁宗嘉祐二年（1057），是用于防灾救济的国家储备粮库。当时，由于人口死亡、无人继承等原因，各地都有一些无主的土地。这些土地，历来由官府自行出售。时任枢密使的韩琦建议由官府雇人耕种这些土地，所得田租专门用来救济境内老弱病残和灾民，这就是宋朝广惠仓的由来。王安石推行的青苗法，是变"常平法"为"青苗法"，即将常平仓和广惠仓卖出陈米的钱，用来做青黄不接时的"抵押贷款"本金，通过发放贷款，运到一举多得的功效：一是青黄不接时，卖出仓内陈谷平抑物价，救济贫民；二是卖粮所得之资可以用于低息贷款，防止贫民借高利贷越来越贫困，抑制豪强地主通过放高利贷兼并土地；三是国家凭此贷款可以获得利息，充实国库。青苗贷款利息较低，减轻了高利贷对农民的剥削；而且，官府借出余粮解农民燃眉之急，秋后收回利息可增帝国国库之资。用变法主导者王安石的话说，"青苗法"可以起到"抑兼并，济贫乏"的作用。也就是说，"青苗法"既可以抑制土地兼并现象的继续蔓延，使普通农户免受富户的高利贷盘剥之苦，帮助贫困农民度过青黄不接的困难时刻，保障农业生产；又可以增加官府的财政收入。这难道不是公私两利之举吗？难怪王安石曾说出豪言"民不加赋而国用足"。也就是说，不用给老百姓加税，国家也能够积累足够多的财富。

但韩琦上奏称，青苗法实施存在扰民、害民等现象。为什么会出现这些问题呢？是制定政策时没有考虑周全吗？翻阅历史资料，多方求证后我们会发现，青

---

[1] ［宋］司马光：《温国文正司马公文集》卷五四《乞趁时收籴常平斛斗白札子》，四部丛刊景宋绍兴本，第 1601 页。

苗法的目的是给贫困农民贷款,并明确规定"不许硬摊派",可见制定政策时明确了贷款对象和方式,考虑得比较细致周到。

是没有可操作的措施吗？政策制定者显然意识到,解决问题单凭一纸政策不行,还需要建立运转机制,因此制定了具体的操作规则,让国家政策落到实处。青苗法规定,各地粮仓存储一千五百万石钱粮为本金,民户向官府粮仓借贷时,以十户为保,十户中必须有上等户三户,以他们私人财产做抵押。每年正月三十借贷夏天青苗款,五月三十日以前借贷秋天青苗款;夏天青苗款必须在五月底之前还清,秋天青苗款必须在十月底之前还清,每期利息二分。如果遇到自然灾害,可以迟交甚至减免利息,只收本金。其他的还有很多细节上的规定,比如城乡居民都可以贷,但排除了游手好闲没有不动产的人;为了防止借了不还,甚至逃跑躲债,规定有保人作保……

在变法派看来,政策设计理念先进,青苗法似乎是一件利国利民的大好事;从政策实施来看,也考虑得非常周到细致。但是,理想很丰满,现实很骨感。韩琦那封奏章,提出青苗法实施中存在的问题——强迫、逐利、不公。在有些地方,不是根据农民需求自愿贷款,而是官府强迫农民借贷;不是为了减轻农民负担,而是为了获得利息和政绩。

这封奏章的内容直指要害,写奏章的人更非同小可。韩琦是三朝宰相,位高权重,屡立大功。宋神宗忘不了,登基前的危难时刻,身为颍王的他忧心忡忡,问韩琦怎么办。韩琦告诉他日夜不离皇帝左右,从而保证了皇位的顺利更替。可以说,宋神宗顺利继承皇位有赖于韩琦的拥立之功,他是皇帝最敬重的人。但宋神宗继位后,韩琦遭受弹劾,主动请求离任。宋神宗挽留不住,任命韩琦为司徒兼侍中,出任武胜军节度使,兼判相州,但韩琦因故未赴任。[1] 熙宁元年（1068）七月,韩琦复判相州,在任上还未满三个月,河北地震,黄河决口,官府、寺庙和民居房屋倒塌大半,大批灾民流离失所。重灾区大名府（今河北省大名县）是宋王朝的北部屏障,防守虎视眈眈的辽国。于是,宋神宗赐手诏给韩琦,让他迁

---

[1] 韩琦曾任宰相,品秩高于州格,用"判"字;官员品秩与州格相等,则用"知"字;官员品秩低于州格,则用"权知"字。

判大名府，救助灾民，并特许其根据情况便宜处置。赴大名府上任后，韩琦来到灾区，将动员灾民返乡生产视为当务之急，晓谕灾民凡返乡者，由官府发给路费口粮；原来富人趁灾害之机低价收购的灾民土地，一律无条件归还原主，等丰收之后再归还卖地的钱。他又采取了开仓分粮等一系列救灾安民的措施，帮助灾民恢复发展生产，渡过难关，逐步重建家园。大名府是试行青苗法的地方，韩琦看到了灾后推行青苗法时出现的一些问题，遂不惜违背新皇帝兴冲冲推行新法的意愿，上疏陈述新法的弊端。

韩琦的奏折，得到了当朝元老富弼、欧阳修以及时任翰林学士司马光等大臣的认可，他们赞同韩琦的提议，更加激烈地批评新法。所以，这封奏章也进一步加剧了当时赞同变法和反对变法两派的争论。

看了韩琦的奏疏，联想到一些大臣的反对，宋神宗意识到青苗法存在的一些不足。于是，他召集大臣商议。首先他将奏疏递给宰相曾公亮，感叹道：韩琦忠心耿耿，虽任职在外仍不忘关心国家大事，如果他不说，谁知新法害民如此！这句话刚说完，另一个人反驳道："如果真是为了老百姓的需要，即使存在一些民间传言，又有什么可担心的呢？"说话的人是王安石——变法的主要倡导和推动者，他担心各种不同观点的议论影响皇帝的改革决心，就立刻进言。

于是，朝堂上爆发了一场唇枪舌剑的激烈辩论。宋神宗让曾公亮把奏疏递给王安石，王安石看后继续辩驳说：汉朝的桑弘羊，搜刮天下的财富供皇帝私用，可以被说成跟老百姓争利的人，但皇帝您奉行周公的良好法度，抑制豪强兼并，赈济贫匮，不是剥削老百姓供自己私用，怎么能说成与老百姓争利呢？他深入分析青苗法对老百姓的影响，说"民别而言之则愚，合而言之则圣，不至如此易动。大抵民利害加其身则自当知，且又无情（按情即私心杂念），其言必应事实；惟士大夫或有情，则其言必不应事实也"[1]。意思是，老百姓单个人，可能知道得少；但合在一块儿，眼睛是雪亮的，他们不至于冲动，会知道怎样维护自己的利益，说的话必然符合实际。只有那些富人或有私心的人，不能像以往那样放高利贷获利，所以寻找青苗法的问题，说假话，妄图阻止新法的实

---

1 ［宋］杨仲良：《皇宋通鉴长编纪事本末》卷六八《青苗法上》，清嘉庆宛委别藏本，第2271页。

行。从当时新旧两派及其他人的记载来分析，官绅士大夫及豪强兼并者的代言人反对青苗法。与此不同，在农村有很多赞同的人，也没有出现因青苗法造成的反抗事件。

执政大臣曾公亮和陈升之都认为在城镇不应该发放青苗钱，王安石解释说，城郊发放青苗钱，是因为青苗本钱多，满足农民需要的贷款之后还有剩余，因此可以用来帮助城市居民中缺钱的买卖人，增加青苗法的本钱。这个办法增加了常平仓的储蓄，对道义能有什么损害呢？

曾公亮说：城市的上等户没有必要借钱，下等户借钱后还钱又有困难。

王安石解释道：既然我们采取自愿的原则，不需要的人自然不会申请青苗钱。对于还钱难的家庭，我们采取了保人的做法。

陈升之说：这种做法恐怕会造成州县为了避免征收青苗利息的困难而强迫富户承担。

王安石答道："抑配诚恐有之，然俟其行此，严行黜责一二人，则此弊自绝。"[1]意思是说，强行摊派青苗钱的情况难免存在，然而对这种做法，我们只要严厉地惩罚一两个人，以儆效尤，就自然杜绝了。他接着举例说，河北不可能强制摊派，韩琦自己也说各县老百姓都不愿意呈递文状，如果河北有一个人不愿意，则韩琦一定会呈上他的文状。司录陈纮打比方说，韩琦提到有一个县的一些村民认为青苗法不便利，但没有提供实据，担心朝廷派人去问。现在韩琦没有呈上文状，则表明百姓并没有认为青苗法不好，提举官也没有强迫摊派。

到底有没有百姓认为青苗法"不便"呢？王安石认为韩琦拿不出令人信服的证据。只有拿出令人信服的证据，才具有说服力，王安石就是这样一个刨根问底"认死理儿"的性格。这种性格在他与反对派的论争中，一再地表现出来。例如，在韩琦上书反对青苗法不久后，门下省左正言[2]李常也上书，提出青苗法弊端很多，如让老实人虚认贷款，不曾借钱但支付利息，因此请求皇帝废除。宋神宗阅后，问执政大臣曾公亮、陈升之和王安石如何处理李常的奏疏，王安石说

---

1 ［宋］杨仲良：《皇宋通鉴长编纪事本末》卷六八《青苗法上》，第2269页。
2 左正言，宋朝官职。唐有左右拾遗，宋初改为左右正言，掌规谏。

"可令分析,是何州县如此"¹。宋神宗于是命李常"分析"。据宋史专家虞云国先生考证,"分析"一词表面上似乎是君主对台谏论列的人或事感到不详确或不妥当,令其做出进一步的解释,实际上传达了对此说法的不满。²

曾公亮和陈升之都反对,认为朝廷许可谏官"风闻言事",怎么又令李常"分析"?这里提到的"风闻言事",即负责检举纠察、议论政务得失的御史台和谏院(宋时两个机构职权合一,通常合称台谏),可以凭借"道听途说"的消息来弹劾官员或劝谏君主,就算最后发现失实,往往不被加罪。按宋朝的惯例,为保护言路的通畅,台谏官"风闻言事"之后,有权利拒绝交代信息来源。曾担任过谏官的欧阳修说:"所谓风闻者,谓事不亲见,而有闻于他人耳。"

曾公亮还进一步说:"王安石只是想通过辩论取胜罢了。"

宋神宗严肃地问:"怎么能这么说呢?"

曾公亮回答道:"如果我诬告,天可作证。"

王安石说:"这是朝廷通过的法令,并不是我个人的意见。大臣应该遵奉朝廷的法令,努力维护法令的尊严。并不是我好辩论,而是想让人们遵守朝廷法令,信任新法,不要被没有根据的谣言动摇而改变。"

最后,宋神宗同意了王安石的意见,下令让李常拿出证据。³于是,曾公亮和陈升之称病请假。虽然两位执政大臣不同意,皇帝还是令范镇起草诏书让李常"分析"哪个州县虚认利息,但范镇不肯起草,封还了诏书。皇帝再次命令范镇,范镇再次封还,如此四五次。不仅诏书被封还,李常也不肯"分析"。宋神宗非常奇怪地问:"如果令言官说出是什么人说的话或者以言论不实治言官的罪,是堵塞言路,但现在只是令其说明违法官员是谁,为什么不肯说呢?"况且李常开始赞同变法,不久反对新法,宋神宗认为他"前后反覆",不是"佳士",把他外放为滑州通判。⁴

---

1 [宋]杨仲良:《皇宋通鉴长编纪事本末》卷六八"甲申"。
2 虞云国:《宋代台谏制度研究》,上海:上海社会科学院出版社,2001年,第117页。
3 参见[宋]李焘:《续资治通鉴长编》卷六八"熙宁三年甲申",第1014页。
4 刘成国:《王安石年谱长编》(三),第1066页。

变　宋

后来苏轼曾经问曾公亮，为什么不力争，曾公亮说："上与安石如一人，此乃天也。"[1]

王安石和宋神宗关系好到了像一个人吗？也许没有，宋神宗还是太年轻了，每天坐在金銮宝殿上遥控全国，根本就不知底下有这么多花样。李常是言官，不肯透露自己谏言的"依据"，里面当然存在不想让别人知道的道理。但是，这些"道理"，往往导致各说各的理，谁也说不服谁。还有一些事情让宋神宗也不得不考虑，韩琦坐镇河北，拥有宋朝边防重兵，朝堂隐隐飘荡着"兴晋阳之师以除君侧之恶"[2]的传言。

谣言在朝堂上引起很大的反响，事情的来龙去脉也颇为复杂。据《时政记》记载，吕公著多次言事与事实不符，还在神宗面前"妖言惑众"。吕公著认为朝廷实施常平法已失天下民心，若韩琦因民心已变而举兵"清君侧"，威胁铲除皇帝身边的奸臣，宋神宗将难以安身自处，社稷宗庙都会受到威胁。司马光对此事提出质疑，他认为吕公著言语向来谨慎，不会说这样的话，可能是孙觉曾经对宋神宗谏言，称在唐末、五代时，如果藩镇大臣受到侮辱，必"兴晋阳之师以除君侧之恶者矣"，而宋神宗误记为吕公著了。对此事，以杂事趣闻为主要内容的《东轩笔录》提到一个相关的故事，皇城使沈惟恭[3]让自己的门客孙裴借用韩琦的名义，起草一文称"欲兴晋阳之甲，以除君侧之恶"。沈惟恭拿给别人看，引起恐慌，沈、孙皆被捕入狱，追究下来孙裴被"杖杀于市"[4]。对于谣言引起的风波，韩琦深感不安，请求辞职。后来，吕公著在哲宗年间重回朝廷，上奏解释被诬的经过，声明自己从未说过韩琦欲兴兵逼宫的话，因为自己反对制置三司条例司（简称条例司）和青苗法，还未及自辩，就被流放外任。

在朝堂上，关于韩琦奏章的激烈讨论并没有打消宋神宗的疑虑。等王安石走后，宋神宗对大臣说，青苗法既然真的不可行，还不如废除了呢。此事发生在熙

1　［宋］王称：《东都事略》卷六九《曾公亮传》，清文渊阁四库全书本，第 1755—1756 页。
2　［宋］杨仲良：《皇宋通鉴长编纪事本末》卷六九《青苗法下》，第 2305 页。
3　沈惟恭是贵妃沈氏之弟，原宰相沈伦之孙。事件之后，他被开除，派到地方安置。
4　［宋］魏泰：《东轩笔录》卷六，明刻本，第 107 页。

宁三年（1070）二月，皇帝金口一开，似乎不可更改，新法及整个改革运动将要夭折。

关键时刻

皇帝下令废除青苗法，作为变法主将的王安石，顿时倍受挫折。他觉察到宋神宗"为异论所惑"，对青苗法产生了怀疑，变法立场产生了动摇。作为变法的主导者，王安石以退为进，上奏章说自己病了，不能上朝，请求皇帝免除自己的职务。他之所以"罢工"，是因为青苗法出台实在是不容易，经历了一个艰难的过程。据王安石回忆，他和神宗讨论了很久，仔细斟酌考量之后，才决定推行。现在，只是在陕西试验，在河北、京东、淮南三路试行，效果还没有出来，单凭一封奏章，最高决策者就下达了废除青苗法的命令。王安石伤心悲愤，以辞官表示自己不能接受的态度。

与王安石相反，反对变法的人欢声雷动。皇帝说废除青苗法，变法派主将王安石也"病倒"了，变法派就要被打败了，旧秩序即将恢复了！一些富豪士绅、士大夫以及以司马光为首的反对派大臣额手称庆。截至此时，新法只出台了三项：均输法、青苗法、农田水利法。其中青苗法是重中之重，只要被废除，其余新法也将不攻自破。

一般来说，事情到这儿，就成了定局。皇帝下命令了，还能有什么变动？

可是，国家政令的颁布，要走一些规定的程序。按照北宋公文流程，废除青苗法得主管行政命令的宰相们集体同意并进呈取旨，才能在全国颁布施行。令人惊奇的是，在走流程的过程中，有一个人的一点小想法，改变了整个事件的进程。

这个人叫赵抃，时任参知政事，即副宰相。作为一名标准的传统士大夫，这位副宰相有自己的想法。他认为，马上就公布废除青苗法的法令，实在不大合适。不合适的原因不在于法令本身，也不在于程序，而是失败者的"面子"。赵抃认为，新法是王安石一手促成的，从官场惯例来看，新法被废，王安石应该辞职，离开京城。现在他虽然提出辞职，但人还在京城。等到他离京后，再颁布废

变　宋

除新法的命令，给王安石留点体面，这才是一个有修养有品位的士大夫做事的方式。执政大臣曾公亮、陈升之实在不能认同赵抃的意见。政坛即战场，你死我活刻不容缓的事情，怎么能在意面子问题呢？可不管两位大人怎样劝说，赵抃拗劲儿上来了，就是不同意。

时间就在宰相们的争论中，一天天地过去，一共过去了多少天呢？从二月初一韩琦的奏折到京城，到二月二十一日王安石复出，共20天。这20天，在宋史上具有独一无二的位置，变法进程出现了颠覆性的反转。

与反对变法的大臣额手称庆不同，与主张变法的王安石撂挑子不一样，这20天里，宋神宗很着急。青苗法可以废除，但并不意味着国家就太平无事：国贫兵弱的现象仍然存在，富国强民的目标还没有实现，大宋复兴事业还未成功。而且，变法进行到关键时候，其他法令还待研究推出，自己一直倚仗的王安石怎么能撂挑子不干了呢？

他让翰林学士司马光拟诏，敦促王安石照常上朝做事。反对变法的司马光深知诏书的厉害，利用这个机会，用宋神宗的口吻对王安石痛加斥责："今士夫沸腾，黎民骚动，乃欲委还事任，退取便安。卿之私谋，固为无憾，朕之所望，将以委谁！"[1] 就是说，王安石推行的新法，非但没有产生好的效果，反而激起了民怨，引起了社会的动荡不安。变法出了乱子，你倒退了，自求安稳。你为自己考虑，本来没有什么可谴责的，但是皇帝的期望将委托给谁来实现呢？！很显然，司马光是想用这些话激怒王安石，让王安石赶快辞职不干。[2]

果然，王安石接到诏书之后非常愤怒，立即呈上奏章，为自己的做法辩护。宋神宗看到王安石的《自辩章疏》，意识到司马光拟诏时的别有用意。因为"今士夫沸腾，黎民骚动"这样的话，确实说得过重了。为了安慰王安石，皇帝不得不亲笔写回谕："诏中二语，失于详阅，今览之甚愧"[3]，并派人到王安石家中进行慰问和解释。

1　[清]毕沅：《续资治通鉴》卷六七，清嘉庆六年递刻本，第3134页。
2　邓广铭：《北宋政治改革家王安石》，北京：北京出版社，2016年，第194页。
3　[清]毕沅：《续资治通鉴》卷六七，第3134页。

皇帝亲自写信并派人安慰，并没有挽留住王安石要离去的心。第二天，王安石面见宋神宗，再次提出辞职，宋神宗坚决挽留，劝慰了很长时间。但王安石离朝后，仍然要求辞职。宋神宗只好让吕惠卿传旨，督促王安石就职，并下手诏退回王安石辞职的请求。然而，王安石再上《答手诏封还乞罢政事表札子》，再次"自劾"，并以身体虚弱、"昏眩"等理由请求辞职。宋神宗无奈地对赵抃说："我听说青苗法多害少利，才想废除的，并不是与王安石有嫌隙，他怎么还不出来做事呢？"赵抃还是持以前的观点："新法是由王安石创制的，等他假期满了，再讨论废除，也不晚。"

二月初三，王安石首次提出辞职之后，初四又露了一面，初五收到皇帝诏书之后才态度坚决地泡起了病假，摆出一副不达目的不罢休的姿态。[1] 王安石明白，推行变法的关键在于皇帝的支持，他要通过辞职来逼宋神宗摆脱最后的动摇。一旦皇帝屈服，接下来王安石必然以更加强硬的姿态推行新法，排除反对派，消除变法的阻力。

在王安石与皇帝较劲的关键时刻，宋神宗发布了一个奇怪的任命，命司马光为枢密副使。在这个时候，他想到了祖宗的治国法宝"异论相搅"——让持不同政治主张的大臣互相监督、互相竞争，而皇帝高高在上，择善从之，做出最后的裁决。他希望让司马光加入中央决策集团，在朝堂上牵制王安石，缓和改革措施过激之处，避免矛盾激化。皇帝的愿望非常美好，王安石主导变法，司马光监督牵制，激进与保守共存，他作为皇帝拱手而治，从而达到天下大治。但是，与此不同，王安石想要的是打消皇帝的迟疑，清除反对势力，更加顺利地推动变法措施。与之相反，司马光则希望改变王安石排斥异己的政治作风，取消以搜刮百姓为目的的新法，回到庆历时期，进行官僚体制的内部改革，节约国家财政开支，提高行政效率。[2] 二人理念和政策走向之间存在巨大分歧，司马光没有接受任命，在接下来的十七天里，他连上六道奏札，坚决请辞。在后三道辞职奏折中，司马光直接提出要求，取消变法机构制置三司条例司，废除

---

[1] 赵冬梅：《大宋之变，1063—1086》，桂林：广西师范大学出版社，2020年，第217页。
[2] 同上书，第220页。

变　宋

青苗法。如果皇帝听其一言，胜过给予高官厚禄；如果皇上以为自己想法不妥，自己怎么有资格担任枢密副使呢？与王安石采取了相似的策略，司马光也拿自己的个人仕途来赌政策走向。

就在司马光极力辞任枢密副使的时候，韩琦派人从大名府送来快信，请文彦博劝说司马光："皇帝如此器重，不如接受任命，也许能践行自己的理想；如果理想真的不能实现，可以到时候再离开。"读罢韩琦的书信，司马光对文彦博说："从古至今，被名利二字诱惑毁坏了名节的人，已经不少了。"在司马光心里，枢密副使头衔代表的是名利地位，在这种情况下接受它就意味着对原则和理想的背叛。文彦博深深地叹息，司马光书生意气，实在不像现实中的人。[1]

与主张废除青苗法的人不同，韩绛[2]是变法的坚定支持者，借此时机为王安石辩解，他直截了当地说："圣人孔子，贤人子产，刚开始从政，也曾经遭受诽谤议论，何况王安石呢？陛下如果坚持推行新法，非留用王安石不可！如果留下王安石，我想一定由开始诽谤变成最后颂扬。"

韩绛的积极劝谏，使宋神宗又犹豫起来。大臣意见不一，争论不休，到底谁对谁错？新法是"利民"还是"害民"呢？这个问题的答案，成为整个变法能否继续，能否达到目标的一个重要考量。

真相是什么？宋神宗最需要的是真相。

作为最高决策者，宋神宗知道，要想获得实情，就得掌握一手材料。只有调查才有发言权，到基层调查一下，不就很清楚了吗？但派谁去呢？如果派主张变法的人去，反对变法的大臣不同意；如果派反对变法的人去，主张变法的大臣不同意。谁是中立的人呢？谁才能客观、无偏向地去了解真相呢？这时候，宋神宗想到了与此事无利害关系又天天在他身边的人——宦官。宦官是皇帝身边的人，皇帝对他们知根知底，清楚哪个老实，哪个不老实，哪个说真话，哪个耍滑头；

---

[1] 赵冬梅：《大宋之变，1063—1086》，第222页。
[2] 韩绛，字子华，历任陈州通判、开封知府、枢密副使等职务。他与王安石私交极好，多次向宋神宗举荐王安石。宋神宗熙宁三年被授予参知政事，后来主动请缨到边塞督战，战事失利而被罢官。王安石第一次罢相后，韩绛代为宰相，继续推行变法。宋哲宗时期被封为康国公。韩绛去世的时候，哲宗特意辍朝两日，追封其为太傅，谥号"献肃"。

第一章 从基层调查谈起

而且他们不参与朝政,没有偏袒哪一方的理由。历任宋朝皇帝都有派太监办事的传统。比如,宋太宗登基之后不久,让太监王继恩任宫苑使,出领河北刺史,掌管军械库存;雍熙北伐期间让他负责后方粮草供应,后来又让他出任天雄军都监,监督军队行动;甚至任命他为剑南两川招安使,成为统率三军的兵马大元帅。虽然宦官名义上是在皇宫服侍皇帝,但皇帝有其他事情要办的时候,也会派太监出京办事。

于是,宋神宗派太监张若水、蓝元震出京秘密调查青苗法的执行情况。

结果,二人回来复命,"皆云甚便"[1],说百姓都赞成新法。宋神宗对此深信不疑,打消了废除青苗法的念头,重新确立了推行新法的信心,不仅决定把变法继续下去,而且要把这种"利国利民"的好政策推广全国。他命曾布起草文件,驳回三朝元老韩琦的意见,并将这份驳回的文书颁行天下,彰显朝廷推行变法的决心。

对此,林语堂曾经无比感慨地说:"几名愚蠢无知毫不负责的查报人员,不知自己说的几句话,竟会对国家大事发生了影响。"[2]

由宣布废除新法到再次肯定变法,皇帝的转变只发生在短短十几天内。这十几天,决定了新法的命运!对此,王安石倍感欣慰,立即上朝,继续推行新法。据《通鉴长编纪事本末》记载,王安石重回相位,更加坚定,不肯再听别人的意见。

韩琦见到奏折被公开驳斥,又上疏申辩,但没有得到任何答复。受此牵累,韩琦辞去河北安抚使,反对青苗法的知审官院孙觉、御史中丞吕公著、知制诰陈襄被贬官。因为"面子"耽误事情的赵抃,懊悔不已,上书辞去副宰相的职务,到杭州任地方官去了。

枢密使文彦博实在看不下去了,入朝质问神宗,说韩琦是三朝宰相,难道不如两个宦官吗?神宗闻言后脸色大变,但碍于文彦博是先朝重臣,不忍当面斥责。文彦博自知皇上听不进去,悻悻退出。也许,文彦博自己也知道,并不是皇

---

1 [元] 脱脱:《宋史》卷一七六《食货志四》(上),第4285页。
2 林语堂:《苏东坡传》,第101页。

帝不相信大臣而信任宦官,而是皇帝更加愿意相信宦官的话,相信变法能实现富国强兵的梦想。

但是,为什么皇帝愿意相信宦官而非大臣的话呢?这两个太监是什么样的人?为什么他们能影响到最高决策呢?

难以信服

关于张若水的记载不多,但蓝元震的事迹却不少。据史料记载,蓝元震的爷爷、父亲都是太监。

奇怪了,太监怎么还能有后代呢?

原来,太监可以收养孩子,也就是说蓝元震是养子,他父亲也是养子,一家人一直就有收养儿子的传统。蓝元震很懂事,守规矩,知进退,修炼了一套皇宫生存的"秘籍"。但与一般太监不同,蓝元震的高升并不仅仅是因为擅长溜须拍马,而是曾经"救驾有功"。更令人惊奇的是,"救驾"不仅仅只有一次,而是两次。鉴于蓝元震的"功绩",《宋史》给他立传,记录了他两次救驾的经历。第一次,皇宫夜里失火,皇帝逃到了西华门,身边没有人,蓝元震独自喊来侍卫保护皇上,立功后受到提拔,做了三陵督监,后来升任内副督知(六品)。第二次,皇宫仙韶院着火,蓝元震救护得力,大火很快熄灭,被皇帝称赞,赐袭衣、金带。[1]

别人救驾一次,已名垂青史,而蓝元震竟然两次救驾成功,有着这样好运又善于抓住机遇,想不被重视都难。虽然《蓝继宗传》记载了他的主要事迹,但一句也没有提他与张若水的基层调查,也找不到详细记载这两个人是怎样调查的史料。在当时乃至其后的几百年间,没有人注意到那次基层调研的过程及意义,就好像这两个人在本职工作(伺候皇帝)之外,外出走了一遭,回来之后又去干本职工作;那一次基层走访,好像没有什么特殊之处,也没有对他们产生什么影响。

---

[1] 参见[元]脱脱:《宋史》卷四六七《宦者二》,第13634页。

但这次调查对北宋王朝带来了重大影响，影响了新法的废立。之所以这样说，是有依据的。调查的重要性，不能只看调查的事情，也不能只看调查人的身份，还要看调查结果汇报的对象。因为他们汇报的对象不是一般的官员，也不是一般的贵族，而是宋朝最高统治者宋神宗。皇帝是古代王朝政策的最终决策者，具有至高无上的权威。向皇帝汇报调查结果，向最高政策决策者提供信息，不仅影响到了皇帝本人，更通过皇帝本人影响到国家大政方针，影响到改革成败和王朝盛衰。

任用太监外出办事是宋神宗经常的做法。除以上两位太监外，宋神宗还让自己亲信的宦官担任重要职位，最为突出的是李宪、王中正、宋用臣和石得一。宋神宗令李宪为走马承受（宋朝差遣官名，路级监察官员），令其参与熙河开边之行动；令王中正干办御药院，推行保甲法；命石得一干办皇城司，监察京城官民；命宋用臣为御药院勾当官，主管修城导河等大工程。不论是熙河开边、推行保甲法，还是监察皇城、修建工程，宦官在神宗时期的主要活动归根结底都与"富国强兵"的新法息息相关，是神宗推行变法的一个重要工具。[1]

虽然皇帝信任太监，但并没有消除一些大臣对调查结果的怀疑。比如，枢密使文彦博义愤填膺，质问皇帝："韩琦，三朝宰相而不信，却信两内侍！"他想不明白皇帝为什么不相信辅佐了他祖父、他父亲和他自己的宰相，而宁愿选择相信皇宫里两个无名无才的奴才！反对新法的骨干人物司马光素来认为，不应该让内臣调查外臣的工作状况，他提出朝廷有两府、两省、台谏，地方有提、转、牧、守等各级官员，应该以他们为心腹、为耳目，视他们为股肱之臣。[2] 在日记中，司马光写道，这两名太监说谎了，他们收受了变法派的贿赂，得了好处，回来片面地为王安石说好话。

反对派对于调查人的质疑，主要有两点：一是这两个人的地位。文彦博认为，相比三朝元老韩琦，两个太监地位低微，经验不足，其言不足采纳。二是这两个人的品德。司马光认为，这两个"小人"为私利歪曲事实，颠倒黑白，品德

---

[1] 许玲：《宦官与宋神宗哲宗两朝政治研究》，山东大学硕士学位论文，2016年，摘要第2页。
[2] 杨硕：《宋神宗与王安石变法》，贵阳：贵州人民出版社，2005年，第42页。

败坏，不足信任。[1]

时任翰林学士的司马光在日记中曾引述熙宁初年参知政事、反对新法的治蜀名臣赵抃的说法，称王安石曾暗中交接及厚赂蓝元震和张若水[2]。经演绎，这个情节演变成宋神宗派张若水、蓝元震去考察青苗法的前一天晚上，曾公亮派儿子把政局有变的情况告诉了王安石。得此密报，王安石在京城最好的酒楼摆宴，为张若水、蓝元震饯行，在喝酒的时候说了些什么，有没有送礼物，没有记载。不过，他们二人回来复命的时候确实净说青苗法的好话。

《续资治通鉴》也有相似的记载，"先是安石尝与入内副都知张若水、蓝元震交结，帝遣使潜察府界俵钱事，适命二人。二人使还，极言民情深愿，无抑配者，故帝信之不疑"。还有些史料中将王安石换成了他的属下吕惠卿，认为是吕惠卿在捣鬼，吕惠卿知道自己的前途和王安石的新法密切相关，于是想方设法买通他人在皇帝面前说王安石的好话。这些人包括一些太监，其中最重要的是张若水和蓝元震。除此之外，还有一种说法，王安石太强势，如果有不同意见，可能被"拗相公"王安石打压，这两个太监不想惹麻烦，就违心地向宋神宗报告说青苗法在下面施行得很好。

司马光日记中的说法，大多是一种猜测，没有确切的证据。对此，王安石自然不予理会，甚至将其归为"谣言""诽谤"。对于争论，王安石提出要提供具体事实。在熙宁三年三月，讨论提举官推行新法的违规行为时，王安石争辩道："提举官到任不过几处，如果有胡作非为，就必须有事实。现在全都没有事实，怎么能够让人相信。"[3]

反对派不是反驳调查的方法、数据、方案，而是针对调查执行人的地位和品德，以主观推测为基础，不可避免地会导致论据不充分。如果不用数据、事实作为论据，可能会因立场不同出现公说公有理、婆说婆有理的情况。在反对派没有拿出更多证据的时候，主张变法的王安石则拿出了更有说服力的例子。

---

1 徐富海：《基层调查在王安石变法中的应用及效果探究》，第511页。
2 参见[宋]司马光：《涑水记闻》附录二《温公日记》第八条。
3 刘成国：《王安石年谱长编》（三），第103页。

第一章　从基层调查谈起

基层来人了

韩琦从地方送来的一封奏章，差一点导致青苗法被废除。这一事件反映了围绕变法争论之激烈。但 20 天之后，神宗皇帝突然间 180 度大转弯，又转而支持新法。变化实在是太不可思议，反对变法的大臣们惊呆了，纷纷查找这里面到底出了什么问题。查来查去，除了两个太监之外，这个反转还与一个小人物有关。

这个人叫李定，扬州人。少年时曾求学于王安石。中进士后，先后任定远尉、秀州判官。在京城对新法"利民"还是"害民"争论不休的时候，熙宁三年四月，他的上司审官院长官孙觉推荐他入京。本来是一次升迁的美事，但他说的一些与自己政务无关的话，使自己卷入一场身不由己的漩涡之中。

因孙觉与知谏院李常关系不错，李定到京师之后先拜会了李常。

李常问："你从南方来，那里百姓对青苗法有什么看法？"

李定回答：'老百姓都很喜欢。"

李常很惊讶，然后严肃地警告说："现在京城都在争论这件事，你以后不要这么说，要管住自己的嘴，别胡说八道。"

李定说："青苗法很是便民，如何京城传言不便？"

或许，这位来自地方的小官还没有意识到，此刻的京城，早已因为变法而风云激荡，赞成变法与反对变法的人斗得你死我活。还没有感知到庙堂之上大人物激烈争斗的李定，只是据实说话，不晓得为什么京城里的官员动不动就让他闭嘴。

李定去找自己的老师王安石。一见面，王安石就迫切地问道："青苗法在民间的情况如何？"李定如上说了一遍，并说出了自己的困惑："定但知据实以言，不知京师乃不许。"[1] 为什么在京城不让人说真话？正愁没有证据支持，突然间获得来自基层官员的赞同，王安石大喜，批评反对变法的人"无理取闹"，他对李定说："改天带你见皇帝，一定要明明白白地陈述。"

李定被王安石带进皇宫，见到宋神宗，他如前一样说新法非常好，特别是青苗法，老百姓都大声歌颂，一片赞扬。宋神宗听了，也大喜。

1　［元］脱脱：《宋史》卷三二九《李定传》，第 10601 页。

是不是李定的话对变法产生了决定性的影响呢？宋史记载，自此之后，"诸言新法不便者，帝皆不听"。但从之后的情况来看，宋神宗并没有因为李定一个人的说法而突然转变了看法，最多是李定的说法符合了赞成变法人士的主张，佐证了两位太监的调查。

总结以上信息，关于宋神宗之所以从意欲废除青苗法转向支持青苗法的原因，大致有三个方面的说法：一是皇帝悄悄地派太监做了调查，回来说一切都好，这个有正史记载，可信度很高；二是王安石或吕惠卿买通皇帝身边的人说好话，这个没有客观资料可供证实，可信度不高；三是基层来的李定，说了一些关于青苗法便民的话，这个事件有正史记载。这些因素，推翻了三朝元老韩琦的奏章，驳斥了一些大臣的反对意见，改变了宋神宗对新法的态度和看法。

从以上分析发现，探究两太监和李定汇报的内容真假，固然很重要，但如果我们仅停留在这些问题上，可能永远解释不了这次基层调查的意义，解释不出历史背后的逻辑。那就是，他们的汇报真的能说服最高决策者吗？朝中大臣真的斗不过这几个籍籍无名之辈吗？这里面存在什么玄机呢？

玄机就藏在宋神宗心里，他的态度早就显示了事情发展的倾向。宋神宗积极支持新法，但有时心存疑虑。在心存犹豫的时候，特别希望临门被别人再推一下，而推动宋神宗改变了主意的人，正巧是两位太监。如果没有这两位太监，宋神宗也可能以李定的话为依据，或者以其他某个人的观点为依据支持青苗法。无论什么人说了什么，归根结底，是宋神宗以自己的意愿为指向，主动寻找、选择、接受那些支持自己意愿的观点，寻找可以拿来说事或者可以作为决策依据的证据。以后的事实表明，宋神宗这种游移不定的性格，对王安石变法造成了重大影响。

小人物的命运

在关键时刻汇报了关键信息，取悦了皇上、取悦了王安石之后，李定的官运是不是一帆风顺了？事实却没有这么简单，一场围绕李定升职的斗争就此展开。

因李定汇报及时，立了功，宋神宗欲任命他为知谏院。但按照惯例，宰相不能介绍熟人和关系密切的人当谏官，宰相曾公亮也说以前还没有选人出任谏官的例子，遂改任为太子中允、权监察御史里行。但是，李定升官之路却没有这么平坦。

在宋朝，任命官员的过程是：皇帝与宰执们达成共识之后，以皇帝的名义要求中书舍人起草诏书，然后按照程序，宰相与相关的长官在诏书上签字盖章，然后颁布执行。史料记载，宋神宗命中书舍人宋敏求、苏颂、李大临书写任命诏书，令人惊讶的是，三人竟然拒绝起草。三人向宋神宗奏称，李定不由铨考，越级提拔为京官，且不经过御史台就置于宪台，这样会扰乱法制。皇帝很生气，连下几道谕令，但三人坚持不肯妥协，并把谕令封还，拒不起草。为了让皇帝收回成命，替皇帝起草诏书的中书舍人们"集体造反"了。宋神宗很生气，把三人降罪贬官。虽然三人被贬，但反对变法的大臣认为他们正直有担当，尊为"熙宁三舍人"。"熙宁三舍人"事件轰动一时。纵观史书，不管是《宋史》《续资治通鉴长编》，还是《宋朝诸臣奏议》《东都事略》等，都详细地记录了这件事情，并称此事"震动朝野，风闻天下"。

与其他朝代不同，宋朝士大夫非常计较公文的程序。宋初立下定制："中外所上书疏"，"凡攻事送中书，机事送枢密院，财货送三司，覆奏而后行"，处理公文的行政主体是国家机构，而不是皇帝私人。对进呈御览的奏疏，君主也应该"一一与大臣商榷可行可止之状"。当然，宋朝皇帝有时候也会亲批奏疏，这叫做"内降"，但宋人坚持认为，"内降之名，古今以为非是"，皇帝绕开文书体系发出来的御批，往往会受到大臣的抗议与抵制。宋朝士大夫以天下为己任，他们认为天下乃天下人之天下，政事乃公共之事，非君主一人之私事，自当公事公办。

直接反驳皇帝会遭贬斥，于是反对变法的大臣改变策略，从李定的生活作风入手。这种做法曾经被很多人使用过，先把他搞臭，再把他搞倒，最终把他搞死。被任命为监察御史后仅仅数天，李定的同行——监察御史陈荐就上奏朝廷，说李定之前在做泾县主簿时，母亲病逝，他竟隐瞒此事不回家为母亲丁忧，建议朝廷罢免他的官职。孝道是儒家基本的伦理准则。中国历朝历代都把"孝道"作为人最高的道德标准，衡量一个人是否"配当人"的基本依据。这件事被揭发后，群臣接连上书，要求把李定赶出朝廷。

皇上很重视，下诏给江东、淮、浙转运使调查情况。转运使上奏说："李定曾因其父年老，要求归家侍养，没有说是为生母服丧。"据说，李定的母亲叫仇氏，嫁过三次。仇氏第一任丈夫，是普通老百姓，仇氏与他指腹为婚，生了一个儿子。这个儿子出家做了和尚，成了一位高僧——佛印大师，后来成为苏轼好友。其后，仇氏遇到了第二任老公李问，当了小妾，生了李定。不久，她被丈夫的大老婆驱逐，嫁给了一个姓郜的平民，生了一个女儿叫蔡奴。陈荐探到这件隐私，将其作为弹劾、抹黑李定的一个"重磅炮弹"。他认为，母亲改嫁，李定不愿再认，在生母去世后，李定没有如实上报。

据李定自己说，他是庶出（小老婆生），父亲没有告诉他，自己不能确定母亲是谁，不敢服丧，只是以侍养父亲为由解官回乡。有些大臣认定，这番解释是胡说八道，谁会不知道自己的母亲是谁？他必定是为了荣华富贵，隐瞒了母亲去世的消息，以逃避三年丁忧……当时，苏轼也跟着起哄，痛骂李定："如此禽兽不如之人，古今罕闻也！"苏轼虽然官职不高，但他是文坛第一才子，骂得淋漓尽致，占尽舆论上风。后来，苏轼为此付出了惨痛的代价。

此后，朝廷又派人去调查，李定的父亲申明李定不是仇氏所生，也没有人能够证明李定的母亲到底是谁。原来，李定以为仇氏是乳母，仇氏死了之后，有的人说仇氏是李定生母，李定向父亲求证，父亲坚持说仇氏不是其生母。李定不能确定，只能申请卸任，说回家侍养父亲，实际以丧自居。江东、淮南上奏证明李定确实离职，只是说回家赡养父亲，没有提回家为生母守丧。对此，朝中大臣议论不一，曾公亮认为李定应当追行服丧，但王安石不赞同，他认为，李定曾经卸任离职，实际上已经服丧，怎么可能再去二次服丧呢？一定是李定说青苗法在江南受到欢迎，得罪了反对变法的人，才有这样的谣言。宋神宗也认为，这件事李定处理得不错，何况也没有确定仇氏是否为生母。[1]

---

[1] 参见［宋］李焘：《续资治通鉴长编》卷二一三"熙宁三年七月丁酉"。

结果，陈荐被罢免御史官职，李定不再越级升迁，改任为崇文殿说书。即使这样，这件事也未能平息。御史林旦、薛昌朝不依不饶，上书说李定这样不孝之人，怎么能居于劝讲之位呢？不仅如此，他们还一并弹劾王安石袒护自己的学生。

李定的升迁事件牵连的人越来越多。王安石向宋神宗上奏，说监察御史林旦、薛昌朝等人朋党为奸，应该惩处。宋神宗采纳了他的意见，罢免了这两人的职务。虽然如此，李定自己深感不安，请求解除官职。后来，朝廷任命他为集贤校理、检正中书吏房、直舍人院同判太常寺。

从位高权重的知谏院到办事员检正中书吏房，大起大落，李定经历了人生的非常时刻。仅仅来了一趟京城，说了一些与自己工作没有直接关系的话，他不仅戴上了"罔顾母亲丧事，追求名利的奸佞小人"的帽子，还彻底背上了附和王安石、迷惑神宗皇帝的"奸邪之名"。这种"罪名"不仅盖在了李定头上，以后支持变法的吕惠卿、曾布、赵子几、章惇等，也被反对派视为不遵礼法的"罪人"。反对派把变法成员丑化成"无耻小人"，也就等于说这些人根本就没有资格变法，由此认定他们主持的变法也失去了进步意义。历史学家漆侠认为，反对派捏造了李定不为生母服丧的罪名，主要是为了打击那些像李定一样支持新法的官员。这类对变法派成员的诋毁，乃是反对变法斗争的另一种形式。[1]

可能李定自己也想不到，从简单淳朴的小地方来到错综复杂的京城，无意间就卷入党争的漩涡，一不小心就被钉在了历史的耻辱柱上。从那一时刻起，李定成了历史上有争议的人物——他与王安石一样，被历史定位成既"奸邪"又"清廉"的人。

但"那个时刻"，却又说不清道不明。李定进京的时间一直有争议。有说他是在事发一年前即熙宁二年进开封，而青苗法出台是同年九月，就算李定是在熙宁二年末进京，考虑到古代法令的推行速度，在三四个月的时间里，也很难遍行江南。而且，李定还要从江南到京城，参与熙宁三年二月新法争论，怎能有这样快的速度？

---

[1] 漆侠：《王安石变法》，石家庄：河北人民出版社，2001年，第181页。

变　宋

不管争论怎样，历史给了李定结论。《宋史》记载，李定颇有见识，后来升迁为翰林学士。他"死之日，诸子皆布衣"，"家无余赀"。据说，李定常将家财赈济同族之人，以至于家里没有什么多余的财产，他死的时候，他的儿子都是平头老百姓。

从李定事件的一个侧面，可以看出王安石在制定和推行新法时，非常慎重，尽量去了解、考虑老百姓的意见。如他与宋神宗讨论重视民事时，提到"且议助役事已一年，须令转运使、提点刑狱、州县体问百姓，然后立法。法成又当晓谕百姓，无一人有异论，然后著为令，则其于民事，可谓不轻矣"[1]。王安石向皇帝提出"体问百姓"，甚至要求"无一人有异论"，然后法令才能施行，无论以后是否真正做到了这点，但提出这个标准就体现了对百姓意见的重视，对人心民意的充分尊重。

不仅王安石自己这样要求，从保守派对他的攻击中，也可以看出他虚心向老百姓了解情况，广泛听取不同方面的意见。比如，刘挚曾在奏章中弹劾王安石不顾大体，竟然将"市井屠贩之人皆召之政事堂"参议政务，这一罪名也恰恰表明王安石没有拒绝听取老百姓的看法，而是非常宽容地听取意见。[2]

不仅王安石如此，宋神宗也喜欢听纳人言，他多次告诫王安石要听取台谏官员的意见，免得丧失人心。对此，王安石非常认同，但对"人言"有不同的理解，提出"所谓得人心者以为理义。理义者，乃人心之所悦，非独人心，至于天地鬼神亦然"[3]。王安石认为得理义者才能得人心，假如理义在手，即使周公遭到四国叛乱也不能算是失去人心；如果没有理义，就是像王莽那样几十万人歌功颂德也不能说已得人心。

但是，如何才算是理义？各家各派的标准不一，但如果一味以自己的标准判断取舍，可能导致盲目独断。如果这时一味依靠强权来推行，或许可能走向自己预期的反面。

1　[宋]李焘：《续资治通鉴长编》卷二二四"熙宁四年六月戊午"。
2　徐文明：《十一世纪的王安石：一个政治家的进退之路》，北京：当代中国出版社，2007年，第140页。
3　转引自刘力耘：《王安石〈尚书〉学与熙宁变法之关系考察》，《中国史研究》，2019年第1期，第119—137页。

第一章　从基层调查谈起

何为评判是非的标准？在变法中，皇帝和大臣大都有一个共识，有一个基本的态度。例如，熙宁四年（1071）正月，宋神宗与大臣讨论广惠仓时，曾严肃地讨论过评判的标准。

宰相曾公亮提出"利不百，不变法"。

宋神宗说：'但义理可行则行之，自无不利"。意思是说，从义理上可行，那就应该变法，这种变法自然没有不好的。

王安石进一步解释："利者义之和，义固所为利也。"王安石的话出自《易传·乾文言》，利指利益，义指道义，和指统一。意思是说，要得到利益，就要讲求与道义的统一。真正的利，是建立在道义的基础上，合作共赢，对大家都有利，才是真正的利益。

曾公亮进一步说："亦有利于公家不利百姓者，不可谓之义。"

王安石赞同地说："若然，亦非人主所谓利也。"[1]

从表面看，曾公亮和王安石都称变法是为了百姓，是为百姓谋利。我国历朝历代君主大都高举"为百姓谋福利"的旗帜，这也成为是否变法的一个"共识"。但即使认同了这个"共识"，是否就没有分歧了呢？分歧还是有的，主要在是否实现了这个"共识"，如何实现这个"共识"，存在相当大的争议。就青苗法来讲，或许韩琦、张若水、蓝元震或李定，反映的情况都有对的成分，反映了事物的一个方面。韩琦提出了青苗法放贷遇到的问题，两太监汇报了青苗法的益处。见到害处，让人改变主意停滞不前；看到益处，让人决定继续做下去。但事情总有好的一面，也有不利的一面，利害相权孰轻孰重，这不仅仅是数字问题，权衡问题，而且也是一个转化的问题。

试想，如果宋神宗和王安石冷静地分析韩琦的奏章，是不是会有所改善呢？韩琦的奏章问题看得准确，分析也非常深刻。比如韩琦看到了青苗法取利息的两面性，取息可以增加政府财政收入，也可能导致变本加厉地"取利于民"。韩琦觉得新法行之过急，应按原计划先在部分地区试行，待行之有效再推行全国。可惜，韩琦奏疏中提到的问题，并没有被宋神宗和王安石重视借鉴，双方反而因为

---

[1] 刘成国：《王安石年谱长编》（四），第1206页。

这封奏疏产生了更大的隔阂。这种隔阂，不是源自他与王安石之间的龃龉私仇，而是源自他代表的保守派与王安石代表的变法派之间的路线之争，这种路线之争与派系之争的复杂关系，有时会演绎出匪夷所思的逻辑，导致无法预期的后果。

这个后果就是，王安石翻身之后，获得了宋神宗的信任和依赖，他很快就对保守派进行了清算。不换思路就换人，一个又一个保守派被贬被罚，很多朝中权贵被迫离开京城。在变法派中，立场不坚定的苏辙、苏轼、张载等纷纷离开了王安石，而坚定支持变法的吕惠卿等人则获得了更大的权力。在朝廷官员队伍调整后，一项又一项新法加速出台，以更强硬的行政力量推行下去。

"李定遭议"与"熙宁三舍人"是标志性的事件，一个分水岭。在"熙宁三舍人议案"前，主张变法的新党和反对变法的旧派之间的斗争，还是君子的方式——动口不动手，大家讲事实、摆道理，还算守规矩、明事理。但在这个事件后，双方都发现用正常办法已经无法获得胜利，就开始转成赤裸裸的人身攻击，用最肮脏、龌龊、小人的办法，采用了非常手段，不是探究对错，而是以打倒对方为目的。从此，"政事之争"逐渐变成了"派系之争"，"对事不对人"变成了"对人不对事"。这种逻辑，不是以解决问题为目的，而是以打压对手为目标，造成更大的问题。在这种逻辑下的辩论，也逐步失去了高尚与卑劣之分，成为一个又一个党同伐异的故事。

在这个逻辑的转折点，我们可能问一个更为具体的问题：为什么宋神宗和王安石没有吸收反对派的建议，修正变法中不利的一面，从而完善政策呢？这个问题，并不是特例，而是公共政策中普遍存在的问题。在这个问题背后，有个"大问题"——如何获得正确的认识？如何认清客观的事实？人人都想获得事物的真相，但为什么人们往往被自己所愿意相信或认为相信了会更有益的东西所影响？为什么有些"好的想法"却没有得到好的结果呢？为什么政策执行实施的过程中，正如"好心办坏事"一样，成为生活中难免的尴尬？

"好想法"引发"恶政策"，以及其反映的政策执行过程中非预期后果的怪异逻辑，正是本书要讨论的核心内容，也是借以解开王安石变法失败之谜的一把钥匙。

第二章

新皇帝的梦想

从皇帝派人到基层调研到青苗法废而又立，让我们知晓了变法的复杂性，更重要的是认识到基层调研的成果顶多是增加了宋神宗重新支持青苗法的砝码，至于真正让他回心转意的决定性因素，应该还在皇帝自己心里，在于他一直以来的倾向和态度。张若水、蓝元震陪伴皇帝多年，自然能够体味宋神宗的真实态度和内心想法，而按照皇帝的意思办事是他们唯一遵从的原则。《后汉书·马廖传》说："吴王好剑客，百姓多创瘢；楚王好细腰，宫中多饿死。"上行下效，自古皆然。而基层干部李定，则碰巧在一个敏感的时刻，说了与众不同、迎合皇帝心思的话。如果他像多数人一样反对新法，就不可能被王安石赏识，也就没有机会见到皇帝；即使见到皇帝，也不可能让皇帝"大喜"。

而皇帝的"心思"是什么呢？

应该是一个梦——他自幼形成的大宋"富国强兵"之梦——国家富强、打垮西夏、收复燕云、威服辽国，恢复汉唐辉煌！在他继位掌握国家命运后，这个梦想更加清晰，更加急迫。而青苗法的实施就是帮助他实现梦想的一个重要手段，如果否定了它，中止新法，也就意味着梦想的破灭，国家又会回到宋英宗时的颓废糜烂局面，甚至连那时也不如，至少那时没有出现大臣分成两派彼此水火不容的状态。所以说真正让宋神宗回心转意,继续支持变法的原因,应该是那个他从小形成的富国强兵的梦想。

为什么宋神宗有这个梦想?他是怎样的一个皇帝?

素有大志

宋神宗(1048—1085),原名赵顼,北宋第六位皇帝,治平四年(1067)登基,元丰八年驾崩,在位 18 年。

幼时,赵顼便"知祖宗志吞幽、蓟、灵武,而数败兵",立志"雪数世之耻"[1]。十多岁时,他"慨然兴大有为之志,思欲问西北二境罪"[2],但这种志向,只能埋在心底。因为,赵顼的父亲赵曙不是宋仁宗的亲生儿子,他们原本没有继承皇位的机会。幼年,赵顼生活在皇宫之外,他父亲赵曙没有用帝王的要求去约束他,所以赵顼接触到了社会各阶层的人,怀有解救民间疾苦的抱负。

宋仁宗无子,不得已在宗亲中寻找继承人,将堂侄赵曙过继为子。赵曙被赐名宗实。后来宋仁宗生了儿子,让赵曙回到自己府邸。几年后,皇子夭折,赵曙又被接回皇宫。但宋仁宗仍然留了一手,把赵曙当作备用品,一旦有了亲生儿子,备用品还是与皇位无缘,经过 20 多年的煎熬,嘉祐八年(1063),赵曙与他的儿子赵顼一起入居庆宁宫,三月,宋仁宗逝世,赵曙继位,他的嫡长子赵顼就成为第一皇位继承人。当时,赵顼曾经梦到有一位神人捧着他登天(遇到王安石后,他认为这个神人是王安石)。在东宫读书时,赵顼十分崇尚法家学说,对"富国强兵"之术颇感兴趣,尤其喜欢韩非子[3]。后来谈论治国之道时,赵顼常常提起一些锐意变法的法家人物,"若古之立功名者,管仲之于齐,商鞅之于秦,吴起之于楚,皆使政令必行"[4]。法家改革进取的精神,与"法""术""势"相结合的君主专制思想,对他的成长产生了深远的影响。

---

1 [元]脱脱:《宋史》卷一六《神宗三》,第 314 页。
2 [宋]蔡绦:《铁围山丛谈》卷一,清钞本,第 10 页。
3 崔英超:《熙丰变法的酝酿——谈宋神宗变法思想的形成》,《甘肃社会科学》,2002 年第 5 期,第 127 页。
4 [宋]江少虞:《宋朝事实类苑》,上海:上海古籍出版社,1981 年,第 51 页。

第二章 新皇帝的梦想

据记载,赵顼相貌不凡,举止与常人不同;而且天性好学,每次请教学问,一直到日落,竟忘记了进膳。父亲宋英宗经常担心他刻苦过度,常常派内侍提醒他注意休息。侍讲入宫,他率弟弟参拜,对老师非常尊重。赵顼非常注意正衣冠与礼节,即使是最炎热的时节,也不曾用扇子。

然而,宋神宗与他的父亲的皇位,得来的并不像表面那样轻松。如果从幼年入宫时算起,他父亲赵曙承受了二十七年身份不明不白的日子。在这二十多年里,在有希望又不能肯定继承皇位的情况下,赵曙不免时时处于精神高度紧张的状态。他必须压抑自己的天性,无论何时何地,都要表现出一种符合自己身份的姿态。他处处小心,不敢说错一句话,不敢走错一步路,担心、忧虑、期盼、惶恐,备受煎熬,以致埋下了病根。赵曙继承皇位,突然君临天下,掌握最高权力,强烈的刺激导致他精神崩溃,"不知人,语言失序",四年后病逝。赵曙的经历,对宋神宗产生了不可忽视的影响。当赵曙三十岁被立为皇子时,他已经十六岁。父亲的焦虑彷徨、担心忧虑,他都看在眼里,所以他不像嫡系皇孙一样娇生惯养,而是小心谨慎,感情细腻丰富[1]。

治平四年(1067)正月,宋英宗驾崩,赵顼继位,为宋神宗,次年改元熙宁,宣告大赦天下。以韩琦为司空兼侍中,曾公亮为门下侍郎兼吏部尚书,文彦博为尚书左仆射、检校司徒兼中书令,欧阳修、赵㮣并加尚书左丞,仍兼参知政事之职,陈升之为户部侍郎,吕公弼为刑部侍郎。

舞象之年的宋神宗,是一位有抱负的年轻人。他热血沸腾,壮志勃发,一心想要收复契丹和西夏占领的领土,重新夺回燕云十六州、河套、大理、交趾等失地,让大宋帝国重新强大起来,"使大宋天威布于滨海";他想像汉武帝、唐太宗那样,当英明有为的君主,一扫六合,宇内称尊。所以,赵顼继位之后,不图享受,不贪女色,不治宫室,不事游幸,而是一心励精图治。

然而,宋神宗的雄心壮志,并不被时人认可——以太祖神威,终生不能攻下太原;以太宗之能,尚有燕云之败,小小年纪,怎能口出狂言?

---

[1] 杨硕:《宋神宗与王安石变法》,第39页。

变　宋

此时的宋朝，已经走到了由盛而衰的转折点。遥想当年，汉武帝的境遇与宋神宗是多么的相似。汉武帝是西汉建立后第7任皇帝，宋神宗是北宋建立后第6位皇帝。在汉武帝之前，汉朝被迫向北方强大的匈奴朝贡，经过了六十多年委屈求和；宋神宗即位之时，宋朝也在澶渊之盟后被迫向辽国纳币求和了六十余年。漫长的等待，一甲子的力量积蓄，汉武帝终于集中力量，发动一次次大规模远程打击，结束了匈奴帝国对汉帝国乃至华夏近乎致命的威胁。现在，时光辗转，又轮到了宋朝，那种厚积薄发后的决战重任，落在了宋神宗的肩上。宋神宗也希望不负众望，担起收复幽燕失地、振兴宋朝的责任。

但与汉武帝不同，宋神宗继位之初，立刻发现国家没钱了。皇帝的宝座来之不易，但坐天下更难。

钱袋空空

宋神宗继位第三天，三司使韩绛等人，递交了一份朝廷财政状况的奏折，赫然写了八个字："百年之积，惟存空簿。"也就是说，立国百年，国库空了，连办理老皇帝丧事的钱都不够了。四年前，宋仁宗去世，丧葬花费多达一千一百多万贯[1]；当时国家一年的收入才六千多万贯，葬礼就用去了六分之一；四年后，宋英宗去世，国库还是没钱。对此，掌管财政的官员建议皇帝"不以小吝为无益而弗为，不以小费为无伤而不节"，不要因为小节约省不下多少钱就不节省，也不要因为小花费花不了多少钱就不节制。宰相韩琦提出对近臣的赏赐"才足将意便可"，心意到了就可以了。[2] 面对"公私困竭"的现状，宋神宗只好下令将安葬父

1　"贯"是宋朝货币单位，1贯为1000文，在当时合1两白银（不同时期铜钱与白银的兑换比率是不同的，北宋前期大约1贯铜钱可兑1两白银，到了南宋中后期，因为铜钱贬值，3贯钱可兑1两白银）。虽然1贯钱名义上是1000文钱，但通常情况下，人们在交易中不会足额支付，而是将770文钱称作"一贯"。这在当时被称为"省陌"。100文钱被称作"一陌"，"省陌"也就是名为一陌但100文钱要减省的意思。在当时的交易中，一般人称"一贯"，通常就是用省陌，即实际支付770文。在北宋时期，1两黄金（39.6克）大约可以兑换10000文钱，1两银可以相当于1000钱至1500钱。除了铜钱外，还有铁钱，铁钱1贯有1020—1100枚，可以兑换1贯铜钱。

2　赵冬梅：《大宋之变，1063—1086》，第103页。

亲的费用裁减三分之一。缩减如此之多，却没有一个大臣吭声，因为国库里实在拿不出钱，只好委屈刚去世的老皇帝了。没能风风光光安排父亲的后事，或许是宋神宗刻骨铭心、疼痛一辈子的遗憾。

国库没钱的原因，并不是皇帝挪用了，而是宋王朝的财政支出巨大，花费大都用于养官、养兵以及购买和平。比如四年前，为仁宗皇帝办丧事，给文武百官和首都驻军赐酒赐肉，就杀光了开封全城的羊，可见官员和军队的人数之多，费用开支之繁。官僚机构臃肿，政费繁多，军费开支庞大，加上每年赠送辽和西夏的大量岁币，造成北宋财政年年亏空。据《宋史·食货志》记载，治平二年（1065），宋朝财政亏空已达1750余万贯。

不仅朝廷没钱，刚刚即位的皇帝还发现，北宋的统治面临一系列严重危机。由于豪强兼并、高利贷盘剥和赋税徭役的加重，广大农民因贫困屡屡暴动，国内社会秩序不稳。环顾周边，北有猛虎辽国，西有饿狼西夏，南有独自立国的大理与交趾，东有不为藩属的高丽和日本。特别是长期与西夏和辽国作战，使宋朝处于非常不利的局面。与辽国作战，宋朝胜少败多，不仅连宋人一直念念不忘的故土——燕云十六州一直无法收复，宋朝北方还长期遭受辽国的全面威胁。在西面，面对西夏的挑衅，宋朝无法将之歼灭，坐视西夏成为西北大患。与大唐相比，宋朝与辽、西夏相较处于劣势，在高丽、日本、大理心目中失去了天朝上国的地位，已经不能像汉唐那样占据东亚的中心[1]。这一切与宋神宗的期望实在差得太远了，年轻的皇帝怎么也无法理解，泱泱大宋怎么变得如此贫弱，对契丹人如此卑躬屈膝，小且穷的西夏竟然也能屡次让大宋颜面扫地。

宋神宗即位六个月后发生的一件事反映了当时的政治环境。陕西转运使薛向和青涧城守将种谔报告，他们招降了西夏大酋长嵬名山，俘获一万五千多蕃民、一万多蕃兵，占领要塞绥州，击退四万多西夏援兵。对于这场胜利，宋神宗非常兴奋，想下旨嘉奖；但翰林学士司马光急忙进殿，向宋神宗讲述攻占绥州的危害性，再三说明轻开战端，甚为不祥，国家穷，无力打仗。枢密使文彦博、副使邵亢也反对引发战争。当西夏使者索要丢失的要塞时，司马光、文彦

---

[1] 许倬云：《万古江河：中国历史文化的转折与开展》，上海：上海文艺出版社，2006年，第169页。

博、邵亢等大臣一再催促宋神宗惩办"挑起"战端的种谔，归还绥州土地。结果，枢密院下令惩罚种谔，连降四级，降为随州编管，以此警告轻启战端的边将。在宋神宗看来，这件令其倍感窝囊的事更像大臣在警告他不要轻举妄动，或约束刚继位的皇帝要懂得遵守祖宗规矩。宋王朝积累下来的"国策"和"祖宗家法"，其核心思想是，要想稳定皇权，能花钱买和平就花钱买。于是，每年向契丹和西夏缴纳岁币买和平，罪犯和难民则编入厢军养起来免得造反，文官武将的人数和俸禄也要逐年增加以换得他们的忠诚。为了稳定，朝廷不吝天女散花般地撒银子。

这钱花得如流水一般，国家财政怎么能扛得住？

面对这种窝囊的局面，宋神宗深感屈辱。

据宋代王铚在《默记》中记述，宋神宗曾经和大臣谈及太平兴国四年（979）宋太宗御驾亲征辽国惨败而归的往事，心情无比沉痛地说："太宗自燕京城下兵败，被北虏穷追不舍，仅得脱身，所有随身携带的器物、随行的妃嫔被抢走，太宗腿上连中两箭，每年都要发病，他的逝世，也是由于箭伤复发。这样不共戴天之仇，我们还要年年捐银输帛，为人子孙者应当这样吗？"说罢泣不成声。[1] 宋神宗深感要改变这种窘迫的困境，必须变法革新。他多次对臣僚说："天下弊事至多，不可不革。"

能干的人不多

钱没有，但该办的事不能不办。寒酸地办完先皇丧礼和自己的登基大典之后，宋神宗紧紧捂住了空虚的钱袋子。他发布了两条命令，要烧两把"火"。一是下诏让大家节俭。从现在起，请大家勒紧裤腰带，国家没那么多钱乱赏乱花了；二是征求治国对策。宋神宗发布命令，昭示天下"内外文武群臣，朝廷政策有不完善的，有缺憾的，甚至有严重失误的，无论是国家各种要务或边防戎事的得失，还是郡县民情的利弊，均可直言奏疏，不要忌讳。议论得当，有

---

[1] 王水照、崔铭：《欧阳修传》，北京：人民文学出版社，2019年，第403页。

利国家的,当甄别擢拔任用"。宋神宗还确定了进言的题目:"论仁宗、英宗两朝积弊。"

臣子进言,在宋朝并不是稀罕事。每当国家遇到问题、困难或有风吹草动时,进言就会发生。上书进言,有皇帝要求的,有臣子们主动呈送的,内容很广泛,对外战争、民间暴动、皇帝休老婆、天上闪流星等,都可以争论。但这一次不同,宋神宗要求讲治国对策。他希望朝中大臣踊跃发言,献计献策,找到振兴大业的方法。

针对这个主题,包括宰相韩琦、翰林学士张方平、三朝元老富弼以及当时名臣司马光在内的朝臣们作出了不同的反应。

韩琦的奏章是一封辞职信。他说,按惯例,前朝宰相负责大行皇帝的山陵事(安葬),事毕后必须辞职。现在自己年岁大了,身体也不好,请求到地方上养老。对于辞职一事,韩琦非常坚决。

为什么执政大臣主动引退呢?韩琦深知,年轻皇帝欲有大作为,并不是自己这个老臣能劝解的,自己是前朝旧臣,且树敌太多了,再不急流勇退后果不堪设想。

据史料称,当年庆历新政的主将欧阳修、富弼、韩琦等,因为政治地位上升,不再要求激烈改革了。很多人久居上层,与原来的保守派早已化敌为友,不知不觉地变得保守。朱熹说,韩琦、富弼初执政时,想把整个朝廷都拆卸清洗一遍,但被小人所害,只好离开朝廷。再回来担任高官时,已经斗转星移,时过境迁,时世不同,热血不再,变得一味守旧了。[1]比如,富弼变得怕事,因循守旧,只看经念佛[2]。

本来宋神宗想得到本朝元老重臣的支持,但却悲哀地发现,国家机器已经生锈,朝中元老重臣要么暮气沉沉,安于现状;要么只说不干,互相推诿。至于怎样解决严重的财政危机?怎样夺回燕云十六州?没有人能够告诉他答案,甚至大都不愿意和他讨论这方面的问题,年轻气盛的宋神宗非常失望。

---

[1] 漆侠:《王安石变法》,第92页。
[2] 杨硕:《宋神宗与王安石变法》,第90页。

变　　宋

　　一位年轻且有专才的翰林学士张方平积极上书，解决了朝廷的一些困难。例如，他统筹了宋英宗葬礼花费，给宋朝节省了一大笔钱。对国家财政数据，张方平烂熟于心，历数自宋仁宗以来国家财政收入连年递增，但为什么国家还是感到"钱紧"呢？他认为主要原因是六分之五的钱全部用来养兵了。他建议减少冗兵冗费，减少皇室费用，这样就可以达到不伤财、不害民的目的。但是不巧，张方平还没来得及大展身手，便因父亲去世不得不回乡为父丁忧了。

　　枢密副使吴奎的奏章很有代表性，他一味强调君子小人，说帝王只要能区分正邪，远离小人，任用君子，天下自然就太平富裕了……与此相似，其他大臣要么提出布德行惠、选贤任能、爱养民力、赏罚分明、节俭、修身、修德等老生常谈，要么告诫他疏远奸佞，持重安静，恪守祖宗成法。这种空洞论调占了绝大多数，当然没法引起宋神宗的兴趣。

　　但有一个人的主张吸引了年轻皇帝的目光。这个人是司马光，他品德无可挑剔，学识才华更出类拔萃。司马光上了那份著名的奏章，提出修身之要有三：仁、明、武；治国之要有三：官人、信赏、必罚。他郑重地说，历经仁、英、神三朝，他都用这九个字报效国家。司马光认为，国家不是没钱，按年度总收入来算，已是非常多了。之所以出现赤字，问题在于乱花，支出过多。他提议要全面核查国家各项支出，定出来必须节省的具体部门具体数字。改革的关键"在于择人，不在立法"，原来的制度没有问题，问题出在用人不当。司马光准确找到了帝国衰败的焦点，宋神宗非常高兴，要求司马光立即投入工作，列出这些年奢靡浪费的方面，大刀阔斧地进行改革。然而他万万没有想到，司马光拒绝了。他不是不主张改变，但他的改革是修修补补，不是改弦易辙的变法。或许，聪明的司马光一眼就看出了宋神宗要干什么？熟悉历史的他也知道，汉武帝早期曾召天下儒生进京议事，结果儒生们一拥而上，大放厥词，惹火了武帝的奶奶窦太皇太后，把为首的汉武帝两位老师残酷虐杀。宋朝虽然不至于砍文人的头，可面临的反对也不容小觑，弄不好半途而废，如此冒险的事情不是司马光愿意干的。在这种时刻，司马光可咨询、可交谈、可建议，却绝不做第一只飞上枝头的出头鸟！他以修书的名义拒绝承担变法的使命。通过这件事，宋神宗也慢慢明白司马光并不是有勇气进行轰轰烈烈改革的人。

朝中大臣不肯出头，宋神宗转而请教老臣富弼。

富弼，字彦国，北宋名相、文学家。庆历二年（1042），奉命出使辽国，以增加岁币为条件，据理力争，拒绝割地要求。任枢密副使时，与范仲淹等共同推行庆历新政。新政失败后，出知郓州、青州等地，任内救助数十万灾民。熙宁元年四月一日，德高望重的富弼来京，宋神宗向他询问治国之道，富弼庄重地说："人主的喜好和厌恶，不能让人窥测到；窥测到的话，奸人就会逢迎。应当像天监视人一样，善恶都自取，然后进行惩罚奖赏，这样功劳和罪恶都各得其所。"宋神宗满怀希望地向他征询有关边防的事宜，这位当年积极参与变法的老臣一下子就看出了年轻的皇帝欲有所作为，意味深长地说："陛下临御未久，当先布德泽，愿二十年口不言兵，亦不宜重赏边功。干戈一起，所系祸福不细。"[1] 宋神宗再问治国之道，富弼说："安内为先。"宋神宗听明白了，富弼知道自己要锐意革新，才故意这么说，以此打消自己的念头。刚继位的宋神宗，把希望寄托在元老大臣身上时，收获的却是安内节俭的教导和"二十年口不言兵"的告诫，非常失望，[2] 也许，这时候神宗皇帝还没有执政经验，无法理解富弼的卓远见识，意识不到富弼抓住了北宋王朝未来失败的症结所在，几十年后北宋就是因为宋徽宗个人偏好和童贯黩武而导致国家败落。

当然，少不了给宋神宗浇冷水的人。历史记载，有一天，年轻的皇帝全副戎装、英姿勃发地来看皇太后。身着戎装，表明了年轻的皇帝对汉唐武功的向往、对于国盛兵强的渴望。皇太后看了，欢喜之余，郑重告诫宋神宗："如果你能够永远不贪军功，就是天下臣民的福分。"当时，宋神宗周围的人，不论是太后还是朝中的大臣，大都不支持他变法革新的想法，更提不出有效的、建设性的建议或方案。

---

[1] ［宋］李焘：《续资治通鉴长编》卷六六"熙宁元年四月壬寅朔日"。
[2] 姜锡东、贾明杰：《北宋三司分庭抗礼对王安石变法及宋代官制变革的影响》，《兰台世界》，2015年第9期，第75页。

年轻的宋神宗没有气馁,他正做着国家强大的"梦",执着于怎样收复国土?怎样扭转大宋帝国积贫积弱的状况?泱泱华夏该如何重振雄风?怎样才能让大宋王朝扬眉吐气,布天威于海内?

添乱的人不少

有效的建议提不出来,添乱的倒不少。治平四年二月,宋神宗刚登上紫宸殿,接受群臣朝见,册封皇后,家事还没有办完,就接到一封令天下人为之哗然的弹劾奏章。御史蒋之奇上书弹劾欧阳修"帷薄不修"[1]。帷薄指的是帷幕和帘子,是古代家庭中用来分隔内外空间的家居用品。蒋之奇当然不关心欧阳修家居用品的情况,这里的"帷薄不修"是喻指家庭中男女混杂,生活作风淫乱。蒋之奇声称,根据他得到的消息,欧阳修与自己的儿媳吴氏有乱伦的行为。

当时乱伦不仅在法律上属于重罪,更是道德上的致命污点,何况又事涉当朝副宰相、文坛领袖、素以君子自居的欧阳修。欧阳修六十多岁,白首皓发,体弱多病,以绯闻弹劾他的蒋之奇是他的学生。学生弹劾老师,涉及家中隐秘,奏章一出,立刻引发舆论哗然。毕竟,事情太过离奇怪异,太过离经叛道,太过骇人听闻。

读了奏章,宋神宗并不相信,怀疑蒋之奇诬告不实,但蒋之奇引彭思永为证人,跪在地上再三磕头,坚决要求将欧阳修处以极刑,暴尸示众,以儆效尤。随后,彭思永也上书要求处罚欧阳修,以安抚众怒。

事已至此,不管新即位的宋神宗信不信,他都必须干预,查清事实,肃清朝纲。因此,宋神宗向天章阁待制孙思恭咨询,孙思恭明确地说不可能有这样的事,此事关系到大臣名节,应谨慎从事。为进一步求证,宋神宗召来蒋之奇,让他拿出证据。蒋之奇说,此事是从自己的上司中丞彭思永处听来的。宋神宗召彭思永问询,彭思永说消息源自他人。宋神宗一再要求他说出消息来源。为了不连累自己的同乡好友,彭思永称自己年事已高,记不得具体是谁说的了,并且堂而

---
[1] 王水照、崔铭:《欧阳修传》,第377页。

第二章 新皇帝的梦想

皇之地说,朝廷规定御史可以风闻言事,目的就是避免偏听偏信,如果非要将最先传话的人惩处,以后再也没有人愿意说,再也听不到不同意见了。微臣宁愿深受重罚,也不愿堵塞了天子的言路。

被绯闻纠缠、狼狈不堪的欧阳修,迫不得已,连上八道札子,声称"臣忝荷国恩,备员政府,横被污辱,情实难堪"[1],再三要求"差官据其(蒋之奇)所指,推究虚实",如果查有其事,请将我"显戮都市,以快天下之怒";如果查无此事,也请"彰示四方,以释天下之疑"。欧阳修儿媳妇的父亲、盐铁副使吴充也上书乞求朝廷查明真伪,昭告天下,避免家族枉受侮辱。

涉及当朝重臣,宋神宗非常重视,他派人将蒋之奇、彭思永的奏折从枢密院取回,连同欧阳修的奏章批复给中书省,要求仔细查问,务求真凭实据,辨明事件真相。同时,他又派人到欧阳修府上探望,抚恤安慰。

后来,事情原委终于弄清。原来,蒋之奇中进士时,考官是欧阳修,两人是座主与门生的关系,欧阳修对他颇为爱护。治平二年发生"濮议之争"[2],蒋之奇迎合欧阳修,极言追崇濮王的合理性和重要性,欧阳修对此非常满意。韩琦、欧阳修一派取得胜利,将吕诲、范纯仁、吕大防等台谏官员贬出京师。"濮议之争"后,欧阳修遭御史的忌恨,因此由他推荐而任谏官的蒋之奇自然也不被同僚所容,这些人视他为奸邪,冷嘲热讽。蒋之奇听不下去,试图摆脱和欧阳修的关系,改变在同僚中的不利处境。适逢欧阳修的内弟薛宗孺与欧阳修产生矛盾[3],到处散布流言说欧阳修有才无德,老不知羞,行为淫乱,与儿媳吴氏有奸情。流言传到欧阳修仇家刘瑾那里,他添油加醋地告诉了同乡好友彭思永。彭思永在同僚

---

1 [宋]欧阳修:《欧阳文忠公集》卷九五《表奏书启四六集》卷三,《四部丛刊》景元本,第2784页。
2 嘉祐八年(1063),宋仁宗崩逝,其养子宋英宗继位。宋英宗亲生父亲濮安懿王的封号就成为上下百官讨论的一个议题,开始了长达十八个月的大辩论,被称为"濮议之争"。宋英宗想追封他的生父,但不知道该如何称呼。以韩琦、欧阳修为代表的执政派认为"出继之子于所继、所生父母皆称父母",说宋英宗可以管宋仁宗和濮安懿王两人都叫爸爸。而以吕诲、范纯仁、吕大防及司马光、贾黯等人为代表的台谏派却认为"国无二君,家无二尊",不能管两个都叫爸爸,应该管宋仁宗叫爸爸,管濮安懿王叫伯父。两派势同水火,如临大敌,谁也说服不了谁。宋英宗心里当然倾向于执政派,于是就把吕诲、范纯仁、吕大防等人赶出朝廷。
3 欧阳修内弟薛宗孺犯罪,被官府追查,他请求欧阳修托关系让自己获得赦免。欧阳修认为他的罪不能轻饶,按法律应罢免他的职务。薛宗孺被罢免了官职,因此对欧阳修恨之入骨,造谣生事。

变　宋

中津津有味地谈论,有意丑化欧阳修。蒋之奇获知,未辨真伪,为了表白与欧阳修毫无瓜葛,上奏弹劾。首鼠两端的蒋之奇,只不过是一个小人物,在他的背后是庆历新政以来朋党之争的影子。

真相大白之后,宋神宗很生气,怒责蒋之奇诬告行为,将他连同彭思永一并贬职,调出京城,又"出榜朝堂,使内外知为虚妄",还欧阳修一个清白。但这次诬告搞得欧阳修狼狈不堪,坚决乞求退休,宋神宗再三挽留,最后不得不同意欧阳修到亳州任知府。

诬告政府高官,却又理直气壮地说是"出于风闻",这样的事情恐怕只有在宋朝才有。之所以这样,根源在于宋代台谏官的一项特权——风闻言事。

不仅宋神宗颇受风闻言事的困扰,他的长辈宋仁宗也曾被"风闻言事"敲打。据说,谏官王素听闻,武将王德给宋仁宗送了几个美女,赶紧上书劝谏。宋仁宗很生气地责问:"这是后宫里的事,你怎么会知道?"大有一言不合便兴师问罪之意。王素从容地说,"风闻言事是我的职责,如果属实,陛下您就老实改过自新,没有的话,当成妄传就行了呗,为什么非要责问是从哪里得来的消息呢?"宋仁宗一听,立刻息怒,不仅痛快地承认了确有此事,还将王德送的美女遣送出宫。可以说,即使身为皇帝,犯了错误也必须改正,甚至连子虚乌有的事情也必须赶快澄清。宋神宗的继承者哲宗皇帝即位后,左谏议大夫刘安世听到民间盛传宫里要征集奶妈的消息,大感纳闷,心想皇帝已经十三岁了,不可能还没断奶啊?他一琢磨,心想找奶妈恐怕是个托词,真实原因当是收集美女。于是,刘安世上书进谏,说皇帝应该把心思多放在学习治理国家上,而不要沉溺于男欢女爱。一席话把小皇帝说得低头无语,逼得太皇太后赶紧出面澄清:"没这事,你是误听谣言了。"

对于宋代台谏官的"风闻言事"权力,王安石曾有一段精妙的总结:"许风闻言事者,不问其言所从来,又不责言之必实,若他人言不实,即得诬告及上书诈不实之罪;谏官、御史则虽失实亦不加罪,此是许风闻言事。"[1]这句话说到了两点,一是皇帝不能强制台谏官说出信息的来源。这一措施可以很大程度上保护

---

[1] 转引自曾哲:《"风闻言事":监察谈话的可能与不可能》,《理论与改革》,2019年第2期,第120页。

第二章 新皇帝的梦想

举报人的安全,防止他们被报复,从而鼓励人们对权贵阶层的违法犯罪行为进行检举揭发。二是皇帝也不能因为台谏官员上奏内容不实就给予处罚。对风闻中的官吏违法行为,在真相未明或没有确凿证据的情况下,也可以上奏弹劾。弹者不必署名,即使弹劾有误,也不负任何责任。因为台谏官权力有限,不可能对检举内容一一核实,如果要求台谏官对真实负责,那么风闻言事只能沦为空谈。此外,还有一点王安石没说,便是"不先白台长",即台谏官员可以绕过他们的上司——御史台和谏院的一把手,而直接上报皇帝。这一"越级上言"的惯例,更增强了台谏官员的独立性和胆气。随之而来的,是台谏系统在宋代的政治上发挥了远超其他朝代的重大作用。在编写《宋史》时,元朝人敏锐地发现了这一点,一针见血地指出"宋之立国,元气在台谏"。之所以在这里介绍宋朝的言官制度,就是因为这个制度始起于宋初,贯穿于王安石变法始终,对宋朝兴衰起了不可忽视的作用。

  以上事件,耗费了宋神宗许多精力,结果却如此"乌龙",皇帝气得无可奈何。不仅如此,接着又发生了新任御史中丞王陶弹劾正副宰相韩琦、曾公亮"不押常朝班"。这是什么意思?依照宋朝礼制,皇帝上朝时,要有人带领其他官员躬行大礼山呼万岁,叫押班。不过,唐代押班的是监察御史,宋代是宰相和副宰相,但宰相们公务很多,有时无暇出席礼仪性的朝会,也就慢慢地不再押班。王陶以此事为由,给两位宰相扣了一顶"专权跋扈"的帽子,并引霍光、梁冀作为类比。宰相跋扈,按照王法应该诛杀。虽然王陶官不大,但却是宋神宗身为东宫太子时的旧臣,与皇帝有着较亲密的私人关系,这件事其实已经隐隐透露出皇帝削弱宰相权力的意图。[1] 被参之后,韩琦意识到自己两朝定策,位极人臣,已经严重地破坏了北宋朝廷的政治平衡了,于是主动要求辞相外放。宋神宗先让他去西北做陕西路经略安抚使,在地方守边疆几年后,又派他到大名府救灾,引发了上述废除青苗法的争议。

  当朝宰相韩琦走了,但大臣还没有消停,互相告发,并动不动以闭门不出或罢工要挟。宋神宗折腾了两个月,才安抚了这些有脾气的大臣。

---

[1] 赵冬梅:《大宋之变,1063—1086》,第118页。

变　宋

宋神宗很是郁闷，不当皇帝不知道，一当皇帝怎么这么窝囊，不仅财政开支捉襟见肘，而且为国分忧的人也没有。朝中充斥着不干事又惹是生非的官僚，要想富国强兵，必须寻找能臣良将，物色能安邦治国的英才。

谁才能出来真正为国分忧？

寻找英才

朝中无人，宋神宗只得变换方向，到外面寻觅。最终，他将目光锁定在颇具盛名的王安石身上。

宋神宗早就知道王安石。他在做皇子时，亲信韩维[1]经常对国事发表一些独特见解，令他豁然开朗。这时，韩维总会说："这不是我说的，是我朋友王安石的看法。"久而久之，王安石的高大形象慢慢刻画到宋神宗的脑海里，甚至产生了些许崇拜。

王安石的名气是自然形成的吗？

芸芸众生中，能够被人欣赏、荐举或提拔实在是太难得了。王安石的父亲在地方任官，没有什么名气，现实让他意识到，不能让儿子走自己的老路。当时结交上层是一个常见的现象，高官名臣有力的举荐，是获得朝廷要职的捷径。王父希望王安石能借助名门望族早日升迁，让他与韩绛、吕公著等书信往来，虚心结交。韩、吕两家是名门望族，当时人称"天下之士，不出于韩，即出于吕"[2]。王安石与韩绛、吕公著为同年进士，二人认同王安石的才华，逐渐成为王安石的朋友，经常举荐他。后来，王安石又让自己的长子王雱在考中进士后来到京城，随时和韩维等保持联系。当时，外省考生或官员每次进京，也是一次结识贵人的好

1　韩维（1017—1098），字持国，开封雍丘（今河南杞县）人。以父荫为官，父死后闭门不仕。后富弼安抚河东，辟为幕府。经欧阳修荐为检讨、知太常礼院。以秘阁校理通判泾州。当时宋神宗被封为淮阳郡王、颍王，维皆为王府记事参军。宋神宗即位后，韩维历任龙图阁直学士、翰林学士、开封府知府和御史中丞等。起初，韩维与王安石、司马光、吕公著交好，被时人誉为"嘉祐四友"，多次向皇帝举荐王安石。王安石推行变法之后，韩维发现新法弊端，直言不讳，与王安石交恶，被贬往地方，先后外放襄州、许州知州。绍圣二年（1095），韩维被定为元祐党人，降为左朝议大夫，又被贬至崇信军节度副使，安置到均州居住。元符元年（1098）病逝。

2　上海古籍出版社编：《宋元笔记小说大观·邵氏闻见录》，上海：上海古籍出版社，2007年，第1714页。

机会，这就需要推荐信，才能方便结识朝中要员。比如，嘉祐元年（1056），苏洵带领苏轼、苏辙进京赶考前，先到成都拜见张方平，将自己的著作呈上，请他写推荐信给文坛泰斗欧阳修，同时另一位姓雷的官员也写了推荐信，盛赞他们具有"王佐之才"。父子三人怀揣两封推荐信入京，见到了主考官欧阳修与枢密使韩琦。欧阳修为当时文坛领袖，韩琦身居要职，一字褒贬，足以关乎一人之荣辱成败。[1] 秉性刚硬的苏洵之所以这样做，主要是因为他在多次名落孙山之后，痛定思痛，意识到官场人脉的重要，真所谓"哪管你才高八斗，就怕朱衣不点头"。科举考试不被考官看中，就是才高八斗也枉然。李白早就曾经感叹"生不用封万户侯，但愿一识韩荆州"。仅仅依靠守株待兔是不会有什么好结果的。苏洵鼓励两个儿子积极进取，主动结识自己生命中的"贵人"。

与此相似，王安石也主动结识朝中显贵人物，也得到了欧阳修的赞赏，欧阳修作诗称赞他：'翰林风月三千首，吏部文章二百年。老去自怜心尚在，后来谁与子争先。"文坛领袖的赞赏，让王安石的诗文在社会上产生了广泛的影响。在当时还是颍王的宋神宗官邸任职的韩维、孙永等人是王安石的崇拜者，在日常讲论之间，常常对赵顼提到王安石的思想，使赵顼从小就记住了王安石，倾慕他的卓越才能。特别是读过王安石的《上仁宗皇帝言事书》之后，对王安石的理政治国思想更是赞赏。

"名副其实"是王安石的真实写照。王安石曾任地方官员多年，了解国政民情，虽在朝中几经沉浮，未受大用，但在士大夫中享有极高的声誉。时人称赞他质朴节俭，不嗜酒色财利；赞美他视富贵如浮云，不以自身荣辱进退为意；钦佩他好学深思、深通经术，成一家之学。据《元城语录》记载："其人（王安石）素有德行，而天下之人素尊之。""当时天下之论，以金陵（指王安石）不做执政为屈。"[2] 黄庭坚记载："余尝熟观其风度，真视富贵如浮云，不溺于财利酒色，一世之伟人也！"[3] 连司马光也认为："远近之士，识与不识，咸谓介甫不起则已，

---

[1] 林语堂：《苏东坡传》，第34—38页。
[2] ［宋］马永卿：《元城语录》卷上，清雍正元年钞本，第38—39、58页。
[3] ［宋］黄庭坚：《豫章黄先生文集》卷三〇《跋王荆公禅简》，《四部丛刊》景宋乾道刊本，第1345页。

变　宋

起则太平可立致，生民咸被其泽矣。"[1] 尤为重要的是，王安石几年前曾上书宋仁宗，力陈"理财为先"的改革建言，与宋神宗"富国强兵"的心愿不谋而合。

在上次征求建议时，宋神宗留了个后手，下了一条指令，令王安石就任江宁知府。过了半年，又任命王安石为翰林学士兼侍讲，令其进京。王安石和好友韩维联系不断，确认实现抱负的机会到了之后，他没有推辞，任命一到，立即接受。与王安石一起进翰林院的，是他前半生的好朋友、后半生的死敌司马光，两个人的瑜亮情结纠缠了一生。从两人的任用看，宋神宗不是从一开始就选择了王安石，而是在机会均等的条件下，除王安石之外，所有的人都在回避，逼得皇帝只能选用王安石。即使是这样，王安石仍然没有立即得到充分的信任和权力。宋神宗四处打听，分两步来了解王安石：一是向大臣咨询，二是亲自问话。

在征求意见阶段，历史记录中留下了很多对话，比如宋神宗问自己的第一位宰相韩琦，王安石为何许人也？韩琦摇头说，让王安石当个翰林学士绰绰有余，进入宰执就万万不可，宋神宗没再问下去。其实，知情的人都知道，两人有过节，韩琦在扬州时误会了王安石。后来，宋神宗又问告退的宰相富弼，"你告退，谁能够代替你？"富弼推荐文彦博，宋神宗沉默不语，很久后才说："王安石怎么样？"富弼也沉默不语。宋神宗陆续又询问了孙固、吴奎、唐介等人，得到的回答大同小异，一致认定王安石学识过人，但气量狭窄，不应该给以高位。后来，宋神宗向唐介提出了萦绕于心的问题，为什么那么多大臣反对王安石当宰相？他是"文学不可任？吏事不可任？经术不可任？"唐介直言不讳地说，王安石好学，但拘泥于古法，议论很迂阔；要是让他当宰相，一定会变更现有的律法，让天下不得安宁。

虽然有很多的不同意见，但也有很多人非常看好王安石。欧阳修、韩维、吴充等一些重要人物大力推荐王安石。与韩琦共任宰相十年之久的曾公亮力主起用王安石。治平四年，曾公亮对刚刚即位的宋神宗说："安石文学器业，时之全德，

---

[1] ［宋］司马光：《温国文正司马公文集》卷六〇《与王介甫书》，第1791页。

宜应大用。"熙宁二年，他以年老为由避相位，荐举王安石为相。[1]很多人认为王安石"英分施人""才高一世""志存经济"，许多呼吁改革的士大夫认为，只要王安石出山，天下可致太平。韩魏公亦曾言："天下盛推王安石，以为必可致太平。"[2]

众说纷纭，没有得到一致的答案，宋神宗决定亲自面谈。

熙宁元年四月，宋神宗召王安石越次入对。一场历史上最为著名的君臣问策上演，意味着王安石变法的序幕缓缓升起。

初次见到王安石，宋神宗"一见奇之"。此时的王安石，已经不是初出茅庐的青涩书生，而是一个有着非常深刻的见解和充足实践经验的能臣。面对宋神宗，王安石不慌不忙，侃侃而谈。

宋神宗问："当今治理天下，应该先做什么？"

王安石回答："择术为先。"

"唐太宗如何？"

"陛下当法尧、舜，李世民算什么？尧、舜之道，至简而不繁，至要而不迂，至易而不难。只是后来人们学不会，才以为高不可及。"

"卿对朕的期望太高了，我们共同努力，达到这个愿望。"[3]

互相谈理想，宋神宗以李世民为偶像，却不料王安石认为李世民没有远见，做法也不尽合乎法度，他的子孙又大都昏恶，不值得效法。要想效法，就要树立远大目标，他直接拔高到传说中最了不起的尧、舜，让年轻的皇帝又惊又喜。

针对宋神宗询问本朝开国百年享有太平的原因，王安石奏上一本《本朝百年无事札子》，陈述了北宋自太祖开国以来五朝施政得失，抨击了"累世因循末俗之弊"。他认为，本朝历代帝王大都是因循守旧，不思改革，因而才导致吏治败坏、财物匮乏、武备松弛、徭役繁重、"民不富"而"国不强"、表面"无事"而危机四伏的局面。百年来之所以没发生动乱，是碰巧老天帮忙，不然早就出事

---

1 李瑞良：《王安石变法与"福建子"》，《福建论坛（文史哲版）》，1985年第4期，第46页。
2 [宋]潘自牧：《记纂渊海》卷五二，清文渊阁四库全书本，第4686页。
3 参见[宋]杨仲良：《皇宋通鉴长编纪事本末》卷五九，载刘成国：《王安石年谱长编》（二），第771页。

了。在总结百年来积弱积贫的问题基础上，王安石希望神宗能亲近群臣，听取各方面的意见，制定切合实际的措施。宋神宗一遍又一遍阅读王安石的奏折，爱不释手，倍感振奋。

第二次见面，宋神宗便要王安石详陈革除弊病的"设施之方"。王安石说要讲的内容太多，臣还是给您讲学，讲学既明，实施的方案也就不言而喻了。

一日侍讲经筵，宋神宗令王安石讲《礼记》，涉及曾子易箦。曾子是孔子弟子之一，视守礼法甚于生命。他没有做过大夫，无意中用了大夫专用的席子，哪怕是处于弥留之际，也依然命令儿子给他更换席子，刚换完，他就无憾而终了。王安石认为《礼记》太杂，不如讲《尚书》，这可能是皇帝最希望听闻的。

经筵之后，大臣退去，宋神宗独留下王安石。

宋神宗说："刘备有诸葛亮，李世民有魏征，才有后来的成就。这两个人，都是不世出的人才啊。"

王安石摇头："陛下能像尧、舜，自然有皋、夔、稷、离等贤臣出现。在得道之人看来，魏征和诸葛亮，也都能随处找到。以天下之大，人民之众，杰出人才很多，只有您真诚寻找，真心对待，才能收揽天下英才。不然，就算有贤臣良将，也会被小人蒙蔽，不得不离您而去。"

"哪个时代没有小人？尧、舜时期，也有四凶。"宋神宗提到的"四凶"，是指传说中舜帝流放到四方的四个恶人，一种说法是混沌、穷奇、梼杌、饕餮四头凶兽。

"正因为能看出谁是四凶，并且除掉，所以才是尧、舜。要是让四凶随意妄为，皋、夔、稷、离这样的君子还能正常工作吗？"[1] 王安石回答道。

谈话之后，年轻的神宗皇帝感叹不已，赞叹王安石说得太好了，见解深刻。也许，宋神宗还未意识到，王安石提出了改革要求，希望神宗像尧、舜支持皋、夔、稷、离一样支持他，除掉所谓的四凶，排除阻力，让他放手工作，大展才华。当时，尧、舜是士大夫们绝对肯定的典范、没有瑕疵的理想帝王、人们心目中向往的道德高标。北宋士大夫中有些人对汉高祖、唐太宗歌颂有加，也有些人

---

[1] 刘成国：《王安石年谱长编》（二），第816—817页。

不以为意，意见不一，但如果用尧、舜作为一面政治大旗，不仅符合"法先王"的潮流，也可以减少攻击和阻力。而且，尧、舜时的四凶，是遭到国人一致反对的，好坏阵线清晰分明，这也就是王安石推崇尧、舜的原因。

这场对话，宋神宗与王安石各自说了自己的看法。宋神宗希望王安石像诸葛亮、魏征一样，忠心不二地辅佐自己，成就一番事业。王安石也希望宋神宗坚定改革的决心，坚定不移地采用他的建议。虽然两人政治路径略有不同，但目的是一致的，都希望北宋中兴，富国强兵。

在宋神宗与王安石讨论变法期间，发生了一场著名辩论。它起源于河朔地区的水灾。当时宰相曾公亮提议，考虑到财政紧张，建议取消郊祀之后对大臣的赏赐，省下钱来救灾。按照宋朝惯例，每次春季祭天大典完成后，都要赏赐给文武百官银两绸缎，含有对开春以后新一年的拜托之意。宋神宗登基后的首次春季祭天大典，却连这笔钱都发不出来了。曾公亮的建议引起一些大臣的反对，支持者和赞同者两派在皇帝面前争辩起来。

司马光赞同削减郊祀赏赐，认为国库日益空虚，国用不足，上下都应该节俭，取消赏赐很好，节俭从官员开始。

王安石反对，认为省不了几个钱，斤斤计较，有失大体。这种节省，根本就是杯水车薪，起不了大作用。例如唐朝宰相常衮，不堪宰相大位，不为政做事，却提倡节省午餐，被人讥笑。辞饭还不如辞位，不配做宰相就不要贪恋高位。何况现在财政吃紧，只是表面现象，找到真正的根源，才有利于解决真正的问题。

司马光摇头说，常衮减少俸禄，提倡节俭，总比尸位素餐的人好。何况，现在国家最重要的问题就是物资不足，财用缺乏。

王安石别有深意地说："是什么造成国用不足？知道问题的核心是什么吗？根源在于没找到真正善于理财的人。"

司马光不为所动，立即反驳："你所说的善于理财的人，不过是按照户口、人头数目尽情搜刮民财而已。百姓穷困，再行增税，就会有更多的人沦为盗贼，这不是国家之福。"

变　宋

　　王安石非常平静地说了一句振聋发聩的话："善理财者，不加赋而国用足。"可以不加税，不增加老百姓负担，就让国家的收入增加。

　　宋神宗激动了，如果不加赋税而实现国家富强，那他就能有充足的财力实现自己的志向。

　　与神宗不同，司马光愤怒了。王安石的话简直就是在挑战他的学识，他立即说："天地间的财物有定数，不在官就在民。你提出的民不加赋而国用充足，不过是想方设法抢夺民财，比加赋税破坏性更大，加赋至少还有明确的标准和数量，胡乱搜刮民财可能更无节制！何况，历史上早有奸佞小人使用过这个招数了，汉朝的桑弘羊用来搜刮百姓，后果不堪设想。"

　　王安石答道："宋太祖时，赵普等为执政大臣，获得的赏赐以万数。今年祭祀的赏赐只不过三千，怎么能说太多呢？"

　　司马光说："赵普等人运筹帷幄，辅助国家建立，赏赐过万，也很合适。但是今年祭祀，我们只不过上上奏折、辨别泥土，有什么功劳能与赵普等开国功臣相比呢？"

　　为此事，两人争论了很久。最后，王珪劝解说："司马光提议节省，是对的。王安石说花费不多，不要破坏规矩，也不错。请皇上裁定。"[1]

　　接下来，宋神宗下了结论。他说，自己的意见和司马光接近，但是关于两府是否减掉赏赐，以王安石的见解为准。皇上认为，该花的钱是要花的，但关键在于能找到生钱的法子。不能因为没有钱，就不干事，而是要想办法弄钱来办事。

　　从辩论中，可以看出变法最重要的三个人物的特点。掌握最高权力的宋神宗能够广泛听取不同意见，但由于立场不稳，自信不足，经常动摇不定，用王安石的话说是"为异论所动"。这就使得保守派有了可乘之机，通过各种渠道向宋神宗进言，诋毁新法，试图阻挠改革步伐。其实，宋神宗内心总是希望两全其美。他一方面希望改革顺利推行，一方面又不愿某一方过于强势，在权术上采用了异论相搅的策略。他想走一条阻力最小、反对意见不多，最好是人人赞成、各美其

---

[1] 刘成国：《王安石年谱长编》（二），第808页。

美的改革之路。

与之不同，改革主将王安石和保守派代表司马光则立场分明，表现出了强烈的自信和无坚不摧的勇气。王安石坚定不移地推行新法，决不妥协退让，反对改革的人，不论其地位多高，权势多大，同党多少，都不能动摇他的决定。而司马光则几十年如一日地反对新法，逐条反驳每一条新法法令，无论在朝还是在野，都不动摇己见。不仅仅是观点的差异，两人在改革指导思想上也存在根本性的矛盾。司马光认为"万物有数，不在官即在民"，因此主张节流；王安石提出"不加赋而国用足"，主张开源，创造更多的财富。抛开传统"道德"的因素，单以经济论事，司马光的理论可以归纳为两个字"零和"——即收入和支出相等，不在官即在民。王安石的理论叫"增值"——政府出资本，用各种手段，包括政府调控、降低利率等办法来刺激市场，加快周转速度，产生更高的税值。简单地说，就像小商贩做买卖，只要货走得快，价钱不变，也照样赚大钱。梁启超感叹，王安石真高明，超出了时代的限制。那么问题产生了，王安石"超出了时代"，就很难被时代所理解。为什么宋神宗能相信他呢？主要是王安石提出的"宏伟蓝图"太迷人了，"不加赋而国用足"的前景太美好了，简直就像是神仙，一挥手就出现了国富民强的盛景。

宋神宗经常召见王安石，就变法改革的相关事宜进行讨论。变法的主要内容该是些什么？如何推行变法？变法可能会带来什么样的结果？在这样一次又一次讨论分析之后，变法的方案和细节越来越清晰了。在变法启动的前夜，宋神宗又召王安石进行了一次重要的金殿会谈，对王安石进行最后一次的全面考察。

这次，宋神宗终于问到了他最关注的问题——韩琦、唐介等大臣不同意王安石任宰相的原因，也是王安石变法最让人诟病的因素之一。宋神宗问："人皆不能知卿，以为卿但知经术，不晓世务。"意思是说，大家都不太了解你，都以为你只懂得理论知识，不懂具体实践，是不是这样？

王安石回答道："经术正所以经世务，但后世所谓儒者，大抵皆庸人，故世俗皆以为经术不可施于世务尔。"王安石的意思是说，理论本来就是指导实践的，只不过因为后世的儒者大部分都是庸人，根本没学会，才会说理论指导不了实践。

下面的才是重点。

宋神宗问："然则卿所施设以何先？"那么，让你来治理国家，你首先要做的是什么？

王安石斩钉截铁地说："变风俗，立法度，是当前最大的急务！"他接着上奏："国之大本，首在理财，周朝设立泉府等官，无非酌盈剂虚，变通民利，后世唯汉桑弘羊、唐刘晏，粗合此意。今欲理财，急应修泉府遗制，籍收利权。利权在握，然后庶政可行。"王安石提到"变风俗，立法度"六个字，具有非常强大的魔力，是刘邦建立汉朝以前中国古代最了不起的一种变法思想。春秋战国时，每一个国家，只要想富强，想在弱肉强食的环境中屹立不倒，发展壮大，就必须要遵从它，甚至于秦始皇消灭六国，统一天下，都以它为根本。

至此，宋神宗已经完全为王安石的变法理论所折服，君臣在关键性的思想上取得了高度的一致，宋神宗圣意已定，改革变法，非王安石莫属。王安石同样也是满怀豪情，希望通过施展所学而富国强民。

王安石给宋神宗画了一张大饼——"民不加赋而国用饶"，政府通过适当的政策来引导价值创造，就可以通过新增的财富来满足国家财政支出，而不会增加百姓的负担。相比而言，王安石的经济思想比司马光先进得多，他不仅看到了经济增长的潜力，而且还富有预见性地指出了经济增长的方向：一是资源开发，"因天下之力，以生天下之财"；二是重视流通，建立开放性的经济体系，"富其家者资之国，富其国者资之天下"。[1]

王安石描述的美丽的图画，让宋神宗做起了一个国家崛起的梦。从此之后，宋神宗对王安石言听计从，二人成为中国历史上非常契合的一对君臣。

正是基于此，宋神宗在接到两太监的基层调查报告和李定的汇报后，才转变了看法，继续支持变法。从这件事上也可看出，年轻的宋神宗在变法中也会犹豫

---

[1] ［宋］王安石：《临川先生文集》卷七五《与马运判书》，《四部丛刊》景明嘉靖本，第1911页。

第二章 新皇帝的梦想

不决，心高志大的人也会忧心忡忡——追求完美，见不得瑕疵。体现在宋神宗身上，就是一边期盼着变法图强的美好结果，一边又想着尽量安稳，别出大矛盾，别让国家伤筋动骨。

无论宋神宗怎么想，为了实现梦想，他都离不开王安石。

王安石是什么人？他有什么特点呢？

第三章

王安石其人

第一章提到，有人猜测张若水、蓝元震害怕王安石报复，不敢说真话。是不是这样呢？王安石是个睚眦必报的人吗？他有什么特别的能力吗？据言官李常讲，他亲眼看见王安石有"媚术"。一次，他上奏批评新法弊端，宋神宗听之动容，开始表现出对新法的不满，但王安石在宋神宗耳边轻轻地说了一句话，宋神宗连连点头，神态立变，非常顺从。李常百思不得其解，逢人便说王安石有狐魅迷魂之术。这件事记录在宋代笔记小说《道山清话》中。比王安石稍晚一点的邵伯温在《邵氏闻见录》中提到："王荆公（王安石后被封为荆国公，故有此称）之生也，有獾入其室，俄失所在。"比邵伯温稍晚一点的郑景望在《蒙斋笔谈》中也说："荆公初生，家人见有獾入其产室。"于是，两宋很多人相信王安石的真身是一只獾。更为玄乎的是，宋朝人蔡絛在《铁围山丛谈》中信誓旦旦地说，他听父亲讲，一位"异人"李士宁曾识破过王安石野獾的真身。史料记载，王安石出生时，有獾进入房间里，一会儿就不见了，所以王安石的乳名就叫"獾郎"[1]。

---

[1] 古代小孩子还在哺乳时期一般就会起小名，以便在家庭和较亲密的人中进行称呼，所以又称作"乳名"。大多数"乳名"是贱称，古人相信这样可以使孩子平安长大，避开妖鬼索命。如司马相如小名"犬子"，顾恺之小名"虎头"，陶渊明小名"溪狗"，宋孝宗赵昚小名"小羊"等。

第三章 王安石其人

王安石是什么样的人呢?他身上的"神秘"色彩从何而来?

下面,我们就走入王安石的家族,沿着他成长的足迹,近距离地认识这位影响了北宋王朝命运的人。

伤"仲永"的少年

据说,在北宋临川县城(今江西抚州市临川区)东面,有一个大丘,是当地最高的地方。当年这个大丘是盐车卸车的地方,因此又叫盐步岭,也写作盐埠岭。王安石的老家就在盐埠岭下,王安石后来回忆,"临川之城中,东有大丘"[1],小时候,他曾经随大人到那里游玩,非常喜欢那里的山水人情。

王氏虽不是世家大族,但也不是一般普通人家。王安石的叔祖王贯之是进士,官至尚书主客郎中[2],是王家最早的成功人士[3]。在自述中,王安石提到他的父辈有数人曾在南塘做官,然品级不高,名气不显。王安石父亲王益在祥符八年(1015)中进士,一直在州县任职,能恩信化民,治理一方。王家读书环境很好,69年中出了8名进士,其中包括王安石的父亲和两个兄弟,家族文风之盛,史上少见。

王安石的外祖母吴家更是与众不同,堪称高门望族。吴家在离临川不远的金溪(今江西抚州金溪县),外祖父吴畋一生不做官,外祖母黄氏,擅长阴阳数术。但吴畋的哥哥吴敏是官员,两个儿子都是进士,典型的官宦之家。吴家自信、富足、潇洒的家族氛围,给王安石留下了非常深刻的印象。《伤仲永》的故事就发生在外祖一家居住的地方。

金溪有个孩子叫方仲永,家里世代务农。在他五岁时,有一天忽然哭着要纸笔。父母找来纸笔后,他立刻写了一首四言诗。父亲拿给一位秀才看,秀才认为写得不错。以后方仲永指物作诗,乡人都觉得奇异,渐渐有人专门来花钱求诗。

---

1 [宋]王安石:《临川先生文集》卷八三《大中祥符观新修九曜阁记》,第2102页。
2 郎中是分掌各司事务的长官,职位仅次于丞相、尚书、侍郎。隋朝,六部各设尚书一人,直接对皇帝负责,尚书之下有左右侍郎(副部长)和郎中(司长),郎中在北宋前期为五品职事官。
3 徐文明:《十一世纪的王安石:一个政治家的进退之路》,第3页。

变　宋

　　方仲永的父亲见有利可图，不让方仲永上学，拉着他到处拜访富贵人家。王安石和方仲永同龄，明道二年（1033）王安石跟随父亲回金溪探亲时，在舅舅家遇见方仲永，他已经十二三岁了。请方仲永作了几首诗，认为其诗和名望不符，并不像传说中的那样好。又过了七年，王安石从扬州回来，再次到舅舅家，问起方仲永的情况，回答说："他的才能消失了，和普通人没有什么区别。"方仲永虽然幼年早慧，但长大之后还是一个普通的乡民。庆历三年（1043），王安石回到临川，想起方仲永的遭遇，写下《伤仲永》一文。在文章末尾，他叹道：像方仲永那样天赋很高的人，不学习尚且会沦为普通人；如果资质平平，又不肯学习，岂不是连普通人都赶不上吗？

　　据记载，王安石小时候聪明好学，读书诵经过目不忘。他回忆少年时光，自称"此时少年自负状，意气与日月争辉"，意气风发，恃才傲物，吟风弄月，能诗擅赋。王安石深受父亲王益官宦生涯的影响，他出生在父亲临江军判官任上，幼年、少年时期随父亲升迁调转，辗转各地。由于王安石的父亲没有购置田产，到别的地方上任时只能携带家眷，一家人都靠他的俸禄生活。或许这样一个没有田产的家庭，让王安石感受到了生计艰难，使他一生崇尚节俭。王安石十岁时，王益以殿中丞知韶州，三年后以丁忧去职，王安石也随父亲归乡，在舅舅家遇到了方仲永。

　　十六岁时，发生了一件对王安石影响很大的事情。明道五年（1036），王益守孝期满，带着王安石进京述职，此行让王安石开拓了眼界。在京城，王安石认识了曾巩，曾巩向自己的老师欧阳修推荐了王安石的文章，欧阳修非常赞赏。十七岁时，王益任江宁通判，王安石随父赴江宁。王益是一个务实的官员，所到之处，总尽力做一些兴利除弊的事情，颇有政绩。王安石十九岁时（1039），父亲去世，葬江宁牛首山。他留在江宁守丧，面对"母兄呱呱泣相守"的现实，以及"三载厌食钟山薇"的困顿生活[1]，沉痛之余猛然醒悟，意识到人生无常，逝者

---

[1] 徐文明：《十一世纪的王安石：一个政治家的进退之路》，第33页。

莫追。他不再风流自赏,而是专心钻研学术,修养道德。[1] 像很多伟人小时候一样,王安石很小就有了自己人生奋斗的榜样,他希望自己像周朝始祖"稷"与商朝始祖"契"那样,成为影响历史走向的大人物。

王安石曾先后求学于杜子野、田况等,逐渐形成了自己的观点。他具有广阔的视野,在给曾巩的一封信中,提到自己读书的事情,他说:"自百家诸子之书,至于《难经》《素问》《本草》诸小说,无所不读;农夫、女工,无所不问。"[2] 即使研读儒家经典,也总能说出新颖的见解。在治学方面,他最瞧不起的是董仲舒等汉儒胡乱注解经典,尤其"天人感应"之说更被王安石批评为无稽之谈。他认为,读书人应该抛开汉儒的误导,大胆地去发现经文的"本意"。要通晓儒家经典的内涵,不能只在儒家经典内部转圈子,而是要摒除门户之见,广读诸子百家的著作,乃至《素问》《本草》等实用之书,才能在学业上真正精进。对王安石的学习方法,苏轼大为赞赏,认为他在学术上"网罗六艺之遗文,断以己意;糠秕百家之陈迹,作新斯人"[3]。通过学习书上的知识并加以思考,王安石形成了独到的见解和独特的思想体系。

除研读经籍外,王安石还喜欢做一些调查和访谈。对那些在生产中、生活中富有实践经验的农夫工匠,也是无所不问,借此验证从书本中得来的知识和观点。[4] 这样的学习方法和实地调查验证的做法,使王安石不但对古代典籍有了深刻、独到的见解,而且对当时的社会现象和存在的问题有了颇深的体察。他在《感事》诗中写道:"贱子昔在野,心哀此黔首。丰年不饱食,水旱尚何有。虽无剽盗起,万一且不久。特愁吏之为,十室灾八九。"[5] 农民丰年尚且吃不饱,碰到水旱灾害更是一无所有。冬春之际,十有八九的家庭交不起租子和赋税。百姓流离失所,官府横征暴敛,豪强兼并,贫富分化加剧,社会矛盾激化,政权将有颠覆的危险。

---

[1] 李霞:《屡辞京官朝廷欣赏 锐意进取士林非难:"拗相公"的性格养成史》,《国家人文历史》,2017年第2期,第43—47页。
[2] [宋]王安石:《临川先生文集》卷七三《答曾子固书》。
[3] [宋]佚名:《宋朝大诏令集》卷二二一《王安石赠太傅制》,清钞本,第2909页。
[4] 安开学:《中国名人大传:王安石》,北京:北京联合出版公司,2019年,第4页。
[5] [宋]王安石:《临川先生文集》卷一二《感事》,第452页。

变　宋

庆历二年（1042）的春天，王安石22岁，迎来了人生的一次飞跃。他参加了由皇帝主持的殿试。主考官晏殊判卷时，对王安石的文章拍案叫绝，传给其他副主考阅览，大家一致叫好，将王安石排在头名，第二名是王珪，第三名是韩绛，第四名是杨寘……之所以点出前四名，是因为最终放榜出来的名次出现了颠覆性变化。

如果是在唐朝，排在第一的王安石当状元丝毫没有悬念。但在大宋则不然，根据规定，主考官定的排名只是一个建议，最后由皇帝定夺。晏殊把前几名的卷子呈递给宋仁宗，皇帝接过来从头阅读，突然眉头皱了起来。他把卷子往桌子上一放说："此文中有禁忌，不可魁天下。"晏殊等主考官惊恐万分，急忙拿起卷子，发现惹祸的是"孺子其朋"四个字。"孺子其朋"出自《尚书》，原文是："孺子其朋，孺子其朋，其往。"这是周公辅佐周成王时对周成王说的话，大意是说："孩子呀孩子，你和大臣们要融洽相处。"要放在二十年前宋仁宗是一个十几岁的小皇帝时，说这句话可能问题不大。但当时宋仁宗已经三十三岁，王安石才二十二岁，用这种口气对皇上说话，显得非常不合适。

怎么办？

皇上说调换，可以把第二名调成状元。第二名是王珪，已有官职在身。宋朝规定"有官人不为状元"，在朝廷当官的人，考得再好也不能当状元。为什么呢？为了避嫌，尽量避免可能存在的裙带关系，为天下读书人创造一个公平公道的竞争环境。第三名韩绛，也有官职在身。那么就轮到了第四名杨寘。宋仁宗一见杨寘的名字就说，杨寘乡试和会试都是第一，这下成全他，让他连中三元。就这样，原本第四名的杨寘，高中状元。而原本居首的王安石，列二甲第一名及第。

杨寘得了状元，可以大肆庆祝。但是，王安石呢？据史料记载，他从来没有提过这件事。北宋王铚在《默记》中说，王安石"生平未尝略语曾考中状元，其气量高大，视科第为何等事而增重耶！"王安石并不看重名次，认为考试只是"钓取薄禄欢庭闱"[1]。此次科举，被欧阳修和王安石都交口称赞的曾巩，却榜上

---

[1] ［宋］王安石：《临川先生文集》卷一三《忆昨诗示诸外弟》，第483页。

无名。落榜后的曾巩说：什么状元不状元的，历朝历代不是出现过无数的状元吗，但真正能干出一番事业的却寥寥无几！一语成谶，杨寘中状元两年后，因母亲去世，悲伤过度也随之去世，年仅30岁。或许王安石不冤，和他一样与状元失之交臂的，在唐朝有黄巢（貌丑），在北宋有欧阳修（太过骄傲[1]），在明朝有郭翀和王艮（长得难看）以及张和（眼疾）等，皆与状元无缘。有趣的是，王安石与殿试一甲第一名失之交臂，由此，威名赫赫的唐宋八大家中没有一个人被钦点状元。

因为一个典故变成了第四名，虽说有些倒霉，不过还算命好，碰上一个宽宏大量的宋仁宗。如果发生在清朝，碰上爱制造文字狱的乾隆，恐怕就不是当不当状元的事，而是要不要满门抄斩了。科举考试一波三折，可能也预示着王安石一生宦海生涯的起落沉浮。

这次进京考试的还有王安石的好友曾巩。长他两岁的曾巩，读到王安石的文章，认为文风恣意纵横，孟子、韩愈之后，唯此一人。他极力向当时的文坛泰斗欧阳修推荐，称王安石"文甚古，行称其文"[2]。欧阳修特意表扬了王安石，后来还推荐他到开封任职。曾巩和王安石经常书信往来，成为至交好友，对推动王安石变法起了很大作用。

中第后，王安石与其他同科进士共同拜访主考官晏殊，待众人退后，晏殊独留下王安石，相认为老乡，并邀请王安石吃饭。据王铚《默记》记载，吃饭时，晏殊叮嘱王安石"能容于物"，暗指王安石不能容人。宋朝笔记中有很多这样的暗示性文字，其真实性有待考察。

在宋朝，金榜题名后，进士大都希望留在京城，但王安石却与众不同，他更愿意到地方任职。庆历二年，王安石被委任为签书淮南东路节度判官公事，通俗地讲是扬州知州的一名幕僚。淮南三年，他苦学勤思，思想体系逐步形成。在《送孙正之序》中，他阐明了自己的儒学思想，认为："时然而然，众人也；己然而然，君子也。"小人和君子的主要区别在于小人人云亦云，随波逐流；君子则

---

[1] 据说，欧阳修的主考官晏殊认为欧阳修实在是太过优秀了，文辞之中有骄傲之情。晏殊不想让他太过骄傲，遂未判他第一名。

[2] ［清］蔡上翔：《王荆公年谱考略》卷三，清嘉庆九年刻本，第187页。

有自己的见解,按照自己的理解行事。有主见但不自私自用,而是顺从圣人之道,以周孔之意为意,以孟(子)韩(愈)之心为心[1],不以时俗害道,即便遭遇艰难困苦,也不改其志,不变气节。王安石不仅希望自己有孟子、韩愈的学识与精神,还希望比他们更幸运,一朝遇到明主,得志于君,借古道变流俗,真正实现政治理想和远大抱负。

庆历五年(1045)三月,王安石任职第三年,大宋名臣韩琦以资政殿学士任扬州知府。韩琦曾任枢密副使,参加庆历改革,改革失败后,被贬扬州。到任后,韩琦对幕下一名年轻人有些看不过去。此人早晨时常蓬头垢面,面带倦色。韩琦料想他必是夜夜流连于歌楼舞榭的酒色之徒,便在一次闲谈时教导他说:"君少年,无废书,不可自弃。"这个年轻人当时并未解释。离开府衙后,他与人说道:"韩公非知我者。"

这个年轻人便是王安石。原来,王安石依然保持着求学时代的勤勉,经常通宵达旦苦读,往往早上来不及梳洗就匆忙赶到府衙,这种做法引起了韩琦的误会。数年以后,韩琦明白当年误解了王安石,希望能将这位优秀的年轻人收入麾下,但那时的王安石已经不是韩琦所能收服的了。[2] 这次误解之后,韩琦和王安石一直没有机会合作,两人观念差异越来越大。第一章提到两太监在基层调查,起因也是韩琦上疏批评王安石的青苗法。两人政见分歧很大,频频针锋相对,势同水火。而王安石的"衣垢不浣,面垢不洗"的邋遢做派,一直到担任宰相时也没有改变,居然在一段时期内成为人们仰慕的理由、闲谈的"佳话"。但这种生活习惯遭到反对派的批评,他们认为王安石举止太过,不近人情,恐怕不是发自本心,有矫饰做作之嫌。苏轼之父苏洵曾做《辨奸论》(也有人认为是后世托名伪作),影射王安石"不近人情者,鲜不为大奸慝"。

司马光在《涑水记闻》中,记载了王安石在扬州的事情。韩琦虽然赏识王安石的学问,但不称道他的办事能力,即"不以吏事许之"。王安石曾多次以古义争公事,韩琦大多不接受,认为王安石很迂腐。所以王安石任期一满就走了。一

---

[1] 孟子曾经排斥喧嚣一时的杨、墨思想,韩愈曾独自抵抗皇帝大臣奉迎佛骨的风气。
[2] 上海古籍出版社编:《宋元笔记小说大观·邵氏闻见录》,第1755页。

次，韩琦收到一封信，其中有很多古字，就开玩笑地说，可惜王安石不在，他倒是认识很多生僻字。所以，司马光认为韩琦把王安石当成一个酸腐、死读书的人，而王安石意识到韩琦轻视自己，心有怨愤。[1] 与司马光不同，沈括《梦溪笔谈》、陈师道《后山谈丛》、蔡絛《铁围山丛谈》等记载了另一个故事。扬州芍药中有一品种，花分四岔，每岔上面花开一朵，而且花瓣上下呈红色，一圈金黄蕊围在中间，名为"金腰带"，此花不仅花色美丽、奇特，且传说此花一开，城中就要出宰相。花开之时，韩琦非常高兴，邀请陈升之、王珪、王安石四人饮酒赏花。韩琦剪下这四朵"金腰带"，在每人头上插了一朵。此后三十年中，参加赏花的四个人竟都先后做了宰相，这件趣事被称为"四相簪花"。[2] 在这个故事中，韩琦竟然邀请王安石到自己的府邸饮酒，表明还是器重这个年轻人的。两个故事，一个说韩琦笑话王安石书呆子，只会认生僻古字，一个说韩琦认为王安石堪当宰辅大任。作者立场不同，记录中也有所取舍，极大程度地增加了我们认识历史的难度。同时，这些明显相异的记载，也提醒我们在阅读宋人笔记时要好好斟酌，仔细比对不同史料，结合当时情景，才有可能还原一个更逼近真实的历史事实。

小县治理

浙江省宁波市东15公里，有一处被称为"西湖风光，太湖气魄"的名胜——东钱湖。该湖四周群山环抱，绿树簇拥，碧波荡漾，烟波浩渺，良辰美景造就了一个休闲旅游的佳处。但在一千年前，东钱湖处于大宋王朝东南一隅，声名不显，旱涝无常，为害一方。一个年轻县令，历经三年，筑坝修塘，兴修水利，不仅治理好了东钱湖，而且摸索出了一套富国强民、变法图强的措施。几十年后，该地经验推广到全国，一波激起千层浪，形成中华历史上最为波澜壮阔、最为诡异多变、波及最为深远的一场变革。

---

[1] 上海古籍出版社编：《宋元笔记小说大观·涑水记闻》，第941页。
[2] 这段小插曲记载在邵伯温的《邵氏闻见录》中，沈括在《梦溪笔谈》中完整记录了这个"四相簪花"的故事。该典故被宋代典籍《后山谈丛》《清波杂志》《墨客挥犀》《丞相魏公谭训》《西畲琐录》等转录。

庆历七年（1047），27岁的王安石被任命为鄞县（今浙江宁波鄞州区）知县，成为该县历史上最年轻的父母官。宋朝时的鄞县，既没有现在宁波的稠密人口，也没有今日的富饶繁华。当时有人为王安石叫屈，举荐他像其他同科进士一样担任馆阁清要之职，以便早日升入高层，但王安石却主动请求到地方任职。

当时，到东南沿海做官显然不是什么"美差"，僻远的鄞县一点儿也不显眼，但相比于朝廷，这里是一片宁静的所在。此时，北宋朝堂上是一片腥风血雨。范仲淹主持的庆历新政失败，革新名臣黯然退去。与此相比，东南沿海的鄞县，一颗新星正缓缓露出地平线。在那里，王安石启动了一次试验，虽然范围有限，但二十年后，试验中摸索出来的改革理念和制度设计，将登上最高政治舞台，放射出远超庆历新政的光芒。

刚走马上任，王安石便发现当地旱灾发生频繁，对农业生产影响很大，是造成老百姓生活艰辛的一个关键因素。鄞县地域辽阔，江河密布，濒临东海，江南水乡怎么会经常出现旱灾呢？

初来乍到，请教当地人是尽快熟悉地理人情的便捷方式。王安石向当地老农请教，老农告诉他，鄞县并不缺雨，只是存不住水。因为没有水利设施，不能蓄水，一段时间不下雨就发生干旱。虽然兴修水利是件大事，但农民是分散的，个人或家庭无能为力，需要政府或有能力的组织出头，带领大家一起应对旱灾。这并不是空想，有先例。吴越国钱氏统治时期，曾专设营田卒吏，负责修建疏浚水利设施，蓄藏山谷之水。那时各地设有"营田"吏，专管水利和营田事务，水利设施维护得好了，无旱涝之忧，人人安居乐业。但后来"营田"吏被废止，吴越国时代遗留下来的水利工程也渐渐废弃，山川之水得不到贮蓄，直接入海。一旦遇到少雨的年份，则发生旱灾。若旱灾连年，百姓则痛苦不堪。调查到这个情况后，王安石在《上杜学士言开河书》中写道："长老言钱氏时置营田吏卒，岁浚治之，人无旱忧，恃以丰足。营田之废，六七十年，吏者因循，而民力不能自并，向之渠川，稍稍浅塞，山谷之水，转以入海而无所潴。幸而雨泽时至，田犹不足于水，方夏历旬不雨，则众川之涸，可立而须。故今之邑民最独畏旱，而旱辄连年。"

旱灾的原因找到了，怎样才能减轻或避免旱灾造成的不利影响呢？方法不是凭空产生的，"纸上得来终觉浅，绝知此事要躬行"。青年王安石不是坐而论道的书呆子，他决定登山临水，实地察看。当年十一月，王安石从县城出发，用了十多天时间，行程数百里，东到穿山，西至桃源，跑遍了鄞县境内的"东西十有四乡"，沿路劝导农民除莳草，浚湖泥，砌堤堰，置碶闸。而各乡居民"亦皆惩旱之数而幸今之有余力，闻之翕然皆劝，趋之无敢爱力"。王安石所著的《鄞县经游记》一文详细叙述了他在鄞县各地考察的情况：

他十一月十四日从鄞州县城出发，至万灵乡之左界（今邱隘镇），宿于慈福院；十五日到了"升鸡山"（今五乡镇）观碶工凿石，然后"入育王山"，宿于广利寺（即今阿育王寺）。因为大雨不止，于是不再能东行。十八日"下灵岩（乡）"，"浮石湫"（今北仑大矸镇）之壑以望海，而谋作斗门（堤堰中泄水的闸门）于海滨，宿于灵岩之旌教院。二十日至芦江（今柴桥镇），临决渠之口，与百姓谋劈山开河，筑二十里长塘，宿于瑞岩之开善院。二十一日"游天童山，宿景德寺（今天童寺）"，二十二日"遂行至东吴，具舟以西"。二十三日泊舟堰下（今东钱湖镇），食于大梅山之保福寺庄。过五峰（今横溪镇），夜中方至小溪（今鄞江镇），宿于普宁院。二十四日观新渠及洪水湾，太阳西斜时至林村（今横街镇），半夜前，方至资寿院投宿。二十五日，巡视桃源、清道二乡（今高桥镇），完成政事的训导方归。[1]

王安石白天跋山涉水，晚上睡在寺院里；累了，在凉亭里休息一会儿，渴了，问老百姓要一口水喝，甚至掬一捧山泉。他衣裳粗砺，不修边幅，不让人接送。谁也不会想到，堂堂一个县太爷，竟然在荒郊野岭里穿梭，饥餐露宿。可王安石并不觉得辛苦，沿途走来，他骨子里涌动的诗情喷薄而出："溪深树密无人处，惟有幽花渡水香"。长途跋涉，孤苦艰辛，可是那些溪水、老树、幽花，一路陪伴着他，一切都变得诗情画意起来。王安石是天生的诗人，但他最想做的是一个为民谋福利的好官。

在踏访各乡、充分了解地理民情后，王安石对鄞县的灾害有了深刻认识，认

---

[1] 魏峰、刘成国、郭经超：《王安石鄞县足迹》，北京：人民出版社，2017年，第48页。

定当地最重要的灾害隐患是干旱。更为重要的是，通过调查王安石洞察到旱灾的根源——鄞县干旱不仅仅是天灾，也是"人力不至"造成的祸患。人事不修是造成旱灾的重要因素，因此抗旱是当地当务之急，把老百姓组织起来兴修水利，是第一要务。

有了以上判断，王安石决心把任职初年的施政重点放在兴修水利方面。他向上级请求支持，在《上杜学士言开河书》中写道："是皆人力不至，而非岁之咎也。某为县于此，幸岁大穰，以为宜乘人之有余，及其暇时，大浚治川渠，使有所潴，可以无不足水之患。"他觉得，应趁着丰收年景，劝督各乡居民利用农闲，疏浚河道，兴修水利，减轻水患的危害。

王安石这样说，也这样做。此后的三年，在王安石的带领下，鄞县百姓"起堤堰，决陂塘，为水陆之利"，掀起了一场抗旱救灾的热潮。

兴修水利，建坝筑堤，不是小打小闹，王安石决定啃一个硬骨头，这个硬骨头就是广德湖。鄞县历史上曾经有过两大湖泊灌区，即西乡的广德湖灌区和东乡的东钱湖灌区。广德湖灌区鼎盛时溉田3万亩以上，几近当时鄞县耕地的一半。该湖对不易储存淡水的鄞县有重要意义，一是为农业灌溉提供水源，二是为运河补水。正因广德湖的重要性，王安石之前多任地方官先后对广德湖进行疏浚、整治。但以前的整治，主要集中在划定湖界，严防围垦，大多数小打小闹，并不全面，也不彻底。广德湖来水含沙量较大，湖面易于淤积缩小，加之周边居民屡有围垦，因此自唐代屡有废弃之虞。至北宋时，有"盗湖为田"者，有以围垦湖田为官员职田者，甚至废湖为田之议也屡次出现。

王安石借冬季农隙，组织士民兴修水利，但因连日大雨，工程进展不力。为此，他心急如焚，撰写了《祭鲍君永泰王文》，专程拜谒明州城外的鲍郎祠（灵应庙）[1]，为县民祈晴，以便施工。在祭祀鲍郎后，据说大雨果然停止，整修工程继续进行。但不久，大雨再至，王安石再度来到鲍郎祠祭告："意者令之治行，无有可

---

[1] 鲍郎祠，又称灵应庙，最早记载在宋代张津的《乾道四明图经》中，称永泰王庙。该庙的建筑规模恢弘，民间也称之为大庙。庙神姓鲍，系春秋时期齐国鲍叔牙之后，在宋朝被册封为王，可以说在明州众神级别最高，传其掌一城民命，郡人尊之为府主，因而祭祀也特别虔诚。宝庆《四明志》："阳堂山，俗曰青山，县东四十九里，有鲍郎庙，即鲍君所居也。"

媚于神者，而神不卒听之乎？令则有罪，而民何尤？"希望鲍郎能从其所望，百姓亦会对其崇奉有加。通过整治广德湖[1]，保障了农业灌溉，提高了农业收成。

兴修水利、造福一方是大多数地方官的责任，但并不是所有地方官都有正确的思路和远见卓识。历史上不乏急功近利、妄图与水争利的官员。王安石之后，宋徽宗时期楼异为明州知府，废湖为田，得耕田万余亩，募民种田得粮食近两万石。但因湖水尽泄，自是"鄞西七乡之田无岁不旱，异时膏腴，今为下田"。

与广德湖相似的是鄞县东钱湖，该湖位于宁波市东乡，距市中心15公里，如今是浙江省境内最大的内陆天然淡水湖。古称东钱湖为"钱湖"，因"其上承钱埭之水"而名；更因"其利赖甚溥"，被称作"万金湖"。[2] 周围群山列屏、秀峰峥嵘。相传在春秋末期，陶朱公范蠡灭吴有功，贩陶致富，功成名就之后急流勇退，携西施隐居东钱湖畔，过上了"隐逸"生活，进退自如，忧乐两宜。治理东钱湖，需花大量钱财。鄞县县衙没有足够的费用，一半的工程费用要向东钱湖的灌溉受益田户收取，可是这笔钱对普通佃农家庭来说，是一个沉重的负担。王安石发现，在东钱湖的不远处，比如邱隘、五乡、潘火等地，有许多大财主，他们明明是受益户，却不愿意出钱。

如何让富人心甘情愿出钱修湖呢？

王安石是一个有见地、善于动脑筋的人。野史传，有一天，王安石在田野行走，看到妇人淘洗谷米，只见河埠头下，糠屑浮在河面上，缓缓地向下游漂去。他忽然灵光一闪，吩咐手下人在东钱湖的堰塘口抛洒大量谷糠，再命人去邱隘等地查看。谷糠漂浮的地方，就是受益田户。如此一来，他不仅知道了东钱湖的灌溉面积，而且能够公平地分摊修整水利的费用。

在此基础上，王安石制定了治水规划，组织和率领十余万民工，除葑草，浚湖泥，立湖界，起堤坝，决陂塘。筑七堰九塘，限制湖水流出，抵御海潮侵入，从而解除了湖区周围及鄞县、镇海七乡农民的水旱之苦。这一年，在他的主持下，全县兴修水利设施二十多处，不仅提高了农民的抗灾能力，而且充分发挥了

---

1 广德湖堤旧迹现存于宁波市海曙区望春街道春城社区，北起望春桥巷南端，南至龙尾桥，全长约2500米。
2 魏峰、刘成国、郭红超：《王安石鄞县足迹》，第51页。

变　宋

湖区的灌溉和渔获之利。自此,"七乡三邑(鄞、镇、奉)受沾濡""虽大暑甚旱,而卒不知有凶年之忧"。相比广德湖,东钱湖是幸运的,虽然历史上曾有多次废湖之议,但留存至今,仍发挥着重要的防洪和灌溉作用。2005年5月18日,时任浙江省委书记的习近平在东钱湖调研时讲话称:"东钱湖不仅风景宜人,而且文化古迹众多,历史遗迹丰厚,在规划建设中要起点高、思路新,坚持统筹兼顾,以人为本,注重保护生态环境和历史风貌,努力把东钱湖建设成为文化型、生态型的旅游度假区,为建设文化大市增添新的亮点。"

鄞县靠海,当地百姓饱受海潮侵袭之苦。为绝此灾患,在实地考察基础上,王安石主持修筑了一条从孔墅岭下河头、焦村,经石湫,折向霞浦到穿山的海塘,有力地阻挡了大海涌来的狂潮,保护了沿海的农田。这条十多公里的海塘,造福了后代,乡民遂名之为"王公塘",或称"荆公堤"。

为了进一步控制潮水,王安石组织民工,带领百姓开山劈石,修建楔闸。据《镇海民国县志》记载:"宋庆历年间,荆国王公宰鄞时凿山为之,筑堤捍浦为河,于堤西石岩凿三窍为楔,阔三丈六尺,高三丈。"海潮来袭时可通过石闸控制潮水。百姓为感念王安石的恩德,"立荆公祠于楔左,岁祀之"。

今宁波市东的穿山,也得名于王安石。他带领鄞县百姓筑堤捍浦为河,于堤西石岩凿三窍为楔,阔三丈六尺,高二丈,因名"穿山"。乾隆时期《镇海县志》"王公塘"记载"二都上达(镇海)县城,下过穿山郭衢,塘起于孔墅岭下,自西而东横亘以阻海潮。故老相传为宋王荆公宰鄞时所筑",当时此塘所经过的海晏、灵岩、泰邱尚属鄞县,熙宁十年(1077)三乡改隶定海。而后来修筑的高石塘、金公塘、千丈塘等海塘,皆以王公塘塘身为起点。

王安石所筑海塘样式被称为"荆公塘",为斜坡式,有学者研究认为,这种设计使海水作用于堤坝单位面积的压力减小,取分杀水势之效。明朝成化年间按察副使杨瑄曾主持定海的海塘修筑,在修筑时"石底之外俱有木桩,以固其基。初下石块用一横石为枕,循次竖砌,里用小石填心,外用厚土坚坚"。也就是以木桩固定基础,再以条石堆砌成堤。这种海塘是土石结构,迎水面呈斜坡状,以大条石堆砌,再填以小石,背坡以土堆筑,这种堤坝修筑方式就是典型的"荆公塘"。用这种方法修筑的海塘，具有稳定坝体的优势，用材较为节省。海盐县陂陀塘，即仿照王安石筑塘方式，因此号称"荆公塘"[1]。

除了治水之外，还有一件小事，更能体现王安石体贴百姓，思考周密，防患于未然。

皇祐元年（1049），王安石在鄞县县衙外将朝廷颁布的《善救方》刻石宣扬，并作《后序》："谨以刻石，树之县门外左，令观赴者自得而不求有司云。"[2]值得注意的是，在序文中，王安石表达了治国理政的观念，他首先引用了孟子的名言，"先王有不忍人之心，斯有不忍人之政"，然后，在阅读《善救方》后，他感叹道这就是"不忍人之政"。[3] "不忍人之心"指不忍加恶于人，不忍心害人。孟子认为，人人皆有"恻隐之心、羞恶之心、辞让之心、是非之心"，如果能将这"四心"推之政事，于是有"不忍人之政"，即"仁政"。凭着怜恤别人的心情，来实施怜恤别人的政治，治理天下则"可运于掌"，像在手心里转动东西一样容易。

公布药方实行善政，并不是王安石的独创。这是北宋朝廷经常性的举措，朝廷常常通过各级官府在全国颁行医方。宋太宗曾汇集《太平惠圣方》，颁行天下，由各州置医学博士保管。这次王安石在石上刻《善救方》，也是落实朝廷的规定。庆历年间，"上始阅福建奏狱，多以蛊毒害人者，福州医工林士元能以药下之，遂诏录其方，又命太医集诸方之善治蛊者为一编，诏参知政事丁度为序而颁之"[4]。庆历八年（1048）二月，朝廷向全国颁布此方，王安石积极落实朝廷旨意，在鄞县宣传药方，治病救人。

以《善救方》颁行天下，泽及民众，是仁君仁政的表现，但还必须依赖各级官吏切实认真地去推行。王安石在《后序》提出："夫君者，制命者也；推命而致之民者，臣也。君臣皆不失职，而天下受其治。"只有臣下不失其职，将人君惠泽推行于普通民众，天下方可大治。在此，王安石形成了对吏治的看法，即各

---

[1] 魏峰、刘成国、郭红超：《王安石鄞县足迹》，第48页。
[2] ［宋］王安石：《临川先生文集》卷八四《善救方后序》，第2121页。
[3] 户华为、张进中：《王安石县政治理思想及其当代价值》，《光明日报》，2015年4月24日。
[4] ［宋］李焘：《续资治通鉴长编》卷一六三"仁宗庆历八年二月癸酉"。

级官吏切实执行朝廷的政策，才能保证朝廷的善政落实到地方。

非常可惜的是，在鄞县获得的吏治经验，在后来的全国变法中，没有贯彻下来，相反任命了一批阳奉阴违的地方官吏，各级官员不积极推行新法成为变法失败的一个重要原因。

王安石在鄞县的另一个非常重要的做法是"贷谷与民，立息以偿"。王安石发现贫苦农民一旦遇水旱灾害，生计马上就出现问题。有时候为了渡过难关，只能向富家大户借高利贷，利息往往高达100%甚至200%。最可怕的是，一旦借了高利贷，就像脖子上套上了绞索，最终往往被逼得卖房卖地卖儿卖女，家破人亡。

应对旱涝不均带来的丰歉不均，我国古代早就摸索出了一些办法。《周礼·地官司徒第二》提到"县都之委积，以待凶荒"。在丰收年积攒粮食，储藏起来，等到歉收年份使用。战国时期，李悝提出的平籴法，后来逐步发展成常平仓，成为我国古代备荒仓储的主要办法，其理念是国家在粮食丰收的季节以低价收购粮食积蓄起来，至荒年或者青黄不接之时，以低价出卖，不仅达到救荒的目的，还可以抑制荒年粮价上涨。但历代的常平仓由于积储不足，粮食经常移作他用，救荒的功效时好时坏，作用有限。到了宋代，由于数量庞大的军队缺乏粮食供应，常平仓的积蓄常常调拨给军队，以致入不敷出。而且，常平仓管理刻板，程序烦琐，再加上市场价格波动无常，有时高价籴进却不能低于原价粜出，经常耽误时机，因此官吏不积极籴粜，听任常平仓的粮食堆积腐烂。鄞县就是这样，平时常平仓的粮食堆积难以管理，而在饥荒年景，老百姓却很难得到常平仓的实惠。每到青黄不接季节或者饥荒年份，农民常常向富户借高利贷，秋收归还后，所剩无几，生活愈加贫困，从而造成富者更富、穷者更穷的豪强兼并的局面。[1]

为了减少贫富两极分化，王安石在鄞县大胆革新常平仓管理制度，在农民最困乏的青黄不接的季节，以及遭遇饥荒的年景，将县府常平仓的粮食或者赈济灾民，或者以轻息借贷给农民，至秋收后归还。

王安石在各乡贴出公告，宣布青黄不接之际，家中缺粮的百姓可以到县上来

---

[1] 王一胜：《王安石与青苗法》，《观察与思考》，2012年第4期，第58页。

借粮,到了秋收时节再还,利息是两成。也就是说,借 100 还 120,比大地主或商人 100%—200% 的高利贷轻多了。公告一出,立即轰动乡里,百姓无不为之欢腾。

粮食是借出去了,老百姓是高兴了,然欣喜之余,王安石又陷入了新的忧虑:粮食收不上来怎么办?能用什么做抵押呢?除了田里栽下不久的秧苗,老百姓几乎一无所有。他略一沉思,就用这青苗做抵押吧,青苗法的雏形由此形成。

度过灾荒,并不是王安石"贷谷与民"的唯一目的。借此措施,他斩断了富豪劣绅们的巧取豪夺之手,减缓土地兼并,稳定农业生产,才是他要解决的终极问题。在历史上,荒年救灾是历任政府必须承担的责任,"贷谷与民"并不是一个罕见的措施。但王安石的做法与历代王朝不同,老百姓除了还本之外,还要附加一定的利息。是否"收取利息"原是政府和商人的差别,现在这个差别被王安石消除了,唯一不同的是利息的多少。正因为这个利息,以后引发青苗法是对民"夺利"还是"增利"之争。但此时的王安石,想的或许还没有那么远。

治理鄞县,王安石表现出了"生杀予夺"的权力。为了救灾,他极力主张"发富民之藏",以救"贫民";如果富民不服从,则"痛绳之"。王安石说:"岁饥如此,……然闻富室之藏尚有所闭而未发者。切以谓方今之急,阁下宜勉数日之劳,躬往隐括而发之,裁其价以予民,损有余以补不足,天之道也。悠悠之议,恐不足恤,在力行之而已。"[1] 他认为,老子所说的"损有余以补不足",是"天之道",应该"力行之"。老子基于对自然界和人类社会的观察,指出损有余而补不足,这是自然界最初的法则。但人们早已忘却"天之道",代之而建立了自己的法则"人之道",有利于富人而有损于贫者。面对"天道"与"人道",王安石坚持"天道",主张抑富济贫,救济贫困农民。

一个地方要发展,没有人才不行。要培养人才,就要兴办教育。王安石认为,培养人才是当务之急。他在鄞县兴学,依据的是庆历新政时的诏令[2]。庆历新

---

1 [宋]王安石:《临川先生文集》卷七八《与孟逸秘校手书》。
2 魏峰、刘成国、郭红超:《王安石鄞县足迹》,第 56—57 页。

变　宋

政规定"诸路州、府、军、监除旧有学外,余并各令立学"。北宋朝廷希望通过学校教育,完善官学体系,在学校考察士人的日常品行,以避免朝廷无法了解士人才德的弊端,同时防止士人为了科举考试改易户籍,借此弥补科举制的不足。

但这位年轻的县令发现,县城有孔庙,但没有学校!没有学校,怎么实行教化,怎么学习至圣先师,怎么了解礼义廉耻,怎么能够科举成才呢?王安石提出,只有完善鄞县官学体系才能转变鄞县地方学风民风。在应邀为太平州繁昌(今属安徽)县令夏希道所建县学撰写的学记中,他提出:"古者自京师至于乡邑皆有学,属其民人相与学道艺其中,而不可使不知其学之所自,于是乎有释菜、奠币之礼,所以著其不忘。"[1]他认为,古时自京城到地方,偏僻乡里都有学校,国家教化百姓皆本于学校。所学源自古代圣贤,故学校有祭祀圣人的场所,以使百姓知道所学知识的源头,因此有学、有庙。有庙而无学,实为地方阙政。于学中祭祀孔子,才符合古义。

但建学校需要资金。特别是州治所在县的县学,兴建县学难于其他属县,其根源在于财政。兴学的费用需要州郡财力支持,如果已有州郡官学,再兴学校或有重复之讥,所以当时附郭[2]县不建学被视为常态。王安石以兴学作为教化的关键措施,提出"倚孔庙,建县学",就地取材地将鄞县县治附近建于唐代元和年间的孔庙作为学校。于是,庆历八年"鄞县始有县学",附郭之县鄞县自此始有官学。仁宗时期许多有志之士,如范仲淹、欧阳修,都希望通过学校取士,借以在教学之外考核士子的日常品行,使学校兼具"养士"和"取士"的功能。王安石显然也认同这一思想,并在鄞县开始尝试,以使取士"必于乡党,必于庠序"。

有了学校,还得有好老师。只有慎重选择主持县学的教师,才能达到改变教育风气的目的。县学有权聘请地方士人为师,因此王安石遍访鄞县名士,延请学有义理、品行素著的士大夫。他以地方官身份,两次致书敦请杜淳等学问深厚的先生来学校讲课,使鄞县乃至宁波的学风为之一变。后来,在鄞县转变学风、崇

1　[宋]王安石:《临川先生文集》卷八二《繁昌县学记》。
2　古代两个或两个以上不同层级的行政机构,处于同一个城郭内的现象,被称为附郭。

奉儒学、严选官学教师的经验，在他执政后所发动的学校改革中得以贯彻。

由于当时朝廷尚未建立县学教师的任职制度，一些县学就由县令、县佐主持。王安石兴学，必然参与学事，亲自教导鄞县士子。据记载，当地士人从学于王安石者，为数不少。在庆历新政已然失败而附郭县学也多数残缺的背景下，王安石在鄞县坚持建学，奠定了明州州县学的格局，使得官学体系得以完善。此后，当地办学重教之风兴起，考中进士的人越来越多。到了南宋时期，更有"满朝朱衣贵，尽是四明（当时宁波地区的别称）人"的说法。地方教育是王安石政治和教化的原点，通过地方学术、士人的培养，将个人的地方治理理念逐步加以实践。可以说，王安石在鄞县的兴学实践，也成为他后来有关科举、学校改革思想的源头之一。

王安石还提出"严保伍"，即建立地方治安组织，加强地方治安。这个举措被视为日后'保甲法'的雏形。王安石发现"吏者因循"，一些官吏不仅不作为，甚至与豪强勾结，侵占、破坏水利资源。有鉴于此，王安石大力澄清吏治，不仅自己拒收贿赂，还惩处那些行贿、受贿、索贿的官吏。他大力加强廉政建设，奖惩结合，提拔廉吏。王安石以身作则，生活俭朴，不修边幅，以至被误认为衙门里跑腿的差役。正因为王安石既关注民生，又清正廉洁，因此他深受鄞县百姓爱戴。

抵制政令

王安石并不是一味盲目地落实上级政策，对于有些不合适的政策，他也能坚决抵制。在鄞县第三年，一道上级公文下发，王安石立刻发现了公文中隐藏着极大的破坏性。

公文规定了什么呢？

皇祐元年，浙东转运司下公文，令各县纳钱，用以"购人捕盐"，即各县老百姓定期交钱，用于悬赏百姓揭发自造盐或贩卖私盐的不法行为。旧时政府为增加财政收入，对盐和铁实行垄断经营，称为"盐铁专卖"，亦称"盐铁官营"。

盐铁专卖并不是宋朝制定的政策，其起源历史悠久。相传，盐铁专卖最早始于春秋齐国。《管子》一书的"官山海"，是指由官府垄断经营山海之产。当时的山海之产主要是盐、铁，官府垄断经营，寓税于价，使人民既交了税，又感觉不到被征税。盐一直是历代政府牢牢掌握的最重要的专卖商品，其收入是历代政府的重要财源。特别是宋元明清期间，盐课收入成为朝廷仅次于田赋的第二大财政来源。[1]

为了保证政府垄断食盐买卖的利润，打击私盐成为政府的一项重要行动。宋朝食盐专卖制度进一步强化，违禁制贩私盐也发展到一个空前阶段，参与制贩私盐者不仅成分复杂，人数众多，而且遍及各地。在福建路西部的上四州地区（建、剑、汀州及邵武军），地险山僻，当地居民常年以贩卖私盐为生的高达百分之五六十。毗连西夏边境地带，边民跨境进行私盐买卖，"虽严禁所不能止"。[2] 为了对抗缉捕，私盐贩子往往结伙而行，几人、几十人、上百人一伙聚众贩盐，持械贩私的团伙也拘禁不止。历代朝廷大都严厉打击私盐贩卖，汉武帝时，对私盐贩子"钛左趾，没入其器物"。"钛左趾"是在左脚趾挂上6斤重的铁钳，"没入其器物"是没收生产工具和赃物充入府库。唐代在淮北设置监院，拘捕贩卖私盐者，私盐贩子要杀头，相关官员都要连坐。五代时期，盐法最酷，贩私盐一斤一两就可以正法。虽然宋代打击私盐的手段较之前代略温和一些，但仍然严厉。

于是，浙东路转运司下了一道公文，要求所辖各县定期纳钱，用于悬赏揭发私自造盐或贩卖的人。虽然王安石没有对盐业专卖提出系统的看法，但对纳钱悬赏的政策极为反对。他给转运司写了一封长信，认为下令让官吏民众出钱"购人捕盐"，非常不合理。然后王安石从悬赏告密、纳钱增税两方面，解释了该政令执行中存在的极大风险。首先是政令潜在的制度风险——"无赖告讦"，即坏人诬告，借以牟利，败坏风气，破坏社会道德底线。后来，吕惠卿趁王安石罢相推出"手

---

[1] 毛晖、汪莉：《论中国转型期的权力资本化》，《江汉论坛》，2012年第9期，第17—20页。
[2] ［宋］范纯仁：《条列陕西利害疏》，［明］黄淮：《历代名臣奏议》卷三三〇《御边》，明永乐十四年内府刻本，第17156页。

实法",弊端很多,证明了王安石的远见。[1] 其次是政令运行的社会风险,老百姓现钱本来就少,田地的收获仅仅够支付税赋、婚丧和生活必需,并不是随时都有现钱。如果为了悬赏捕盗而强令他们集资,有的人家不得不变卖田地,把良田卖掉来赏给无赖告密之人,造成普通百姓流离失所。另外,州县衙差对不能按时拿出钱来的人家,必然采用鞭械等刑具威逼督迫,这种措施"与抱薪救火何异"[2]。如果这个政策施行,不仅会鼓励奸邪小人诬告乱告,败坏社会风气,而且还有可能造成中小家庭破产,加快土地兼并,造成更大的不公平,甚至影响社会稳定发展。

既然"购人捕盐"有很多弊端,那么已经下发的公文应该怎么办呢?王安石直截了当地提出了应对办法:"文书虽已施行,追而改之,若犹愈于遂行而不反也。"也就是说,把下发的公文追回来作废,比施行下去弊病丛生好得多。

在《与马运判书》中,王安石用一个形象的比喻,批评了当时的财政政策。他说,现在理财就像关起门来跟自己的儿子做买卖,门外的财富一点也进不来,虽获得了儿子的钱财,家族的财富却没有增加分毫。一些人谈论财政的言论虽然很不错,但都是当政者索取天下人民财富的方法罢了,就像父子关在门内做买卖一样,这大概是国家穷困的原因吧。之后,王安石指出北宋王朝之所以财力穷困,不仅是由于用度没有节制,更重要的是由于没有发展生产,开辟财源。因此提出"富其家者资之国,富其国者资之天下,欲富天下,则资之天地",就是要通过开发大自然发展生产来增加国家财富。

下级向上级官员,特别是对自己有监督权力的官员,上书反驳,忤逆上意,需要很大的勇气与胆魄。从这件小事上,我们能看到王安石并不拘泥于上级颁布的政令,而是根据自己的认识,有选择地执行,或干脆拒绝执行。

再后来,王安石自己变法时,反对变法的人也这样做,抵制朝廷颁布的法令,使变法法令无法得到贯彻落实。可能王安石自己也没想到,地方官员抵制,也是后来他变法失败的一个重要原因。

---

[1] 手实法亦称"首实法"。宋神宗时,吕惠卿创制五等丁、产簿,规定申报的项目极为广泛。尺椽寸土、鸡豚家畜均预陈报,如有隐匿,许人告发,并以查获资产的三分之一为赏,终以扰民太甚,不久废止。

[2] [宋]王安石:《临川先生文集》卷七六《上运使孙司谏书》,第1942页。

变　宋

成功的逻辑

　　治鄞三年，是王安石一生中极为重要的时期。鄞县不仅是他日后推行变法的试验田，也是他变法思想趋于成熟的关键一站。三年中，王安石救助灾民，兴修水利，低息贷谷与民，兴建县学，组建联保，澄清吏治，改善了生产条件，促进了经济社会发展，奠定了日后变法中的基本思想、具体实施办法和坚定信念。如果用现代理念分析，王安石不自觉地采用了现代政府干预市场经济的手段，用政府能力调节自由市场的弊端。清代蔡上翔称赞他："其爱民恻隐之心，筹划利害之明，虽复老成谋国者弗如。"

　　分析王安石鄞县改革经验，可以看出以下特点：第一，重视实地调查研究。初到地方任职，他踏访各乡，充分了解地理民情后，与村民商量办法，组织众人一起兴修水利工程。这时，王安石的眼光是向下的，"垂意斯民"，侧重于民众的切实需要，给他们带来切实好处。第二，管理精细，政策实施过程的可控性较好。作为一县之主，王安石运用了政府干预的手段，注重行政推动的作用，防止利益输送或腐败问题等。第三，系统的治理。在鄞县，王安石已经开始探索构建县域治理的总体做法，着眼于兴邦治国的根本、长远问题。他不仅兴水利，还兴学重教、培育人才。后来，王安石根据鄞县的实践经验，提出了一系列改革新法。[1]

　　由于王安石在鄞县只待了三年，推出的政策实行时间短，所跨越的行政级别不多，上下沟通方便，问题没有累积，政策变通变形效果还没有彰显。

　　搞试点能够积累经验、测试效果、突破障碍和缓冲压力，但也存在权力部门通过"试点"来"设租"的现象，即通过内置优惠政策，或者具有政绩显示度，权力部门具有试点决定权，就会有地方来"寻租"。所以，从理论上讲，改革在试点推行效果好并不能得出大面积推行后的效果也好的结论。[2] 但当时的王安石，或许没有想得这么深远。

---

[1]　王毅：《鄞县知县王安石：不为做大官但愿做大事》，《宁波通讯》，2004年第6期，第27页。
[2]　江小涓：《江小涓学术自传》，广州：广东经济出版社，2021年，第108—109页。

第三章　王安石其人

三年任满，离开鄞县之际，王安石题诗《登越州城楼》，表达了对鄞县的依恋之情：

> 越山长青水长白，越人长家山水国。
> 可怜客子无定宅，一梦三年今复北。
> 浮云缥缈抱城楼，东望不见空回头。
> 人间未有归耕处，早晚重来此地游。

诗中"再来一游"的愿望，表现了王安石对早年改革的"试验田"怀有深深的眷恋。也许，这块小小的土地，更能让他找回当年意气风发的自己，也能让他找到成功的慰藉。

宋仁宗皇祐二年（1050）夏，王安石离开鄞县回江西临川故里时，途经越州（今浙江绍兴），登上飞来峰，写下传世名句"不畏浮云遮望眼，只缘身在最高层"。山上的塔高"千寻"（古以八尺为一寻）。古人常忧浮云蔽日、邪臣蔽贤，但年轻的王安石却写出"不畏"二字，表现了不畏奸邪的勇气和决心；"身在最高层"拔高了诗的意境，表现了放眼长远、高瞻远瞩、俯视一切的豪迈气概。这首诗与王之涣的"欲穷千里目，更上一层楼"相似，与苏轼"不识庐山真面目，只缘身在此山中"一脉相承，只是王之涣强调个人努力；苏轼认为人们之所以被事物的假象所迷惑，是因为没有全面、客观、正确地观察事物，认识事物；而王安石则提出相应的对策，认识达到了一定的高度，就能透过层层迷雾看到事物的本质。认识提升之后，王安石并没有满足，他学以致用，进一步提出"唤取仙人来住此，莫教辛苦上层城"。江南水乡的山脉相连，如同碧波滚滚，这样的山水美景，王安石感叹即使邀请神仙来居住也不为过；只是神仙来此，要照顾当地老百姓，拯救他们脱离苦难的日子。有感而发的小诗，表达了他为天下苍生请命的志向。

此时王安石，年轻且豪迈，意气风发地表露出立志革新的政治抱负。难以想象，二十年后，王安石变法启用"小人"，难通下情，"浮云遮目"，成为新法失效的因素之一。

变　宋

地方做官二十年

　　按照宋朝对科举考试成绩优异者的优待政策，在外任职满一任后，可以申请通过考试获得史馆、集贤院、秘书省等"馆职"，这是一条仕途升迁的捷径。但王安石似乎对地方职务格外偏爱，即使大臣文彦博推荐，朝廷两次主动征召，王安石也以"家贫口众，难住京师"为理由拒绝申请"馆职"的机会。后来，欧阳修推荐他做谏官，王安石又以祖母年高，不便赴京为托词。

　　皇祐三年（1051），王安石被委任为舒州通判，上书请求就近江宁差遣，没有获得批准，不得不赴舒州就职。适逢江淮大旱，他看到河北逃荒来的农民流离失所，写诗记录："河北民，生近二边长苦辛！家家养子学耕织，输与官家事夷狄。今年大旱千里赤，州县仍催给河役。老小相携来就南，南人丰年自无食。悲愁白日天地昏，路旁过者无颜色。"旱灾发生后，老百姓缺衣少食，流离失所。王安石看到豪强兼并的严重问题，写道："后世不复古，贫穷主兼并。"[1]由于政府对兼并的纵容，官吏对农民的盘剥，加剧了贫富差距，穷人生活更加困苦。王安石协助州府开常平仓赈济灾民，并提出让富豪之家拿出储存的粮食救助受灾老百姓。

　　在舒州，王安石开始建立自己的学术体系。他将这时期的著述汇编成册，定名为《淮南杂说》。《淮南杂说》共十卷，运用五行原理论述了万物"新旧相除"的观念，反映了王安石年轻时期的变革思想。该书在南宋时期失传，然而它在历史上的反响没有消失。北宋马永卿在《元城语录》中说："当时《淮南杂说》行乎时，天下推尊之，以比孟子。"王安石女婿蔡卞记述："（王安石）初著《杂说》数万言，世谓其言与孟轲相上下，于是天下之士始原道德之意，窥性命之端。"[2]

　　皇祐五年（1053），中央免试直接任命王安石馆职，他极力辞谢，后来被推荐为"集贤校理"，四次上书请辞，但半年后又被任命为"群牧判官"[3]。"群牧

---

[1] ［宋］李壁：《王荆公诗注》卷一七《发廪》，清文渊阁四库全书本，第457页。
[2] ［元］马端临：《文献通考》卷二一四《经籍考四一》，清浙江书局本，第13663—13664页。
[3] 群牧司是掌管马匹采买、牧养、训练、使用等事务的机构，是重要的经济部门。群牧司首长，多由朝廷大臣担任。判官，是主管的助手。

判官"的任命,气坏了馆阁中一个对此职位觊觎已久、"屡求"而不得的人——沈康。他得知王安石获得此职,不禁恼羞成怒,找到负责此事的官员陈执中,请求"改易"。陈执中斥责道:"王安石辞让召试,所以朝廷才愿意给他更高的差遣官职,与资历毫无关系。朝廷设馆阁以待天下之才,不是让你们争名夺利的。沈康,你考虑一点自己的颜面,脸皮不能太厚。"经此一事,王安石在朝中声誉更盛。

有趣的是,王安石的多次辞让,反而让朝廷对他格外重视。在欧阳修的劝说下,34岁的王安石到著名的群牧司任职。群牧司,顾名思义,是指导全国养马的衙门。与辽、西夏打仗,骑兵占据优势,马匹是作战成败的关键。所以在宋朝,养马也是一项重要的工作。在任群牧判官的两年内,王安石十多次申请外调。申请外调的理由,大都是办理家中丧葬嫁娶的事务,更深层次的原因在于只有在地方才能"得因吏事之力,少施其所学",只有在地方做官,王安石才能在"世务"上有所作为。[1]与此相反,任群牧判官两年,时间不算短,王安石没有什么事迹被记录下来。[2]他不愿在京城任闲散官职,屡次上书请辞。

终于,嘉祐二年四月,王安石又一次实现了担任地方长官的愿望。这一次,他的目的地是常州。在这里,王安石遭遇了施政中的第一次重大挫折。

与鄞县不同,常州下辖晋陵、武进、宜兴、无锡四县,人口近二十五万。由于地处富庶的太湖地区,物产丰盈,是漕运的主要源头之一,对支持北宋军政开支和官僚阶层的用度具有举足轻重的意义。隋朝开凿大运河,常州沟通南北的特殊地理位置开始凸显,逐渐成为"江左大郡","三吴襟带之邦,百越舟车之会"。但常州一带地势复杂,有高亢的丘地,也有低洼地。正常年份,可引江(长江)灌溉航行;枯水或干旱年份,江水低落,运河水涩,灌溉与航行矛盾突出;至水多年份,江潮入运河,顺流而下,"为苏常数邑民田之害"。加之长期以来,河道淤塞,水流不畅,危害更大。

在常州,王安石主抓的重要工程是开凿一条运河,希望通过营建水利设施为百姓造福。他的主张遭到一些官员的反对,浙西路转运使不支持,只允许他在所

---

[1] 李霞:《屡辞京官朝廷欣赏 锐意进取士林非难:"拗相公"的性格养成史》,第43—47页。
[2] 王毅:《鄞县知县王安石:不为做大官 但愿做大事》,第26—27页。

属县里调集少量民工。但自古以来开运河便是耗费巨大的工程，没有上级支持，王安石无法得到来自外部的人力、物力。当他向所属各县调集民夫时，遇到一些反对意见，当时司马光之兄司马旦任宜兴县令，受王安石管辖，他极力反对开浚运河，认为开凿运河是劳民伤财之举。他规劝王安石"役大而亟，民有不胜"，不妨从长计议，可以"令诸县岁递一役"，即让每个县轮流承担，每年只做一小部分，"虽缓必成"。王安石没有采纳。然而，由于只能调用各县少量民夫，工程进度极为缓慢，施工计划受到很大影响。不巧，又遭逢"大霖雨"，下雨不止，很多民夫生病。天时、人事两方面都不许可，王安石只好忍痛停止运河工程。在写给刘原父的信中，王安石无可奈何地说："河役之罢，以转运赋功本狭，与雨淫不止，督役者以病告，故止耳。"

运河工程无果而终，令王安石自责不已，极为苦闷。他在《与刘原父书》中诉说了苦闷的心情："今劳人费财于前，而利不遂于后，此某所以愧恨无穷也。"一意孤行，坚持做事，我们似乎可以从这位知州身上，看到日后那位赫赫有名的"拗相公"的影子。不过，通过这件事，王安石深刻体会到当时官场的腐败气氛，"方今万事，所以难成而易坏，常以诸贤无意耳"。放眼北宋官场，锐意进取者少，因循守成之辈是大多数。在这样的环境里，负有济世理想的王安石寂寞无助，这种无助感让他一天天对同僚失去了信心。也许正是因为这次经历，他开始变得性格孤僻，在世人眼中"拗"得无可救药。[1]

常州河役的失败，给了王安石一个深刻的教训。即便利民的措施，如果得不到众人的支持，也可能好事变成坏事。但一心追求政绩的王安石没有吸取这个教训[2]，以致后来这种失败再一次发生。

可能与运河工程失败有关，王安石在常州仅仅10个月便离任。虽然他曾上书朝廷，要求增加在常州的任期，但没有得到批准。嘉祐三年（1058）二月，王安石被任命为提点江南东路刑狱。"提点刑狱"为掌管刑狱的官职。

这段时期王安石的作为，史料中提及甚少。可资参考的是他文集中的一封书

---

1 李霞：《屡辞京官朝廷欣赏 锐意进取士林非难："拗相公"的性格养成史》，第43—47页。
2 徐文明：《十一世纪的王安石：一个政治家的进退之路》，第40页。

信，针对有人指责他"好伺人小过以为明"，王安石辩解说："方今之理势未可以致刑，致刑则刑重矣，而所治者少；不致刑则刑轻矣，而治者多。"他认为，若纠办大罪，则势必要动用重刑，而严刑峻法又不能滥用，故而只能惩办少数人，"小者罚金，大考才绌一官"[1]。可见，在江东提刑之时，王安石治世之术倾向于儒家的道德感化，而没有采取法家的严刑峻法。同时可以看出，他也曾经在意别人对自己的风评。但当发现自己的百般努力并未收到成效后，就改变了对风评的态度，由退让转为针锋相对。他说："自江东日得毁于流俗之士，顾吾心未尝为之变，则吾之所存，固无以媚斯世而不能合乎流俗也。"自此之后，这种"不能合乎流俗"的处事态度几乎成了王安石的"标签"。这个"标签"所代表的执拗，使得他与很多昔日好友反目，几乎众叛亲离；但同时，也正是这份"执拗"，使他摆脱了众口难调的士林纠缠，能够在变革旧制的道路上走得更远。

王安石多次上书，申请辞去提刑这个职务，要求改派他去做一个州郡的长官，那样可以在州郡治所处理政务，同时照顾身旁的母亲，但没有被采纳，他继续上书，"要得郡而后止耳"。

经术正所以经世务

宋朝任用官员，大都依循规章惯例，而绝少考虑个人意愿或才能。王安石期待任地方长官，愿望总是难以达成。在担任提点刑狱之后，王安石又被调去京城任集贤院校理[2]。宋代集贤院是其他官吏梦寐以求的地方，王安石却以家贫为由上书，请求任完该届提点刑狱。但不久，朝廷调他进京担任三司度支判官。

嘉祐三年十月，王安石任三司度支判官，处理各种财会账目。自此，曾经自认为"金谷之事，平生所不习"的王安石，不得不去跟"金谷"打交道。

此时，朝廷对国家榷茶立法非常关注，朝野上下一时议论纷纷。

---

[1] 李霞：《屡辞京官朝廷欣赏 锐意进取士林非难："拗相公"的性格养成史》，第43—47页。
[2] 集贤院，官署名，始于唐代集贤殿书院。以宰相一人为学士，知院事。曾一度设置大学士。宋代设昭文馆、史馆、集贤院，称为三馆，掌理秘书图籍等事。集贤院置大学士，以宰相充任。并设学士、直学士、修撰、校理、校勘等官。

变　宋

茶在中国有悠久的历史，茶之事，可小可大，可浅可深。说茶事可小，因为茶与柴米油盐同列，是市民日常生活的内容；说茶事可大，是因为自茶事兴盛起，就一直被视为税收的重要来源，从中可以反映出王朝财税制度和兴衰起伏。

"榷茶"意思是"专卖茶叶"，也泛指征茶税或管制茶叶交易取得专利的措施。唐德宗建中四年（783）征收茶税，建立茶税法，引发暴乱，唐德宗逃奔奉天，追悔之后，诏罢茶税。但茶税的收入之利，已经被统治者记住，一有机会就重新征收。《旧唐书·穆宗本纪》载，长庆元年（821），"加茶榷（茶叶专卖税），旧额百文，更加五十文"。文宗太和九年（835）十月，王涯为相，极言"榷茶之利"，乃置榷茶使，征购民间茶园，规定茶的生产贸易全部由官府经营。此法令只保护政府的利益，无视茶农茶商的利益，结果民怨沸腾。推行不久，因王涯被诛而废止。虽然榷茶从建立起就充满血雨腥风，但因为其巨大的收入，引诱历朝历代政府在财税困难的时候打茶的主意。宋代出于增加财政收入和国防战略的双重目的，沿袭了唐代以来的茶叶专卖制度。两宋三百年间，茶法变更不已，在不同阶段分别采取了禁榷、通商、茶引法等几种形式，制定了详细的预防和处罚等法律措施。

针对当时反对开放茶叶贸易的议论，王安石提出相反的观点。他认为，应该取消榷茶法；由商人销售，政府收税。他在《议茶法》一文中说："国家罢榷茶之法，而使民得自贩，于方今实为便，于古义实为宜。"他认为自由通商不仅合于古义，而且于今公私两便。这种观念，体现了王安石所主张"权时之变""变更天下之弊法"以治天下的思想。他强调立榷茶之法"于方今实为便"，也就是要改变当时在茶叶交易上出现的"夺民之所甘"以及私贩严重的弊端，提出制定"善法"以治之。

可见，这时候王安石的经济思想，是主张通过税收代替政府垄断，倾向于自由交易。他不仅反对政府垄断，也反对巨商大贾和豪强地主的垄断。在《兼并》一诗中，王安石明确反对秦始皇鼓励兼并的政策，批判了那帮顽固派和兼并之徒。他认为俗吏不懂治国的方法，把横征暴敛的官吏当作人才。俗儒不懂得变通，竟以为不必去抑制兼并之害。其结果是，豪强继续兼并，而官府又加掠夺，百姓愈加可怜。在抑制兼并方面，王安石并不赞同强行剥夺富户的田产，而是要减少他们不合理的垄断收入，使贫民不至于过分受害。他认为，政府的理财官员应该把注意力放在自然界的财富上，动员天下人开发利用，通过生产增加财富的总量。如果不这样，自然资源便被豪强兼并之家窃取，像秦代寡妇巴清那样占有丹砂而世代富贵。真正善于理财的人，不是与巴清等豪强富户争利，也不是与百姓争利，更不是直接与生产者争利，而是通过开发天下资源扩大财富总量，通过扩大财富总量来实现政府财力的充盈，掌握财政权力。从这个角度，可以理解王安石既反对榷茶法却又主张实行中央集权的理财政策之间的矛盾统一。[1]

到嘉祐四年（1059），王安石已做了17年官。在各地任职的过程中，他对天下大事有了直观的观察和体验，形成了治国理政的一套方案，主要体现在他进献给朝廷的《上仁宗皇帝言事书》中。这篇政论文，沉着顿挫，文简精辟，被梁启超称之为"秦汉以下第一大文"[2]，被看成王安石变法的早期蓝本。

《言事书》首先简明扼要地分析了北宋中叶面临的危急形势，准确地揭示了北宋王朝内外交困、财匮力绌的深重危机，指出其原因主要在于不知法度。宋朝明明制定了很多法律，为什么说不知法度呢？因为"方今之法度，多不合于先王之法度故也"。孟夫子说过：有仁心但老百姓却未受益（好心不讨好），就是因为没有正确理解、效法古代圣王的治国策略。从这里可以看出，王安石是讲究策略的，提出要在"法先王之意"的旗号之下来实现适应现实情况的变法图新。"先王之道"是古代治国施政的合法性基础，扛起"行先王之道"的旗帜，才有号召力。要真正效法先王法度，就需要进行全面改革。他以晋武帝司马炎、唐玄宗李隆基等人只图"逸豫"，不求改革，终至覆灭的事例，建议宋仁宗立即实施变革。

在确定了改革的必要性之后，王安石提出改革的首要任务，他明确提出"方今之急，在于人才而已"，认为要进行变法，必先有得力的人才，只有具备才能的人才能在推行朝廷法令的时候知道轻重缓急，优秀的人才能理解古代圣贤的真

---

[1] 邓广铭：《北宋政治改革家王安石》，第67页。
[2] 游彪：《追宋：细说古典中国的黄金时代》，北京：天地出版社，2021年，第193页。

谛并与时代发展相一致。否则，朝廷下发的诏令，本意虽然很好，但在实施中，掌权的人尚且不能忠实执行，狡猾的官吏则可以乘机肆意妄为，以此侵扰百姓。所以孟子说"徒法不能以自行"，说明再好的法令也不会自行产生效果，需要得力的人来推行。所以，当今最为急迫的是人才的缺乏。人才缺乏的症结在于人才没有得到适当的"陶冶"和教养。所以，王安石认为变法先从采用适当的方法陶冶培育大量人才着手，他系统地阐述了人才思想，提出了教、养、取、任的一系列具体原则和措施，培育造就力能胜任的政治、军事、财政、经济等方面的人才，从而改造整个官僚体系，使其能够适应变法革新的现实需求。

《言事书》重点在于改革吏治，优化人才的培养、选任、考核制度，与王安石变法的"足兵、足用"目的还是有很大的距离。从论述中不难看出，王安石得出这一认识很大程度上是源于他的个人经历。例如，他渴望地方职位却每每被"奖励"到中央任职。他认为官员在一个职任上的任期应该延长，这样才能安心为地方的发展考虑，而他之前就曾因为常州任期过短而苦恼不已。

这时王安石的变法思想和措施，还显得比较简单，存在一些想当然的成分。人才的培养并不是一朝一夕的事情，培养人才是一种大多数人都知道的常识性策略，但在不改变当时社会氛围的情况下单单培育人才，太空泛而可行性不强，没有获得皇帝的重视。但《言事书》流传于世之后，王安石有了极高的声誉，奠定了在文坛上的地位。

在任三司度支判官时，王安石对国家财政方针有了比较深的了解，也进行了一些思考。嘉祐五年（1060），户部员外郎吕冲之请王安石为北宋历任三司度支副使名录写一篇《题名记》，王安石借此畅谈理财在国家行政中的重要性。他说："夫合天下之众者财，理天下之财者法，守天下之法者吏也。"[1] 他把理财当作治国的首要任务，为了做好理财工作，就要有适当的法规办法，而法令得以施行的关键在于地方官吏治理。他认为，必须把财政的开阖敛散之权集中在朝廷的手中。[2] 如果不这样，则平民百姓都有可能获利，骄奢淫逸，蔑视皇权，不愿意服

---

1 ［宋］王安石：《临川先生文集》卷八二《度支副使厅壁题名记》，第2066页。
2 邓广铭：《北宋政治改革家王安石》，第65页。

从政府的管理。所以，王安石主张全国财富的分配权要掌握在中央政府手中，这样政府才能借助财富自如地做一些事情，在社会上也不至于产生豪强兼并之家，以此削弱那些可能造成王朝弱化的势力。

让人哭笑不得的是，王安石的万言书没有得到仁宗皇帝的回复，但却被认为文采好，因此命他修起居注，替皇帝起草命令文稿。别人求之不得，王安石推得异常坚决。他一连写了十多道奏章推辞，可任命的诏书还是送过来了。王安石一概不收，送诏书的小吏为难得跪下磕头，王安石还是不收，转身躲进厕所。小吏急了，放下诏书就跑。王安石反应神速，从厕所里狂奔而出，追上小吏，把诏书又塞了回去。

虽然王安石一再拒绝，但皇帝下诏不许推辞，他不得不接受修起居注的职务，成为宋仁宗身边的近臣，向皇帝进言的机会多了。

嘉祐六年（1061），王安石又写了《上时政疏》。奏章的中心内容是分析晋武帝司马炎、梁武帝萧衍、唐明皇李隆基等古代君主，这几位君主在位时间长，没有内忧外患，便因循守旧，苟且偷安，只顾眼前，而不为长远打算，自以为灾祸不会落到自己身上，却在灾祸临头时后悔不及。王安石从历史教训中总结出"因循苟且，逸豫无为"必然招致危亡的结论，他强调变法革新的迫切性，"有为之时，莫急于今日。过今日，则臣恐亦有无所及之悔矣"。他要求立即着手变法，"众建贤才""大明法度"。本着极强的忧患意识，王安石能从承平日久的气氛中发现潜藏的风险，提出立即改革的建议。但宋仁宗已经到了晚年，年老体衰，没有精力和心情进行改革，王安石上的奏书被搁置一边，不置可否。

后来，王安石又被任命纠察在京刑狱。在此期间，出现了著名的"鹌鹑命案"。

城里有一伙年轻人，游手好闲，不务正业。有一次，其中的一个青年淘到一只斗鹌，勇猛剽悍。他非常喜欢，向朋友炫耀。另一个青年也看中了这只鹌鹑，死乞白赖地向他要。这个青年不肯给，那人仗着平时在一块吃喝玩闹惯了，抢过鹌鹑就跑。这个青年恼了，追上去猛踢一脚，没想到踢中要害部位，致使朋友当场倒地昏迷不醒，经郎中抢救无效死亡（有的记载说是用刀捅死）。主管东京治安的开封府把这个打死人的青年抓了起来，判处死刑。案情报到上头，被王安石驳回。他的理由是："按照法律，偷也好，公开抢夺也好，未得主人允许就拿别人的东西，都属于盗窃。死者未经主人同意，强抢鹌鹑，已犯了盗窃罪。主人有权追他、打他。即使把罪犯打死，按今天的法律也不能处罚他。"不仅如此，王安石反过来告开封府犯了"失职罪"，把不该治罪的人治了罪。开封府不服，又把事情告到审刑院、大理寺。最后会审，判定开封府是对的。这么一来，王安石犯"失职罪"了。幸好皇帝知道王安石的脾气，下令不处分王安石。皇帝开恩，按规矩，被免罪的人得跪在皇宫门前谢恩。御史台多次出面勒令王安石谢恩，可王安石一口咬定自己没错，不去谢恩。为了这事，王安石失去了监督京城司法的职务。

同时，由于与当朝宰相韩琦意见不合，工作氛围压抑，王安石在京城越待越不痛快。司马光在笔记中写道，王安石"言事多为韩公所沮"，很多时候他不参与朝政。[1] 对此，林语堂说，王安石那样气质的人，不管身居何处，总愿自为首领。在偏远的外县身为地方主官，仍不失自己做主；但在京师担任官职，想变动成规，照自己的想法办事，便会受到诸多掣肘，人不顺事不遂。[2]

在二十年的官宦生涯中，我们可以很清楚地发现，王安石的理想并不在于当多大的官，而在于能不能实行他的理念。如果不能实现抱负，在朝廷当官还不如老老实实待在地方上做一个父母官，治理地方。但事与愿违，王安石不得不选择了韬光养晦，选择了蛰伏。他耐心地等待，等待有一天，新的皇帝能够认同他的变法理念，通过变法让帝国变得更加强大富饶，让大宋重现汉唐盛世时万邦来朝的盛大场面。

"大鹏一日同风起，扶摇直上九万里"，如同一只蛰伏着的大鹏，王安石在等待风，等待可以让他扶摇九万里的大风。

1　上海古籍出版社编：《宋元笔记小说大观·涑水记闻》，第941页。
2　林语堂：《苏东坡传》，第72—73页。

明妃曲

在闲暇时，王安石写下了后世流传甚广的名作《明妃曲》，追思汉元帝时和亲塞外的宫女"王昭君"。传统看法认为，王昭君不肯贿赂画工毛延寿，被丑化了形象，未能得到皇帝的宠幸。王安石提出，悲剧的制造者不是毛延寿，而是汉元帝自己不能知人。汉元帝连自己宫中之美都不能发现，眼瞎昏聩，即使王昭君留在汉宫也没有什么好结果。"汉恩自浅胡恩深，人生乐在相知心。"诗从"相知心"的高度重新思考君臣关系，在南在北，在胡在汉，关键是遇到明君。明君在朝，可提拔贤士于草莽之中；昏君当政，忠臣亦被嫌弃。尧舜在上，草木鸟兽亦润其泽；桀纣当权，比干文王也不得免。立足北宋政治现实，通过昭君出塞这个传统题材，王安石阐发君臣相知的全新主题。[1] 人贵相知，与地域远近没有关系，所以"咫尺长门闭阿娇，人生失意无南北"。当时王安石心情沉闷，知音难觅，无以排遣，只能"含情欲语独无处，传与琵琶心自知"。诗中的句子，让人不由自主地联想，或许这位"明妃"所处的情境，与王安石有许多相似之处——一样的保持本真，一样的不安于流俗，一样知音难觅，一样注定失意的命运。黄庭坚认为这篇作品"词意深尽，无遗恨矣"。大概正是因为王安石在个性上与昭君有些相似之处，才能将昭君的千古遗恨描绘得淋漓尽致。这首悼念昭君的作品，不经意间竟成了王安石的一生之谶。几年后，王安石奉诏入对神宗，踏上了变幻莫测、悲喜跌宕的执政之路。[2]

蛰伏期间，有几件日常琐事，被记录下来，非常能体现王安石的性格。

相传，包拯曾是王安石和司马光的上司。一年春天，衙门院子里牡丹盛开，包拯一时兴起，命在院子里摆酒席，让司官们一起赏花赋诗。众人轮番敬酒，兴致甚高。但包拯发现席中两位才子——王安石和司马光不曾举杯。于是，包拯问道："今日欢聚，两位才俊何以不饮酒？"两人连忙欠身答道："属下素不饮酒。"包拯笑道："平时可以不饮，今日可不能不饮。两位难道不知'一人向隅，举坐

---

1 康震：《千秋万岁名 在王安石千年诞辰之际的一点思考》，第17页。
2 李霞：《屡辞京官朝廷欣赏 锐意进取士林非难："拗相公"的性格养成史》，第43—47页。

变宋

不安'的话吗？"司马光盛情难却，只好饮了一杯。王安石却起身向包拯一躬："属下平生不饮酒。"包拯端着酒杯，说："今天大家高兴，你就破一回戒嘛，来，我敬你。"王安石还是不喝，说："属下确实不会饮酒，还望大人见谅。"众人看着包拯难堪地站在那里，纷纷过来劝说。然而，不管众人怎么劝，王安石就是不喝。好在包拯生性豪爽，不予计较。从这件小事可以看出，司马光处事比较通达，善于替别人考虑；而王安石坚持己见，不逢场作戏，即使让人没面子也坚持自己的原则。

还有一件事，很能说明王安石的习惯。有一天，朋友们告诉王安石的夫人，说王安石爱吃鹿肉丝。

夫人深感意外，他向来不注意吃什么，怎么突然爱吃鹿肉丝了呢？她问："你们把鹿肉丝摆在了什么地方？"

大家说："摆在他正前方。"

夫人明白了，对众人说："明天把别的菜摆在他前面，看看会怎么样？"

第二天朋友把菜的位置调换了，把鹿肉丝放得离他最远。王安石只吃最近的菜，桌子上摆了鹿肉，他竟然完全不知道。

还有一件事，更能说明王安石不注重吃穿仪表。据说，他从来不换长袍。是不想换还是想不起换呢？一天，几个朋友同他去洗澡。在王安石从浴池出来前，朋友们拿走他的旧袍，特意留下一件新长袍。王安石出来后，把那件新袍子穿上。朋友动了手脚，他完全不知道。朋友们很无奈，但也略感欣慰——他总算身上穿了件新衣裳。当一个人把精力完全倾注在内在的世界时，自然会忽略外表。

王安石的不修边幅，甚至一度引起皇帝的怀疑。嘉祐五年，王安石到京城时，时人把他当成怪人。据邵伯温记载，一天大臣等蒙召参加御宴，皇帝要求客人在池塘中自己捕鱼。在钓鱼时，将做成小球状的鱼饵，摆在桌上的金盘子里。王安石不喜欢钓鱼，便将金盘子里的鱼饵吃光。第二天，皇帝对宰相说："王安石是伪君子。人也许误食一粒鱼饵，总不会有人把那些鱼饵都吃完吧。"

王安石不在意吃穿，不注意仪表。他衣裳肮脏、须发纷乱、仪表邋遢，众所周知。苏洵和张方平认为，王安石矫揉造作不近人情。张方平曾与王安石共同监督地方考试，他说王安石把一切规矩都弄乱了，便不再与他交往。苏洵对王安石的做派更是厌恶，王安石母亲去世时，别人去吊唁，只有苏洵拒绝前往，并且写了一篇留名千古的文章——《辨奸论》。文章开篇提出，了解人的性格很难，甚至聪明人也可能受骗。只有冷静地观察，才能看透人的性格而预知他将来的发展。他引证古人山涛预言王衍的例子，王衍是当时一名聪颖秀逸的书生，但山涛审视之后说误尽天下老百姓的，未必就不是这个人；他还引证名将郭子仪预测卢杞的事情，卢杞容貌极丑但富有才干。郭子仪在接见卢杞时，必须把歌女舞姬等斥退，恐女人见其丑陋而受惊，或因一时嗤笑而开罪于他，郭子仪担忧地说，"此人一旦得志，我的子孙将一个也留不下来"。苏洵认为，当时若不是有昏庸之主，王衍或卢杞单个人还没有亡国的才干。然而，现在一个兼有王衍的阴险和卢杞的丑陋之人出现了。"今有人，口诵孔老之言，身履夷齐之行，收召好名之士、不得志之人：相与造作言语，私立名字，以为颜渊孟轲复出，而阴贼险狠，与人异趣。"此人一旦得势，足以欺英明之主，为国家之大害。他总结说："凡事之不近人情者，鲜不为大奸慝。"最后，他预言道："使斯人而不用也，则吾言为过，而斯人有不遇之叹，孰知祸之至于此哉！不然，天下将被其祸，而吾获知言之名，悲夫！"[1] 意思是说，假使王安石这个人将来不被重用，自己算是说错了，而这个人可能会有怀才不遇的叹息，也就没有人知道他是那个给国家造成祸害的人了。如果不是这样，天下就将要被他损害，而我却得了个先见之明的美誉，那真是太可悲了！

对于此文，苏东坡说他和弟弟苏辙都认为责骂得太重，只有张方平完全赞同。

嘉祐八年（1063），宋仁宗去世，朝臣争权夺利，钩心斗角。在母亲吴氏去世后，王安石遂前往金陵（南京）葬母，之后索性不回京城了，隐居金陵讲学。

在金陵期间，王安石专心治学。他认为，孔孟经学精义自"秦火"后散失，章句传注陷溺人心，湮灭了经义的"妙道"，遂使异端横行。因此他要重新训释经籍，明白义理，消除以往对经学的曲解，从而以经学来化民成俗。后来，这些观点成了"荆公新学"的内容。

---

[1] ［清］吴楚材、［清］吴调侯：《古文观止》，哈尔滨：北方文艺出版社，2016年，第492—494页。

变　宋

"荆公新学"一般指《三经新义》(即《诗义》《书义》《周礼义》)和他为释经而作的《字说》。《三经新义》的撰修,体现了王安石"以经术造士"的思想,即要以真正的孔孟之道来培养"干部队伍"。这些思想为后来的改革提供了理论基础。王安石变法的一个重要特点是他以思想家的身份投身改革,依据《三经新义》撰写策论成为科举考试的主要内容,后来"荆公新学"渐成官方显学。

在江宁,王安石一方面著书立说,一方面开课讲学。他教导学生们不要读死书,不要沉湎于科举考场的应试文字,而是要学习研究一些与修身、齐家、治国平天下相关的实际本领。更为重要的是,他收了一批对其后改革影响很大的学生,如陆佃、龚原、李定、蔡卞、侯书献、郑侠等。几年后,李定从地方到京城,遇到了人生最大的波折。十几年后,郑侠给皇帝呈上《流民图》,给王安石变法带来致命打击。

在金陵读书讲学,王安石很专心,乃至于服丧结束,朝廷让他复官为工部郎中知制诰,他也不应命去京城复职。但并不是说,在这四年多的时间之内,王安石没有了公务,他曾先后三次被派充任主持考试的官员。第一次是嘉祐五年八月,他与赵忭、郑獬、滕甫一起主持开封府举人考试。第二次是嘉祐六年(1061)八月,他与吴奎、杨畋、王畴一起主持贤良方正能直言极谏科,考核苏轼、苏辙等人。第三次是嘉祐八年正月,他与范镇、司马光去考核礼部应举的进士。

在宋英宗时期,王安石一直蛰居江宁。朝廷征召他到京城工作,他说自己生病了,要在家里好好休养。当时人们议论纷纷,猜测他拒不回朝主要有三个原因:一是自谦,二是宰相韩琦阻碍,三是要挟皇上。《邵氏闻见录》记载,在讨论宋英宗为皇子一事时,王安石曾与韩琦发生分歧,两人意见不合,所以不敢入朝。以至于宋神宗即位之初,问大臣:"王安石在先帝时期,屡召不至,好像不恭敬。现在召他入京又不来,是真的病了,还是以此要挟?"曾公亮说:"王安石文章事业,都非常优秀,应该大用。多次召他不来,一定是生病了,他绝对不敢欺君。"大臣吴奎说:"王安石曾纠察刑狱,判决不当,皇帝下旨不追究,他也不去拜谢。我认为是被韩琦压制,不愿意入朝。"曾公亮赶紧辩驳,说王安石具有辅佐之才,吴奎在蒙蔽皇上,吴奎反过来说蒙蔽皇上的是曾公亮。¹ 可见,对于王安石不肯入朝当官,人们的看法不同。

之所以拖着不去京城做官,肯定有多方面的因素,但主要是朝局不稳,时机未到,妄求进取必难有成就。同时,他和当政的首相韩琦有很深的矛盾,自知回去也施展不开。

嘉祐三年,王安石游庐山,所作诗非常贴切地表达了他当时的心情:

> 森森直干百余寻,高入青冥不附林。
> 万壑风生成夜响,千山月照挂秋阴。
> 岂因粪壤栽培力,自得乾坤造化心。
> 廊庙乏材应见取,世无良匠勿相侵。

高大的青松乃自然造化,假如庙堂上缺乏这样的栋梁,就尽管来伐取吧。如果不是良匠,就不要糟蹋这么珍贵的木材。² 从这个时期的诗文来看,王安石的人生理想并不在文学。在 27 岁获得欧阳修赠诗称赞"翰林风月三千首,吏部文章二百年"时,王安石答诗道:"欲传道义心虽壮,强学文章力已穷。他日若能窥孟子,终身何敢望韩公?"王安石崇敬的"韩公",即唐朝大政治家、文学家韩愈,他作诗曾言"余事作诗人",王安石借此表明志不在文学。³ 虽然王安石时时作诗,但并不多耗心力,主要精力还在于政治与学术。在《忆昨诗》中他回忆道"材疏命贱不自揣,欲与稷契遐相希",可见他的人生目标颇似杜甫"许身一何愚,窃比稷与契",志在辅佐君王,以达到治国平天下的人生理想。

身在江南,心系朝堂,王安石在江宁读书育人,一直延续了四年,直到宋神宗登基,一场影响北宋国运的变革才拉开了序幕。

---

1 参见[宋]李焘:《续资治通鉴长编》卷二〇九"治平四年闰三月庚子"。
2 陈胜利:《当改革遇见王安石》,北京:清华大学出版社,2018 年,第 81 页。
3 莫砺锋:《"余事作诗人"的王安石》,纪念王安石诞辰 1000 周年学术研讨会论文集,第 6 页。

第四章

一元复始

"公元960年宋代兴起,中国好像进入了现代,一种物质文化由此展开。货币之流通,较前普及。火药之发明,火焰器之使用,航海用之指南针,天文时钟,鼓风炉,水力纺织机,船只使用不漏水舱壁等,都于宋代出现。"[1]历史学家黄仁宇如此说。宋朝是我国古代科技发展史上的黄金时期,我国古代"四大发明"中,三项产生于宋朝。[2]这一时期,涌现出了众多卓越的科技人才,推动宋朝在农业、冶金、土木工程、造船、航海等科技方面作出了很多重要贡献。著名宋史专家邓广铭称,宋代是我国古代社会发展的最高阶段,其物质文明和精神文明所达到的高度,在中国整个古代社会历史时期之内,可以说是空前绝后的。有些历史学家甚至把宋朝称之为开启现代性曙光的中国"文艺复兴"时代。[3]如果说唐朝是一个时代的结束,那么宋朝则是一个时代的开端,她在历史上的影响十分深远。[4]

但宋朝又是一个非常奇怪的王朝,既繁荣富有,又虚弱不堪,充满了矛盾。"富"是指经济发达,财政收入多,文化非常繁荣。正如著名史学家陈寅恪言:

---

[1] 黄仁宇:《中国大历史》,北京:生活·读书·新知三联书店,2003年,第128页。
[2] 游彪:《追宋:细说古典中国的黄金时代》,第201页。
[3] [德]迪特·库恩:《儒家统治的时代:宋的转型》,导言第2页。
[4] 游彪:《追宋:细说古典中国的黄金时代》,第175页。

第四章 一元复始

"华夏民族之文化,历数千载之演进,造极于赵宋之世。"[1] 不论是从经济发达程度、居民生活水平、社会发展水平,还是从文化发达程度、商业繁荣程度、政治文明程度来看,宋代都可谓处于中国传统社会的高峰,被海外汉学家称赞为"现代的拂晓时辰"[2]。"弱"是指政府财政亏空多,军事失败多,对外妥协,纳币求和。宋朝始终无法收复燕云十六州,时时面临辽、西夏、金等游牧民族的严重威胁。所以,钱穆在其《国史大纲》中称"宋代对外之积弱不振,宋室内部之积贫难疗"。[3]

所以,宋代在中国社会史、文化史、思想史上的特殊位置早被学术界所敏锐洞察。严复先生提出:"若研究人心、政俗之变,则赵宋一代历史最宜究心。中国所以成为今日现象者,为善为恶姑不具论,而为宋人之所造就,什八九可断言也。"[4] 宋朝虽已远去,其历史遗产却深刻影响着今日中国,对于现代中国人民族性和世界观的形成,有重大的影响。

处于历史转折点上

从 10 世纪唐代后期到宋朝初期,中国历史发生了最具决定性的转变。北方士族靠着谱牒传续的世家大族、贵族官僚形成政治优势,在延续了几百年后最终在唐末和五代十国的混战中消失,那套以家族继承为代表的治国之道渐渐被抛弃和遗忘,一个新的阶层——士大夫出现了,而科举制度是吸纳这些精英到官僚机构行之有效的方法。宋朝参加科举考试的人数不像唐朝以千计数,而是每年数十万人。获得进士并出任官员的人数,从 11 世纪初每年 5000 人增长到 13 世纪初每年 1 万多人。晚唐时期,69% 的高官出身于世家大族或官宦世家,而到北宋时只有 19%。与之相反,北宋时期科举出身的官员占官员总数的 40%,而唐朝只有 15%。根据 1148 年和 1256 年进士题名录,科举考试的学子中,约 57%

---

1 陈寅恪:《邓广铭〈宋史职官志考正〉序》,《金明馆丛稿二编》,上海:上海古籍出版社,1980 年,第 245 页。
2 吴钩:《风雅宋:看得见的大宋文明》自序,桂林:广西师范大学出版社,2018 年。
3 转引自王水照:《重提"内藤命题"》,《文学遗产》,2006 年第 2 期,第 8—11 页。
4 转引自邓小南:《宋代历史再认识》,《河北学刊》,2006 年第 5 期,第 98 页。

的人祖上三代未曾为官。[1] 他们深受儒家学说影响，通过科举考试登上了中国政治舞台，新型的政治精英——文官集团形成，重塑和改革整个社会。

宋朝最大的成就，可以说是建立了一个"权力制衡"的"共治"政治体系。与以前朝代不同，宋朝开国之后，抬高文官的地位，主张君主与士大夫"共治天下"，形成了一个强有力的文官政府[2]，建立了分权制衡的政治体系。在这个体系下，皇帝并不能为所欲为，而是受到宰相和监察部门的制约。

这种政治制度设计，与宋朝所处的时代背景有关。宋朝开国帝王吸取前朝教训，特别是汉唐以来大权旁落以及上层社会奢侈腐朽等造成社会混乱和政局更迭的历史教训，对权相、后妃、外戚、宦官、宗室、武将等政治势力极力警惕，严加防范。宋太祖认为，相对于上述势力，士大夫阶层只能依附皇权才能发挥作用，一般比较可靠。唐代以前士大夫多为世家贵族出身，而宋朝通过科举等一系列措施改变了士大夫的阶层，先前一直不受重视的庶族士人成为重点任用对象，大量有才能却出身低微的读书人得到选拔。对这些有能力、无根基的新兴士大夫，宋代帝王非常重视并愿意与之"共定国是"。宋太宗对宰相李昉等人说："天下广大，卿等与朕共理，当各竭公忠，以副任用。"[3]

据说，宋朝从立国之初起就有誓碑。陆游在《避暑漫抄》中作了详细的记载："靖康之变，金人入庙，悉取礼乐祭祀诸法物而去，门皆洞开，人得纵观……誓词三行，一云：柴氏子孙有罪，不得加刑……一云：不得杀士大夫及上书言事人；一云：子孙有渝此誓者，天必殛之。"确实如此，宋朝没有一个宰相或谏官被杀（最严重的不过流放）。即使是一般士人，被杀的也极为罕见。[4]

经宋太祖、宋太宗两代创制及真宗朝的过渡，到宋仁宗在位时，权力制衡政治制度已臻完善，君主与政府的权力分配已经有了法度或惯例可循。特别是宋仁宗性情谦抑，守住人君的本分，遵循既定的制度，表现出了一位守成君主的最大

1　［德］迪特·库恩：《儒家统治的时代：宋的转型》，第122—123页。
2　同上书，导言第3页。
3　［宋］李焘：《续资治通鉴长编》卷二六"雍熙二年十二月"。
4　何忠礼：《论宋代士大夫的"共治"意识》，《国际社会科学杂志（中文版）》，2020年第3期，第33—34页。

美德。《续资治通鉴长编》说，宋仁宗"守法度，事无大小，悉付外廷议"。这种治理方式，被儒家称为"共治"，即君主是国家权力的象征，具体的治理权归于"外廷会议"。对此，南宋宰相杜范曾经详细说明办理政事的流程："凡废置予夺，一切以宰执熟议其可否，而后见之施行；如有未当，给（给事中）、舍（中书舍人）得以缴驳，台（御史）、谏（谏官）得以论奏。是以天下为天下，不以一己为天下，虽万世不易可也。"[1] 同时，士大夫具有强烈的共治思想，北宋学者王禹偁说："夫天下者，非一人之天下，乃天下人之天下也。理之得其道则民辅之，失其道则民去之，既去，又孰与同其天下乎？"[2] 张方平在写给宋神宗的奏折中，非常明确地提出"天下不能由陛下一人独治，天下只能由陛下和臣等共治"。文彦博更是一针见血地提醒宋神宗"为与士大夫治天下，非与百姓治天下也"[3]。在共治思想下，虽然宋朝君臣地位不同，但却有着相似的思想和观念，君主"以制命为职"，宰相执掌具体的国家治理权，而台谏掌握着监察之权，"各有职业，不可相侵"。在这种政治结构下，许多精英分子不仅怀有一定的民本思想，而且在政治上具有更多的积极性和主动性，有时甚至可与帝王的个人意志抗争，且屡屡得胜。

如果君主不守制度，撇开外廷而独揽大权呢？这时，君主将受到外廷的强烈抵制，受到宰相和监察部门的制约。在宋代士大夫心目中："权归人主，政出中书，天下未有不治。"[4] 君主若是侵夺宰相之职权，则属违制，将受到群臣抗议："今百司各得守其职，而陛下奈何侵之乎？"[5] 历史学家柳诒徵说："盖宋之政治，士大夫之政治也。政治之纯出于士大夫之手者，惟宋为然。"[6] 更为可贵的是，宋仁宗承认此为"祖宗故事"，表示出对法度的尊重、对君权边界的遵守，"祖宗故事"为既定之制度，制度摆在那里，皇帝若不遵成法，便是过失，而且大臣与

---

1 [宋]杜范：《清献集》卷一三《相位五事奏札》，清文渊阁四库全书本，第441页。
2 [宋]佚名：《宋文选》卷七《代伯益上夏启书》，清文渊阁四库全书本，第488页。
3 [宋]李焘：《续资治通鉴长编》卷二二一"熙宁四年三月戊子"。
4 [元]脱脱：《宋史》卷四〇六《洪咨夔传》，第12265页。
5 [宋]王辟之：《渑水燕谈录》卷一《谠论》，明刻稗海本，第13页。
6 柳诒徵：《中国文化史》，上海：上海古籍出版社，2001年，第516页。

台谏官也会迫使君权在合乎法度与惯例的轨道上运作。由此看来，宋仁宗即使有专断之心，恐怕也不能轻易如愿。

南宋陈亮《中兴论》记录一事，很能说明宋朝的权力制衡制度："仁宗朝，有劝仁宗以收揽权柄，凡事皆从中出，勿令人臣弄威福。"宋仁宗说，你说得很有道理，然而处置天下事物，还是不能由皇帝一个人决断。如果都是由皇帝自己决定，都对了当然可以，如果有一个方面不合适，就难以立即改正。不如交给大家共同讨论，让宰相执行，如果实行中公众觉得不好，台谏官员按公谏言，改正非常容易。根据这个记载，宋仁宗不欲"收揽权柄"，似乎是出于君主权衡利弊之后的理性自觉。相比之下，朱熹《三朝名臣言行录》收录的一段宋仁宗自白，就更有意思了："屡有人言朕少断。非不予处分，盖缘国家动有祖宗故事，苟或出令，未合宪度，便成过失。以此须经大臣论议而行，台谏官见有未便，但言来，不惮追改也。"宋仁宗认为，如果自己做决定，金口玉言，出现错误改起来非常困难。现在交大臣讨论后执行，由台谏官员监督，即使出现了错误，也便于纠正。所以，针对"仁宗皇帝百事不会，却会做官家"的议论，宋仁宗不以为然。有人评论，一个圣明的君主，"百事不会"没有关系，因为君主不必亲决庶政；要紧的是守住君主的本分，即如何"做官家"。[1]

通过以上分析可见，宋朝权力制衡，关键有三点：一是限制君权。君王与士大夫"共治天下"，形成了"权归人主，政出中书"的制度。二是进一步削弱相权。宋初相权一分为三，政事归中书门下，以"同中书门下平章事"为宰相，而以参知政事为副相；军政归枢密院掌管，长官称为枢密使。中书门下与枢密院并称"二府"。财政则归三司掌管，三司的长官称为三司使，又称"计相"。三司掌管户部司、度支司、盐铁司，以分散财政大权。这样，宋朝形成了"二府三司"体系。政事堂知事（也就是宰相）不止一个，轮流掌印，并设副相予以牵制；军政、财政、司法、监察和言路都独立于相权。三是推行官职分离的制度。宋太祖对旧政权遗留下来的官员采取养起来的办法，保留了五代以来的台、省、寺、院等官僚机构，然后增设了许多新的机构，提拔大批新的

---

[1] 吴钩：《宋仁宗逝世，为什么远近皆哭？》，《南方都市报》，2012年10月28日。

官员。对于新提拔的官员，采取了官职分离之策，实行"名"与"实"相分、"职"与"权"相分，有"官"、"职"、"差遣"之别。"差遣"是真正意义上的事权，但在性质上又属于临时的，所以称之为"知……""判……""权……"，意即可以随时调换。经过以上制度安排，宋朝从中央到地方，权力被分解成许多条块，形成了一个核心权力归属中央，由皇帝间接控制，分权设置，相互制约与监督的复杂官僚系统。

在经济方面，北宋大力发展农业、手工业，积极倡导商业和海外贸易，使经济与社会日益繁荣。在历史上，宋朝基本完成了中国经济重心南移的过程，江南成为经济最为发达的地区。大量新的因素在宋朝出现了：生产水平提高，租佃制、雇佣制发展，坊郭户等非主体社会阶层成长，商品经济与海外贸易兴盛，都市面貌改观，社会流动频繁。宋朝更为开放的城市设计，引发了全天候的生活方式，相应地促进了市场经济和商业的发展。从《清明上河图》中可以看到宋朝社会的繁华程度。

宋朝商业发展很快，即使最遥远的角落都开始商业化。[1]例如，宋朝商品经济的活跃极大改变了京东路的社会风气。这个时期，山东出现了"趋坑冶以逐末，贩茶盐而冒禁"[2]的社会风气。临清、东平、济宁等地皆当水运之冲，居民多"以工商业为主"[3]。例如，山东商人非常重视广告宣传，北宋"济南刘家功夫针铺"铜版印刷广告是迄今世界上最早的工商业印刷广告实物，表明九百年前中国商人已经有了现代的经营方法。[4]

据史料记载，北宋财政收入约年8000—9000万贯，最高曾达到16000万贯。即使是失去了半壁江山的南宋，财政收入也高达10000万贯。[5]相比而言，元、明、清三代却没有达到宋朝的水平。明朝的国土远远大于宋朝，而财政收入

---

1 [德]迪特·库恩：《儒家统治的时代：宋的转型》，导言第3页。
2 安作璋主编：《山东通史·宋金元卷》，北京：人民出版社，2009年，第392页。
3 [意]马可波罗口述、鲁思梯谦笔录：《马可波罗游记》，陈开俊等译，福州：福建科学技术出版社，1981年，第160页。
4 安作璋主编：《山东通史·宋金元卷》，第393页。
5 徐吉军：《宋韵：登峰造极的两宋文明（四）》，《文化交流》，2021年第4期，第42页。

仅仅是北宋的 1/10；清朝的财政状况比明朝好一些，但仍然比不上 600 年前的宋朝，而清朝的人口已经超过 3 亿。[1]

伴随着城市经济的兴起，商人队伍日益壮大，手握大笔财富，开封城中"百万者至多，十万而上，比比皆是"。类似金融机构的"便钱务"也在城市中大量出现。非农税收所占比重大大增加，最多时能达到国家财政的三分之二。[2] 与其他传统社会不同，宋朝财政收入以商业税为主，主要分为两种，一是过税，值百抽二，即税率 2%；二是住税，值百抽三，即税率 3%。[3] 宋朝财政收入结构发生了很大变化，现金超过了实物收入，北宋经济的基础已经越来越多地依赖于现金支付。从 997 年到 1085 年，以现金形式征收的赋税占总收入的比率从 40% 提升到了 70%。[4]

有学者按米价比价法和金银比价法对宋朝的 GDP 进行了推算，认为折合成现在的货币高达千亿美元，占当时全世界 GDP 总量的 50%，甚至更高。[5]《世界经济千年史》的作者麦迪森认为："早在公元 10 世纪，中国在人均收入上已经是世界经济中的领先国家。"[6]

北宋出现了世界上最早的纸币"交子"。北宋天圣元年（1023）政府建立了世界上第一个负责纸币发行的官方机构"益州交子务"，并制定了使用规则与伪造的处罚条例，拥有这种印制纸质凭证的人可以在交子务的任何一个分支机构领取与上面数字相同的现钱。宋代的纸币也成为世界历史上首次在一个国家的国民经济体系中流通的纸质货币。相比而言，日本直到 1334 年才创立纸币体系，越南开始使用纸币是 1396 年，瑞典是 1661 年，美国是 1690 年，法国是 1720 年，俄国是 1768 年，英国是 1797 年，德国直到 1808 年才使用纸币。纸币的出现，极大方便了资金与财务的流转，反映了北宋的商品经济高度发展。

---

1 陈忠海：《国策失误导致宋朝"富而不强"》，《中国发展观察》，2015 年第 4 期，第 91 页。
2 贾大泉：《宋代赋税结构初探》，《社会科学研究》，1981 年第 3 期，第 52 页。
3 雷俊：《宋朝税收那点事》，《浦东开发》，2018 年第 9 期，第 59 页。
4 ［德］迪特·库恩：《儒家统治的时代：宋的转型》，第 243 页。
5 陈忠海：《国策失误导致宋朝"富而不强"》，第 91 页。
6 转引自陈忠海：《国策失误导致宋朝"富而不强"》，第 91 页。

"生身有五乐，居洛有五喜"，北宋理学家邵雍曾发出这样的赞叹，他认为"五乐"是指乐生中国、乐为男子、乐为士人、乐见太平、乐闻道义；"五喜"是指喜多善人、喜多好事、喜多美物、喜多佳景、喜多大体。

检阅宋代史料与研究著作，会感慨宋朝"好像进入了现代"。学者吴钩发表了一系列文章介绍宋朝"现代性"的历史细节，比如宋代开封城"白领"不在家中做饭而是"叫外卖"，《清明上河图》展示的酒店业"灯箱广告"，南宋杭州出现的"猫粮专卖店"，诞生于宋代的纸币，宋代大城市的"证券交易所"，宋朝高度发达的契约，宋代立法的"民主审议程序"，非常缜密的宋代司法程序，十分讲求分权制衡的权力构造……这些历史细节组合起来，便展现出一种非常"现代化"的宋朝社会景象，让生活于现代社会的我们有一种"似曾相识"的感觉。[1] 有学者称宋代几乎已站在了迈向近代社会的前夜。[2]

盛世危机

表面上，大宋王朝一派欣欣向荣。至宋神宗时期，立国已经百年，北宋从未发生过一次动摇其政权根基的政变、兵变或民变，出现了"百年无事"的承平局面。

表面的繁荣，掩盖不了宋朝面临的深刻系统性危机。经济强大并不等于政治、军事强大。北宋初期伐辽的幽州战役，宋军被辽国骑兵打得大败，宋太宗负伤逃回，从此北宋对辽由进攻转为防御；与金朝作战，宋朝几乎全线溃败，甚至金兵的一个冲锋就能轻易打到京师汴梁。不仅如此，小国也敢"欺负"大国，北宋初期西夏经常骚扰宋朝边境。与西夏的好水川战役，30 万宋军被西夏骑兵打得几乎全军覆没。很多时候，宋朝甚至连决战的气势也没有，一再媾和，向对手送上"岁币"来免灾。令人悲痛的是，辽、金、西夏三国都从宋朝提供的岁币中

---

1 吴钩：《宋：现代的拂晓时辰》后记，桂林：广西师范大学出版社，2015 年。
2 葛金芳：《宋代经济：从传统向现代转变的首次启动》，《中国经济史研究》，2005 年第 1 期，第 80 页。

变　　宋

获益，宋朝被迫给这些异族政权提供了200多年的财政支持。[1]

在领土上，宋朝始终没有收复"失地"，更没法与汉唐王朝开疆拓土的辉煌相提并论。宋朝领土最多时是260万平方公里，比唐朝和今日中国领土小了很多。然而在国土极度缩水的情况下，还始终面临北方草原民族的欺凌和威胁。

为什么宋朝这么"窝囊"呢？是什么原因造成的呢？

当时人总结，宋朝最大的问题是"三冗两积"。"三冗"就是冗兵、冗官、冗费。一是"冗兵"，为了应付辽、西夏边事，大宋军队的数量一增再增，从宋太祖的20万，到真宗的43万，再到仁宗的82万，加上地方厢军，宋朝最多时共养兵125.9万[2]，治平年间军队开支占财政收入的六分之五[3]。但数量并不代表质量，宋军战斗力不强，兵力疲弱。二是"冗官"。为了强化皇帝权力，牵制各级官吏，官僚机构重叠、官吏人数泛滥，所以时人批评说："自古滥官，未有如此之多。"三是"冗费"，巨额的兵饷、数量巨大的官俸，加上皇族的奢靡、对外"纳币""岁赐"等，使国家的财政收支从初期的盈余大半，演变为中期的小有盈余、收支相抵，乃至中后期出现巨额财政赤字。所谓"两积"，分别是积贫、积弱。"积贫"是指北宋中期财政收入入不敷出。"收入虽多，国用日匮"，常年出现赤字。"积弱"是指在对外战争中北宋政府连连败北，被迫先后与辽、西夏签订了屈辱的条约以换取苟安。1005年宋辽签订和约之后，宋朝提供的岁银、绢等财物几乎占了辽国年收入的一大半。从现银数量看，北宋提供给辽国、西夏的岁币数量占其国民生产总值的20%—30%。[4]

之所以这样，与北宋立国政策有关。

北宋建立后，"以防弊之法，作立国之法"。为了"惩创五季而矫唐末之失策"，改变节度使割据一方"既有其土地，又有其人民，又有其甲兵，又有其财赋"的局面，从宋太祖赵匡胤立国之始，基本国策就是"崇文抑武，虚外实内"。

---

[1] ［德］迪特·库恩：《儒家统治的时代：宋的转型》，第244页。
[2] 安作璋主编：《山东通史·宋金元卷》，第175页。
[3] 虞云国：《细说宋朝》，上海：上海人民出版社，2020年，第223页。
[4] ［德］迪特·库恩：《儒家统治的时代：宋的转型》，第244页。

第四章 一元复始

"崇文抑武"是加强文官的权力，削弱武官的权力；提高文人的待遇，压低武官的待遇，即：文官多，官俸高，大臣傲，赏赐厚，责罚轻。宋太祖曾多次强调："宰相需用读书人。"有宋一代，上至同平章事、参知政事、枢密使，下到知州、知县，包括经略安抚使之类的武职，大多由科举出身的文士充任。宋朝知识分子（文人士大夫）的地位之高，所受的待遇之优厚，其他朝代无法比肩。与此同时，宋代对武将采取严格防范措施，采取"兵将分离""换防"等措施，打压武将势力，削弱武将权力，导致其地位、权力和声名大受贬抑。若纯粹是个武人，则会遭遇轻视。所以，连狄青等名将也要折节看书，留意斯文。北宋初年，洛阳人尹洙说得非常形象："状元登第，虽将兵数十万，恢复幽、蓟，凯歌劳还，献捷太庙，其荣亦不可及矣。"[1] 抑武导致宋代军事疲弱，猜忌和打压导致统帅不力，就如时人所说的："以居易之将，驭不练之兵，故战必致败。"

"虚外实内'呢？是指对内防备一定要紧，高度重视和警惕内部造反。前朝"安史之乱"是最直接教训，宋太祖的"黄袍加身"则是一个内部的警示。宋朝在防范前朝问题——地方节度使问题、外戚问题、宦官问题——的基础上，进一步削弱地方武力，加强中央集权：一是把军、政、财权都收归中央；二是把内、外廷行政系统分权制衡，将监督制度进一步完善；三是将精兵归拢到中央禁军。同时还实行"更戍法"，禁军的驻屯地点，每隔几年更换一次，使得"兵无常帅，帅无常师"。更戍法虽有效地防止了武夫的叛乱和割据，却严重影响了军队战斗力。北宋定都开封，地处平原，没有洛阳、西安、北京的山川之险，加上辽国势力蒸蒸日上，幽云十六州丢失使北宋失去了抵御辽国入侵的天然屏障。因此，要抵御边患，北宋只能以兵为险，驻重兵于京师，以成强干弱枝之势。

在军事方面，采取了饥年募兵之策，即"饥岁莫急于防民之盗，而防盗莫先于募兵为先"。认为"方凶年饥岁，有叛民而无叛兵；不幸乐岁而变生，则有叛兵而无叛民"。[2] 这种做法，虽然达到了防止内乱的目的，但使军队成了难民收

---

[1] ［宋］田况：《儒林公议》卷上，明刻本，第9页。

[2] ［宋］晁说之：《嵩山文集》卷一，《四部丛刊续编》景旧钞本，第59页。

容所，不仅兵额扩大，且战斗力极弱。以"守内虚外"为原则所推行的一整套措施，虽利于解决藩镇拥兵自重，维护国家统一，但却造就了一支冗弱的部队，在对辽、西夏的战事中，胜少败多，被迫纳币。纵观宋朝，首都一旦沦陷，国民手无寸铁，各地没有能力反抗，只得"坐视胡虏长驱深入"。

在经济方面，宋太祖采取了"不抑兼并"的政策，对土地兼并采取了纵容的态度。宋太祖用"杯酒释兵权"的方式收回石守信、王审琦、高怀德等高级将领军权，鼓励他们"择便好田宅市之，为子孙永远不可动之业"。他曾自我解嘲："富室连我阡陌，为国守财尔。"[1] 这种政策，虽然对安抚地主阶层起到了作用，但致使土地越来越集中到少数人手里。大官僚、大地主、贵族享有免税免役的特权，政府的财政收入就越来越少。北宋政府《会计录》记载，宋英宗治平年间（1064—1066），纳税的土地只有四百四十万顷，占实际耕种土地的十分之三。另外十分之七的土地，在大地主大官僚手中，他们享有免税免役的特权。到宋朝中期，大土地所有者仅纳田租的二十分之一或十分之一，此外还有隐田漏税的情况，导致田赋严重不均。国家财税负担大多加到农民身上，甚至贫民土地被兼并之后，"产去税存"，还要让没有土地的农民交税，加速了农民的破产，以致"一邑之财，十五六入于私家"。贫富分化严重，农民不满情绪高涨，动摇了北宋中期的统治基础，"土崩瓦解之势深可虞也"，政权面临严重的危机。[2]

北宋中期，朝廷财政危机进一步加深。宋真宗祥符天禧年间（1008—1021）后，"内之畜藏，稍已空尽"。到宋仁宗时，虽然号称"至平极盛之世"，但财政收入匮乏，"天下之论皆扰扰以财为虑"[3]。宋仁宗晚年，北宋政府每年的赤字达到三四万贯。宋英宗治平二年，全国财政收入1.1613亿万贯，支出1.2034亿万贯，非常支出1152万贯，亏空高达1500多万贯。[4] 宋英宗驾崩后，宋神宗面临

---

1 ［宋］陈傅良：《历代兵制》卷八，清道光静观堂刊本，第182页。
2 吴慧：《中国商业通史》（第二卷），北京：中国财政经济出版社，2006年，第823—824页。
3 陈登原：《国史旧闻二》，沈阳：辽宁教育出版社，2000年，第272页。
4 吴慧：《中国商业通史》（第二卷），第824页。

日益深重的财政危机,不得不下令丧事从简,一切削减三分之一。为了摆脱财政危机,国家不断加重农民的赋税,广大劳动人民负担着繁重的租税和徭役。从赋税来看,除了缴纳名正言顺的"两税"之外,还有名目繁多的苛捐杂税。如丁身税、"杂变""支移""折变"等,多不胜数。[1]

宋朝的经济政策相对宽松,不仅"不立田制""不抑兼并",还大力发展商品经济。市场机制是高效,但也存在固有的缺陷和局限性。北宋中期,大地主、大商人与商业资本密切联系,成为兼并的主要力量,使经济力量薄弱的中小地主趋于没落。占据垄断地位的大地主、大商人愈来愈富有,农业上的土地兼并和商业上的垄断使北宋逐渐感受到了市场失灵的病痛。

土地作为自然经济最重要的生产资料,备受地主官商的青睐。据著名历史学家漆侠先生推算,王安石变法前至少有百分之六七十的土地集中到了大地主阶层,有一半以上的社会财富集中到了大商人手中。[2] "富者有弥望之田,贫者无立锥之地",小自耕农的破产,使国家的税基渐渐流失,财富分配的不公导致贫富差距越来越大,直接影响了社会安定。在宋朝,从都城到州县城镇都存在由同业商铺组成的"商行",商行垄断了本地方本行业的商品贸易,拥有"做价"权,外来商人不经"投行"就不能进行贸易。而且,"行头"或某些大商人"皆得乘伺缓急,擅开阖敛散之权",一方面控制外来商品的货源,"明抑其价使极贱";一方面对城市消费者囤积居奇,"待其价昂贵而后售",导致"市无常价,贵贱相倾"。[3]

既然找到了问题的根源,是不是对症下药就可以了呢?当时的人也是这么想的。早在1039年,宋祁便上书提出了"三冗三费"(三费指寺观祈福之费,寺观设工徒役卒之费,节度使动用公用钱物之费)的问题,他建议皇帝、后宫要带头节俭。1049年,宰相文彦博、枢密副使庞籍提出国用不足的解决办法,省兵、裁减禁军。1061年,知谏院司马光上书,提出裁减禁军、量才录用官员、减损

---

1 赵云旗:《北宋走出"积贫积弱"的困境》,《经济研究参考》,2009年第40期,第18页。
2 漆侠:《王安石变法》,第35页。
3 [宋]李焘:《续资治通鉴长编》卷二三一"熙宁五年三月丙午"。

冗费、节约等建议。南宋名士陈亮归纳说："方庆历、嘉祐，世之名士，常患法之不变也。"在宋朝著名理学家朱熹看来，"（王安石）新法之行，诸公实共谋之，虽明道先生（程颢）不以为不是，盖那时也是合变时节。"[1]在当时，改革成为解决危机之道的普遍共识。

宋仁宗时期，范仲淹等大臣，深刻认识到了宋朝中期存在的系统性危机，提出要用系统性方法来解决。庆历三年，范仲淹、富弼、韩琦、杜衍同时为官时，范仲淹向仁宗上《答手诏条陈十事疏》，提出"明黜陟、抑侥幸、精贡举、择官长、均公田、厚农桑、修武备、减徭役、覃恩信、重命令"十项改革主张，以整顿吏治为中心，意在限制冗官，提高效率。范仲淹认为，只要实施了这十项政策，对宋朝弊端进行全面改革，宋朝就一定能摆脱冗员、冗兵、冗费的系统性危机，重新焕发出生机和蒸蒸日上的气势。

如果问题这样简单就可以解决，就不会出现后面的"王安石变法"了。[2]因守旧官僚的激烈反对，又得不到皇帝的支持，"庆历新政"实施不久就失败了。失败的教训说明，官员队伍一旦扩大到某个规模，想裁减就很困难了。如今要削减官员数量，降低他们的工资，他们能答应吗？大部分帝国中期的问题，是既得利益集团的问题。这些既得利益集团并不像想象的那样软弱，他们有可能像毒蛇一样绞死那些无知无畏的改革者。

冗员裁减不易，行政开支和军费支出不能减，国家财政又没钱，怎么办？还有什么办法解决系统性危机呢？

自宋神宗即位，改革已成君主与官僚士大夫的共识。著名历史学家余英时在《朱熹的历史世界》里认为，"一个少年皇帝（宋神宗）一心一意在追寻重新塑造世界的伟大构想"[3]。他先寄望于元老大臣，收获的却是"安内为先""信赏必罚""内修德政""节俭"之类告诫；失望之余，越发赞赏王安石的经世致用，期望与他共成一代治业。熙宁二年二月，王安石担任参知政事，标志着他"得君行道"，开始推行变法。从熙宁元年四月宋神宗召见王安石，到第二年的二月，十

---

1 ［宋］黎靖德辑：《朱子语类》卷一三〇，明成化九年陈炜刻本，第5024页。
2 陈胜利：《当改革遇见王安石》，第31页。
3 余英时：《朱熹的历史世界》，北京：生活·读书·新知三联书店，2011年，第238页。

多个月,宋神宗和王安石朝夕相处,详细讨论,仔细筹划。从历史资料和后来情势发展来看,他们讨论的内容是整体性的,涉及变法的很多个环节。

首先是确定变法指导思想。应对危机,进行社会改革,必须有指导思想和战略目标。王安石认为理财无方导致财用不足,而单纯节俭根本上起不到保障和增加财政收入的作用。"其于理财,大抵无法,故虽俭约而民不富,虽勤忧而国不强。"[1] 在此基础上,针对"积贫"和"积弱"两大弊病,王安石提出"理财"和"整军"两大策略。王安石经济思想要点是"因天下之力以生天下之财,取天下之财以供天下之费",也就是调动人们的创造力,向自然界开发资源,创造财富,以满足人们的需求。他理财的总目标是"善理财者,民不加赋而国用饶"。

其次,明确变法策略。皇权时代,改革的关键是皇帝的支持。商鞅变法,下场很惨,是因为支持变法的秦孝公死了,反对变法的秦惠文王把商鞅抓起来五马分尸。王安石变法首先获得了宋神宗的支持,甚至达到了"言听计从"的程度。三朝老臣韩琦有拥立之功,一旦反对王安石变法,很快就被宋神宗贬斥。在获得皇帝的信任和任命之后,王安石还总结和吸取了"庆历新政"失败的教训,没有像"庆历新政"那样从裁撤冗官方面入手整顿吏治,而是首先从经济、军事制度改革做起,绕过了澄清吏治这类最敏感的社会问题(当然,这里面有减少改革阻力的考量)。[2]

再次,建立变法机构。战略定了之后,组织要先行。熙宁二年二月,王安石被任命为参知政事,立即上书成立"制置三司条例司"。制置:措置、谋划、整治的意思;三司:执掌全国财经、赋税、粮草的最高财政机关;条例司:专门制定各种规章制度和条例的机关。"制置三司条例司"就是整治、谋划三司各种财经、赋税、财产规章制度和条例的领导机关,等于在旧有的财政主管部门三司之上另设一个专司改革的领导机关。

最后,建立人才队伍。王安石积极提拔改革人士,他打破按资历升迁的惯例,破格提拔了许多低级官员和下层士大夫。那些有志于改革、能够提出改革意

---

[1] [宋]王安石:《临川先生文集》卷四一《本朝百年无事札子》,第1062页。
[2] 郭学信:《范仲淹与庆历新政》,《济宁师范专科学校学报》,2005年第2期,第12—15页。

见或能够担当的人被快速提拔，有些人甚至一步就迈到诸路监司的位置上。王安石"广收人才"，经常在自己的官邸接待各级官员和士大夫。[1]

变法时期，王安石主要助手是吕惠卿、苏辙、章惇、曾布、薛向、吕嘉问等人。被称为王安石变法中"二号人物"的吕惠卿（1032—1111），字吉甫，号恩祖，泉州南安水头镇朴里人。当王安石任常州知州时，吕惠卿是州府里一名普通属吏。欧阳修给王安石写信称赞吕惠卿，说吕惠卿"材识明敏，文艺优通，好古饬躬，可谓端雅之士"[2]，要王安石特别关照，使两人有了初步接触。宋史记载，两人曾在京城偶然见面，谈论经文，非常投机。在王安石执政时，吕惠卿被任命为检详文字，王安石凡事不分大小必定和他商议，很多王安石所上涉及变法的奏章出自他的手笔。王安石说："法之初行，议论纷纷，独惠卿与布（曾布）终始不易，余人则一出焉一入焉尔！"[3] 吕惠卿成为新党核心，帮助推动青苗法、市易法等数项改革。

曾布（1036—1107），字子宣，太常博士曾易占之子，中书舍人曾巩之弟。十三岁时，曾布遭遇父丧，跟着哥哥曾巩一同学习，二人同时考中进士。熙宁二年，曾布在开封为官，曾经获得韩维和王安石的推荐。曾布上书言政，说为政的根本有二：厉风俗、择人才；其要点有八：劝农桑、理财赋、兴学校、审选举、责吏课、叙宗室、修武备、制远人，这些政治主张与王安石相似。所以，曾布受到了王安石的器重，得以和吕惠卿一同主持实施青苗、助役、保甲、农田水利等新法。后来，曾布担任起居注、知制诰、翰林学士兼三司使等职。韩琦上书激烈地指责新法危害时，曾布便替王安石逐条分析批驳韩琦的观点，使得新法更加稳固。

"八使"调研

实施变法，不能忘记一个关键的前提，就是了解实际情况。只有了解真实情况，找到问题关键，才能使变法有的放矢，才能寻找到针对性的对策，达到药到

1　漆侠：《王安石变法》，第100页。
2　[宋]欧阳修：《欧阳文忠公集》，《奏议》卷一七，第3477页。
3　[宋]杜大珪：《新刊名臣碑传琬琰集》卷二〇下《曾文肃公布传》，宋刻元明递修本，第1570页。

病除、解决各种弊病的目的。所以，调查基层情况，就成为变法倡导者的"谋事之基、成事之道"。

调研即调查研究，从字面上来理解，"调"就是计算、算度的意思；"查"就是寻查、考察的意思；"研"就是细磨、审察的意思；"究"就是穷尽、追根究底的意思。所以"调查研究"是指深入实际，对客观事物有计划、有步骤地考察、查究、计算及追究根底，从而了解客观事物的真相，发现客观事物的本质及其规律，以便正确改造客观对象的一种实践活动。在内外交困、中兴与衰落的历史转折点，把脉北宋存在的问题，了解基本情况，成为谋划变法的前提。

从治理鄞县开始，王安石一直非常重视基层调查。他明白"除弊兴利，非合众智则不能尽天下之理"，一方面，他建议让三司判官、发运使、转运使及内外官员以至"诸色人"等，陈述观点，提出问题及对策；另一方面，派出人员到基层进行调查。派遣使者到地方察访，是王安石一直主张的做法。他曾经说，读《大雅》《小雅》，提到周文王、周武王的故事，《小雅》第二篇就提到君遣使臣，所以认为派使者调查是当务之急。北宋特别重视基层情况，不仅皇帝派遣两太监进行基层调查，以王安石为首的变法机构也频频派出人员到基层监察。这些人员与宋神宗派出去的不同，不属于"微服私访"的性质，而是自上而下公开地监督、巡查、督促。据苏辙说，自条例司创设后，"有事辄特遣使"，他在职时，就计划派出"使者八人，分行天下"，查处农田水利与徭役利害。遣使出朝巡行，宋代虽有先例，但须经中书议决，皇帝批准，现在却由条例司"欲有兴作"，随时奏遣，实际上成为条例司的特派员，史无前例。

熙宁二年四月，王安石欲遣使刘彝、谢卿材、侯叔献、程颢、卢秉、王汝翼、曾伉、王广廉八人，"行诸路，察农田水利赋役"[1]。这八队人马到各路"相度农田水利、税赋、科率、徭役利害"，以便根据现实情况制定切实可行的政策，被称为"熙宁八使"。

这八位巡行全国的使者，都担任什么职务呢？

---

1 [明]冯琦、陈邦瞻：《宋史纪事本末》卷八《王安石变法》，明万历刻本，第710页。

这八个人中,许多人的知名度并不高,留下的资料也不多,《宋朝名臣奏议》中收录了当时吕诲弹劾王安石的奏疏《上神宗论王安石奸诈十事》,其附录中收录了这八个人的职务:

1. 刘　彝　同检详文字、权荆湖北路转运判官都官员外郎
2. 谢卿材　比部员外郎、通判广州
3. 王广廉　太常博士、河北转运司勾当公事
4. 侯叔献　秘书丞、安远知县
5. 程　颢　著作佐郎
6. 卢　秉　大理寺丞、知开封府仓曹参军
7. 王汝翼　许州司理参军、国子监直讲
8. 曾　伉　权兴化军判官、监建州买纳茶

这八人中,不少人都有自己的特长,"善治水利"的侯叔献后来出任都水监丞,主导修治汴河;曾伉参与茶法改革,著有《茶苑总录》。

据《东都事略》记载,王安石派出八人,内外官员知道这些人必然迎合新法,不敢贸然反对。但是,八人去各地调查,只见到命令发布,并未查到这八人的具体任务分配与调研情况的反馈。

为什么呢?

在王安石看中的八人中,许多人一开始就不赞同新法,对外出调查心存抵制。留下文字材料最丰富的是参与变法的苏辙,在《议遣八使搜访遗利》中,苏辙记载了与条例司长官陈升之的对话。陈升之本人不太同意派使者出去,但迫于王安石的强势,没有提出反对意见。苏辙也反对派人去,独自去找陈升之,说嘉祐末年派官去抚恤各路百姓,但他们各人滋生事端,回来所奏的大多不可实行,被天下人耻笑。现在的做法和此事有何不同?陈升之说,自己曾经看过那些奏折,上回派范纯仁(尧夫)到地方上去,提到的对策就不错。苏辙说,这次哪个人水平比得上范纯仁?陈升之答道:"所遣果贤,将不肯行"。你们要是都像范纯仁一样贤能,肯定会拒绝委派。苏辙一听,直接说:"公诚知遣使不便,而恃遣者之不行,何如?"你明明知道不该派人去,但是你指望着使者自己拒绝,怎

么能这样呢？随后，两个人去枢密院找吕惠卿，说皇帝刚即位的时候本来想让各地陈奏各自的情况，各地到现在也没交上来。不如我们往下面发个文件，催地方上赶紧交材料吧！吕惠卿听了之后，非常不高兴，认为单单提交材料没有什么益处。[1]

苏辙等人之所以反对派出使者，很大程度上是因为觉得这次出使并不是真的体察民情，而是作秀，为王安石下一步变法制造舆论和铺垫。这八个人肯定要搜集一堆有利于神宗与王安石的资料，说现在一定要变法。在这次考察计划发布的时候，苏辙称"中外传笑，知所遣必生事以迎合朝廷"——还没去考察我们就知道你的考察结论了，王安石何必多此一举呢？保守派指责王安石"遣八使于四方"，目的是"方求遗利"。他们指责条例司聚集了一些浅薄无行、只知言利的年轻官员，变乱祖宗旧章，误民害国。为此，苏辙甚至请求辞去条例司的差事，离开朝廷到地方任职。

为数不多能够找到的基层调查资料是苏颂的《朝议大夫致仕石君墓碣铭》："熙宁初，颁常平发敛暨役人免募法，州县急于期会，因致烦扰。诏遣侯叔献察访，至雍丘，询之父老，咸曰：'编户但知变法，而不知变法之扰！'叔献以闻。"意思是说，熙宁初年，颁布了常平法、免役法，各州县急于完成任务，引发了一些非议。因此派侯叔献去察访，到了雍丘，询问当地父老乡亲，都说地方官员只是推行新法，老百姓没有感受到新法扰民的缺点。此处虽说是"熙宁初"，但提到了免役法，而免役法推出时已经是熙宁四年。所以，比较可能的是，王安石此次查访的计划遭到朝野上下的反对，没能如期进行。虽然如此，在变法期间王安石还是派出了其他人员调查新法执行情况。宋代张耒的《明道杂志》记录了当时见闻及朝野文人轶事，提到王安石变法，每次派遣使者，其大事称察访，小事也派人调查，甚至连兴水利、种稻田等，都派使臣去看，以至于使者在路上前后脚地来来往往。[2]

1　［宋］苏辙：《龙川略志》卷四《议遣八使搜访遗利》。
2　刘成国：《王安石年谱长编》（三），第872页。

变　宋

敢为天下先

确定了变法思想、变法机构以及调研策略之后，王安石敢为天下先，逐步推出了一系列富国强兵的措施。变法的内容非常多，文献浩如烟海；时间跨度比较大，发生的事件特别多，千头万绪。为了更好理解，我们删繁就简，先梳理一个大概进程，以便更好地分析其中的内容。

王安石变法进程大略可分为三个阶段：

第一阶段，变法早期。熙宁元年至熙宁三年，从宋神宗启用王安石开始，至宋神宗接到韩琦奏章口头废除青苗法为止。三年期间，经过充分准备，陆续推出了均输法、青苗法、农田水利法。

第二阶段，变法加速时期。熙宁三年底王安石任宰相后，各项法令迅速出台，四年多的时间，陆续颁布免役法、保甲法、方田均税法、取士之法、市易法、免行法等。变法加速，产生了一系列问题，直接导致熙宁九年（1076）郑侠呈《流民图》，宋神宗对变法产生怀疑下令废除新法，引发王安石第一次罢相，使变法遭受严重挫折。

第三阶段，熙宁九年至元丰八年，虽然王安石短暂第二次任相，但已经起不到决定性的作用。这段时间，宋神宗亲自主导变法，并将变法积累的财富用于征伐西夏，变法措施逐渐变质。宋神宗去世后新法全部被废除，标志着变法结束。

从变法的内容来看（表1），主要涉及"富国""强兵"与"取士"三个方面。"富国之法"，属于经济方面的改革，主要内容包括均输法、青苗法、农田水利法、免役法、市易法、方田均税法等，目的是发展生产，增加国家财政收入。比如，"青苗法"的作用是稳定谷价，鼓励农业生产，增加国家财政收入，解决国库空虚的困境；"免役法"是希望"释民归田"，使一直苦于重役的农民从以前的苦难中摆脱出来，专注发展农业生产。"强兵之法"属于军事方面的改革，主要包括保甲法、保马法、军器监法以及将兵法。"取士之法"属于科举及教育方面的改革。在太学创立"三舍法"，在京畿及州、县地区大量地设立学校。此

第四章 一元复始

表 1　王安石变法的主要内容

	名　称	时　间	内　容
富国之法	均输法	熙宁二年（1069）七月	北宋政府在江、浙、荆、淮等六路设立发运使，负责征购调拨各地"上供"财物，按照"徙贵就贱，用近易远"的原则，掌握供需情况，统一收购和运输。财物运往京师，供应皇室和朝廷。
	青苗法	熙宁二年（1069）九月	为农民不误农时，限制高利贷盘剥，在每年二月、五月青黄不接时，由官府给农民贷款、贷粮，每半年取利息二分，分别随夏秋两税归还。
	农田水利法	熙宁二年（1069）十一月	鼓励垦荒、兴修水利、疏浚河道以及修建圩堤，费用由当地住户按贫富等级高下承担，也可向州县政府贷款。
	免役法	熙宁三年（1070）	又称募役法或雇役法，将原来按户轮流服差役改为由官府雇人承担，不愿服差役的民户则按贫富等级交纳一定数量的钱，称为免役钱。官僚地主也不例外。
	方田均税法	熙宁四年（1071）八月	为防止隐瞒土地漏税，下令全国清丈土地，核实土地所有者，并将土地按土质好坏划分为五等，作为征收田赋的依据。
	市易法	熙宁五年（1072）三月	为限制大商人操纵市场，在开封、扬州、常州、广州等城市设置市易务，出钱收购滞销货物，市场短缺时由商贩以产业或金银抵押向市易务赊购贩卖。
强兵之法	保甲法	熙宁三年（1070）十二月	将乡村民户加以编制，十户为一保，五十户一大保。民户家有两丁以上抽一丁为保丁，农闲时接受军事训练，平时维护社会秩序，战时征集入伍。
	将兵法	熙宁五年（1072）	（又称置将法）废除北宋初年订立的更戍法，用逐渐推广的办法，把各路的驻军分为若干单位，每单位置将与副将一人，专门负责本单位军队的训练，以提高军队素质。
	保马法	熙宁五年（1072）	为保证战马来源，原来由政府的牧马监养马改为由民户养马。民户自愿养马，政府给予资助或奖励，并可以免除部分赋税。
	军器监法	熙宁六年（1073）八月	在京城设立军器监，附设东西厂军器制作坊，督造兵器，严格管理，提高武器质量。
取士之法	改革科举制度	熙宁四年（1071）	颁布贡举法，废除明经科，而进士科的考试则以经义和策论为主，增加法科。重视对中下级官员的提拔和任用，使许多低级官员和下层士大夫得到发挥才干的机会。
	三舍法	熙宁四年（1071）十月	将由州县选入学的太学生分为三等，初入学的外舍生经考试合格转为内舍生，再经考试转为上舍生。上舍生名列上等者，可以不经过科举考试直接为官。太学增设直讲十员，每两人主讲一经。在诸州置学，赐予学田，考核学管。
	经义局	熙宁八年（1075）二月	在朝廷设立经义局，修撰新义。颁布《三经新义》，作为科举取士的必读教材。

外，改革科举制度，不再用明经诸科来取士，而实行以进士科来取士。王安石还编纂了《三经新义》，颁布天下。

以上变法措施，并不是凭空产生的。如果我们深入分析各个阶段的变法内容，很容易发现，政策出台前大都进行过调查研究、论证，甚至还广泛征求各方意见。不仅如此，王安石还大量借鉴历朝历代"行之有效"的做法，有些变法吸收了地方颇有实效的做法，并对这些做法进行改进，经过局部试点之后，才正式在全国颁布。可以说，广泛借鉴古今做法是王安石变法的基础，调查研究是王安石变法的特色，试点是王安石改革政策执行的一个亮点，采用政府力量自上而下推行是变法的动力。经过长期的实践和缜密的思考，王安石形成了变法的战略规划，在发展生产的基础上调整经济关系中的某些环节，加强官府干预经济社会力度，增强政府吸取资源的能力，促进国家财政的好转，用巨大的财力和兵力讨伐西夏，解决边疆隐患，缓和社会矛盾，实现国家强盛富足。分析王安石变法政策推行，可以发现自上而下改革的逻辑，了解变法运行的规律及其存在的非预期风险，对我们今天处于历史转折点上的改革仍有很大启发意义。

熙宁二年二月，宋神宗任命王安石任参知政事，标志着变法开始。该年七月，第一条新法均输法出台。

均输法是对北宋贡输制度进行改革。原来宋太祖赵匡胤成立了一个部门，名叫发运司，长官为发运使，负责淮、浙、江、湖等六路的漕运，主要是把南方的柴、米、茶、盐等一系列的物品运到京城。以往发运使没有调剂权限，不管年景丰歉，产地远近，也不顾京城府库存储如何，每年照例办置，造成物资多寡不一，供需失衡，给国家造成严重浪费。而富商大贾趁机而入，控制市场，牟取暴利。

为了解决发运司的弊端，王安石借鉴薛向治理陕西财政的思想[1]，提出了"均输法"。均输法曾施行于汉朝，汉武帝采纳桑弘羊的建议，实行均输法度过了难关，但也造成物价飞涨，使百姓生活艰难。唐代刘晏在管理东南财赋时，将一些地方几十年的物价编制成统计表，分作五等，不用呈报就可依据等级购买，因此

---

[1] 秦晖：《王气黯然：宋元明陕西史》，太原：山西人民出版社，2020年，第122页。

"四方物价之上下，虽极远，不四五日知"[1]。后来，刘晏将"均输"的基本精神运用到粮食转运和盐政、常平等方面，以租赋和盐利收入采买当地土特产品，通过漕船运往汴州及关中一带出售，在财政上取得了"敛不及民而用度足"的效果。

在以上基础上，王安石确定了均输法的根本原则是"徙贵就贱，用近易远"。一方面，改变以往固定不变地向各地征敛实物贡赋的做法，采取"徙贵就贱"的方式，在灾荒歉收物价高涨的地区折征钱币，用钱币到丰收的地区贱价购买上供物资。另一方面，采用"用近易远"的方法，如果有多个地区同时有同样产品，就到距离较近、交通便利的地区购买。这样，方便了各地区，平衡了物价，减少了朝廷花费，各方大都获利。如果说有受害者，便是那些囤货居奇的商人，因为他们的货受到冲击了。

熙宁二年七月十七日，条例司发布均输法，规定加大发运使权力，要根据所需，通盘筹划，采取"徙贵就贱，用近易远"的方针，尽量在产地办购，价钱要便宜。均输法的核心是"调配周转天下财货"，针对不同的产地灵活周转，既能满足政府对上供物资多样化的需要，又通过适时调整政府购买力度，减少商人操纵市价。因此，均输法还具有"稍收轻重敛散之权归之公上"的目的。

为了推行均输法，王安石选择由颇为能干的薛向来执行。薛向采用客舟与官舟分运的做法，以相督察；他统一调度船只，根据路途远近、运载货物的利润大小等决定赏罚。均输法实施的效果非常显著，每年运到开封的粮米有六百多万石，京师供应有了显著改进。宋神宗嘉奖时称"皆得消息盈虚，翕张敛散之"[2]。但这项改革限制了此前控制市场获利的大商人，反对派叫嚷"渔夺商人毫末之利"等。不过，均输法仅限于对开封的物资供应，仅实施于东南六路，对商人资本活动影响范围不大。[3]

第二步，推出了重量级变法措施青苗法。青苗法涉及封建社会的根基——农业，在一系列新法当中，最能集中体现王安石变法的理想和目标。

1　［后晋］刘昫：《旧唐书》卷一二三《刘晏传》，北京：中华书局，1975年，第3515页。
2　［宋］李焘：《续资治通鉴长编》卷二一二"熙宁三年六月辛巳"。
3　漆侠：《王安石变法》，第150页。

变　宋

青苗法有着源远流长的历史，其思想可追溯到古代的常平仓，但其名称起源于唐朝中后期。由于连年用兵，唐朝中期国库空虚，以至发不出官俸。唐代宗广德二年（764），规定向每亩苗征税钱 15 文，用于发放官俸。大历年间在京师又增加地头钱，每亩征 20 文，亦名青苗钱，青苗钱合计 35 文。青苗钱是额外课征，本应向有青苗的田主征收，后来田无青苗者也被课征。

真正具备王安石青苗法含义的措施的首创者是宋朝的李参。在任盐山知县时，遇到荒年，李参就告谕富有人家拿出粮食，平价售给百姓，有贫穷买不起的，就发给酒糟和粮食的碎屑，救活了几万人。仁宗末年，李参担任陕西转运使，因部下士兵缺粮而犯愁，后来他向百姓发布告示，要求百姓衡量自己收成时粮食的多寡，在春秋耕种时家中缺钱接济不上者，可以向州县官府申请贷款，等谷子成熟后再将贷款的本钱及利息归还，号称"青苗钱"。与唐朝不同，这时的青苗钱不是田赋附加税，而是在青黄未接时发放的"农业贷款"。推行几年后，转运司粮库不但旧粮换成了新谷，而且有了余粮。后来，李参调离陕西，具有他个人色彩的青苗法逐渐停止。宋神宗很早就知道李参的才能，把他的名字写在殿柱上，以备重用。后来任命他为永兴军知州，可惜李参还没上任就去世了。

王安石在鄞县也曾经亲自实施"贷谷与民，立息以偿"的做法，赢得百姓交口称赞。在参考李参做法的基础上，借鉴历史教训和现实经验，宋神宗和王安石等人集各方意见，精心设计，设计出了一套自认为切实可行的办法。熙宁二年九月，颁布青苗法，规定凡州县各等民户，在每年夏秋两收前，可到当地官府借贷现钱或粮谷，以补助耕作。官府贷款所定的利息明显低于高利贷。如果遇到自然灾害，可以迟交甚至减免利息。还规定了很多细节，比如除了游手好闲没有不动产的人之外，城乡居民都可借贷；为防止借了不还或逃跑躲债，规定要有保人；明确规定不许硬摊派。

第三个推出的变法措施是农田水利法，最能直接体现王安石"资之天地"和"为天下理财"的思想。

中国人口众多，自古重农。水利是农业的命脉，历代无不将"水利灌溉、河防疏泛"列为首要工作。据说，中国人早在夏朝时便掌握了原始的水利灌溉技术，西周时期已建成了蓄、引、灌、排的初级农田水利体系，春秋战国时期完成了都江堰、郑国渠等一批大型水利工程，两汉时期修建了六辅渠、白渠等灌溉工程。魏晋以后，水利设施继续向江南推进，到唐代基本上遍及全国。

熙宁二年十一月，条例司颁布农田水利法。农田水利法又称《农田利害条约》，支持各地兴修农田水利，开垦荒田，治理河流，防治水害。政府要求各地将欲修建的河塘水坝和需要治理的河流，俱上报政府，涉及数县的大型工程，由政府出面组织协调。在经费上，规定凡是"民力不能给者"，均以"青苗法"为本由官府贷款。一州一县不能胜任的，可联合起来兴建。为了贯彻农田水利法，国家把兴修农田水利的好坏作为考核官吏政绩、提拔升迁的重要标准之一。对于一般百姓，国家也实行奖励的政策，规定"随功利大小酬奖。其与利至大者，当议量材录用"[1]。

法令公布之后，各地官吏士民，大都积极上条陈。其中一些建议，在当地政府审核讨论之后采用实施。在新法鼓励下，地方制订了具体计划和方案，全国掀起了大办水利的热潮。例如，在京东路内，修复了济州（今山东巨野）的南李堰和濮州（今山东濮城）的马陵泊，排除了长期以来的积水，得到良田四千二百多万顷；仅熙宁四年夏秋两季，这些新开垦的农田就收获了二百多万石小麦和豆子。[2] 同时，采用"淤田"[3]法，也获得了非常显著的收益。侯叔献和杨汲负责在汴水沿岸实施淤田法，他们"分汴流涨潦以灌西部瘠土"，使皆成良田；其后，俞充担任都水丞时，使八万顷土地变成良田。宋朝官员程师孟评价说："窃见累岁淤变京东西碱卤之地，尽成膏腴，为利极大。"当时一个宦官程昉，在河北地区引滹沱河水淤田，获得四千多顷良田，修复了滹沱河的河床和堤坝，又"出却好田一万顷"；他还修治了漳河和洺河，引二河之水淤地两千四百余顷。沿河百姓，又因此获得三四百里退滩

---

1 刘琳、刁忠民、舒大刚等校点：《宋会要辑稿10》，上海：上海古籍出版社，2014年，第5958页。
2 ［清］徐松辑：《宋会要辑稿·食货》一之二九。
3 淤田是指以决水之法将含有大量淤泥的河水引入咸卤之地，使之成为沃土，提高粮食产量。始自秦汉，唐因之。至宋，已普遍推行。宋仁宗时，于绛州（治今山西新绛）地区淤田。宋神宗时，推行于京东西、河北、河东路及京畿等地，引运河、汴河、黄河、滹沱河、汾水及漳河诸水，大量淤田。各路及京师设淤田司主管其事。多由役兵从事，招佃户耕作，其收获充军粮。后代亦多行之。

良田。[1] 农田水利法施行七年之后，全国共修水利工程 10700 多处，灌溉民田面积 36.1 万顷，官田面积 1900 万余顷。[2] 可见，农田水利法不仅调动起了政府官员的积极性，并且广泛动员起了社会各阶层的人力、财力和物力。

但这些新法，无一例外遭到激烈批评。为什么看起来这么"好"的做法被人不断攻击呢？问题出在哪里呢？

唇枪舌剑

从变法内容和方案设计来看，王安石考虑得相当周全。很多做法曾经在地方试点中获得极大的成效，再加上宋神宗和王安石二人君臣同心，设想即使没能获得所有人支持，至少反对的人也不可能太多。比如青苗法，王安石很有信心，无论他在鄞县还是李参在陕西，推行青苗法大都取得了很好的效果。在正式实施这项措施前，王安石又特意先在河北、京东、淮南三路进行试点，然后才正式推向全国。而且在颁行前，他还特别加上了"禁抑配"这一条款，即禁止强行摊派贷款。在他看来，青苗法可谓"至仁至善"了。

可是，与宋神宗、王安石的预想完全相反，新法一开始就受到激烈批评，反对力度之大远超预料。最有个性的反对者是参知政事唐介，竟因为反对变法气急而亡。变法前，唐介劝宋神宗不要重用王安石，并对宰相曾公亮说："如果王安石真的受重用，天下必然受害。"中书省曾呈送拟任官员表，宋神宗提议让时任翰林学士的王安石最后裁定，唐介劝阻说："岂能让中书省把政事交给一个翰林学士来决断？"看到宋神宗任命王安石变法，唐介气急攻心，竟至恶疮发作而死，这成为王安石的一大罪状。

熙宁二年六月，御史中丞吕诲弹劾王安石见利忘义、朋奸害政、徇私报怨等"十大罪状"，直斥王安石"大奸似忠，大诈似信，外示朴野，中藏奸诈"。"十大罪状"每一条都触目惊心，其中最严重的就是最后一条"动摇天下"，指责王

---

[1] ［元］脱脱：《宋史》卷五《河渠志》"河北诸水"。
[2] 邓广铭：《北宋政治改革家王安石》，第170页。

安石假借改革之机包揽财权,挑战祖宗家法,扰乱国家体制,断言"误天下苍生者,必是人也"。宋神宗不接纳,退回奏章。但吕诲固执己见,被宋神宗贬到邓州。两年后,吕诲因病乞求退休,随后去世。

吕诲离职,王安石举荐好友吕公著接任御史中丞一职。就在不久前,吕公著曾上书宋神宗公开反对新法,如今王安石不计前嫌,主动对吕公著伸出和解之手,委以重任,自然是希望由他掌管台谏集团,帮自己扫除变法阻力。按宋朝习惯,宰执不能干预御史任免,王安石一系列破坏台谏制度的做法,激怒了台谏官员们,他们向王安石发起了一波接一波猛烈攻击。要求罢免王安石的奏折如雪片般飞向皇宫。

接下来的攻击是联名弹劾,其严重性远远高于吕诲独立作战。台谏集团的长官刘述、刘琦等人上奏痛斥王安石专横跋扈无所顾忌,用商鞅韩非之术,弃祖宗爱民之法,搞得天下人心惶惶不安。他们不但请求皇帝立即撤除王安石的职务,甚至要求将暗中支持王安石变法的人一并罢免。后来,连曾经举荐王安石的吕公著也屡上奏章,与其他人一起攻击新法。一时间朝野上下议论纷纷,大有黑云压城之势。

迫于压力,王安石称病居家。

熙宁二年七月,开封府推官苏轼批评均输法损害了商人的利益,他上书称"自均输法实行,豪商大贾皆疑而不敢动",因为均输法的目标是把商人们的利润收归政府所有,而负责均输法的是官办机构,商人不敢与之竞争。与苏轼相似,苏辙、冯京、谢景温等人不断地对"均输法"展开攻击,认为其扰乱秩序、法术不正,理应废除。因为反对新法,一批批官员被逐,终于有一位大佬看不下去了,此人是名臣范仲淹之子、同知谏院范纯仁。他义愤填膺地上奏说,人臣以尽忠为职,人君以纳谏为美。如果祖宗创立的言谏监察制度遭到破坏,请问陛下何以保证长治久安?何况王安石离经叛道党同伐异,难道不该被罢免?对于均输法,范纯仁认为,所谓的富国之法,不外乎是像商鞅那样严苛追求功利,向汉朝小人桑弘羊那样谋取钱财,完全违背了儒家倡导的"仁政"。范纯仁扬言,如果皇帝不接受他反对新法的建议,他宁愿辞去职务……

变　宋

　　虽然宋神宗坚定地支持王安石，但也感到了举朝上下的政治压力。当王安石提出罢免反对变法的官员时，他没有立即同意。这种压力同样传导到了王安石的身上，他不得不再次放低身段，试图与范纯仁握手言和。他托人悄悄给范纯仁带话："请不要辞职，朝廷已经准备安排你做知制诰。"谁知范纯仁根本不买账，干脆一不做二不休，将自己的奏疏抄送中书省，公开与王安石决裂。1069年8月12日，宋神宗不得不罢免范纯仁，贬他到成都；16日，苏辙被罢免条例司检详文字官职，出任河南府推官。

　　此时，富弼、司马光、韩琦、文彦博等久负盛名的大人物还没登场。也许，他们还在观望、思考。但第二条法令青苗法公布之后，他们再也坐不住了，纷纷提出反对意见。青苗法涉及国家之本，农事处理不当，会造成民不聊生、怨声载道，甚至改朝换代！所以，青苗法颁布后，反对派群起而攻之，规模之大，北宋此前百余年间所未有。反对变法比较激烈的是范镇、刘攽、曾公亮和赵瞻等人。范镇五次上疏，反对新法，他追本溯源，提出常平仓起源于西汉鼎盛时期，与农与商都有利；青苗法起源于唐朝末期，急征暴敛，本身是个恶法。他指斥王安石以喜怒为赏罚，"陛下有纳谏之资，大臣进拒谏之计；陛下有爱民之性，大臣用残民之术。"王安石看到奏疏，气得手都颤抖，亲自起草诏书，驳斥范镇。

　　对于农田水利法，争论比较少。对这项历史悠久、利国利民的措施，争论主要集中在是否劳民、是否有效两个方面。比如，苏轼在呈皇帝的《万言书》中写道，"所谓'即鹿无虞'，岂惟徒劳，必大烦扰"。他认为，天下太平，各地能够开发的地方已经开发了，现在还在挖空心思开荒，就像进山打鹿，不熟悉地形，也没有熟悉鹿习性的人员帮助，必定劳而无功，白费气力。反对变法的刘挚在《论助役法分析第二疏》中，讽刺"其间又求水利也，则民劳而无功；又淤田也，则费大而不效"[1]。

　　为了维护新法，王安石奋起反击，猛烈打击反对派。鉴于台谏已经成为反对派的主要阵地，他毫不留情地请求皇帝解除了吕公著、李常、程颢等人的官职，以至于"二年间，谏官御史以安石去者凡二十人"，造成了台谏官员人去屋空、

---

[1] 转引自邓广铭：《北宋政治改革家王安石》，第167—169页。

"一台尽罢"的局面。同时，在宋神宗的支持下，王安石选拔一批支持变法的官员充任台谏官。王安石对荐举台谏官十分慎重，本着凡"异论者"不得为台谏的原则，最终控制了台谏势力，不但有力遏制了反对派的势头，还将台谏力量转化成"为我所用"的一把利剑。然而，王安石看似取得了一次彻底胜利，实质上却是"杀敌一千，自损八百"。对台谏官员的无情打击，导致反对派对变法更大的反弹。而为了推行变法，王安石只能变本加厉地打压异己，新旧两派陷入互相敌视的恶性循环。

与司马光首次交锋

反对派攻击新法，掀起了一波又一波浪潮。第一波主要在御史台官员和变法派之间进行；第二次交锋，则是在王安石与司马光之间展开。因此，有必要介绍一下司马光，他不仅对两名太监的调研结果提出质疑，而且也是他在十几年后将新法全部废除。

司马光（1019—1086），字君实，号迂叟，陕州夏县涑水乡（今山西夏县）人，世称涑水先生，北宋时期政治家、文学家、史学家。据说，司马光自幼聪慧，七岁能背诵《左氏春秋》，还做出了"砸缸救友"的义举。不仅如此，据记载，12岁时，司马光在四川栈道上遇到一条巨蟒，他沉着冷静，手持利剑，扎在巨蟒尾巴上，巨蟒疼痛翻滚，掉落山涧。司马光年长王安石两岁，两人都在庆历前后步入仕途，"庆历新政"给他们留下非常深刻的印象。嘉祐四年（1059），王安石任提点江东刑狱，向宋仁宗上万言书，力主改革。嘉祐六年，司马光任谏官，给宋仁宗上"三言""五规"，亦主张革除弊政。如果把他们的奏议同范仲淹的《条陈十事疏》比较，会发现基本精神一致，都力陈时弊，建议"革去久弊"。

司马光和王安石有很多共同之处，都不满宋仁宗身居后宫，无所作为；都充满时代危机感，一致要求变革官吏制度，重视人才的培养和选拔；都主张严明法制，赏功罚罪；都主张沿着儒家开创的德礼教化为主、刑政为辅的轨迹展开。两人不仅是同僚，而且是朋友。入仕之后，两人"比肩并进"。早在仁宗至和年间，两人同为群牧司判官，嘉祐年间又同修起居注。宋神宗即位后，两人都曾任翰林学士之职。起初，他们彼此敬重，"特相友善"，闲暇之时，常和吕公著、韩维四人一起聚会，"往往谈宴终日，他人罕得预，时目为'嘉祐四友'"。[1] 两人都崇尚节俭，但表现相异，司马光重视"礼"，十分注意仪表，注重细节，生活起居有规律；王安石不修边幅，衣着粗旧，生活邋遢，曾因身上虱子遭司马光戏弄说"但思努力自清洁，群虱皆当远迩播"。两人的性格也有相似之处，都自信过人，不达目的不罢休，一个人称"司马牛"，一个人称"拗相公"。

但是，他们的立场有较大分歧，司马光主张把"用人之道"作为治国根本，更强调儒家德礼的教化作用，以民为本，藏富于民；虽然王安石也承认德礼教化的作用，却更重视理财，主张通过变更"理财"之弊法，加强政府干预，将资源汇总，统一使用，富国强兵。由于各自立场、观念不同，二人最终在变法问题上分道扬镳。

两人最早的冲突，是从复议登州阿云命案开始的。熙宁元年（1068），十三岁的登州民女阿云，因母亲去世，在家守孝。阿云的叔父因为贪恋财物，把阿云许给了一户韦姓人家。韦姓男子长相丑陋，阿云不同意这门亲事，但叔父已经收取了韦姓男子的聘礼。于是阿云夜里趁韦姓男子熟睡之际，持刀对着韦姓男子一通乱砍。由于阿云年幼，仅伤到韦姓男子手指。韦姓男子黑暗中没有看清是谁，立即报官。县官招阿云审问，阿云认罪。县官以谋杀亲夫的罪名判阿云死刑，而后报到登州知府许遵那里审核。许遵依据大宋律法，认为阿云被许配时尚在守孝期间，亲事并不合法，且韦姓男子并未死亡，阿云罪不至死，遂上报大理寺与审刑院。而大理寺与审刑院认为，阿云蓄意谋杀，且构成伤害，认为阿云应判死刑。此时，恰巧许遵被调任到大理寺，他以皇帝最新的诏书[2]为依据，坚持自己的主张，改判阿云流放三千里。御史台听闻后，向皇帝弹劾许遵利用职权之便，行枉法之事。宋神宗让翰林院评议此案，王安石依据《尚书》

---

[1] 李胜渝：《论司马光的经济法制变革思想——兼论与王安石变法思想的异同》，《西南民族大学学报（人文社科版）》，2004年第2期，第59页。

[2] 在阿云案件审核前期，恰巧宋神宗下了一道诏书说："谋杀只造成人身伤害不致命的案件，如果在官员用刑审讯前，人犯能如实招供犯罪情节的，按自首论处，并按照谋杀罪降低两个等级论罪。"

第四章 一元复始

"罪疑惟轻"、《宋刑统》"因犯杀伤而自首者，得免所因之罪"，认为应当判阿云流三千里；而司马光依据《盗贼律》"诸谋杀人者，徒三年；已伤者，绞"，认为应当判阿云绞刑。

王安石和司马光在朝堂上争论不休，于是皇帝召集翰林学士审议该案，大多数翰林支持王安石的意见，宋神宗在王安石的书面意见上御批"可"。但是审刑院的官员不同意，集体上书要求再和王安石辩论此案。枢密院和中书省的官员们也纷纷上书，发表对该案的看法。分属变法派和保守派两大阵营的官员，因为一件普通的杀人案，互不相让。

当时正处于王安石主持的熙宁变法的关键时期，如果皇帝的诏书能作为判决的最终依据，说明诏书有法律最终解释权，那么王安石推行变法就有了合法性的基础，所以王安石支持许遵依据皇帝诏书判决阿云有期徒刑。司马光则认为皇帝不能干预司法，诏书也不能更改现行法律，因此他支持判决阿云死刑。争论焦点实际集中在是法律的效力大，还是皇帝的诏书效力大，史称"律敕之争"。但案件背后，其实暗含着王安石依凭皇帝诏书推行新法，而司马光坚持现行法律和制度不能更改，是二人关于是否变法之争。

后来，宋神宗命翰林院写诏书，详细解释了犯谋杀罪行犯人自首行为界定和具体量刑标准。当诏书按照惯例发到中书省执行时，中书省上书说皇帝这道诏书违背现行法律，不能遵照执行。最后，宋神宗直接下诏免除阿云死刑，改判有期徒刑。不久后朝廷大赦天下，阿云也在赦免之列，于是阿云就被放回家结婚生子。但十七年后，宋神宗驾崩，高太后诏司马光回京担任宰相，司马光再次修改了因宋神宗的敕文而修改的关于犯人自首的法律条文，据野史称，司马光复审了阿云案，阿云以谋杀亲夫的罪名被判死刑，斩首示众。

司马光与王安石的第二次冲突是关于理财。司马光坚持"方今国用不足，灾害荐臻，节省冗费，当自贵近为始"，王安石则认为"国用不足，非方今之急务也"，而在于"未得善理财之人故也""善理财者，民不加赋而国用足"。两相比较，司马光的思想显得传统而缺乏创新，而王安石则现实、功利、激进而标新立异。

变　宋

熙宁二年九月,一个重要的任命下达,吕惠卿被提拔为崇政殿说书,定期和皇帝面对面讨论学问,可能影响皇帝的思想看法。吕惠卿职位的变动,激怒了一直在迩英阁给皇帝讲学的司马光。王安石提升吕惠卿到崇政殿说书,直接威胁了司马光本人的地位和威望,引发变法最大的对手走上前台。

宋神宗问司马光:"你对现任宰相有什么看法?"司马光回答:"闽人狡险、楚人轻易。如今中书一共四人,两位宰相曾公亮、陈升之皆闽人,两位参政王安石、赵抃皆楚人。当年太祖皇帝说过南方人不许当宰相,认为这样要坏事。"接下来,司马光力赞两位北方人——宰相富弼和韩琦,以地域之别定人之贤愚,借机批评王安石。

宋神宗接着问:"王安石这人如何?"司马光答道,"王安石确实是贤者,现在有人说他是奸邪,那太过了。可他不懂事又太倔。"

宋神宗又问:"那吕惠卿呢?"

司马光一语指出:"吕惠卿逢迎谄媚,是小人!王安石在朝廷内外受到诽谤,都是因他。"

宋神宗想了想,说:"吕惠卿说事时思路很清晰,像是个人才。"

司马光冷笑道:"吕惠卿确实辨慧,但心术不正!汉朝权臣江充、唐朝李训如果没有才能,怎能感动人主?"

宋神宗默然……[1]

司马光不只是说说,而是有理论基础。在他主持编写的《资治通鉴》里,有一个案例是"三家分晋",在细述赵、魏、韩三家实力增长的过程中,司马光总结出关键因素是人才,竞争取决于人才。那么什么是"人才"呢?他从德、才两个指标出发,将人分为圣人、君子、小人、愚人四类。他提出:一个人"才德全尽,谓之'圣人';才德兼亡,谓之'愚人';德胜才,谓之'君子';才胜德,谓之'小人'"。在用人方面,他主张将德放在首位,即"德者才之帅也",具体用人顺序是"苟不得圣人,君子而与之;与其得小人,不若得愚人"。因为君子把才干用在正道,小人会凭才干无恶不作;愚人即使想作恶,却智慧不济且气

---

[1] 刘成国:《王安石年谱长编》(三),第946—947页。

力不胜。司马光加重语气说,如果治国治家者能审慎考察"才德之分",且"知所先后",就不必担心失去人才了!在与宋神宗的对答中,司马光给吕惠卿扣上"小人"的帽子,因此,终其一生,吕惠卿都顶着"小人"两个字被人审视。

司马光不是天生的保守派,一开始他支持变法,但他的变法思路与王安石不同,当新法推行时,他发现新法弊端日益显露,就成了坚定的反对派。在给皇帝讲历史时,他特意提到西汉初年"萧规曹随"的往事。宋神宗立即听出了话外之音,问:"汉朝守着萧何定下的汉律一直不变,能行吗?"司马光立刻回答:"何止汉朝!如果夏商周三代君主始终恪守夏禹、商汤、周文王、周武王的法度,那么直到现在仍很好!"他举例说,汉武帝改变了汉高祖的政策,结果盗贼充斥天下;汉元帝改变了汉宣帝的法令,汉代就此衰落。所以说,祖宗之法不可变。

有一次,宋神宗在下朝后将司马光留下来,问:"现在天下局势动荡,群情喧扰,正是孙叔敖所说的国家有动荡不安的大事,众人很是担心。"司马光答:"陛下应当论其是非。现在条例司的做法,只有王安石、韩绛、吕惠卿认为是对的,您怎么能单单与这三人共治天下呢?"[1]

针对司马光的这些"高论",刚上任的崇政殿说书吕惠卿进行反驳。他也借给皇帝讲课的机会宣传变革思想,他说,根据《周礼》,先王之法每年正月布法象魏(在宫廷外的阙上公布法律),有不合适的当场就改;有数年一变的,如周王巡游天下、到处视察;有一世一变的,如刑法的轻重缓急;有数十世而变的,如各地的贡赋、学校;还有百年不变的,如父慈子孝兄友弟恭等人伦秩序。

司马光反驳道:"布法象魏,那是公布旧法。周王巡游天下、到处视察,为的正是检查诸侯们谁变更了礼乐、改动旧法。如果发现改动法令,一律处死。新国用轻典,乱国用重典,只是轻重不同,并非法律本身的变!改革如同修房子,定得有良工美材才能动工。可现在变法的这些人,两者都谈不到,我担心朝廷会漏雨啊!"他认为,北宋如同一座陈旧的老房子,小漏则小补,大坏则大补,如果不清楚局势,像变法派那样蛮干,恐怕破屋子就要倒了。由于担心"修房子"变成"拆房子",司马光对新法进行严厉的批判,矛头直指变法主将王安石。

---

[1] 参见[元]脱脱:《宋史》卷九五《司马光传》。

第二次交锋

快速推出的新法惹恼了司马光,他不再与吕惠卿等人纠缠,直指变法派主将王安石,写了《与王介甫第一书》,洋洋洒洒千言,详述变法的种种危害。司马光搬出孔子"君子喻于义,小人喻于利"的名句,并举例说,樊须曾请教怎样种庄稼,孔子还鄙视他为"小人"[1],认为他只求技术而不学礼仪大道,何况现在变法派只讲求商人的微末之利呢?假如是真君子,就不应该讲求利益;假如是真小人,则本来就要搜刮民财,满足皇上和朝廷的财政支出。而您设置三司,任用只谋求利益的小人,各自斗智斗巧,改变祖宗旧有法度,其利不能弥补其害,所得不能抵偿所失,只不过是另出一番新意谋求功名利禄罢了,但危害非常严重。士大夫不服气,农民、商人丧失了自己的产业,诽谤议论纷纷,像沸腾的开水一样在翻滚,怨恨、叹息之声充满了道路。寻求根本原因,都是由于推行了新法的缘故。

对于司马光的"谆谆教导",王安石例行公事般只回复了一封短信,不到一百字。不甘心的司马光再接再厉,又写了《与王介甫第二书》。在他看来,即使变法的目的再好,也要依靠广大官吏实施,而官吏可能扭曲变法的初衷。他批评变法派操之过急,用人不当,可能导致严重的"吏缘为奸"的情况,不仅使兼并之家不满,百姓更是深受骚扰之苦。对人事复杂性的担忧,使司马光对任何激进的改革都采取谨慎的态度。另外,司马光对青苗法的批评,更是尖锐,说如果这么搞下去,不出几年就会造成"父子不相见,兄弟离散"的悲惨景象。

提到青苗法,王安石不能再沉默,及时回复,这次用了三百多字,名为《答司马谏议书》。在开头,王安石说:"自己私下认为与司马光交好的日子很久了,但是议论起政事来观点常常不一致,是因为各自所持的政治主张和方法大多不同。虽然如此,也想多说几句,也许最终也可能不被谅解,对方也一定不能体察自己的良苦用心。所以,只能简单地回复,不再逐一替自己辩解。"

---

[1] 孔子的弟子樊迟问怎样种好庄稼,孔子说种粮食我比不上老农民;樊迟又要学种菜,孔子说种菜我不如老菜农。樊迟走后,孔子在私下里骂樊迟为"小人"。说樊迟为小人,倒不是说樊迟的思想品德有问题,而是批评他的理想不够远大。

针对司马光信里提到的"侵官、生事、征利、拒谏、招致天下怨谤"这五条，王安石一一反驳："变法受命于皇帝，在朝堂上公开议定并完善，交给有关职能部门去执行，这不属于侵官；效法先皇的贤明政治，用来兴办好事，革除弊端，这不是惹是生非；为国家理财，皇帝没奢侈滥用，大臣没中饱私囊，不是搜刮；驳斥错误言论，责难奸佞小人，这不是拒听建议。至于那么多怨恨非议，本来预料就是这样的。很多人习惯了苟且度日，士大夫也多数不理国家大事，与流俗沉瀣一气，向众人讨好献媚。因而皇上要改变这种不良风气，我不管反对的人有多少，也会竭尽全力来抵抗这股势力，即使议论纷纷也不怕……如果责备我在位上很久也没能帮助皇上大有作为、没能造福苍生，我承认自己有罪；如果让我无所事事，墨守前人的陈规旧法来保全自己，那就不是我敢苟同的了。"[1]

越战越勇的司马光，又写了第三封信——《与王介甫第三书》。这次，王安石选择沉默，也许王安石意识到了两人的"道不同"，没有调和商榷的余地，再争无益。

在司马光看来，财富总体是相对固定的，不在民则在官。他认为，生产赶不上消费的需要，这必然造成社会财富的匮乏。为了解决这个矛盾，就必须抑制社会的盲目消费，为此，就要转变社会的风气，树立"节用"观点。司马光认为财利之丰、国库之充溢，在于"处之有道，用之有节"，而且主要是节制上层统治阶级，限制包括皇帝在内的上层社会人士。他批评王安石的新法只不过是变着法敛财罢了。以古代思想的脉络而言，司马光的主张其实是基于一种民本观念和德政理念，有着强大的传统。

与司马光等人相比，王安石提出了一个更具创新性的改革方案，他强调财富的生产，"因天下之力"和"资之天地"以"生天下之财"，主张用经济制裁和法律手段"抑兼并"，以加强中央对生产、流通、赋税的控制，从而增加国家财富。这一方式，向来被儒家治理传统所排斥。为了避免引发更多的反对，王安石将其拉到儒家传统中，在新的语境中通过阐释《周礼》使其成了周公之法，用这种方式重新建构儒家的均平政治。仁民要有一定的法度，不能一提仁民，便是

---

[1] 刘成国：《王安石年谱长编》（三），第1022页。

减税。他认为,一些地方官员通过减税为自己捞得好的官誉,但国家花费不足时,又加倍盘剥,这是媚民,不是仁民,最终依然是害民之政。王安石提倡贤能政治,重视培养法律、军事等专门人才,鼓励官员敢于作为。他希望建设一个高效、廉洁、奉法的政府来实践德政理念。通过创造性地转化儒家思想资源,王安石为变法寻求根据。

实际上,司马光同王安石都要解决国家的财政困难,诚如司马光自己所说,"光与介甫趣向虽殊,大归则同"。他们的差异不是要不要"理财""丰财",而是用什么方法"理财""丰财"。由于做法不同,所以王安石说自己与司马光"议事每不合,所操之术多异故也"。[1]

通过这几次辩论,司马光见识了王安石的固执,道不同不相为谋,他与王安石分道扬镳,普通的争论已经解决不了现有的分歧,一场更大的风波即将来临。

第三次交锋

司马光虽然不甘心,但王安石深受皇帝的信任,击败王安石很困难。不过,只要留心,机会总是有的。正巧,司马光、范镇和陈荐等人被任命主持馆阁人员考试。于是,在试题中,他们揭露了变法的弊端,并要求讨论"三不足"的对错。所谓"三不足",即"天变不足畏、祖宗不足法、人言不足恤",也就是天象的变化不必畏惧,祖宗的规矩不一定效法,人们的议论也不需要担心。王安石"三不足"的言论,在朝廷中传扬出去,受到普遍质疑。

这三句话放在现在不觉得怎样,但放在传统社会则属于大逆不道、泯灭人伦。为什么这么说呢?因为这三句话大有来头。"三不足"之说,来源于儒家经典《论语》中的"君子三畏"。宋初,宰相赵普以半部《论语》治天下,可见宋朝对此书评价之高,甚至达到了不容置疑的程度。《论语·季氏》有云:孔子曰"君子有三畏:畏天命,畏大人,畏圣人之言。"这里所谓的"畏"就是敬畏,有所顾忌,知道什么能做,什么不能做。如果人生什么都无所谓,没有底线,实在很危险,所以孔子说,君子有三种敬畏:敬畏天命,敬畏有德之人,敬畏圣人

---

[1] [宋]王安石:《临川先生文集》卷七三《答司马谏议书》,第1856页。

的言语；小人不懂得天命而不加敬畏，对有德之人态度轻慢，对圣人的言语多有轻侮。因此，是否心怀这三种敬畏，成为君子与小人的重要区别。

在宋朝，孔圣人的言论代表着终极的真理，在朝堂中意味着"政治正确"。而司马光将"三不足"的罪名强加给王安石，如同给他戴了一顶"牛鬼蛇神、历史小人"的硕大政治帽子。

考题送审时，被宋神宗看到，大为惊讶，说朝廷没有这个主张，命令再出新的试题。之后，宋神宗问王安石："闻有'三不足'之说，您知道吗？"

王安石回答："不闻。"

宋神宗告诉他："陈荐说：'外人云今朝廷为天变不足惧，人言不足恤，祖宗之法不足守。'昨天学士院进呈试馆职策，专指这三事，此是何理？朝廷怎么能这样呢，已经另做了策问。"

王安石引经据典，从容解释说："陛下亲自处理国事，日理万机，不贪图享乐，没有什么失误，遇到事情首先想到百姓的安危，这就是敬畏天变。陛下能广泛听取意见，不管提意见的人官职大小，只要有理，就会听取，怎么能说是不恤人言呢？流俗之言不足惧，是不易之理。流俗之人，不学无术，看问题只从自身出发，不能统观全局看得长远，所以对一件事，会有多种看法。做大事者，认准了一件事，就一定要坚持己见，等事情做过了，成败才能显现出来。如果什么人的话都听，左右动摇，永无成功那一天。至于祖宗之法不足守，则固当如此。仁宗皇帝在位四十余年，多次修订法律，如果说祖宗之法子孙世代遵守，代代相传，为什么祖宗也屡次自己改变呢？现在有人议论祖宗之法都应该遵守，然而祖宗自己都不是这样的。如果陛下听信这些话，则更增议论纷纷。"[1] 王安石期望通过新的解说，使宋神宗明白自然现象与政治并不相干，但后来的事实证明，王安石的努力并没有收到应有的效果。

关于"三不足"是否是王安石所说，史书记载不一，存在很大争论。对此，著名宋史专家邓广铭做了深入考证，认为在此以前，王安石从来没有在皇帝面前完整提过，司马光也编造不出如此富有革新思想的话语。但这三句话确实符合王

---

[1]　[宋]李焘：《续资治通鉴长编》卷五九"熙宁三年三月己未"。

安石的思想，是王安石以前多次强调的观点。王安石早就意识到这场斗争的严重性，在变法前就已经开始进行思想启发和舆论宣传。变法革新，就要改变以前奉行的一些政策，必然会损害官绅豪强等特权阶层的既得利益，也必然遭到他们的激烈反对，因此，王安石不惧怕承认这个"口号"。这个鲜明的"口号"，在整个变法过程中，对扫除重重思想障碍，反击保守派的批评和猛烈进攻，起到了很大作用。[1]

至此，司马光无计可施了。王安石学问甚高，不贪不腐，道德无可挑剔，个人品质几乎没有什么污点，司马光很难找到对付王安石个人的借口。虽然自己动摇不了新法，但到了韩琦出手的时候，司马光紧密配合。熙宁三年二月，韩琦上书全面否定青苗法，司马光等大臣也随声附和，引起宋神宗的怀疑，曾一度下令废止青苗法。这是宋神宗派张若水、蓝元震去调查的历史背景。

斗争进行到这个阶段，宋神宗支持变法的决心已经动摇。年轻的皇帝没意识到，什么叫改革，那是要抢回被各种特权阶层垄断霸占的利益，让国家伐毛洗髓，脱胎换骨，重焕生机活力……他始终不愿意见到变法的残酷，永远都在追求完美，幻想维持权力的平衡。在口头下旨停止施行青苗法之后，他随即下令任命司马光为枢密副使，让王安石的政治对手进入帝国最高决策中枢。

正如前面所述，对于这个任命，司马光连上辞章，称愿意留任翰林学士。在这个位置上，司马光曾经以皇帝的口吻申斥王安石。但在其后的十多天里，围绕新法"便民"还是"害民"的争论，发生了一系列事件，宋神宗犹豫几天后，又恢复了青苗法。青苗法恢复，王安石上班做的第一件事，是代表朝廷同意了司马光关于枢密副使的辞呈（惯例，司马光获得升迁时先推辞，以表谦逊）；第二件事是反击，驳斥反对派的种种言论。接下来，孙觉、李常、张戬、王子韶、吕公著、程颢等台谏官被贬出京城，讲究体面的副宰相赵抃辞职去杭州当官，首相曾公亮以年老为由提出辞职。

在争论新法期间，王安石曾作《众人》诗，表达了他的自信与执着：

众人纷纷何足竞，是非吾喜非吾病。

---

[1] 邓广铭：《北宋政治改革家王安石》，第116—119页。

第四章 一元复始

> 颂声交作莽岂贤，四国流言旦犹圣。
>
> 唯圣人能轻重人，不能铢两为千钧。
>
> 乃知轻重不在彼，要之美恶由吾身。

一般人所说的"是"与"非"，不是评价是非的真正标准，当然也不是评价我的真正标准。当年众人连声称颂的王莽事后证明不是贤人，周公旦也曾遭受流言蜚语但仍不能埋没他的圣明。只有圣人的评价值得重视，因为他们不会颠倒轻重，我们也不能将微小的东西看作千斤之重。从根本上来讲，决定美恶的不是别人，还是自身。这首诗意思是说：判断一个人时，即使大家都厌恶或者喜欢他，我们也绝不能人云亦云，轻易为人言左右，必须要审慎考察，才能得出正确结论。

宋神宗曾感叹人情千变万化。王安石说："原作忠信甚难，作诞谩甚易。"人情要保其忠信很难，若是忠信，可能单对一国之主有利，对其他人都不利；如果欺诈放纵，内外沆瀣一气，假公济私，对众人有利，但对帝王不利。因为要对众人不利，所以忠信难；因为对众人有利，所以欺诈放纵容易。管仲曾经夺取伯氏三百户的封地为国有，伯氏没有任何怨言，是因为管仲做得合理。管仲能比得上盘庚和周公吗？盘庚和周公也不能消除怨言，也不能说是处理不当。小人妄自抱怨，也不能损坏道理。如果因为小人抱怨便怀疑处理不当，那么即使盘庚和周公也被怀疑处理事情有问题。小人的情况，可以在市井中观察到。如果一个东西值一百文钱，标价二三十文，卖的人一定大怒；如果标价三五百，一定会因为虚高厚利引发批评。只有恰好一百文，才能成交。为什么这样呢？因为人们都知道情况，所以肯服从。现在遇到的小人大多不了解情况，所以不服，议论纷纷。虽然说人情难知，但也有可知的办法，在于"穷理而已"[1]。

在变法之争中，王安石与众多人斗，越斗越勇，越斗越自信，越斗越固执。其中，青苗法差点废掉是变法派与反对派势力消长的一大分界点。此后，韩琦的权力萎缩到大名府一城之内，欧阳修退休回家，司马光被压制在两府高官之外，后来他请求去洛阳编写《资治通鉴》，退出了权力中枢。

---

[1] [宋]李焘：《续资治通鉴长编》卷二四二"熙宁六年正月庚午"。

表面上看起来，变法派取得了决定性的胜利，这是否就意味着此后风平浪静了呢？

争议焦点青苗法

青苗法是王安石变法的核心，也是王安石变法思想的典型代表。李参曾经在盐山县实行，王安石在鄞县做过尝试，大都取得了显著效果，成为王安石在全国推行的一个重要依据。但青苗法引起的巨大争议以及实施的混乱后果，令王安石措手不及，大为惊诧。

为什么青苗法引发那么大争议呢？

青苗法针对的问题是农村高利贷严重，导致土地兼并加剧。因为常平仓功能缺失，民间高利贷非常猖獗，利息往往是本钱的两倍或三倍，造成许多农户破产。许多人都意识到了这个问题，宋神宗即位之初，京东转运使王广渊遂上书请求将本道的钱帛五十万贷给那些贫苦的农民，这样一年就可以获得利息二十五万，皇上采纳了他的意见。

王广渊的做法，与王安石的青苗法不谋而合。他召王广渊到京，与之认真商议。而且，王安石还广泛听取了其他人的建议。据苏辙记载，自己在三司条例司时，王安石拿《青苗书》让苏辙仔细议论，说："有不便之处，就告诉我，不必疑虑。"苏辙便说："把钱借给百姓，利息二分，本意不是求利，是在救济百姓。但出入之间，吏员趁机营私作奸，即使有法也禁止不了，钱到百姓手里，即使良民也不免乱花；到交还时，即使富民也不免超过期限。这样，就怕当地官员鞭打催促，地方事务不胜其烦了。唐朝刘晏掌管国家财政，就不同意借钱给百姓。有人批评，刘晏说：'让百姓侥幸得钱，不是国家之福；叫吏员靠法催督还债，对百姓不利。虽然我从不发放借贷，但四方的丰收和灾荒谷价的贵贱，能及时知道。有谷贱处就收购，有谷贵处就发售，所以四方没有太贵、太贱的弊病，岂用发贷款？'刘晏所说的，就是常平仓法。现在此法患在不整顿，若真能有益于百姓生计，就整顿实行，可以立刻见效。"王安石说："你的话有理，我当慢慢思

第四章 一元复始

考。"从此之后一个多月都不谈青苗法。[1]

后来，王广渊请求在河北施行青苗法，王安石向宋神宗报告后，计划在河北、京东、淮南三路施行，待有了经验之后，再推行全国。于是，宋神宗下令说："春税前，将粮食贷给不足者，约定时间归还，还息二分，不得多取，以弥补鼠雀、运输的损耗。"宋神宗的命令在州县张榜公布，力求家喻户晓。

试行青苗法不久，各路相继派去提举官，后来很快在全国普遍推行。熙宁二年十一月，宋神宗不顾反对，将全国常平钱粮一千四百万（贯、石）转为青苗钱，在全国设置卌一个提举管勾官，专门负责青苗钱粮发放、回收工作，同时兼管农田水利和差役事务。

青苗法内容如下：

一、将常平广惠仓现有的一千五百万贯、石储备，由各路转运司兑换为现钱，普遍借贷给城乡居民，各路设常平官专司其事。

二、常平官按前十年中丰收时的最低粮价，将居民所请贷的粮食折价成现款贷付。民户自愿请贷，"不愿请者，不得抑配。"归还之时，或缴纳粮米，缴纳时粮价贵亦可缴纳现钱，"皆许从便"，但不得亏蚀官本。

三、每年分两次借贷，一次在正月三十日以前，称作"夏料"；一次在五月三十日以前，称作"秋料"。随夏秋二税归还贷款，即在五月、十月之前。如遇灾荒，则在下次收成之日归还。

四、除游手好闲者外，先借给乡村人户；如有剩余，再借给城郭人户。

五、归还之时，在原额外得缴纳二分利息。因一年分夏料、秋料两次贷款，故年利为四分。

从以上实施办法看，不仅明确规定了青苗钱的来源、具体执行人员、发放时间和借贷利息，还考虑到了农户的意愿，强调民户自愿请贷，不许抑配；在归还欠款时，纳粮或折钱"皆许从便"。而且，在实施过程中，还根据各地方实际情况，不断对青苗法进行调整。比如，青苗法在实施中增加了以下补充条款：一是设立担保，为防止人户逃亡或官府蚀本，每五户或十户结成一保，由第三等以上

---

[1] 参见〔元〕脱脱：《宋史》卷三三九《苏辙传》。

人户充作"甲头",按家产多少借予。客户请借须与主户合保,视主户家产多少借予。二是按户等高低进行借贷。客户和第五等户不得过一贯五百文,第四等户不得过三贯,第三等户不得过六贯,第二等户不得过十贯,第一等户不得过十五贯。支借后尚有余款,则酌情增额借予二等以上人户。

经过这么周密的部署,青苗法在具体实施中出现了什么问题呢?

从制度实施的角度分析,青苗法在实施的过程确实存在一些问题。例如,变法之初,王安石主张逐步推出变法措施,不能操之过急。所以,青苗法原计划只是试行,扩大到了河北、京东、淮南三路。但三路实施的成效还没有充分表现出来,就被快速地向全国推广。当时的青州知州欧阳修说:"诸路各有提举、管勾等官往来催促,必须尽钱俵散而后止。"[1]这种做法打乱了制度设计时的规划,而政府派出使臣督促,不顾条件地加快了新法的推行,埋下了巨大的风险。

从各地实际情况看,在推行青苗法之初,当然要宣传政策的优点和好处,于是法令中"愿预借者给之"的规定广泛流传。只要愿意,就可以领钱。百姓听说朝廷发放青苗钱,全都一窝蜂跑去领钱。据山阴知县陈舜俞记述:"方今小民匮乏,十室八九,应募之人,不召而至,何可胜计!"[2]同时代的毕仲游也描述过州县间发放青苗钱的情况:"自散青苗以来,非请即纳,非纳即请,农民憧憧来往于州县。"[3]

对于老百姓片面理解青苗法以及产生的冲动,地方官员非但没有制止和教育,反而为了迎合朝廷变法,充分利用"愿预借者给之"的字面意思,更多地发放青苗钱。领青苗钱后,有些人没有用其购买种子或从事生产,而是用于吃穿,解决家人一时温饱或其他急迫需求。

苏轼曾经描述过分发青苗钱的场景,他说:"官吏无状,于给散之际,必令

---

[1] [宋]欧阳修:《欧阳文忠公集》,《奏议》卷一八,第3516页。
[2] [宋]陈舜俞:《都官集》卷五《奏行青苗新法自劾奏状》,清文渊阁四库全书本,第161页。
[3] [宋]毕仲游:《西台集》卷五《青苗议》,清刻武英殿聚珍版丛书本,第183页。

酒务设鼓乐倡优或关扑[1]卖酒牌子，农民至有徒手而归者。但每散青苗，即酒课暴涨，此臣所亲见而为流涕者也。"苏轼亲眼看见，地方官吏在散发青苗钱的时候，竟然现场设立唱戏舞台，吹拉弹唱、卖酒、引人赌博，有些农民领钱之后，马上喝酒听曲赌博，花完了青苗钱，只能空无一文地回家。所以，每到分发青苗钱的时候，酒税都暴涨。

不仅如此，随着时间的推移，青苗法的另一个问题显现出来。按照规定，青苗法是一年两次分发，当年农作物成熟后归还。但是，灾害并不是只影响一时，有时影响一年或几年。连年受灾的地方，偿还青苗钱就成为一个大问题。青苗法颁布当年，司马光向皇帝反映，他老家陕西转运使擅自发放青苗钱，麦子还没有成熟，就急令归还，导致"民不胜怨哭"。青苗法颁布第二年，渭州知州蔡挺上奏说，境内连年受灾，如果还要让灾民立刻归还青苗钱，"恐催纳不前，或致逃散"。[2]

在理论上，青苗法似乎非常合理，但是在推行中却表现得不够完善，出现了一些需要解决的问题。这些问题看似出现在局部的个别地方，但如果不给予重视，不仅无法实现青苗法的政策目的，还有可能引发更多的不良后果，继而导致在地方官府的操作下变成一个"搜刮"百姓为"朝廷"创收的工具。如何适时调整以及完善青苗法政策，成为北宋王朝面临的重大问题。而关于青苗法及其调整的问题，成为新旧两派激烈争论的焦点。

焦点之一：是否应该收取利息。

与传统常平仓相比，青苗法最大的特点是贷款取息，反对者批评的焦点也在于取息获利。青苗法公布时特别加以申明："凡此皆以为民，而公家无所利其入。"也就是说，青苗法所得收入，都会用在老百姓身上。按照王安石的说法，青苗钱每料取息二分，将用于"官吏之俸，辇运之费，水旱之逋，鼠雀之耗"。

---

[1] 所谓关扑，即商人的所有商品既可以卖，亦可以扑。关扑双方约定好价格，将头钱（即铜钱）掷于瓦罐内或地下，根据头钱字幕的多少来判定输赢。赢可折钱取走所扑物品，输则付钱。故关扑一般不赌钱，而是赌物。因此过去史学界一般均把它归之为娱乐。但关扑不仅限于日常生活用品，有时赌得很大，事实上赌物也是一种赌博。关扑亦商亦赌的方式，简洁明了，且带有很大的偶然性，故在民间非常盛行。

[2] 刘琳、刁忠民、舒大刚等校点：《宋会要辑稿10》，第6047页。

变　宋

如果青苗法利息收入"取之于民，用之于民"，本也无可厚非。但是，正如马端临在《文献通考》中所说，"而施行之际则不然也"[1]。苏辙曾提出："以钱贷民，使出息二分，本以救民，非为利也。然出纳之际，吏缘为奸，虽有法不能禁。"[2] 他认为，本来青苗钱年息累计四分，对于当时的农民来说已经是一种相当沉重的负担。同时，由于"青苗取息，诸路提举官多非其人"[3]，"闾胥里长于收督之际，有乞取之资"[4]，因而青苗钱在出息三分之外，还有许多额外的破费。谏官王岩叟等提出："今重法既罢，贿赂公行，民间所请得者无几。"[5] 这样一来，借青苗钱不但要负担利息，还要经受官吏层层盘剥。

据山阴知县陈舜俞说："朝廷募贷取，有司约中熟为价，而必偿缗钱，欲如私家杂偿他物不可得，愚民多至卖田宅质妻孥。"意思是说，民间贷款，利息比较重，约定偿还现钱，但也可以用个人物品抵债；官府贷款，一定要归还现钱，不要其他物品，导致老百姓卖田卖宅。

争论焦点二：是否存在强制摊派。

青苗法公布之时，宋神宗曾下诏："青苗钱令民愿取者则与之，不愿者不强也。"也就是说，民户自愿请贷青苗钱。当时苏轼就预言："虽云不许抑配，而数世之后，暴君污吏，陛下能保之与？"苏轼提到的"抑配"，是通过行政权力强迫农户借贷青苗钱。他认为虽然朝廷规定不许强迫，但几十年后，倘若贪官污吏采取强迫措施，谁又能阻止他们呢？基于此，苏轼预言"乃知青苗不许抑配之说，亦是空文"[6]。

其实，不必等到数十年之后，在青苗法推行之初就出现了强制摊派的个例。司马光举例说明了开封府界的情况："青苗钱虽不令抑勒，而使者皆讽令抑配。如开封府界十七县，惟陈留姜潜张敕榜县门及四门，听民自来，请则给之，卒无

1　[元]马端临：《文献通考》卷二一《市籴考二》，第1665页。
2　[元]脱脱：《宋史》卷一七六《食货志四》，第4280页。
3　[宋]吕祖谦辑：《皇朝文鉴》卷一四三《程伯淳墓志铭》，《四部丛刊》景宋刊本，第5754页。
4　[元]马端临：《文献通考》卷二一《市籴考二》，第1677页。
5　刘琳、刁忠民、舒大刚等校点：《宋会要辑稿10》，第6065页。
6　[宋]赵汝愚编：《宋朝诸臣奏议》卷一一，上海：上海古籍出版社，1999年，第1197页。

一人来请。以此观之，十六县恐皆不免于抑勒也。"[1] 司马光认为，开封府十七个县，只有一个县只是张榜公布青苗法，听任老百姓自愿申请，但没有人来，由此他推论，其他十六个县难免不出现强迫的情况。有时名为自愿，实为强迫。提举官以多散为功，见富户不愿贷款，强迫他们随贫户一起贷款。

地方官吏强行摊派的行为，很快就引起了朝廷注意。早在熙宁三年正月神宗曾下诏："诸路常平广惠仓散给青苗钱，本为惠恤贫乏，并取民情愿。今虑官吏不体此意，追呼均配抑勒，反成骚扰。其令诸路提点刑狱官体量觉察。违者禁止，立以名闻。敢沮遏愿请者，案罚亦如之。"[2] 意思是说，诸路常平、广惠仓发放的青苗钱，目的是怜恤帮助贫困者，现在有些官吏没有理解掌握政策，强行配给，反而成为骚扰百姓的坏事。于是，宋神宗命令各路提点刑狱官认真检查督促，把违反政策的官员上报中央，对敢阻碍愿意申请青苗钱的，也应该上报予以惩罚。为打击摊派，朝廷派出人员进行核查，对强制摊派的人员进行处罚，确保百姓自愿申请。但《长编纪事本末》记载，以上诏书是王安石的意思。当时，王安石休假，曾公亮、陈升之就拿着以前起草好的诏书，删去了"沮遏愿请"等话，另行实施。王安石结束休假，认为曾公亮、陈升之违背了自己的意思。

北宋朝廷采取了以上措施之后，是否就制止了抑配问题呢？我们看看当时青州知州欧阳修的分析，朝廷虽然下令要求州县官员不得强迫老百姓申请青苗钱，但却派使臣督促地方官员尽快发放青苗钱，发得慢的被认为不尽力，才能不够，是失职。所以，各地不得不相继加强督促，上行下效，形成了态势，已经不是某个州县地方官员的问题了。因此，欧阳修提出召回下派的督促官员，不再要求州县必须全部、限时发放青苗钱，而是让老百姓自愿申请。但是，欧阳修的建议并没有被皇帝采纳。身在地方的韩琦也发现了这个问题，他也认为州县官吏之所以抑勒违法，是因为上面督促，不得不这样。所以，韩琦说："更差使臣督迫给散，

---

[1] ［元］马端临：《文献通考》卷二一《市籴考二》，第1681页。
[2] ［清］黄以周等辑：《续资治通鉴长编拾补》卷七。

县邑小官苟免过咎，以抑配为情愿，何可辨明。"[1]地方官吏为免于被罚，把强迫说成自愿，实际上很难辨明真假。

在推行青苗法与获利的压力下，即使政府禁令不得抑配，也没有多少人遵守。面对这个问题，王安石曾说要严厉斥责一些强行抑配的地方官员，他是否这样做了呢？例如，河北路以户等高下散青苗钱，与其他各路相比，独取三分之利，但朝廷并没有处罚。现实情况表明，提举官之所以违反规定抑配青苗钱，皆因"诸路提举官往往迎合安石之意，务以多散为功"，可见，青苗法是靠政治强制力来推动的。[2]尤其是元丰年间推行的"计息推赏"考课制度使得考课方式也越来越严格，官吏的政绩追求进一步促使强制摊牌常态化。

焦点三：是利民还是害民。

青苗法利民还是害民，是一个根本问题，自古以来就存在争议。王广渊在河北推行青苗法，入奏称民间欢呼鼓舞，歌颂圣德。而右正言李常、孙觉上奏，称王广渊在河北强行推广青苗法。李常上疏提出，河北存在"虚认贯百，以输二分之息"[3]的情况，即在不发放贷款的情况下，官府直接向民户收取"利息"。王安石令李常拿出证据，说明信息来源，指出哪一个州县存在这种情况，李常上书神宗，请求不给出证据或信息来源。[4]因此，青苗法是利民还是害民，众说纷纭。例如，司马光认为青苗法害民，宋神宗问，陕西推行多年，百姓很乐意接受，不认为青苗法有什么害处。司马光说，自己就是陕西人，只看到了它的害处，没有听说有什么好处。

参与青苗法政策制定的苏辙认为青苗法表面上有利于民，实则害国害民。他给王安石写信说：问题不在于利息，而在于基层。基层官吏经手贷款，很难不做手脚；平民百姓捡便宜，也未必不会挪作他用。此法实施，不法官吏便能依靠此法名正言顺地剥削鱼肉百姓，用法律也难禁止。对此，王安石大为恼火，当即要

1　[宋]赵汝愚编：《宋朝诸臣奏议》卷一一二，第1223页。
2　陈晓珊：《北宋提举常平司的设置与路级政区管理方式的演变》，《历史地理》，2013年第2期，第91页。
3　[宋]赵汝愚编《宋朝诸臣奏议》卷一一〇，第1202页。
4　俞兆鹏：《评欧阳修"止散青苗钱"问题——兼论北宋熙丰新法中之青苗法》，《南昌大学学报（人文社会科学版）》，1998年第2期，第100页。

第四章 一元复始

治苏辙罪，陈升之为他求情，才免于一难。

通过以上内容，我们发现，这些争议的依据多是局部现象，当时也不存在全国统一的普查或有代表性的全国抽查。因为时代所限，赞同或反对青苗法者，大都只能以偏概全地讨论利弊问题，所以议论纷纷，自圆其说，始终没有达成共识，没有形成定论。随着事件的发展，青苗法强制摊牌的问题，却出现了一个意想不到的变化——从"抑配民户"到"形势冒请"。为了了解这个变化，我们依据时间的线索，继续追踪青苗法，看看政策调整之后有什么样的效果？

焦点四："抑配民户"还是"形势冒请"。

青苗法自熙宁二年开始施行，到元祐元年（1086）被废止，至绍圣二年又被重新恢复，直到建炎元年（1127）才被最终废止，前后总共实行了五十余年。史书对青苗法的记载详于熙宁时期，此后的记载只有寥寥数语。但如果将这五十余年连贯起来分析，可以更为全面地认识青苗法。上海大学历史系教授张呈忠曾分析青苗法实行五十余年的变化，对比了青苗法前后两个不同阶段存在的截然相反的现象。他认为，在宋神宗和宋哲宗时期，青苗法普遍存在"抑配民户"的运作方式，但到了北宋末年徽宗时期，则频频出现"形势冒请"的现象。

到宋徽宗时期，青苗法的运作情况发生了根本性变化。政和元年（1111），大臣慕容彦逢上书指出，由于小吏奸弊，出现"诡冒违法"的现象。原来通过强迫的方式分配青苗钱，现在经常出现投机分子"替他人冒领"的现象，这种反转或许意味着出现了不一样的变化。后来，这种情况渐渐多起来，政和六年（1116），新差提举河东路常平林积仁言："欲天下州县每岁散常平钱谷既毕，既具所请姓名、数目揭示，逾月而敛之，庶使人户遍知，苟为假冒，得以陈诉。"[1] 为了防止有人冒领，林积仁提出了公示的办法。不仅如此，政和七年（1117）二月六日太宰白时中奏常平之法中存在"诡名冒请，官吏同为侵盗之类"以及"徇情假贷"的现象。原来议论纷纷的强迫摊牌问题逐渐不提，而冒名领取青苗钱的人越来越多。

---

[1] 刘琳、刁忠民、舒大刚等校点：《宋会要辑稿12》，第7212页。

为什么几十年后青苗法出现了愿意领取的人增多的现象？政和八年（1118）四月大臣上言提到，经查访，一些权贵之家，按规定不能给青苗钱，但是各地出现了很多冒名顶替申请贷款的人，大概是贷款后再贷出，获得更高的利息。此言将冒请的用途也说得非常明白，即通过转贷来获取更多的利息。而且，"冒领"和"假贷"并不是个别地方的个别现象，具有一定的普遍性。

"冒领"和"假贷"的问题终于反映到政府的诏令中，《宋史》记载："宣和五年，令州县岁散常平钱谷毕，即揭示请人名数，逾月敛之，庶革伪冒之弊。"[1] 面对有人冒他人之名申请青苗钱的情况，朝廷令州县采取公示的办法来解决这一问题。《文献通考》更加详细地记载了一项诏书："州县每岁支俵常平钱，多是形势户请求，及胥吏诈冒支请。令天下州县每岁散钱既毕，即揭示请人数目，逾月敛之，庶知为伪冒者得以陈诉。"[2] 诏书清楚地指出冒领青苗钱的主要是"形势户"和胥吏。在宋朝，"形势户"是指那些在政治上享有特权的权贵，大体包括官户和吏户。他们互相勾结，通过冒领青苗钱获利。

宋徽宗时期，形势户冒请青苗钱的现象普遍存在，说明借贷青苗钱有利可图。形势户冒请青苗钱之后进行转贷，说明其所贷青苗钱利率低于民间利率，并且另有很多有借贷需求者无法借到低利息的青苗钱，能借到青苗钱的人转贷给借不到青苗钱的人。靖康元年，大臣吕好问上书宋钦宗乞罢青苗法，指出青苗法实行中"其实请钱者多是州县官户、公人，违法冒名，无所不至"。形势户冒请成为青苗法再次被废除的理由之一。[3]

"抑配民户"和"形势冒请"是青苗法在两个不同时期所呈现出来的两种现象，在实际运行中的两种形态。从普遍意义上分析，神宗、哲宗时期抑配民户的现象说明民户在借贷过程中无利可图；徽宗朝形势冒请的现象说明形势户在借贷行为中有利可图，即冒请青苗钱之后再进行转贷可以获得更高的利息收入。为什么到了宋徽宗时期，青苗法发生了这么大的变化呢？也就是说，为什么领取青苗钱从强迫转为冒领，从无利可图变为有利可图呢？

---

1 ［元］脱脱：《宋史》卷一七六《食货志四》，第4289页。
2 ［元］马端临：《文献通考》卷二一《市籴考二》，第1701页。
3 俞兆鹏：《评欧阳修"止散青苗钱"问题——兼论北宋熙丰新法中之青苗法》，第98页。

在 20 世纪中期,蒙文通先生尝试回答了这个问题,他提出:

"又如青苗钱,若是民间愿借,为何熙丰间要抑配?若是民间不愿借,为何宣和间诏书又言:常平钱谷'多是形势户(官吏)请求,及胥吏诈冒支请'。前后相反如此,岂不又是矛盾?"其实,此间道理亦易明了,熙丰间物价日日下降,借钱买物不利,故不愿借;崇观间物价日日上涨,借钱买物,到期卖物还钱,则有大利可图,故虽官吏亦愿支借。是物价升降异势则不矛盾矣。[1]

通过分析青苗法五十余年从"抑配民户"到"形势冒请"的变化,可以看出青苗法功能的变迁。神宗、哲宗时期以抑配民户为主要形式,青苗法表现出了官府高利贷的性质;有个别人反映青苗法存在"虚认二分之息"的情况,表现出了政府赋税的特征;到徽宗时期青苗法以形势冒请为主要特征,表现出的是官府低息贷款性质。而在这两者之外,现代银行具有的融资功能,恰恰是青苗法最不具备的特点。[2] 因此,不管青苗法的利率是高还是低,都难像现代银行那样有效地发挥融资的功能,通过贷款来推动扩大再生产。官办且没有融资功能,是青苗法与现代金融在本质上的不同。

青苗法看上去类似现代的小额贷款,但经过以上分析,它与现代小额贷款有着重大的不同。一方面,青苗法是用来度过荒年难关,带有很大的救济属性;而现代小额贷款是扩大生产,追求更多的利润,明显具有金融属性。人们领取青苗法是在困难时候,目的是恢复农业生产;而申请小额贷款是在能够盈利的时候,目的是扩大再生产。只有扩大再生产,获得更多的利润,才有可能还得起比借款更多的还款。而恢复生产时,对于生活并不宽松的老百姓来讲,维持日常生活本来就不容易,再加上还要归还本金和利息,不仅造成生活更加艰难,还有一部分人被"最后一根稻草压倒",家破人亡,流离失所。另一方面,在青苗法执行过程中,因为过于强调推行力度,特别是后期推出"计息推赏"考课制度,推波助澜,更是让本来具有的救济属性让位于政府官员的逐利行为,从而出现了不同时期"抑配民户"和"形势冒请"的矛盾现象。

---

[1] 蒙文通:《蒙文通文集》第五卷《古史甄微》,成都:巴蜀书社,1999 年,第 441—442 页。
[2] 俞兆鹏:《评欧阳修"止散青苗钱"问题——兼论北宋熙丰新法中之青苗法》,第 100 页。

从实施的效果看，青苗法实行五十余年间，一度给朝廷带来了巨额的财政收入，熙宁元丰年间朝廷通过青苗收息每年所得为数百万缗，诚为"富国"之政，这是青苗法长期得以推行的财政因素。但到了徽宗时期，伴随着"形势冒请"的现象，出现了"散敛无实，而本息交废""当纳之期，至有失陷，或无可催理"[1]"稽累失陷，日侵月削"的现象，越来越多的青苗钱收不上来，从朝廷的角度来看，青苗法也就失去了财政意义。所以，在五十余年时间里，青苗钱经历了这样一个过程：抑配民户→收息于官→形势冒请→官物失陷；在这个过程中，财富所呈现出的移动轨迹是：平民百姓→朝廷官府→形势之家。其中出现的"抑配民户"和"形势冒请"等种种乱象则深刻地反映出，青苗法这种官府借贷政策在执行过程中遭遇了制度困境，政策不仅没有按照政策设计者的计划运行，反而走向了其反面。[2]

条例司被废

在变法初期，看似变法派取得了胜利，但也不是没有巨大的损失。熙宁三年五月，变法的权力中心制置三司条例司（简称条例司）被废除。条例司是熙宁二年二月王安石任参知政事时创建的变法机构，宗旨为"经画邦计，议变旧法，以通天下之利"。作为变法的总部，条例司负责新法的制定、颁布和执行。如今，变法机构被废，王安石"靠有力的组织路线来贯彻既定的政治路线"的想法濒临破产。

当初王安石设立制置三司条例司，有两个主要个原因：一是原有机构已经腐化，不能满足变法的要求。大臣张方平早在治平四年就提出，三司、中书和枢密院三者不能协力合作，导致财、兵、民三事被分割处理，是财政危机出现的重要原因。从现实看，当时全国各地报到三司的账册，有的二三十年没有开过封条，原因竟然是"州县所发到三司的账单，随帐都有贿赂，各有常数"。贿赂送

---

[1] 刘琳、刁忠民、舒大刚等校点：《宋会要辑稿10》，第6067页。
[2] 俞兆鹏：《评欧阳修"止散青苗钱"问题——兼论北宋熙丰新法中之青苗法》，第101页。

足了，账册就不必开封，随到随报；贿赂不按"常数"送足，必然遭到百般刁难，长期不能结账。曾任三司度支判官的王安石，十分清楚依靠这种贪污腐败的机关为国家理财是不可能的。为推动变法，只能另设由自己控制的新机构。二是扩大变法派权力，重塑政事流程。变法之初，王安石仅是参知政事（副相），"患同执政者间不从"，担心变法主张可能在"三省议定"环节受阻搁浅。后来王安石在反对废条例司时，托出创设的初衷："令分为一司，则事易商议，早见事功。若归中书，则待四人无异议，然后草具文字，文字成，须遍历四人看详，然后出。至于白事之人，亦须待四人皆许，则事积而难集。"[1] 王安石提出："今欲理财，则当收利权。"他对宋神宗说，选用十个人理财，倘若做坏一二件事，反对之声就会乘机而起。当初尧与群臣共择一人治水，尚且不能成功，何况选用的不止一人，岂能没有失误，关键要考量利害多少，不为异论所惑。宋神宗认同其说，毫不犹豫地批准设立条例司。

在人员的设置上，条例司长官称"同制置三司条例"，共有两名，不分主次，宋神宗命从中书省、枢密院各差派一人担任。从熙宁二年二月到十月，长官为陈升之、王安石。史称陈升之对王安石变法"心知其不可而竭力赞助"，王安石引其共事，以期达到"凡所欲为，条例司直奏行之，无复龃龉"的目的。在条例司任职8个多月后，陈升之改任宰相，他以耻言财利为借口拒不接受条例司的兼职。宋神宗想让王安石独自领导条例司，王安石认为这样不好，提议"陛下本置此司，令中书、枢密各差一人，今若与韩绛同事，甚便"[2]。于是，宋神宗同意了王安石的意见，让韩绛代替陈升之。

在宋神宗的特许下，王安石掌控了条例司成员的任命权，得以"亲命近臣，辟选官属"。他推荐吕惠卿出任条例司检详文字，成为变法总枢纽的主要人物；又让章惇、王子韶、苏辙担任三司条例官。利用条例司的特殊优势，王安石成功地引用了故旧门生，推动变法的开展（参表2）。

---

1 ［宋］杜大珪编：《名臣碑传琬琰集》下卷一四，转引自刘成国《王安石年谱长编》（三），第850—851页。
2 ［宋］杨仲良：《皇宋通鉴长编纪事本末》卷六六《三司条例司》，第2198—2199页。

变　宋

表2　条例司检详文字官可考人员一览表（1069年2月—1070年5月）

姓　名	任职时间	举荐人	去职缘由
苏辙	熙宁二年三月至八月	宋神宗	多与王安石不合，主动请辞。
张端	约熙宁二年三月至七月	陈升之	不详。
吕惠卿	熙宁二年二月至三年五月	王安石	被王安石荐举为编修中书条例，但仍身兼条例司职务。
王子韶	熙宁二年七月至八月二十七日	王安石	被吕公著荐举为监察御史里行。
李常	熙宁二年九月八日至闰十一月二十一日	王安石	升任右正言、知谏院。
王汝翼	熙宁二年九月八日至三年三月二十八日	王安石	非议新法，主动请辞。
李承之	约熙宁二年冬至三年五月	王安石	升任大理寺丞。
杜纯	熙宁三年初至五月	王安石	升任大理寺详断官、删定编敕。

来源：李义琼：《熙丰变法时期的利益集团与中央财政制度的变迁——以制置三司条例司的置废为例》

以上人员，在担任条例司官员之后，很快就发生了分化。其中吕惠卿为变法派成员，成为变法派核心人员，而王汝翼脱离了王安石集团，程颢则转变为反对派。[1]

制置三司条例司创立之后，迅速成为推动变法的权力中心，不仅出台了一系列新法方案，而且还主宰中央财政大权，甚至有权弹劾异见官员。权陕西转运副使陈绎在环庆等六州擅自停止青苗法，条例司便以"坏常平久行之法"弹劾其罪。韩琦上疏力论青苗法之非，王安石将其奏议交条例司疏驳，并颁之天下。御史中丞吕公著认为，"条例司疏驳韩琦非是"。这里的"非是"，既指疏驳内容的"非是"，更指疏驳权力的"非是"。就制度层面而言，有宋一代，唯有台谏官有权弹劾百官，如今条例司动辄"劾不行之官，驳老成之奏"。可见，条例司自创立起，就染指了中枢层面的立法权、行政权与监察权，呈现出集诸种权力于一身的趋向。

---

1 李义琼：《熙丰变法时期的利益集团与中央财政制度的变迁——以制置三司条例司的置废为例》，《甘肃社会科学》，2012年第4期，第103页。

第四章　一元复始

不仅如此，王安石还往往凭借"得君行道"的特许，轻而易举地绕过既定的程序。苏辙曾记述自己亲自经历的一件事，有一次，王安石召吕惠卿与苏辙等会食私第，拿出一卷文书交代说："这是青苗法，你们看看，有问题可以提出来详议，不要对他人说起。"这种在私第处理国事的做法，有违宋代典制。

在变法之初，由王安石主持的条例司，权柄之重已达到前所未有的程度。历史学家漆侠在《王安石变法》中指出："实际上，这个机构在1070年废除之前，不仅是整理财政的机构，而且是主持变法的总枢纽。"对此，余英时认为："神宗的变法热忱及其最初对王安石的无限信任才是后者取得非常相权的根据。"[1] 他更进一步提出"非常相权"在宋代政治史上有划时代的意义，这种意义"必须从正反两方面去理解"。正面的意义是它象征了士大夫治天下的权力已得到皇帝的正式承认。

条例司打破宋初定制，超越中央各个机构，引来保守派猛烈批评。首先，反对派攻击条例司侵夺中央职权。熙宁二年十月，御史刘琦、钱𫖮、刘述等奏："（王安石）遂与陈升之同谋侵夺三司之利，收为己功。"[2] 时任监官告院的苏轼上奏说："陛下欲去积弊而立法，必使宰相熟议而后行。事若不由中书，则是乱世之法。"次年初，苏轼再次指出，条例司的存在造成"中书失其政也"，敦请宋神宗"首还中书之政"。宋朝大臣陈襄认为王安石所领的条例司事权超过宰相之权，监督亦不由台谏，而是聚集自己的门生属吏单独议事。[3] 此外，反对派也攻击条例司在人事方面存在的问题。御史刘琦、钱𫖮、刘述一起上疏，弹劾王安石："其所辟用，皆门下亲旧之人，如吕惠卿、王子韶、卢秉、王汝翼之徒"，认为王安石已成专权之事。最后，反对派还攻击条例司侵扰地方，干预州县和转运使、提点刑狱之权。反对派大臣范镇认为，条例司派出的使者，干扰了地方政府正常工作。

在陈升之升任宰相后，宋神宗想把条例司并归中书。王安石坚决反对，说"况制置司所奏请，皆关中书审覆，然后施行，自不须并入。"他认为，中书政

---

[1] 转引自虞云国：《王安石的"非常相权"与其后的异变》，《商丘师范学院学报》，2014年第4期，第41—49页。
[2] ［宋］赵汝愚：《宋朝诸臣奏议》卷一〇九，第1187页。
[3] ［宋］赵汝愚：《宋朝诸臣奏议》卷一一〇，第1193页。

事程序繁杂、效率低下，不能将条例司罢归中书。过了几天，宋神宗又提出将条例司并归中书户房，王安石说："并归户房固当。然今中书事已猥积迟留，更合制置司事，即恐并制置司事皆淹滞。若事了却，见在差役、常平、水利事乃并归户房未晚。"[1] 虽然王安石努力延长条例司的存在，但也不得不承诺今后择机取消这个备受争议的机构。

熙宁三年五月九日，宋神宗再问条例司"可并入中书否"，王安石回答说："待修中书条例有端及已置属，则自可并为一，今尚有合与韩绛请间奏事，恐未可。"[2] 他表示，等中书条例司大端就绪，僚属置备，自可合而为一，眼下还有应与韩绛请间奏事。但此时宋神宗罢废条例司之心意已决，他对文彦博说，"俟群言稍息，当罢之。不欲亟罢，恐伤王安石意故也"[3]。之所以没有立即罢废条例司，只不过是顾及王安石的面子。因反对派呼声的高涨，神宗心意已决，虽然王安石极不情愿，但也只得从之。仅隔六天，宋神宗就下诏，宣布条例司罢归中书[4]。同时，他以手札安抚王安石，让"有司结绝所施行事，久之乃罢"，给条例司一个交接工作的缓冲期。

后来，在王安石直接领导下，中书五房和司农寺成为变法的决策机构。北宋前期，司农寺只负责"掌供籍田九种，大中小祀供豕及蔬果、明房油，与平籴、利农之事"，属于一个"官小权轻"、相对闲散的机构。条例司被废除后，王安石奏请由司农寺接管新法事务，安排变法派骨干操纵司农寺，如让吕惠卿等任司农寺长官。司农寺接管新法之后，权力增大。宋神宗也说："近令司农寺专主天下常平广惠仓、农田水利、差役事。今后每岁终，具下项事节闻奏，如有未尽事理，更增损指挥……"[5]

不仅如此，熙宁三年九月，王安石还设立了检正中书五房公事，与中书条例司共同构成其变法的组织核心。王安石让曾布任中书五房公事都检正，曾布"每

---

1 ［宋］赵汝愚：《宋朝诸臣奏议》卷一一〇，第1192页。
2 ［宋］李焘：《续资治通鉴长编》卷二一〇，第5122页。
3 同上书，第5128页。
4 ［宋］李焘：《续资治通鉴长编》卷二一一"熙宁三年五月甲辰"。
5 ［宋］李焘：《续资治通鉴长编》卷二一四"熙宁三年八月甲申"。

事白王安石即行之,或谓布当白两参政,指冯京及王珪也。布曰:丞相已议定,何问彼为!俟敕出令押字耳"!据《大事记讲义》记载,青苗、免役、保甲、方田均税、免行、市易、农田水利等新法,"始则属于三司条例司,后则属于司农寺",而考课、铨选、学校、贡举、荫补、磨勘、试刑法、州县编类等,"始则属于中书条例所,后则属于检正五房"。南宋吕中指出:"中书条例司乃法度之所自出,议者不知言其非也。"这种变化,在制度层面上不易招致非议,故而"中书条例一司罕有论其非者"。但司马光洞察到中书条例司属员权力的急遽膨胀,说:"中书当以道佐人主,焉用区区之条例,更委官看详,苟事事检例,则胥吏可为宰相矣。"

尽管中书条例司与检正中书五房公事尚未成为制度性组织,却有效接手了业已撤废的三司条例司的职能。在王安石为相的熙宁期间,检正中书五房公事往往兼判司农寺,这样,三司条例司虽然撤罢,但王安石推行新法的"非常相权"依然连续运行,只不过换个平台而已。余英时指出:为了推行"新法",在神宗的支持下,王安石取得越来越大的相权。但权力对他来说只是实现"治天下"的手段,而不是野心和私利的工具。因此,虽大权在握而居之不疑,宋朝激烈批评王安石的人也并未强调他弄权。但是他扩张相权的种种策略,却为以后的权相开启了方便之门。权力的潘多拉匣子一经启封,就再难杜绝其后的权奸窥伺"非常相权"的美味禁脔。在北宋后期,宋徽宗与蔡京效法王安石的权力模式,将其转为"宫廷的集权模式"。在南宋,宋高宗出于权力与皇位的算计,最终选定秦桧为相,专制君权空前膨胀,已不受官僚机构的制衡或约束。此后,南宋出现的韩侂胄、史弥远与贾似道等权相政治,竟成南宋政治挥之不去的梦魇。

与条例司相关联的,是在各地设立的提举官。制置三司条例司成立后,各地官员表现了不同的态度,诸路转运司、提点刑狱司、安抚司等监司官,有的对变法持观望态度,有的坚决反对变法。为推动新法,王安石推动于熙宁二年设置了诸路提举官和管勾官。当时,"河东、湖南、梓州、利州、夔州各二员,江西、湖北、成都府、广东、广西、福建各一员,又差官同管勾陕西、江西、湖北、成都、广东、广西、福建各一员"。诸路各置提举官二员,管勾官一员,"或共置二员,开封府界一员,凡四十一人"[1]。这批提举官派往各地以后,宋神宗对监司制度进行了更改,"置提举司,位叙资级视转运判官,遂与提点刑狱、转运、发运副使及使定为迁格"[2]。对于诸路提举常平司下属组织系统,"州有管勾官,县有给纳官"[3]。熙宁七年(1074)二月"专置一主簿","纳给役钱及常平",同年八月规定:"新增县丞、主簿,就充给纳官";其后又"省开封府十二县给纳官,止令县丞兼管常平钱谷"。[4]

提举官全称为提举常平广惠仓兼农田水利差役事,其官署称提举常平司,掌常平、义仓、免役、市易、坊场、河渡、水利等新法政务,与转运使分管财赋,其后有了监察各州官吏之权。后来,提举常平司官员还有分巡州县,反映民间疾苦,兼领其他差遣等职能。这些职能既有行政、民政性质,又具有司法、监察性质,反映了宋代复杂的行政官僚体制。在变法中,提举官"总一路之法",是推动新法的有生力量,地方拒不推行青苗法抑或推行不力的官员,会被迅速调离或调整分工,而转由提举官负责具体事项。王安石曾经说,开封府界若无提举官,只有不肯推行新法的官员吕景,则新法早就停止了;京西如果没有提举官,只有提点刑狱,只会说都不愿意申请青苗钱,以此推论,如果不设提举官,将新法交给其他部门,"事必不举矣"[5],必然办不成。

各地的提举官成为反对派攻击的一个焦点,韩琦、吕公著、司马光等反对派纷纷上书,请求废除提举官,王安石竭力反驳,"动辄忿争",把吕公著等人的上疏视为"流俗之浮议"。在王安石的力争下,熙宁三年七月宋神宗下诏规定:"诸路提举常平官到阙,并令辞见,如有合奏陈乞上殿,即依提点刑狱仪制施行。"[6]至此,宋代提举常平司正式形成制度。但宋神宗去世后,在元祐更化时诸

---

1 [宋]杨仲良:《皇宋通鉴长编纪事本末》卷六八《青苗法上》,第2261页。
2 刘琳、刁忠民、舒大刚等校点:《宋会要辑稿7》,第4079页。
3 刘琳、刁忠民、舒大刚等校点:《宋会要辑稿12》,第7208页。
4 贾玉英:《宋代提举常平司制度初探》,《中国史研究》,1997年第3期,第99—107页。
5 刘成国:《王安石年谱长编》(三),第1040页。
6 [宋]李焘:《续资治通鉴长编》卷二一三"熙宁三年七月癸丑"。

路提举常平司被罢去；哲宗亲政后，诸路提举常平司又被恢复，从此与其他新法一样历经多次废兴。

基层又来人了

当新法"利民"或"害民"的争论如火如荼的时候，有一个人入京，带来了基层的消息和老百姓的看法。

这个人来的时间是熙宁三年，距离上一次李定入京不到一年，他也是王安石的弟子，名叫陆佃。与李定不同，陆佃是"应举入京"，参加科举考试，按照惯例也去拜访了自己的老师王安石。见面后，王安石问了相似的问题，但他的对答及以后的际遇，却与李定截然不同。

陆佃（1042—1102），字农师，号陶山，山阴县（今浙江绍兴）人。宋熙宁三年进士，授蔡州推官、国子监直讲。元丰时擢中书舍人、给事中。哲宗时徙知邓州、泰州、海州。徽宗即位后，召为礼部侍郎，命修《哲宗实录》。后拜尚书右丞，转左丞。陆佃还有一个非常有名的身份，他是南宋伟大诗人陆游的祖父。

陆佃少年家贫好学，无钱点灯，常映月光读书。蹑履从师，不远千里。途经金陵，巧遇慕名已久的王安石，即拜为师。熙宁三年，陆佃应举来到京城。

据《宋史》记载，初入汴京，陆佃前往相府拜谒王安石。

一见面，王安石问他对新政的看法。陆佃说："新法不是不好，只是施行起来没有实现最初制定时的良好目的，反而给百姓增加了负担。青苗法就是这样的例子，有好的目标，但变成了扰民的结果。"

王安石惊讶地问："怎么会这样？我和吕惠卿仔细商议之后，又听取了外界的很多意见。"

陆佃说："您乐于听取好的建议，古所未有，然而外界都说您不纳谏言。"

王安石笑着说："怎么会拒绝谏言呢？那是邪僻的说法太多，不值得听取。"

陆佃接着说："所以，别人才议论您。"

第二天，王安石召见陆佃，对他说："吕惠卿说'私人收债，也须一鸡半猪'，青苗法取得利息是应该的，我们已经派李承之到淮南调查了，看看是否扰民。"[1]

不久，李承之回来，说新法对于百姓非常有利。王安石认为陆佃不愿依附自己，不再与他讨论新法事务了。本以为这次京城奇遇到此为止，不曾想这次朝廷考试，不考辞赋，突然改为策论。陆佃从容地分条答对，考中甲科，任蔡州推官。他被选为郓州教授，召补国子监直讲。王安石因为陆佃不依附自己，专门交给他有关经术的事情，让陆佃在"崇政殿说书，进讲《周官》"，坐了多年的"冷板凳"。

李定进京，即言"无不喜者"，迎合王安石之所好，又借此取得宋神宗的信任。但反映"但推行不能如初意，还为扰民"的陆佃，就没有那么幸运了。王安石以为陆佃不愿意依附自己，就"专付之经术，不复咨以政事"，从此当了闲官。然而，陆佃直言不讳的个性并没有变化，宋徽宗时，陆佃官拜尚书左丞执政，他不赞成"穷治"所谓的"元祐余党"，不惜受"元祐之党"的牵连，终于因为莫须有的"名在党籍"而被"罢为中大夫"。[2]

同是来自南方，同样是王安石的学生，为什么对新法的反应如此迥异？是见仁见智，还是真假有别？李定说其"据实以言"，而陆佃"直言不讳"。如果两人都没有说假话，除了两人立场和认识不同之外，可能还与二人来的时间有很大关系。李定来京前，青苗法刚颁布不久，其优点已经展现，缺点还没有暴露出来，所以李定看到的是新法的优点。但陆佃到京城时，青苗法已经颁布一年，其缺点渐渐显现，所以陆佃讲了新法的不足。

不同的说法，带来了不同待遇，两位来自基层人员的遭遇，反映出王安石对待不同意见的态度。而对待不同意见的态度，则影响到他与官僚集团的关系，造成了很大的危害。后来呈现《流民图》的郑侠，也曾向王安石直言对新法的不同意见。倘若王安石及宋神宗在听取此类意见后能斟酌"推行不能如初意"的原

---

[1] 参见［元］脱脱：《宋史》卷三四三《陆佃传》。
[2] 宋志坚：《王安石的两个学生》，《北京日报》，2015年8月28日。

第四章 一元复始

因,克服"还为扰民"的弊端,新法的推行也许是另一种结局。

另一个人的到来,更加说明了"态度决定一切"的道理。

邓绾,字文约,成都双流人。举进士,为礼部第一。熙宁三年冬任宁州(今甘肃宁州)通判。此人身在僻远边疆,却相当不安分,想方设法寻找升迁的办法。他见王安石获得皇帝的支持,便上书列举了几十条时政,认为宋朝兴盛百年,人们习惯于安定,沉溺于太平,应当进行改革。对于新法,他极力赞美,吹捧说:"皇上得到伊、吕的辅佐,作青苗、免役法等,百姓没有不歌颂圣德的,没有一个不高兴地唱歌跳舞来表达对您的感恩。臣在宁州看到一片赞同,由此推论整个国家都是这样的。变法实属世上最好的策略,希望不要因为一些浮夸的细微议论而搁置它,应将变法坚定地执行下去。"[1] 他又致信王安石,歌颂新法。当时正处于艰难时期的王安石一见大喜,立即向宋神宗推荐。宋神宗急切地想知道西北军事及地方的真实情况,派人把邓绾从西北接到开封。

金殿见面,君臣相谈甚欢,宋神宗一高兴,把心里的话说了出来。

"邓卿,你知道王安石吗?"

"不,臣未曾相识。"邓绾回答。

宋神宗面露向往之色地说:"那是当今的古人啊!""古人"是古代对人最高的赞美,是最令人神往的完人形象。

宋神宗又问:"卿识得吕惠卿吗?"

"也未曾相识。"

"那是当今的贤人啊。"宋神宗又爽快地给出了评价。[2]

年轻的皇帝直接表达了自己的观点,也许他已经忘记了当初富弼告诫他的做皇帝的原则——不可让臣子知道皇帝的喜好!因为知道了皇帝的喜好,摸到了实底,挖空心思巴结权贵的邓绾立即就有了行动的方向。王安石都是"古人"了,还等什么?

---

1 参见 [宋] 李焘:《续资治通鉴长编》卷二一六 "熙宁三年十月癸亥"。
2 参见同上。

出了皇宫,邓绾第一时间去拜会王安石,就好像与王安石认识了好久一样("欣然如素交")。邓绾亲自证明新法的好处,热情地宣扬新法。我们设身处地地想想,正当满朝文武反对新法的时候,突然有人从远方来热情地支持,你是什么感觉?王安石被感动了,他任命邓绾为集贤校理、检正中书孔目房公事。第二年,邓绾升任侍御史知杂事,管理司农寺。

通过溜须拍马的行为获得官职的做法,遭到了很多官员的攻击,甚至连邓绾的同乡都讥笑他,邓绾却无所谓地说:"笑骂从汝,好官须我为之。"[1]甭管别人怎么嘲笑辱骂,只要能做上大官就行!多么恬不知耻的言论,多么厚颜无耻的为官心态。因此,邓绾也被钉在了"小人""奸臣"的耻辱柱上。但是不管当时别人怎么骂,还是有人支持他,他的仕途一帆风顺。

但邓绾不是一个愚笨的人。在科举考试中,他"举进士,为礼部第一",可见才能过人。另一事也可以看出他的远见,熙宁五年(1072)春天,辽国威胁边疆,将军队驻扎在边境上,扬言出兵。邓绾说,辽人假意为边界土地争执,其意在窥视我国。去年冬天,他们连续几个月聚集军队,在边境徘徊许久才自行离去,其虚张声势由此可见。如果我们顽强地抵御,坚持两国平等地位,正确地应对威胁,让敌人不敢怀疑我们的实力,而我们可以做长远打算。如果我们先害怕并且屈服,将是中原最大的耻辱。皇帝看了奏章后,非常赞赏。虽然邓绾具备才能,但人品欠缺,后来王安石辞去宰相,吕惠卿任参知政事,邓绾又开始依附吕惠卿。后来吕惠卿被免,王安石恢复宰相,邓绾为讨好王安石,又弹劾吕惠卿,甚至上书要求给王安石修宅院并重用王安石的儿子。这种做法连王安石都觉得过分,认为邓绾"不安守本分,上书为宰相乞求恩赐,是侮辱国体的行为",将他调离都城,到地方做官去了。邓绾如此媚上,为时人所不齿。

邓绾的个案说明,这个体制,造成了一个生产媚言、制作谎言和传播谎言的环境。在传统等级社会,官僚集团不愿意受约束,首先破坏规范,外儒内法,内外不一、不仁不慈,但又要求别人忠孝节义,不得逾矩。若是遇到那些不招自来、奉迎吹捧的人,就树为标榜,引为同党,赋予高官厚禄。这种做法,让王安

---

[1] [宋]李焘:《续资治通鉴长编》卷二一六"熙宁三年十月癸亥"。

石落下了好谀喜名的名声。北宋魏泰在《东轩笔录》中记载，王安石任相期间，每当生日，那些部下同事纷纷献诗，僧人道士则颂"功德疏"，竞相祝贺。光禄卿巩申别出心裁，以"放生"的方式为王安石祝寿。他用大笼子装来许多鸽子，然后一只一只地放生，每放一只，他都恭恭敬敬地磕头祷告："愿相公一百二十岁"，如此反复，极尽巴结之能事。凑巧的是，当时有一守边将军的妻子生病，手下一虞候（侍从官）竟然割肉进献，以致远近骇笑。有好事者用这两件事做了一副对联："虞候为县君（古代妇人封号）割股，太卿与丞相放生。"无独有偶，南宋李壁在《王荆公诗注》中也记载了一个段子。王安石的儿子王雱，才华横溢，志存高远，二十岁以前就已著书数万言。国子监官员范镗为讨好宰相，献诗云："文章双孔子，术业两周公。"把王安石父子的才学喻为孔子，能力喻为周公。王安石看后特别高兴，竟大言不惭地说："此人知我父子！"这几个故事嘲笑的不仅仅是巩申和范镗的趋炎附势，而且还嘲讽了王安石被拍马屁时那种洋洋自得的样子。

然而，仔细观察王安石的为政、为文、为人风格，他虽然在生活中不拘小节，言语间好发高论，改革上大刀阔斧，选人用人上独断专行（以支持改革为选人用人的唯一标准），但说他陶醉于阿谀之词，狂妄到是非不分，有些不符合实情。比如，他得了气喘病，药方中有一味紫团参（紫团山人参），到处买不到。恰好变法派官员薛向自河东任职归来，手上有紫团参，便送了几两，可王安石坚决不受，说："我平生没吃过紫团参，不也活到了今天吗？"据说有人献上一个宝镜，夸耀能照两百里，王安石笑着说自己的脸没有那么大，要能照清两百里远的镜子做什么。另外，王安石有时也能检讨用人的不足，桐城县令郭祥正为了升官，极力恭维"新政"，王安石保举他为殿中丞。后来，王安石觉察到郭祥正谀颂过于肉麻，有所警觉，与其保持了距离。有一次宋神宗问王安石郭祥正是否可大用，王安石说郭祥正品行不好，还连连检讨自己用人失察。可见，王安石在用人方面，也有清明公正的一面。

王安石用人

王安石重用溜须拍马的邓绾，是真的被邓绾迷惑了吗？或者他不知用人的重要性吗？

我们分析王安石的言论，发现他早就深知用人的道理。在变法前的嘉祐五年，王安石任三司度支判官时，曾提出"合天下之众者财，理天下之财者法，守天下之法者吏也。吏不良则有法而莫守"。[1]在王安石看来，理财需要立法，守法需要良吏，如果执行法度的官吏不良，则法度难守；要想变法度，需要选择好的官员，因而他特别强调选用人才时"观其人，以其在事之岁时，以求其政事之见于今者，而考其所以佐上理财之方，则其人之贤不肖，与世之治否，吾可以坐而得矣。"[2]也就是说，要全面考察官员的行政经验、政绩、理财思路，然后判定其是否符合变法需要，从而得到需要的人才。他特别排斥那些谨小慎微、唯上官马首是瞻、毫无自主性和开拓精神的人，尤其是那些"守成法，吝出入，以从有司之事而已"[3]的庸官。比如，在管理均输法时，王安石选用薛向，除了薛向具备行政资格、经验丰富之外，还有主见，敢于做事，能够做成事，与碌碌无为，但求无过、不求有功的俗吏明显不同。

为培养人才，在给仁宗皇帝的《言事书》中，王安石提出了教、养、取、任的一系列人才培养选用思想和具体措施。他当政之后，将这些思想付诸实践，首先提倡科举改革，废除原来"声病对偶"之文，罢诗赋，专以经术取士人。要求答卷时不必尽用前人注疏，而是要通晓义理，合乎实用，有自己的见解。王安石还力主各地兴办学校，扩充太学规模，培养各类专业人才。他提出"取之有道"，强调自下而上选材，即必须先由乡里众人推荐，从学校选拔，由上级负责考察。他重视人才的"养"，应当"饶之以财，约之以礼，裁之以法"，给人才足够的俸禄，令其衣食无忧；用礼仪规范，严加约束；用法律来裁决，对违法贪

---

[1] ［宋］王安石：《王文公文集》卷三四《度支副使厅壁题名记》，第409页。
[2] 同上。
[3] 同上。

腐之人严惩不贷，从而"使其足以养廉耻而离于贪鄙之行"；而且，高级人才与高级官员能够给子孙留下一定财产，使身后无忧。如何考察人才呢？王安石提出三个步骤：一是听其言以审知其才，二是观其行以审知其德，三是试之事以检验。他认为最重要的是"试之事"，在实践中检验真才实学和德行。如果单靠听言观行，是靠不住的。孔子那样的圣人，也会犯以言取人、以貌取人的错误，只有通过比较持久的实践才能真正看清一个人的真实情况。[1]

考虑到天下之大，帝王不可能事必躬亲，王安石提出分级管理的原则。他认为帝王可以考察德行最高者，委任高位；让他再考察并推荐与己才德相类者，这样逐级考察，分级管理，帝王可以拱手而治天下。选拔人才是为了任用，任用之道，关键是任人唯贤，任人唯德。结合自己的经历，王安石一再强调官员要"久于其职"。宋朝为了防止官员专权谋变，有意频繁调动，使官员不能长期谋划，只得关注短期效应。对此，王安石主张采用"久其任而待以考绩之法"，贤者必会脱颖而出。另一方面，人才不仅有高下，术业还有专攻，如果避其短而用其长，天下皆人才。在收复河湟的过程中，王安石顶住各方压力，甚至是来自皇帝的疑虑，坚决支持王韶用兵，给他专任之权，使之终获成功。可惜后来宋神宗不能汲取经验，一味信任宦官，不肯重用大将，结果导致军事上的严重失败。[2]

对于推行新政，王安石明确意识到吏治是关键。如果得其人，新法将顺利实施；如果不得其人，新法可能出现不利的方面。在给神宗皇帝上"五事札子"时，王安石指出相对于其他新法，免役、保甲、市易三法"有大利害焉，得其人而行之，则为大利；非其人而行之，则为大害"。不仅如此，王安石还努力争取增加官员的俸禄，提高人才的待遇。例如，熙宁六年（1073），王安石申请增加三司官员俸禄，皇帝批示"增禄费多，所减吏又未可遽减，令王安石再相度"。意思是说官员工资增加得太多了，朝廷花费太高，又不能大规模减少官员人数，对于提高俸禄的事情再合计合计。"再相度"，意味着这次不行，再考虑一下、

---

[1] 徐文明：《十一世纪的王安石：一个政治家的进退之路》，第83页。
[2] 同上书，第86页。

变　宋

下次再说等,很多时候相当于"不行"的意思,只不过说得委婉、客气、留有情面。但王安石没有气馁,他坚持上奏说"禄不可不增",又不是缺钱。然后,王安石计算了市易法的收入,得出有钱提高官员待遇的结论。最后,皇上不得不同意了他的请求。王安石还不肯罢手,又进一步说:"天下吏人当尽为之赋禄"[1],皇上不得不再次认同。

可以说,王安石正确认识到了变法与吏治的关系,那么在实际过程中,他是不是这么做的呢?

为推动变法,王安石努力吸收一些有志改革之士参加。例如,熙宁二年四月二十一日,条例司首次派遣八人"分往诸路,相度农田水利、税赋科率、徭役利害"。九月八日,张复礼、李承之又被任命为相度利害官。对于各地变法的主力——提举常平司官员,虽然选任方式大致有三种,即皇帝亲擢、臣僚荐举和宰执堂除,但在王安石变法时,诸路提举常平司官员的选任多由中央变法机构或王安石本人直接控制。例如,在熙宁二年,诸路提举常平官刚设置时,其人选多由置制三司条例司"奏辟属官"充任。

苏轼多次上书指责王安石"求治太急,进人太锐"。对王安石急于求成、一意孤行的行为,苏轼比喻为"譬如乘轻车,驭骏马,冒险夜行,而仆夫又从后鞭之,岂不殆哉?"如此一路狂奔,结果必然是弊病百出。对此,王安石不无悲凉地感慨道:洪水是不等人的,不可能等到有了治水之人它才爆发。上古时期大臣中只有鲧能够治水,即使他是祸害,也不能弃之不用啊。变法伊始,满朝上下王侯大臣,又有几人愿意支持王安石?又有几人毫无保留地支持新法?放眼朝廷上下,王安石发出了"无人可用"的感叹。

王安石的个性、才能与品德,强烈鲜明,迥异常人,学者莫砺锋非常深刻地提出,这种强烈的个性对他的文学创作有益无害,但对政治改革与思想启蒙却是利弊参半。在《答司马谏议书》中,王安石提出"辟邪说,难壬人,不为拒谏",将不同政见一概斥为"邪说",将提出不同意见的人斥为"壬人",失去了政治家的大度。莫砺锋认为在这种逻辑下,"人言不可畏"由此偏离了"勇猛"

1　[宋]李焘:《续资治通鉴长编》卷二四二"熙宁六年春正月己酉"。

而成为拒谏的挡箭牌。这种绝对的刚强自信、勇为人先的性格，让王安石的文学创作戛戛独造、不落流俗，但对于政治家的王安石则具有正负两面。正面作用是勇于进取，百折不挠，成为后来鲁迅所说的"苦干的人"或"拼命硬干的人"；但当他将小范围试行的一己之见作为政令在全国强行推广，岂能保证一己之见就毫无瑕疵，就一定能够长远地利国利民？恐怕一己之见的"拼命硬干"往往事与愿违，甚至出现过退两难的困境[1]。

新政之难，难在朝堂之上得不到君子们的支持；庙堂之下得不到民心的支持，王安石当然会有一种悲壮的无奈感觉。《元城语录》记载司马光与王安石的一段对话，反映了王安石的处境：司马光曾经问王安石："你推行新法，为什么用一些小人承担重要职务或者担任监察岗位？"王安石解释说："变法之初，原来的官员不肯卖力，因而用了一些有才能的人。等到变法成功，驱逐那些有才无德的人，再用老成正直的官员，从而实现'让有智的人推行，让有德的人守护'。"司马光一针见血地说："你错了，君子获得升迁很难，但退下来很容易，小人与此相反。如果小人当权，怎么肯放权，让他们放弃权力，必然成为仇敌，那时将悔之晚矣。"

这段话说明，虽然王安石主张用君子，去小人，但在变法中，由于得不到朝中大臣的支持，只好找那些急于上进的新人，甚至幻想让有才的人推动变法，待变法成功后让有德的人来守护。在这种策略下，他大量起用新人来推行新法，只要高调拥护新法，坚决推行新法，不管其人品节操如何，王安石一概予以重用。对遭受反对派诬蔑、排挤的官员如李定、赵子几、吕嘉问等，竭力保护；对执行法令发生错误的官员，给以贬黜处分；对于曾经拥护变法后来动摇并反对变法的官员，则加以驱逐。[2]

对此，王安石在《咏月三首》中写道：

江海清明上下兼，碧天遥见一毫纤。

此时只欲浮云尽，窟穴何妨有兔蟾。

1　莫砺锋：《"余事作诗人"的王安石》，第8—9页。
2　漆侠：《王安石变法》，第203页。

"兔蟾",小人之隐喻也。此诗,表达了王安石欲推行大道不得不包容小人之意,但他没想到,这种做法以后竟然"卒为己害"[1]。

对于王安石用人,历史学者李义琼做了系统总结,提出了以下几种看法[2]:

第一,举荐和维护附己之人。在陈升之改任宰相后,王安石举荐与自己关系较好的韩绛接替,还举荐其弟韩维为御史中丞,以让二人一同助己。作为回报,韩绛常在神宗面前称赞王安石。熙宁二年二月,王安石举荐吕惠卿为制置司检详文字,在吕惠卿遭到吕公著攻击时,王安石极力维护。熙宁二年闰十一月十六日,吕惠卿丁父忧去职,王安石急需得力助手,便举荐支持变法且十分干练的曾布为"太子中允、崇政殿说书,加集贤校理,判司农寺,检正中书五房"[3]。熙宁三年四月,王安石举荐胞弟王安国姻亲谢景温由淮南转运使、屯田郎中升为工部郎中兼侍御史知杂事。

第二,警惕或排挤异己者。最典型的人物是苏轼,因不支持新法而屡遭排挤。熙宁二年五月,宋神宗"见轼议学校贡举异于诸人",十分赞赏,召见而欲大用之,为此咨询王安石的意见,王安石知道苏轼反对新法,便说"轼与臣所学及议论皆异,别试其事可也"。[4] 结果,宋神宗没有起用苏轼。熙宁二年八月,当宋神宗问及苏辙、苏轼兄弟二人时,王安石认为两人都不应当重用。熙宁二年十一月,宋神宗很想起用苏轼与孙觉同修起居注,王安石便历数了苏轼的诸多不是,例如好发议论,党附欧阳修,非法贩卖苏木入川等等,打消了宋神宗欲用苏轼的念头。对于苏轼等反对变法的人,王安石一直保持高度警惕,甚至连举荐苏轼的张方平,也一并排斥。宋神宗欣赏张方平,想留他在京师,王安石评论道:"方平奸邪,人孰不知,恐如此除拜,无补圣政。"于是,熙宁三年正月,宋神宗命张方平为陈州知州。[5] 对宿敌司马光,王安石更是处处提防。每逢司马光因事面见皇上,或者皇上召见司马光,王安石一定以条例司有事先进,事先替皇上

---

1 刘成国:《王安石年谱长编》(三),第 1023 页。
2 李义琼:《熙丰变法时期的利益集团与中央财政制度的变迁——以制置三司条例司的置废为例》,第 102 页。
3 [元]脱脱:《宋史》卷四七一《曾布传》,第 13714 页。
4 [清]黄以周等辑注、顾吉辰点校:《续资治通鉴长编拾补》,北京:中华书局,2004 年,第 189 页。
5 李义琼:《熙丰变法时期的利益集团与中央财政制度的变迁——以制置三司条例司的置废为例》,第 104 页。

第四章 一元复始

想好应对司马光的话。结果司马光进殿问答，皇帝大都用王安石的话回复。一次，司马光辞去枢密使职务，向皇帝谢恩，王安石本来没有什么事情，急忙取了几卷书，带领韩绛上殿，"又先光而进，唯恐上闻光言而悦也"[1]。在王安石、吕惠卿、曾布等人的排挤之下，司马光被排斥到了权力中枢之外。

有时，举荐和排挤也会发生在同一个人身上，比如陈升之、吕公著、李常、程颢等。陈升之与王安石同领制置条例司时，二人意见比较一致，于是王安石以陈升之为同道之人。但陈升之既登相位，不肯配合，王安石非常不满，与之争论，后来陈升之母丧，离开了相位。王安石非常欣赏吕公著，于熙宁二年六月推荐其为御史中丞。作为回报，吕公著开始多用条例司人做台谏官。但是当人们对新法议论纷纷时，吕公著也谈论新法的缺点，王安石怒其叛己，逐渐产生了驱逐吕公著的想法。后来，王安石找到一个事由，使其"除侍读学士，知颍州"。熙宁二年九月，王安石推荐李常为条例司检详文字官，当年闰十一月下旬升为右正言。第二年二月，李常上疏评议青苗法的弊端，惹怒王安石和吕惠卿，王安石当面责问："君本出条例司，亦尝预青苗议，今反见攻，何以异于蒋之奇也？"吕惠卿甚至威胁道："君何得负介甫？我能使君终身不如人。"[2]程颢也曾与王安石友善，在条例司做过相度利害官，后被吕公著举荐为御史，因屡言新法不便而被贬。

王安石用人常常以是否拥护新法为标准，给投机钻营之徒打开了机会之门。比如那位"笑骂由他笑骂，好官我自为之"的邓绾。还有一个人，虽然不像邓绾表现得那样无耻，但也有一些不良品质，此人就是《梦溪笔谈》的作者，被英国科学史家李约瑟称为"中国科技史上的里程碑""中国科学史上的坐标"的沈括。他虽然有才能，但为人处世乏善可陈。在王安石变法时，沈括积极参与，深得王安石的信任和器重，担任过不少重要官职。然而王安石罢相后，沈括马上上书力陈新法的弊端和害处，王安石生气地说："沈括小人，不可亲近。"沈括是苏轼的好友，然而苏轼因为"乌台诗案"被捕下狱后，他马上站出来批判苏轼，尽其所

---

[1] ［清］黄以周等辑注、顾吉辰点校：《续资治通鉴长编拾补》，第317页。
[2] 同上书，第315页。

能地迫害，甚至以苏轼当年送给自己的诗为证据，说苏轼在诗中诽谤朝政，讽刺皇帝。尽管沈括在科学上卓有建树，但这种落井下石、忘恩负义、不讲道德的做派，成为他人生中的一个污点。

王安石在用人方面"扬汤止沸"的做法，使变法派表面看似强大，实则日益陷入孤立，甚至逐步闭目失聪。于是，在一片颂谀之声中，变法出现的问题不但得不到及时纠正，反而在官员们心照不宣的沉默中，积淀成可能随时爆炸的火药桶。为了全力支持变法，宋神宗难以优容台谏监察，一听到议论新法便怀疑为有意反对，不问其是非曲直、有理无理，以一言论及新法者皆纷然逐出。从此，不仅反对变法的声音很难听见，而且引来投机分子借变法来实现自己的政治目的，一旦风向有变就翻云覆雨，兴风作浪，最后，导致变法派内部互相倾轧、自毁长城，名誉扫地。从更深层次来看，古代社会的官场腐败使一些逐利、迎合分子混进了官员队伍，如果靠这样的官员去实施新法，新法只能成为他们的又一条生财之道。后人认为，用人不当是王安石变法最大的失误之一。

对此，梁启超在《王安石传》中感叹道：当时君子皆不愿与王安石为伍，他最后只好选择拥戴变法者作为同道，无论其人品如何。反过来，所谓君子们又对他这点大加鞭笞，确实有失公道啊！

支持者如何变成了反对者

在变法之初，参与新法的人很多，可谓"人才济济"。像李常、孙觉、王子韶等人都参与了变法，而程颢、苏辙等更是可堪一用的人才，但这些人不为王安石所用，被先后逐出，导致变法团队人才流失严重。为什么这些人离开了变法队伍呢？或者说，为什么这些支持者变成了反对派呢？让我们仔细分析，或许从中可以找到变法失败的原因，揭示用人方面的失策。

程颢与程颐为同胞兄弟，世称"二程"，是宋代大儒，理学家、教育家。在历史上，程颢参与并支持变法，而后才转向反对新法。早年程颢在任地方官时，采取过一些类似于新法的举措。熙宁元年，程颢向宋神宗上《论王霸札子》和

《论十事札子》，对当时的教育和科举制提出批评，提出十条措施，倡导变法。熙宁二年二月，在担任条例司属官时，他积极支持变法。然而，同年八月，在吕公著的举荐下，程颢从条例司属官改任监察御史里行，变为台谏官，官阶也从著作佐郎升为太子中允。御史台和谏院合称台谏，是受皇帝直接领导的监察和弹劾百官的机构，地位非常重要。职务的变化，使程颢从新法的参与者变成了新法的监察者，对变法的态度产生了一些变化，在许多问题上与王安石有了分歧。

在成都常平仓问题上，程颢与王安石看法不同，王安石主张在成都设常平仓，而程颢则认为不可。程颢说，成都人多米少，不应该设置常平法。王安石则认为，正因为民多米少，更不能没有常平制度，"米少则易以踊贵，以常平抑之兼并，乃不能使米踊贵"。[1] 在能否卖度牒作常平本钱方面，两人看法也不同，王安石主张卖度牒，而程颢则认为不可。此外，程颢还多次上疏反对新法，在《谏新法疏》《再上疏》中，他多次建议废除摊派，禁止派遣三司使，建议实行免息政策。同时"二程"还认为要"革天下之弊，新天下之治"必须具备"时""位""才"三个条件，暗指王安石变法操之过急，欲速则不达。对此类批评，王安石在奏事时，评论"（程）颢所言自以为王道之正，臣以为颢未达王道之权也"[2]。这里的"权"是指变通之意。程颢则批评王安石说："介甫性狠愎，众人以为不可，则执之愈坚。"两人遂成水火不容之势。

程颢从变法派阵营中游离出去，转而反对变法，不仅仅是因为身份地位产生变化，更主要是因为二人观念上的分歧。当程颢担任条例司属官时，变法还处于筹划阶段，各项具体措施还没有制定出来，此时程颢曾支持变法。在程颢担任御史之后，王安石变法已经进入实施阶段，一些措施也显出了不利于百姓生计的方面，这与程颢以民为本、重义轻利的思想相悖，所以程颢转为反对新法。[3]

---

1 ［清］黄以周等辑：《续资治通鉴长编拾补》卷七"熙宁三年二月癸亥条"。
2 ［清］毕沅：《续资治通鉴》卷六七，第3110页。
3 丁涛：《论程颢对王安石变法的立场》，《华夏文化》，2018年第4期，第17—20页。

变　宋

　　作为儒学的传承者和宋明理学的开创者之一，程颢主张以民为本、重义轻利，体现在变法方面，就表现为重视百姓福祉，而不重视国家财政收入。王安石变法的目的在于富国强兵，增加国库收入，与"兼并之家"等夺利。程颢坚决反对"与民夺利"，由此也反对王安石变法中的一些相关举措。同时，"二程"认为，要拯救当时的局面，需要把握住"心性"指导"行为"这个不变之理，相应改变人们的"心性"，让人们在日常生活中知道自律自省，这样才能从源头上解决问题。程颢曾多次上书宋神宗，表达变法不可行的观点，他甚至认为反对者太多，总有反对的理由，天下还没有哪个改革因为反对者多而成功。

　　王安石曾与程颢论学，越说越不投机，王安石说程颢"公之学如上壁"，意指艰涩难行。程颢针锋相对地说："参政之学如捉风。"[1] 讽刺王安石不切实际，不能以身体道。

　　撇开观点孰是孰非不谈，单就胸怀气度、处世用人谋略以及团队建设而言，王安石都做得很不够，没有表现出政治家的大度与气魄。作为当时有重要影响力的人物，"二程"有很高的理论成就。当时程颐在京城授徒讲学，颇具声望。王安石以一己之力与他们"为敌"，结果是两败俱伤。在此之后，"二程"以理学大师之尊，抨击作为变法基础的王安石新学，认为新学不成系统，变法以错误的王安石新学为理论基础是谓"革之不得其道"。"二程"对变法的合理性和理论框架提出质疑，让王安石更是难以招架。

　　本来是观念的差异，最后转化成相互攻讦，导致变法公信力严重受损。因反对新法，程颢被贬至洛阳任京西路提点刑狱。后来，司马光上台后，欲全面废除新法，重用"二程"，遭到他们的谢绝。程颢托人给他带信说："君实（司马光）忠直，难与说"，意思是司马光个性太直，难与之合作；而程颐则对司马光全面废除新法不满，在信中对司马光说，假使"韩（琦）、富（弼）在时，吾犹可以成事"。"二程"的言行说明，他们其实既不是保守派，更不是趋炎附势的小人，而是和王安石一样有着自己的变法理念和做人做事原则。但在王安石主政时，他

1　刘成国：《王安石年谱长编》（三），第988页。

第四章 一元复始

们既未能施展才干，又不见容于变法派。

另一位由变法支持者变为反对者的代表人物是蜀学早期重要代表、"唐宋八大家"之一的苏辙，从早年积极主张变法到后期反对变法，从参与变法的人员到反对变法的被贬人员，其间的历程，或许可以令我们看清变法的一些运行逻辑。

苏辙（1039—1112），字子由，一说字同叔，四川眉山人，是著名文学家苏轼的弟弟。嘉祐二年，苏轼、苏辙兄弟考中进士。在以后的官宦生涯中，苏辙位至执政，政治地位比苏轼显赫得多。

中举之后，苏辙给当时的枢密使韩琦写了一篇《上枢密韩太尉书》。这是一篇干谒文，"干谒"意指对人有所求而请见，类似于现代的自荐信。文章表达了对韩琦的仰慕之情及拜见之意，同时苏辙也简单介绍了自己求学为文的经历，表明自己的文学主张，明确提出"以为文者，气之所形"，这就是著名"文气说"。虽然当时苏辙只有十九岁，但他的"文气说"却新颖独特，别开生面，为北宋诗文革新运动提供了理论支撑，也给韩琦留下了非常深刻的印象。后来，韩琦对苏辙尤为关心器重。

嘉祐五年二月，宋仁宗下诏制举，于是苏轼、苏辙兄弟留京应考。"制举"是皇帝为选拔人才举行的高规格特殊考试，参加制举考试的人员不但要求学识渊博，而且必须由朝中大臣推荐，他们先由六名考官先行考核，及格者才能参加最后由皇帝亲自出题的考核。嘉祐六年八月，经欧阳修、杨畋推荐，苏轼和苏辙参加了制举考试。

据记载，当时参加制举考试的只有四人，为什么人数这么少？据苏轼的学生李廌《师友谈记》记载：当年准备参加考试的人很多，但宰相韩琦对人说："二苏在此，而诸人亦敢与之较试，何也？"这句话传出后，放弃考试的人"十盖八九矣"。据说，嘉祐六年开科之前，苏辙偏偏生病。韩琦上奏宋仁宗说："今年招考的学子，唯有苏轼、苏辙兄弟二人声望最高，而今苏辙病倒了，不能按时参加考试，必有负众望，考试是否延期举行？"皇上答应了他的请求，一直等到苏辙痊愈，因此考试推迟了二十天。

变　宋

　　这次御政殿考试题目是"贤良方正能言极谏"策问。"贤良方正"指德才兼备，道德端正；"能言极谏"是指善于策论，勇于给皇帝提意见。苏辙作《御试制科策》，文章矛头竟然直指宋仁宗。在他看来，宋仁宗在庆历新政时，劝农桑，兴学校，天下以为三代之风可以渐复，结果半途而废，未见实效。于是，他一针见血地指出："我观察皇帝您的意思，不过想让史官记下您的一时仁政，以邀美名于后世，为虚名迷惑而已。"他提出，治国当择吏，皇帝当择宰相，宰相当择职司，而现今朝廷不择贤否而任之，至于有事则更命使者，所以我认为皇上根本就不懂为政之纲也。这样指斥皇帝，顺带还把为政官员批评一通，可谓咄咄逼人；不仅如此，更为犀利的是苏辙直接批评宋仁宗的私生活，指责皇帝沉溺声色。他列举历史上六个昏君（夏太康、商祖甲、周穆王、汉成帝、唐穆宗、唐恭宗），说这六位帝王都误以为天下安定，不愿意约束自己，沉湎于酒，荒耽于色，荒废朝政，大臣不得尽言，小臣不得极谏。这些帝王的左右前后都是宫女妇人服侍，只听妇人之言，不肯听取法度正直之言。他认为，仁宗所为与这些昏君相似，宫中贵姬至以千数，歌舞饮酒，欢乐失节，坐朝不闻资政，便殿无所顾问。苏辙无所顾忌的批评，立马引起轩然大波，大臣之间进行了一场激烈的争论。幸运的是，宋仁宗是仁厚之君，他大度地说："我以直言求士，士以直言告我，如果现在罢免不用，天下人怎么看我呢！"宋仁宗不仅不生气，反而更加欣赏苏辙的文章胆识，对苏轼、苏辙兄弟赞赏有加，还兴奋地说："朕今日为子孙得两宰相矣。"[1] 结果，苏辙得入第四等次。苏轼在制科考试中文辞婉转，表现卓越，入三等次。宋朝开国一百多年来，制策入三等者只有吴育和苏轼两人。《御试制科策》对苏辙的一生影响深远，当时他饱受舆论争议，事后还被迫辞官，导致这位青年才俊多年仕途不顺。晚年他深有感慨地说：我用道听途说的话议论宫掖之秘，自己也知道必会以此获罪，果然还是被相关部门认为不逊，自是流落，凡二十余年。

　　治平三年（1066）四月，苏洵在京师逝世，苏轼、苏辙兄弟护送父亲灵柩返回家乡，葬父于彭山县安镇乡可龙里。熙宁二年二月，苏轼、苏辙服丧期

1　[元]脱脱：《宋史》卷三三八《苏轼传》，第 10819 页。

第四章 一元复始

结束，返回京师。此时，宋神宗诏求直言，苏辙不禁奋笔疾书，写成《上皇帝书》。在上书中，他分析导致国家危机的原因，认为存在冗吏、冗兵与冗费，要解决危机，就必须任用贤能，大胆改革。只要君臣同心，上下协力，磨之以岁月，"如此而三冗之弊乃可去也"。苏辙属于越次言事，内心诚惶诚恐。但宋神宗看后，大为欣赏，即日破格在延和殿召见苏辙，听取关于改革丰财的意见，并任命他为条例司检详文字，参与草拟新法。每有新法出台颁布，王安石大都找他商谈，征求他的意见。苏辙一针见血地指出青苗法的弊端，使王安石一个月内不再谈论青苗法。王安石知道苏辙的脾气后，特别告诫苏辙："此后有异论，幸相告，勿相外也。"[1]

后来，王安石推出青苗法，苏辙因自己的建议没被采纳，直接上书神宗《制置三司条例司论事状》，表示反对。王安石大为恼怒，视苏辙为异类，欲将其治罪，因陈升之反对才作罢。苏辙一不做二不休，上《条例司乞外任奏状》，请求离开条例司。在这封请辞信里，苏辙说：自己参与变法工作才五个月，虽然夜以继日地操劳，但才疏学浅，议论迂腐，以至于每次商量公事，怎么做都不合时宜。苏辙所说的"每于本司商量公事，动皆不合"，实乃幽怨之语，是对不得用、不见容处境的曲折表达。

宋神宗看完苏辙言辞激烈的奏状后，疑惑不解，问王安石："苏辙和苏轼怎么样？看他们的学问颇相类。"王安石说："轼兄弟大抵以飞箝捭阖为事。""飞箝捭阖"指好出风头、邀功进赏的意思。皇帝说："如此，则宜合时事，何以反为异论？"[2] 虽然宋神宗并未加罪苏辙，但准予苏辙离开条例司。秋末，苏辙离开条例司，出任河南府推官。

苏辙无奈之下求去，成为王安石团队人才流失的一个样本。一个锐意进取、勇于改革的青年，转眼间就被划入到反对变法者的阵营，甚至成为旧党的中坚力量。到底是苏辙个人的无奈选择，还是王安石处事不当所致？无论如何，他的离去都对变法事业造成了不利影响。

---

1 ［宋］苏辙撰、俞宗宪点校：《龙川略志》，北京：中华书局，1982年，第14页。
2 ［宋］杨仲良：《皇宋通鉴长编纪事本末》卷六二《苏轼诗狱》，第2100页。

变　宋

最让王安石痛心的是孙觉的"忘恩负义"。孙觉和王安石都是青年才俊，中进士时都二十多岁。早期，两人惺惺相惜，交往密切，少年得志的王安石踌躇满志，认为孙觉将来会帮助自己成就一番事业，对他十分器重。嘉祐四年正月，朝廷选拔天下的名士编校昭文馆书籍，王安石大力举荐，孙觉第一个被预选进京，由远离朝廷的太平县令晋升为馆阁校勘。馆阁校勘虽然职位不高，但位置重要，很多高官由此起步。孙觉也抓住了机会，写了《富贵二箴》一文，很合宋神宗胃口，被提拔为右正言（右正言是台谏官）。有一天，宋神宗和孙觉私聊，流露出对枢密副使邵亢的不满，认为他碌碌无为，想用陈升之取代。孙觉揣摩上意，第二天便上书弹劾邵亢，举荐陈升之。不料，宋神宗反而认定孙觉是溜须拍马、曲意逢迎的小人，一怒之下将孙觉降官两级，让其离京担任越州通判一职。更让孙觉难堪的是，朝廷还委任邵亢担任越州知州，做了孙觉的顶头上司。关键时刻，王安石再次伸出援手，设法升孙觉为通州知州，让其摆脱了尴尬处境。熙宁二年，在王安石的帮助下，孙觉被召还京城，担任谏官一职，不久又调至审官院，负责朝廷文官的考核选拔工作，成为朝廷上下举足轻重的人物。王安石多次对孙觉伸出援手，希望孙觉能知恩图报，在朝廷上不遗余力地支持新法。但孙觉的表现，却让王安石非常失望。

第一件让王安石不满的事，是孙觉批评吕惠卿。当宋神宗征求孙觉对吕惠卿的看法时，他直言不讳说吕惠卿虽然有辩才，但私心太重，只是为了暂时的利益才屈从并迎合王安石，日后必成大患，宋神宗连连点头。王安石得知情况后，非常不高兴，认为孙觉不顾变法大业。

不久，第二件让王安石不满的事情来了，孙觉公开上书反对"青苗法"，认为以百分之二十的利率贷给农民、城市手工业者，比王莽时期的利率都高，是典型高利贷，国家一时富了，但天下百姓却贫困了，必须废除。王安石认为周朝曾经以百分之二十的利息贷款给百姓，但孙觉反对这种说法。

事情还不算完，第三件让王安石不满的事接着发生了，孙觉反对王安石参劾排挤重臣的做法。朝中元老重臣如吕公著、司马光等人因反对变法下野或流放，孙觉看不下去，上书称朝廷现在是小人得势，有良心的重臣一提反对意见就被下放偏远地区，长此以往必然动摇国家根基。孙觉因事拜访中书省，王安石当面责怪他："想不到学士你竟然这样！"两人的关系面临破裂危险。

但王安石还幻想孙觉支持他，恰逢大臣曾公亮上书说京城周边地区强行摊派常平钱（旧时官方预储供借贷的银钱），王安石派孙觉前去查究虚实。孙觉回到京师，向神宗汇报地方确有强迫的行为，还提醒皇帝，新法失去民心，天下百姓都不愿意与官府往来，请求朝廷不要给地方政府摊派指标，建议下令逐渐废除这种不合理的做法。这个结论，让王安石非常生气，认为孙觉出卖了朋友，他决心惩罚这个忘恩负义的人。结果，孙觉被下放到广德军任知军。

不仅如此，还有不少名望很高的人，也因反对新法，被排挤出朝廷。如文彦博、吕公著、韩维，这些人曾经是王安石的师友；欧阳修、富弼曾举荐王安石，但因持不同意见，这些人逐步成为变法反对派。当时反对王安石变法的御史和谏官，如御史刘述、刘琦、钱顗、孙昌龄、王子韶、张戬、陈襄、陈荐、谢景温、杨绘、刘挚，谏官范纯仁、李常、胡宗愈，皆不得其言，相继离去。

有评论认为，如果王安石保持一份清醒和理性的话，应该认识到此时新法实施更需要大批的优秀人才。变法越是推进，越是急需有正义感的台谏官员及时发挥"拾遗补阙"作用。然而，在传统专制文化氛围中，王安石虽然具有超出一般古代政治家的抱负和能力，但凭借皇权力量强制推行新法，始终无力跨越"权力专制"政体下的魔咒，反而不断加剧和滥用这个"权力魔咒"。到熙宁后期，朝廷敢言之士屡遭罢黜，致使士大夫"讳言时政"，严重败坏了北宋文人敢言之风。

从以下表格（表3）可以看出反对派和变法派的人数对比，反对派不仅人数占据优势，而且人才济济，不少声名卓著、有社会号召力的朝廷重臣和当代大儒、文学大家都在其中。由此，可以推断，反对派虽表面落败，但在社会舆论上已占据上风，也占据了道德的制高点。

表3 王安石变法中的主要人物

变法派	反对派
宋神宗（有志的青年皇帝） 王安石（变法之首，宰相） 吕惠卿（变法第二把手） 曾布（活跃的政客） 李定（王安石学生） 邓绾（趋炎附势求做官之人） 舒亶 王雱（王安石之子） 谢景温（王安石姻亲） 蔡卞 章惇 吕嘉问（主持市易司）	司马光（反对派之首） 韩琦（三朝元老，宰相） 富弼（老臣，宰相） 吕诲（御史台，第一个攻击新法的人） 曾公亮 赵抃 张方平 范镇 欧阳修（著名文学家） 文彦博 苏洵、苏轼、苏辙（著名文学家） 范仲淹（著名文学家） 孙觉 李察 刘恕 吕公著（曾是王安石好友） 韩维（曾是王安石好友） 王安礼、王安国（王安石弟弟） 刘挚 苏颂 宋敏求 李大临 郑侠（王安石学生）

第五章

战 犹 酣

变法之初，王安石和宋神宗计划稳扎稳打、按部就班推出变法措施。新法颁布之后，在全国推广，有一个过程，让大家渐渐适应这种改变。王安石本人也意识到了这一点，在奏章中写到"缓而图之，则为大利；急而成之，则为大害"，认为变法缓行会有利，急进害处多。但是，变法是否按照预先设想的节奏进行呢？什么因素改变了变法的步伐？

西北危急

熙宁三年五月，西夏在边境筑闹讹堡，庆州知州李复圭命偏将李信等率军出战，结果大败。八月二十二日，西夏大举入侵北宋环庆路，号称带兵二十多万，攻大顺城、荔原堡等地，郭庆、高敏、魏庆宗、秦勃等将领战死。

边衅大起，消息火速传到开封。

救兵如救火，对西夏不仅要迅速派兵防御，而且也要急速筹集大量粮草，以便应对长期边境战争。仅仅熙宁三、四年间，宋夏啰兀城之战，宋军出动两万兵力，在半年之内陕西一路花费"钱、粮、银、绸、绢共千二百万贯匹"。熙宁三

变　宋

年十二月，宋神宗了解到"……麟、府州最是缓急应援陕西之地，近岁虚屯军马，颇闻粮草阙乏"[1]。河东的麟府一隅，需要陕西全路来支援；而陕西路，则需要全国支援。这种以全国供一路，以一路供一隅的窘况，不是一时半会儿，而是几乎困扰了北宋几十年。[2] 大量的军费支出，不容按部就班地进行国内调整、逐渐发展经济，而是要求北宋朝廷尽快筹集钱粮，纠集全国资源力量，在与西夏对抗中取得优势。

边境紧张，迫使朝廷做出反应。王安石自请守边，宋神宗赞同，参知政事韩绛立即提出"朝廷方赖安石，臣宜行"。他认为，现在国家大事需要王安石坐镇中枢，因此请求让自己带兵出征。于是熙宁三年九月，韩绛被任命为陕西宣抚使，授予"便宜施行"之权，全面主持抗夏军事及陕西诸路政事。其后，韩绛又兼管河东，授以空名告敕，得以自行任命官吏。他任命边境宿将种谔为鄜延路兵马钤辖，不仅令种谔节制陕西诸将，还把河东路鄜州一线的军事指挥权也交付他统一指挥。受重用之后，种谔提出控制横山山脉，俯瞰银、夏，再打通鄜延至麟府的通道，把河东、陕西两个战区连成一体的战略设想。对此雄心勃勃计划，保守派大加攻击，痛骂种谔"狂生"，预言"朝廷徒以种氏家世用之，必误大事"[3]。然而，在韩绛的支持下，种谔恢复了筑城推进的策略，加筑了夺自西夏的啰兀城，进而修筑了永乐川、赏逋岭二寨，遣将重筑了抚宁故城，控制了横山山脉跨越无定河谷的要冲之地。种谔又命令鄜延至麟府的宋军两头对进，择要塞筑城，多次击退西夏骚扰部队，终于打通了两地的联系。这样，自李继迁反宋之后，宋朝第一次开辟了连接孤悬河西的麟府的战略通道，控制横山，进而窥视银夏，取得了战略优势。

但种谔兵微将寡，直接指挥的宋军不过两万人，没有足够的力量维持数百里的通道。且他急于求成，引起了疲惫已极的士兵不满，部队发生骚乱。西夏没有坐视宋朝控制横山，国相梁乙埋率领大军攻夺横山，宋军各点不能相互支援，经

1　[宋]李焘：《续资治通鉴长编》卷二一八"熙宁三年十二月戊午"。
2　秦晖：《王气黯然：宋元明陕西史》，第83页。
3　[明]冯琦、陈邦瞻：《宋史纪事本末》卷九《西夏用兵》，第843页。

第五章 战犹酣

过几个月战斗,横山要冲失守,鄜延至麟府的通道再度中断,此战导致"将士千余人皆没"[1]。保守派借机弹劾,种谔连续受罚,被贬为汝州团练使,再贬为贺州(今广西贺州)别驾。支持他的韩绛也被贬到邓州。著名历史学家秦晖对此评论道:"干事的因小过而被整,不干事的安坐而整人,'熙宁新政'之时尚且如此,宋朝边政之弊可想而知。"[2]

与西夏的战争冲突,使宋朝无暇专注于内部,变法的步骤被打乱。外患左右内政,是宋朝自始至终存在的问题。为了筹集军费开支,以解决财政问题为目标的变法措施快速出台。有专家认为,无论是范仲淹庆历新政,还是王安石变法,皆源于外患。历史学家邓小南明确提出:"通常状况下,我们会说'外交是政治的延伸',但是就宋代的历史而言,我们也可以反过来说,宋代的内政选择是在外交压力下的选择。"[3]

前方战事紧张,国内财政吃紧。为了应对内外交困的局面,以理财为首要的变法也不得不加快进程。但那时,韩绛外出陕西,吕惠卿因父亲去世服丧在家,王安石成了孤军奋战。为摆脱不利局面,他启用了一批新党成员。比如,让当时资历尚浅的曾布接替吕惠卿做崇政殿说书。熙宁三年十月二十一日,宰相陈升之因母亲去世,丁忧回乡。十二月十一日,王安石正式升任礼部侍郎、平章事、监修国史,成为大宋宰相,王珪任参知政事。被提到首相的位置,在宋神宗全力支持下,王安石以雷霆霹雳般的手段,迅猛推出了涉及财政、税收、农业、兵制等诸多方面的改革法令。

其中,不可或缺的是全面改革科考制度。具体做法是从此之后,不再考诗赋,而是考经义、论、策等议论文,要说出治国立法的具体办法。从此,当官彻底与吟诗作对无关,四书五经也不必倒背如流,也不再抽段默写了。王安石认为,不把官员们的素质提高,哪怕新法尽善尽美,也别想执行时上下如一。他希望用新思想教育出新型人才,新考试考出新一代官员,取代现有官场

---

1 [元]脱脱:《宋史》卷四八六《夏国传》,第14009页。
2 秦晖:《王气黯然:宋元明陕西史》,第49—50页。
3 邓小南:《王安石和他的时代》,《文史知识》,2016年第1期,第93—100页。

上的守旧官员。除此之外，王安石也注意到思想意识的重要性。熙宁三年十月，王安石进所著《洪范传》，神宗手诏答之。他通过为《洪范》作传注的形式，说明天人不相干，虽有灾异不足畏，从而驳斥了那种认为天变是君主有罪的迷信观点。通过思想的统一，营造举国为一个目标而奋斗的环境，是改革的首要条件。

还有另一件同等重要之事——保持社会的稳定运转。变法不仅触犯了一些人的特殊权益，更让很多民众不太适应。要保持良好的社会治安，防止出现趁火打劫等不稳定因素，就得加强社会防护力量。

熙宁三年十二月九日，王安石推出了第四项变法措施"保甲法"。保甲法就是老百姓每10家结为一保，50家为一大保，500家为一都保，各自选出负责人（保长、大保长、都保长）。凡家中有两个男丁，出一人为保丁。农闲时，保丁集中练习武艺，夜间轮流巡逻，维护治安。以大保为单位，巡行乡里，捕捉盗贼，维持当地治安。同时，国家配备武器，百姓定时定期一起训练。王安石希望时机成熟后，以"民兵"替换掉花费巨大的"冗兵"，为裁军做准备，为裁军之后国防、国内治安做准备。

此时，与青苗法同等重要的第五项新法"免役法"出台。免役法又称募役法，是对原有差役法的改革。"差"，是当差，被各级衙门叫去干活。自秦朝始，农民每年要承担政府的徭役。唐朝实行租庸调制，可以纳绢或布代服徭役。到了北宋，按照百姓户等摊派徭役，划分依据是当时的户籍制度。明道二年规定："天下闰年造五等版簿，自今先录户产、丁推及所更色役榜示之，不实者听民自言。"[1] 在宋朝，以有无税产为根据将百姓分为主户和客户两类。主户编修丁产簿，按照家产的高下分为五等，因此又称为五等簿。五等户的划分情况大致是：第一等民户通常是指占田在三顷到十几顷、几百顷人户，第二、三等民户是指占田在三顷以下到一顷的民户。第四等民户是家业约值四五十贯左右，占田不到数十亩的民户。第五等户是指占田更少、仅能勉强自给的民户，多是占有小片田地仍不能自给的民户。宋朝时期又将第一等户和第二等户称作上户，将第三等户称作中

---

1 ［宋］李焘：《续资治通鉴长编》卷一一三"明道二年十月庚子"。

户，将第四、第五等户及以下称作下户。其中，富豪家族、中举人家、出家人、女户（没男丁）、单丁户、城市的居民和商人等享有免役特权，各种差役落到了第三、第四等农户身上，中下层的农民要为地方政府办差，如承担下乡收税、看守、运输、抓贼等杂职。

相比于唐朝，宋朝放松了对农民人身迁移的很多限制。比如，"佃人之田，居人之地"的无地客户，也称作"庄客""浮客""牛客""旁户"等，依赖耕种豪强地主的田地为生，约占全部人口的35%—40%。相比唐朝，宋朝法令已经认可客户自愿迁移，客户有了比较多的人身自由。比如，天圣五年（1027）宋仁宗下诏：客户迁移，不需要主人出具"凭由"[1]，只需每田收田毕日，"商量去住，各取稳便"[2]。但客户附籍在主户上，失去了独立户籍，有些豪强地主仍把客户看成奴仆，极力将各种赋税全部转移到他们身上，政府的徭役也主要由他们承担。

除此之外，宋朝还有很多优待和例外，比如官户，甚至是沾上点官气的人户都免掉差役，城市中的商人也大都"赋调所不加，百役所不及"。一些上等户千方百计通过挂名、投靠等方法逃避差役，比如有人把田产隐寄在官绅人家，冒充他们的佃户；有些上户用各种方法将自身等级上升为官户，例如娶宗室之女、挂名乐工、买官等来逃避差役；有的甚至躲入寺观、庙宇假装出家为僧；有的人尽量少养牛马、少种耕地，以降低自己的户等；甚至还有人抛弃农田房舍，流亡异地……

随着宋朝"三冗"问题愈演愈烈，土地兼并日趋严重，各色差役大都落在中下户农民身上，"下户半曾差作役"[3]，甚至有一些按规定不负担差役的下户也要应差，沉重的赋役使农民不堪其苦。知谏院吴充上疏说，近年以来，上户渐少，中下户渐多，役使频仍，农民越来越困顿，遗弃荒废土地的现象越来越多，他总结

---

1 凭由，官府发放的证明身份、所有权、账务收纳等方面的文字凭证。唐朝规定，不经主人许可，佃户（客户）不能离去。必须获得主人"放书"，才能成为"良民"。
2 ［清］徐松辑：《宋会要辑稿·食货一》之二三《农田杂录》。
3 ［宋］李觏：《旴江集》卷三七《往山舍道中作》，文渊阁四库全书影印本，1990年。

变 宋

说"国家之患常兆于此"[1]。越来越多的任务,密集地服差役,造成一个又一个家庭破产。例如,倘若在服役过程中,押运官府物资丢失、被盗或损坏,还要承担赔偿责任,可能导致"一次服役,全家败亡"。韩绛举了一个极端的例子:"听说京东农民父子将被派为衙前役,其父告诉其子说,我应该求死,使你们避免倾家荡产冻饿之祸,遂自杀而死。"[2]

革除传统差役法的弊端,成为宋朝一些官员的呼声。宋仁宗嘉祐七年(1062),司马光上书呼吁"衙前当募人为之"。[3] 但司马光建议招募人员的费用从政府财税中拨出一部分,而不是从官户农户中收取,更不是动摇官绅富豪免除徭役的特权,这与王安石提出免役法的目的和做法根本不同。在宋仁宗晚年,已有个别地区对衙前差役试行改革。例如,越州通判张诜看到当地民户苦于衙前役,雇人服役。明州知州钱公辅不再调乡户充役,而是把当地的酒场改为官卖,把从酒场所得钱,按服差役的轻重补偿给做工的人,当地人都认为非常便民。李复圭做两浙转运使时,"因浙民以给衙前役多破产","悉罢遣归农,令出钱助长名人承募"。[4] 这些局部改革,大都是实行出钱雇人服役,以减轻农民的负担。

宋神宗即位后,三司使韩绛上疏陈说差役的弊害,希望神宗下诏,令内外臣僚悉具差役利害以闻,裁定一种妥善办法。宋神宗采纳了这一建议,下诏令内外官吏有知差役利害可以宽减者,实封条析以闻。诏令之后,各地官吏纷纷上疏,陈说役法利害。四川成都进士李戒提出"募人充役"的想法[5];四川梓州路转运使韩涛提出并纲减役的建议,他认为本路并陆路纲运,减一百三十八纲,节省了各级差役公人五百多人。这种做法获得王安石推崇,朝廷下文褒奖,"赐帛二百"[6]。上述事例说明,在王安石变法之前,差役旧法的弊病已极为严重,改革已成为朝野上下的普遍要求。因此,王安石也把改革役法作为重要考量之一。[7]

---

1 吴充《言乡役事奏》,《全宋文》卷一六九七。
2 参见韩绛:《差役害农之弊奏》,《全宋文》卷一○二五。
3 安开学:《王安石》,第135页。
4 邓广铭:《北宋政治改革家王安石》,第199页。
5 漆侠:《王安石变法》,第128页。
6 [宋]李焘:《续资治通鉴长编》卷二一七"熙宁三年十一月乙卯"。
7 邓广铭:《北宋政治改革家王安石》,第199页。

考虑到全国各地经济社会存在差异,各州县人口疏密不等,风俗习惯不同,传统差役在各地实施的具体情况有一定程度的差别。为了兼顾这些情况,免役法的制定与推行远程非常谨慎。熙宁二年二月,王安石和条例司的官员经过斟酌讨论之后,制定了一个总原则,即"应昔于乡户差役者,悉计产赋钱,募民代役,以所赋钱禄之"[1],并在这一原则下,订立了诸细条目,对衙前重役、运送人员、户长、女户、单丁户、僧道户等做了规定。然后,将制定的免役法条目交付各路转运使和各州县官吏去"论定",听取他们的意见。随后,王安石任命吕惠卿主持起草役法条例,并先在一二州内试行。

这年年底,提点府界公事赵子几上奏请求在开封府界诸县试行役法的"条目",在这个基础上,判司农寺邓绾、曾布制定开封府免役法方案,根据各家拥有财产富裕程度,将人户定为十等,其中农村上户五等,中户三等,下户二等,城郭十等。从熙宁三年冬季开始,首先在开封府界内的州县试行。在试行时,先把所订立的政策条目"揭示一月",须待"民无异词"之后,才按照政策条目实施。

为了防止实施过程中不按户等摊派差役,规定州县:坊郭三年、乡村五年,农闲空隙召集众人,稽其物产,考其贫富,查其诈伪,为之升降,并明确提出"用意高下者以违制论"[2]。也就是严禁随意、不负责任地升降农户等级。同时,明确了各役种的奖酬任用办法,规定每年按照职役承担的轻重,酬奖榷沽酒场,但要自己经营,自负盈亏,有经营能力的就盈利,没能力的亏了也不补偿亏损。另外,对以前丢失官府物资承担赔偿责任之类的要求都予以废除,仓驿、场库、水陆运槽等让军校代为服务;对于官员上任途中的送迎,乃官给路费,免其身行。

方案订定后,开封县(今河南)有22600户,一年输钱12900缗,从中拿10200缗来雇人代役,剩余2700缗"以备凶荒欠缺"。于是"他县仿此"。经过反复讨论与试点工作,免役法逐渐成熟,在开封甚至达到了"揭示一月,民无异词"。[3]

---

1 安开学:《王安石》,第135页。
2 [宋]李焘:《续资治通鉴长编》卷二二七。
3 [清]沈钦韩:《王荆公文注》卷一《上五事劄子》,民国嘉业堂丛书本,第66页。

北宋的免役法，是继唐代租庸调制后的又一次制度变革。通过这次改革，人们可以缴纳货币代替徭役，纳钱免役的方式将劳动者从繁重的徭役中解脱出来，可以支配自己的劳动力，传统徭役的人身依附性被消除了，这是自有徭役制度之后的一次历史性变革。

在开封府界施行后，取得不少经验。熙宁三年十二月，开封知府韩维向神宗报告说，开封府界今年收免役钱十八万一千多贯，诸种差役均可募人承担，农夫不再受其累。韩维的报告，让宋神宗放心了。这时，咸平知县范百禄报告说："免役法推行，罢免了开封府'衙前'数百人的差役，百姓非常欢迎，非常欣喜。"推行效果令人很满意，宋神宗下诏奖励。

但是，在皇帝奖赏开封试行免役法不久，一场群众上访的风波突然爆发，导致北宋变法矛盾升级，让宋神宗、王安石都猛然意识到变法带来的巨大风险。

东明县群访事件

一日清晨，京城开封的城门，像往日一样缓缓打开。突然，人潮滚滚，一下子涌进来一千多人。进城后，这些人直奔开封府衙，但两扇厚重冰冷的大门将众人挡在外面。涌到开封府衙的这群人，是开封府辖区内东明县农民，免役法让他们活不下去了，因此状告东明县地方官"科役钱不当"。

一般情况，遇到这样的突发事件，最初的举措是稳定这群上访人员的情绪，安顿他们，然后迅速请示上级处理意见。但开封府尹不仅没有设法稳定局势，还放出话来——"不受理"。为什么开封府不受理？这与开封府尹韩维有关。韩维（1017—1098），出身于真定韩氏家族，其父韩亿在真宗朝担任参知政事，其母为宰相王旦之女，可谓出身名门望族。韩维因父荫而入官，嘉祐八年（1063）五月，时为淮阳郡王、颍王的宋神宗，任命韩维为太常丞，充记室参军。宋神宗即位后，韩维作为东宫旧臣受到重用。熙宁二年韩维被授予翰林学士、知开封府等官职。早期，韩维曾推崇王安石，但在变法过程中两人逐渐出现分歧。韩维指出保甲法实行过程中出现百姓不惜截指断腕自残的现象，建议在农闲时进行保甲

第五章 战犹酣

训练,未被采用。因此事,王安石"亦恶其(韩维)言保甲事"[1],认为韩维趋附于旧党,甚至对神宗说韩维"善附流俗以非上所建立"。韩维由支持新法转为反对,所以不肯受理东明县百姓的群访案子。

开封府不予受理,有人说去找新法负责人王安石吧。于是,这群上访群众离开开封府,冲到王安石的私宅门前。

那天早上,王安石听到门外传来喧哗之声,刚想叫人查看,家仆便气急败坏地进来报告:"上千农民围在门口,口口声声要见宰相。"王安石问他们为什么事情而来,回答说:"为免役法而来。"

突然数千人冲到门口,虽然贵为首相,但家里绝对没有能应对千人的力量。家人提议派人调守城兵马来驱散农民,王安石不同意。他不顾家人的反对,决定亲自接待上访群体。长期担任地方官的经历让王安石明白,每一项政策的实施,从中央到地方,都要经过许多环节,无论哪个环节出现问题,都可能带来"差之毫厘,谬以千里"的后果。当年苏辙就曾提醒过王安石,作为一项改革政策,从制度设计上善意而美好的"青苗法",如果官吏不严格执行,强行摊派,那么惠民政策就变成害民政策。

此时,上千农民围堵在相府门前,还有前来看热闹的开封市民,把相府围得水泄不通。

王安石没有胆怯,更没有逃跑,他亲自走了出来。当他的身影出现在相府门前时,骚动的人群马上平静下来。王安石扫视了一眼人群,看到的大多是熟悉的农民。由于长期跟随父亲辗转各地,自己也长期在基层当官,他对中国基层农民非常了解。在长诗《河北民》中,他认为农民是讲道理的,但凡官府处置公正的话,他们就不会采取过激行动。

面对朴实的农民,王安石和颜悦色地说:"各位父老,你们肯定是来向本官反映情况的,有什么事情,推选一位代表说清楚,我一定为你们做主。"

老百姓说,东明县县令贾蕃,将许多四等户给改成了三等户,比原来要多交很多免役钱。增加的钱,他们根本就交不起。但凡基本合理的摊派,中国农民

---

[1] [元]脱脱:《宋史》卷三一五《韩维传》,第10307页。

大都能忍气吞声，现在突然增加一大笔无力负担的免役钱，严重影响了他们的生活，不得不来上访。

王安石很震惊，东明县就在开封城边，这么近都有人敢做手脚，想想中国之广，离开了皇帝和他本人的视线，新法会被扭曲成什么样子？他稳住神，告诉乡民，这件事"相府不知"，但很快就会着手调查。

接着他问了第二个问题，你们来，东明知县知道吗？

这是个原则问题，东明县里出了这么大的事，这么多人上访，县官至少得先期通报。

乡民回答说，"不知道"。以前，他们到县衙讨公道时，县衙里的人说重新划分"户等"是"朝廷"的要求，只能去京城找宰相王安石。

百姓说地方官不知情，上访属于民众自发行为，让身为当朝宰相的王安石无法发力。一千多个人，就算有什么罪名，也不能现场贬斥，否则可能引发更严重的后果。王安石承诺会依法处理，并告诉这些乡民，事情还是要走法律程序，去找开封府的上一级单位御史台申诉。

王安石让百姓去御史台，而不是直接去登闻鼓院[1]申诉，这与登闻鼓诉讼程序有关。递交到登闻鼓院、登闻检院的诉状由皇帝直接受理。[2]王安石尽力将事情控制在一定范围，不想直接闹到皇帝那里。不仅如此，鼓院和检院对诉状的受理也有条件限制："除官典犯赃，袄讹劫杀，灼然抑屈，州县不治者方许诣登闻院。"否则，必须一级一级上诉。如果直接就跑到鼓院告状，那叫做"越诉"，类似于今日所说的"越级上访"。[3]

---

[1] 宋王朝在京师设立登闻鼓院、登闻检院，目的之一便是想建立一条快捷、通畅的"民告官"制度渠道，让受到冤屈或权力侵害的老百姓，有机会直诉于朝廷。凡登闻鼓院和登闻检院的诉状，原则上都要直呈御前，再由皇帝委派官员审理，而不是退回给地方政府处理。按照鼓、检二院的受理程序，"诸人诉事先诣鼓院，如不受，诣检院，又不受，即判状付之，许邀车驾，如不给判状，听诣御史台自陈"。意思是说，告状人先到登闻鼓院递状，如果鼓院不受理，再到登闻检院递状。如果检院也不受理，必须出给书面意见（判状）。告状人可以拿着判状拦驾告御状。如果检院不给判状呢？可以到御史台申诉。显然，宋王朝希望通过周密的制度设计，给予民众一种复合式的直诉机会。

[2] 黄纯艳：《宋代登闻鼓制度》，《中州学刊》，2004年第6期，第112—117页。

[3] 吴钩：《宋王朝许民越诉》，《读书文摘》，2014年第23期，第23—24页。

第五章 战犹酣

官场经验告诉王安石，这件事肯定轰动整个开封都城，消息瞬间就会传进皇宫里，那里才是他真正的战场。他明白，自己必须得离开家去上朝了。

当时，关于东明县群访事件形成了两种不同的说法——御史台版本与王安石版本。

当时的御史中丞名叫杨绘，他比开封府还要官僚，面对捧着状纸的乡民，直接声明本衙门只受理官员纠纷，不接受平头百姓的上访，要求他们立即散了！乡民无奈，只得回去了。

杨绘提出"本台无例收接诉状"，但根据历史资料，御史台接受百姓诉状并非没有先例。只是杨绘反对免役法，曾言新法有"十害"，不愿意接受上访群众的诉状。群访事件发生后，杨绘立即派出人员调查。调查的结果很快送到他面前，据说是因为王安石的手下不根据官府原有的户籍账本去划分等级，而是私自先划分好了，直接分配到下面县里去执行，造成了东明县里下五等变成上三等的"闹剧"。

自认为抓到了变法派的失误，杨绘立即向宋神宗上奏。在御史台的版本中，事件的过程如下：东明等县百姓千百人来到开封府，控诉地方超升农民户口等级，让多出钱免役，开封府没有受理。百姓找不到告状的地方，突然冲入王安石私第。杨绘认为，此事责任应由新法执行机构司农寺负，司农寺不依照诸县原先制定的等级，而是命令各县另行造册，要求在农忙前办定，急促草率。杨绘认为旧法中户等的升降程序，是先根据民户家产的高低，从下而上，"乃可得实"；而新法的执行过程却是从上往下，先是由司农寺事先制定品数，再"令本县依数定簿"[1]。与旧法相比，新法乱改操作流程，难以服众。邓绾是司农寺的知杂（负责人），曾布是检正（司农寺副手），大家都忌惮他们的权力，没有人敢说。最后，杨绘义正词严地说，别人不敢说，自己才说出来。高层越过州府直接升降县乡人户等级的道理何在？杨绘将斗争的矛头直指免役法的执行程序及执行机构司农寺。

听说此事之后，宋神宗很着急，连下两道手敕责问王安石。王安石辩解说，外面煽动反对免役法的人，说免役法缴纳太多，必是因为免役法盈余部分较多，

---

[1] 刘琳、刁忠民、舒大刚等校点：《宋会要辑稿13》，第7800页。

变　宋

于是煽动村民集体进京告状，用这种办法推翻免役法。他们既然聚众闹事，想以此得侥幸，酌情减免一些，但不要影响新法推行。

宋神宗下令究查东明事件，派遣府界提点司官分别到各县调查，一同编制五等簿籍，严格规定：当职官吏升降户等时，如敢将四等以下户升为三等，可以使人披诉，"以违制论"。[1]

同时，王安石也命令开封府提点刑狱赵子几调查。赵子几是王安石新党阵营中的一员。新政实施之初，神宗曾言"赵子几恐孟浪"，王安石极力为赵子几说话，认为：赵子几有智略，可任用。因群访事件中东明县民最多，赵子几直指东明县。经查访，在试行免役法时，东明知县贾蕃故意提高农户的等级，把五等农户提升为四等，有的甚至提升到三等，强制他们多出钱，村民不服，上县申述，县衙把他们撵出去。有一位村民对贾知县说话粗鲁，被罚交铜钱。他儿子不服，被重枷锁在县衙大门外，连续四天四夜，直至被枷死。而且，知县贾蕃平时借贷官钱，强行购买村酒，从中牟利，早已引起民愤。不仅如此，赵子几还查出，贾蕃是当时反对派领袖、枢密使文彦博的门生。文彦博反对新法不像司马光、苏轼那样光明正大，这位狡猾的官僚爱使暗箭。虽然没有证据说明此事件系文彦博授意，但可以确定的是文彦博获知此事后，在村民上京告状时，将贾蕃调入枢密院进奏院，帮助他躲避责任。

反对派刘挚也上书言新法弊端，免役法一出，"人情惶骇，无所赴愬"[2]，恐怕不是爱民便民的措施。王安石立即反驳，认为杨绘、刘挚所言不实。他对神宗说，东明知县贾蕃，是范仲淹的女婿。贾蕃攀附"流俗"，东明县事件不是新法自身的问题，而是贾蕃等旧党为反对新法而挑起的事端。

那么，贾蕃是什么人？扮演了什么角色？

贾蕃（1019—1089），管城人，出身名门，以尚书遗恩入仕，调开封府开封县主簿，移封丘，监颍州酒税，曾任凤翔府郿县令、耀州富平县令。韩维任开封知府时，举荐贾蕃为东明县令。贾蕃娶了范仲淹的女儿，与范仲淹之子范

1　[宋]杨仲良：《皇宋通鉴长编纪事本末》卷七〇《役法》，第2343页。
2　[宋]李焘：《续资治通鉴长编》卷二二三"熙宁四年五月癸卯"。

纯仁交好，而范纯仁反对变法。历史学家李华瑞也认为，此事是"贾蕃为反对和阻挠免役法的实施，故意把户等提高，因此激起不该纳免役钱民众的不满"[1]。

由于意识到案件牵涉重大，王安石加大调查力度。他调取开封、祥符两县新旧簿查阅，发现县之间造簿等第的不同"皆系官吏缓急"[2]。酸枣及东明两县，三等以上户各有几百户，其余的都在四等以下。三等以上户，由于地方官吏受贿，在户等升降中做了手脚，结果两县发生超升户等。而且，在免役法执行过程中，有人竟然对老百姓说，如果一起上诉，可以免除役钱。所以，王安石又对皇帝上言：听闻有煽动役法者，称"输多必有赢余，若群诉必可免，彼既聚众徼幸，苟受其诉，与免输钱，当仍役之"[3]。他认为东明县百姓上访是别有用心的人煽动的结果，再次将事件矛头指向反对变法的旧党。

在此事件中，围绕东明知县贾蕃的处置问题，新旧两党斗争激烈。在赵子几查明情况之后，王安石指责贾蕃不能制止百姓诉讼，下令将贾藩抓进监狱。御史中丞杨绘上奏批评赵子几遵照王安石意旨陷害无辜，反对处置贾蕃，他认为此事过错不在贾蕃而在司农寺。监察御史刘挚也反对惩罚贾蕃，上疏说：赵子几以他事牵连贾蕃，变更役法，不让老百姓说话，现在百姓来京诉讼，反而责怪县官不能禁遏。我担心，人们猜疑朝廷钳天下之口。最后，刘挚反而请求治赵子几打击报复地方官员之罪，要求"子几挟情之罪，伏请付吏部施行"[4]。

王安石为赵子几辩护，认为杨绘、刘挚等言事官应该弹劾贾蕃之类败坏法度的官员，而刘挚没有弹劾贾蕃，反而攻击奉公守法的赵子几，一定是在构陷。[5] 检正中书五房公事、同判司农寺曾布也上言为赵子几辩护，指责贾蕃作为县令，本来就应该执行变法条例，如果免役法有不便民的地方，法令已经允许自陈，因地制宜，但他不作为，促使老百姓上京群访，必然别有用心。即使不是别有用心，也是没有尽到职责。贾蕃不尽职不守法，应该严厉处理。曾布又列举了贾蕃

---

1 李华瑞：《不畏浮云遮望眼，只缘身在最高层——王安石变法》，《文史知识》，2011年第1期，第61—66页。
2 [宋]李焘：《续资治通鉴长编》卷二二三"熙宁四年五月庚子"。
3 [元]脱脱：《宋史》卷一七七《食货上五·役法上》，第4301—4302页。
4 同上书，第4303页。
5 参见[宋]李焘：《续资治通鉴长编》卷二二四"熙宁四年六月乙亥"。

在新法执行中的大量失职之事,指出贾蕃借贷官钱,沽买村酒,残民犯法,甚至枷锢百姓致死。曾布问道,贾蕃这些不体恤百姓、违法的行为,应该被弹劾,上面却不过问,怎么反而去责怪赵子几呢?!

由东明县事件引起的新法之争,迅速升级,越来越激烈。熙宁四年六月,杨绘上纲上线,指出助役之法难行有五:"民难得钱,一也;近边州军奸细难防,二也;逐处田税多少不同,三也;耆长雇人则盗贼难止,四也;专典雇人则失陷官物,五也。"[1] 接着监察御史刘挚也上言陈述助役之法有十害,乞求陛下早日废除助役法,"以幸天下"。

王安石非常愤怒,欲派知谏院张琥采集杨绘、刘挚的言论,写"十难"反驳,张琥推托不从。曾布主动请缨,针对杨绘、刘挚的言论做了十难以弹劾二人,并认为助役法的实行是由"京尹韩维等之所共议",而且已经出榜公示,让朝中官员、开封府及所属官司,都可以陈述意见。但开封府于民事何所不预,民有所诉,斥而不受,而御史反而不批评这种失职做法,是因为"内怀邪陂之情,有所向背",指责杨绘、刘挚为"诞谩欺罔"[2]。

王安石将曾布所写进呈宋神宗,宋神宗"令绘、挚分析"[3]。"分析"一词具有君主不满意或认为不妥当的意思,因此冯京、王珪反对让杨绘、刘挚"分析",宋神宗则言,令分析方是朝廷行遣,理应"令分析以闻"[4]。

御史中丞杨绘将以前论助役法的奏折上呈以自辩,称自己是御史,弹劾司农寺是职责所在,接着指责曾布凭借王安石亲信的威势,公然不顾朝廷纲纪,"欲障蔽陛下言路之意可见矣"。[5] 刘挚反应更加强烈,进一步指出"得君专政,安石是也"[6]。

---

1 刘琳、刁忠民、舒大刚等校点:《宋会要辑稿 13》,第 7800 页。
2 [宋] 李焘:《续资治通鉴长编》卷二二五"熙宁四年七月戊子"。
3 同上。
4 同上。
5 [宋] 李焘:《续资治通鉴长编》卷二二五"熙宁四年七月丁酉"。
6 [宋] 刘挚:《忠肃集》卷三《论助役法分析第二疏》,中华书局,2002 年,第 56 页。

第五章 战犹酣

在辩论中，王安石和曾布的反击及宋神宗对新法的支持态度，让杨绘、刘挚处于下风。结果，贾蕃被判以不奉公之罪，监察御史刘挚被贬为监衡州盐仓，御史中丞杨绘被罢为翰林侍读学士。之后，支持新法的刘庠代替韩维知开封府。除了人事上的变迁之外，在制度上，政府下令，禁止将四等户以下升为三等；上三等户不愿纳钱而愿依旧承担徭役的，可以依照旧例的服务时限充徭役，不再纳钱。[1] 免役法的调整，主要是为了缓和矛盾，让新法尽快、平衡地推行。

这件事让王安石知道，在开封推行新法都有人敢耍花样，如果推行到全国，肯定出现更多问题。后来，在免役法施行时，超升户等不是一个个别的情况，而成为一个普遍的现象，而户等的制定也成为官吏盘剥百姓的借口，这使得原来以利民便民为目标的政策变成了官吏盘剥百姓的手段。

这次事件中，新旧两派矛盾再一次爆发，斗争更加隐蔽更加激烈，反对派已经不再单纯口头争论是非，而是煽动、纵容群众运动来破坏新法。历史学家漆侠分析道，东明县——枢密院——御史台，反对派结成一股上下串通、左右呼应的力量，同来自基层反对免役法的势力相配合，造成了更大范围的社会危机。[2] 这意味着，斗争使得双方都得到了锻炼，方式愈加高级，矛盾愈加尖锐，局势更加纷繁芜杂。

王安石变法之所以引发群体上访事件，还有另外一个看似不大却不能忽视的原因。变法派将自己的想法放在首位，将别人的感受放在后面。老子在《道德经》中曾经讲过这么一句话："是以圣人后其身而身先，外其身而身存。非以其无私邪！故能成其私。"这个"身"不仅仅说你自己有一腔热血，懂得奉献，不为自己谋私利就满足条件，关键在后其身，以你服务的对象为标准，顺着他们行事及引导，两者结合才可以成功。历史上，王莽提出的那些"好想法"为什么最终失败了，关键可能不在于想法本身，而在于执行中出了问题。

那么，新法在执行中出了什么问题呢？

为什么免役法引起这么大的政治风波？

---

1 邓广铭：《北宋政治改革家王安石》，第209页。
2 漆侠：《王安石变法》，第180页。

交钱免役

按照字面意思,免役法是不是指免除徭役?当然不是,其核心是交钱免役。这个"交钱"二字,成为免役法的一大特点,也是引发了诸多问题的关键所在。

免役法在开封府试行一年后,取得了一些成效,也出现了一些问题。除了东明县群体上访之外,还有一些开封府界"大户"扬言愿意依照旧法服役而不愿意交免役钱。为此,北宋朝廷下令,调整了免役法条目,包括规定上三等户中不愿纳钱的可以照旧例服役、禁止将四等以下户升为三等户。

经过调整,解决了免役法试行过程中出现的一些问题。

熙宁四年十月一日,宋神宗正式颁布免役法。总原则是"交钱免役",以"天下土俗不同,役重轻不一,民贫富不等",要求各地"从所便为法"[1],即根据实际情况予以实施。

各地在实施免役法之前,先把新法条目公示一个月,在老百姓没有不同意见之后,才能具体执行。具体措施主要有九个方面:[2]

(1)乡村及坊郭人户按资产贫富分等,以夏秋两季随等纳钱;乡户四等以下,坊郭自六等以下勿输。析居者随析居而升降其户等。

(2)乡村官户、女户、寺观户、未成丁户,减半输。

(3)向来当役人户,依等第出钱,名免役钱。

(4)坊郭等第户及未成丁、女户、寺观、品官之家,旧无色役而现在出钱者,名助役钱。

(5)输钱数额,先视州县应用雇值总数若干随户等均取。雇值总额之外增取二分,以备水旱欠阙,但所增不得超过二分,谓之免役宽剩钱。

(6)用以上输钱募三等以上税户代役,随役轻重制禄;募役给禄外有赢余,以备凶荒欠阙之用。

(7)凡买扑酒税坊场,旧以酬衙前者,由官自卖,以其钱同役钱随分给之。

---

1 刘成国:《王安石年谱长编》(四),第1324—1325页。
2 方宝璋:《试论宋代免役法》,《闽江学院学报》,2013年第1期,第95页。

（8）坊郭每五年，乡村每三年重新评定户等。

（9）应募衙前以物产作抵，弓手须试武艺，典史试书记，以三年或二年为期更换。

免役法取消了一些免役户特权，增加了国家收入。而且，还要多收20%的"免役宽剩钱"，用来防备水旱灾荒，以及突发性的战争，这一条是最具争议性的规定，与青苗法收取二分利息的做法相似，引发特权集团、普通农户及所有底层穷人对新法的广泛不满。

除此之外，变法派认为，免役法最重要的作用是可以让农户稳定在土地上，不误农时，安心生产。所以，王安石将农业发展寄托在免役法上面，在向宋神宗汇报时说"又论理财以农事为急，农以去其疾苦，抑兼并，便趣农为急。此臣所以汲汲于差役之法也"。在王安石看来，通过免役法的实施，可以达到"去其疾苦，抑兼并，便趣农"三种效果。"去其疾苦"，是指"去徭役害农"，让农民免受徭役的折磨，安心从事生产；"抑兼并"是兼并之家也出差役钱，使他们"不敢保过限之田"，减少他们兼并的能力。"便趣农"是给农民提供更多的选择，让他们更愿意种地发展生产。同时，国家用这些钱，招募想当差的人，不仅可以扩大就业人数，减少社会上的闲散人员，还可以使国家正常运转，把各种危机消灭在萌芽状态。

在王安石谈免役法的三种效果中，颇有争议的是"抑兼并"。对于官户[1]和城市之中的兼并之家，仅仅让他们按照田产或家庭财政比照原服役人户减半缴纳助役钱，就连宋神宗都认为缴纳的钱太少，恐怕起不到抑制兼并的作用。王安石解释说，官户和城市居民缴纳的助役钱确实不多，但考虑到当时事态，也只能这

---

[1] 宋朝的官户是指品官之家，即一品至九品的官员之家。官僚的子孙以恩荫入仕，即使是低级小官，也算官户；而通过出钱或纳粟买官入仕者，则自正七品以上，才算官户。官户以外的全部人户，都称民户。官户约占宋朝总户数的千分之一二。在法律上，官户也和民户中的主户一样，依财产多少划分户等，并缴纳两税和各种赋税，但官户可以免除大部分差役，有时也可免除无定时、无定量、无定类的科配。在触犯刑法时，官户按不同品级有议、请、减、赎等特权。中高级官员有荫补权，其子弟、亲戚、门客等不经科举考试，即可入仕当官。各级官员还享有朝廷颁赐的俸禄，这是许多官户的一项重要收入，特别是高级官员，各种名目的俸禄收入非常优厚。宋朝对官户也规定了一些禁约，如禁止地方官在所任州县拥有田产，禁止经营场务、河渡、坑冶，等等。

样。如果向他们收更多的助役钱，那些官户会故意破坏法令，制造舆论压力；那些城市居民就可能召集众人，鸣鼓上访，冲击官府，恐怕皇帝信心不能不为之动摇。王安石最担心的是，各种反对意见会动摇皇上实施新法的信心。他认为，如果皇上真的能"熟计利害而深见情伪"，明确好恶赏罚，使人人都知道法令的严厉，那么个别人就不敢造谣生事，豪猾吏民也就服服帖帖。如果这样，就是向豪强兼并之家再多收取一些救济穷人，也没有问题。但是王安石心里知道，宋神宗不是一个性格刚毅的皇帝，没有一往无前的坚强信念，遇到挫折或反对时可能退缩。所以，王安石不得不做出让步，在对待官僚地主和城市富豪商贾时，不得不在自己所定的抑兼并幅度上打了一个对折，使他们不过于激烈地反对。可见，王安石在制定免役法时，除了官吏、百姓之外，还考虑到了皇帝的心理，尽量避免有人制造事端动摇皇帝的信心。面对现实阻力，王安石不得不妥协让步，不敢更大限度地触动既得利益。但这种妥协没有获得反对派的理解，也没有实质性地达到减少变法阻力的目的。

熙宁五年十二月，朝廷开始下令推行免役法，河南知府李中师率先在河南诸州县推行。当时，前宰相富弼告老回老家河南定居，李中师根据富弼的户口等级，让他和富民一样出免役钱。《宋史·李中师》分析，可能是李中师和富弼有私人仇怨，故意打击报复。但《长编》同时也记载了皇帝的诏令："官户输役钱，免其半。所免虽多，各毋过二十千。两县以上有物产者通计之。"[1] 也就是说官户免半是有限制的，不能超过规定标准，而且把不同地方的财产一起计算。所以，负责变法的司农寺称："官户减免钱数及人户两处有产业者，出钱不一。"[2] 可见，官户缴纳免役钱的数量，在各地执行中实际差异很大。有的地方没有减半，让官户和其他农户一样出钱，使减半的特权在官户中没有得到执行；有的地方，确实按照"官户减半"的条文执行。因为官户减半后少缴纳的钱数，都要平均到一般纳税人户身上，特别是在官户较多的州县，助役钱转嫁之数过多，大大加重了一般纳税户的负担。所以，在免役法条文中规定"官户减半"的同时，又设置"毋

---

1 安开学：《王安石》，第138页。
2 同上。

过二十千"的限制性规定。如果这条限制性规定能够得到贯彻执行，则大部分官户所减免的免役钱必定达不到一半，甚至比例极小。如果这样，对大部分官户的优待，就极为有限了。

在免役法推行过程中，司农寺还派官员察访新法推行及执行情况，并指导新法实施。熙宁五年，司农寺又设置丞、主簿官员，让他们"察保甲，即农田、水利、常平、差役皆可使案察也"[1]。熙宁八年（1075）二月，因为京东路派遣去编造丁产簿的官员太多，司农寺便派一名官员到京东路监督新法执行，"有不当者许令改正"[2]。

在察访中，发现了推行免役法的过程中以下几个不得不面对的问题。

第一，划分人户等级的标准问题。在访查过程中，当役人户等级引起了广泛的关注。对于这个关系全局的技术性问题，如果不解决，役钱的多少就无法合理确定。免役法是按户等高低征收不同数量的免役钱。因此，确定户等高低关系到每家每户的切身利益，成为免役法实施能否公平的关键所在。御史中丞杨绘认为"助役之利一而难行有五"，假如民田有的一家有上百顷，有的民户才三顷，他们的户等都在第一等，一百顷和三顷相比，已经差了三十倍了，但是承担徭役的时日却是一样的；比如官户，除耆长外本来是不承担职役的，现在都要出雇役钱，那么有田一百顷的人户必然比仅有三顷的民户多出三十倍的钱。这样的话，不同户等缴纳的役钱差别很大。

"触及利益比触及灵魂还难"，涉及千家万户的利益问题，不能不给予充分的考量。役钱分派是否公平也是关注焦点，东明县百姓群访事件的起因，也是因超升户等造成户等升降不公。但是在实际操作中，评定户等是一项十分复杂困难的工作，千家万户情况各异，如何用一个比较合理公平的标准进行评定呢？

宋代评定户等设有一定的标准，一是以家业钱定户等，二是以各户所交的税钱多少定出户等。可以看出，这两种方法定出的户等都不是很准确，这就给那些不法官吏趁机弄奸、营私舞弊、贪污受贿等留下了很大的操作空间。在实际执行

1　[宋]李焘：《续资治通鉴长编》卷二三五"熙宁五年七月丙申"。
2　[宋]李焘：《续资治通鉴长编》卷二六〇"熙宁八年二月己卯"。

中，户等评定不公正的现象比比皆是。如在蓬州、阆州，是按家业多少评定役钱的，但"上户家业多而税钱少，下户家业少而税钱多，至第一、第二等户输纳钱少于第四、第五等"[1]。

免役法只规定了实施的方法原则，对实施过程并没有制定一个行之有效的流程，也没有一个有效的监督机制，导致免役法实施过程中出现了任意升降户等和随意征收免役钱的事情。王安石意识到了这种情况，说："缘以今之官吏行今之法，必多轻重不均之处。"[2] 问题出现后，国家颁布过几个诏令，如为了防止不按户等摊派差役，下诏规定州县"坊郭三年、乡村五年，农隙集众，稽其物产，考其贫富，查其诈伪，为之升降"[3]。诏令虽然规定任意升降户等要依法论处，但是空有法令没有监督，稽查物产和评定贫富的任务最终还是落在州县官员身上，自己监督自己，诏令能否落实可想而知。

后来，为了解决第等划分问题，熙宁七年吕惠卿制定了"手实法"，规定由民户自己提供丁产的实际情况，依照官定格式并丁口写状申报，各县按照丁口、财产总数和役数总量，分摊各户役钱。隐瞒者许人告发，以所隐瞒户产的三分之一奖告发之人。该法本意是让群众来监督划分户等级，但没有想到在赏钱的驱使下，一些奸邪之人趁机虚告他人，或者挟私报复，导致人人自危。最终，宋神宗也觉得这个方法弊大于利，于熙宁八年十月命令废止。[4]

第二，南北差异问题。宋史学者赵冬梅曾经提出免役法实施中最核心的问题是"适用性"，一方面是地区适用性，另一方面是役种适用性。她认为，在不同地区，有的役种适合轮差，有的适合雇役。[5] 免役法本质是出钱雇役，实行的首要条件是有剩余劳动力和大量现钱，这两个条件在南方都具备了。江南地区不仅是粮食主要产区，而且手工业、商业比北方更加繁荣。所以，南方老百姓用服役时间发展生产收到的效益更大。特别是原来负衙前役的上户，既免除了倾家荡产

---

1 [宋]李焘：《续资治通鉴长编》卷二二四"元丰二年十二月戊申"。
2 安开学：《王安石》，第138页。
3 [元]脱脱：《宋史》卷一七七《食货志五上》，第4300页。
4 参见[宋]李焘：《续资治通鉴长编》卷二二四"元丰二年十二月戊申"。
5 赵冬梅：《大宋之变，1063—1086》，第312页。

第五章 战犹酣

的危险,又节省了时间发展生产,募人应役充分显示出其进步性。但在商品经济不发达的北方地区,特别是属于边境地区的陕西,战争的影响使这个地区农业发展相对落后,手工业和商品经济发展滞后,老百姓的手中没有多余的钱来缴纳免役钱,在他们看来承担差役反而比较易于接受。免役法核心内容就是纳钱免役,但是在一些比较贫穷的地方即使是四等以上民户也无钱缴纳,官府又不收实物,逼得一些百姓只好拆房卖屋凑免役钱,有的则求助于高利贷。刘挚上疏言免役法十害时就说过:"农作物一年夏秋两熟,农民只有小麦、水稻、丝绢等,而免役法都要求用现钱,所以农民不得不赶快变卖农产品,价格一定大跌。"[1]

表4 免役钱实施的南北对比

	社会状况	商品经济	劳动力	现金	态度
北方(如陕西、山西)	战争频发	欠发达	价值低	不足	反对
南方(如江南、四川)	稳定	发达	价值高	有余	支持

如何平衡政策的整体性与地方差异的矛盾,是政策制定的艺术。王安石推行免役法用的是一刀切,解决了"衙前役"造成富裕平民破产的问题,但也造成了贫苦农民负担增加的问题。这个问题被反对派紧紧抓住,批评免役法迫使有力无钱的农民被迫出钱,造成贫苦农民的破产。后来,司马光废除免役法,恢复差役法,仍然是一刀切,也造成问题丛生。

对于这种"一刀切"的做法,发展程度不同的地方,感受不同;有的感觉"不解渴",而有的认为"水太过",出现旱涝不均的效果。对此,应该怎么办呢?曾经反对免役法实施而后又反对废除的李常,在元祐二年(1087)认为"法无新旧,便民就是良法",只有兼采差役、免役的长处而去其弊,才能创造出可以长期施行的便民之法。对此,中书舍人范百禄提出具体的措施。他曾是开封府咸平县县令,看到免役法曾经使"衙前"重役的百姓松了一口气,百姓是支持免役法的,之所以遭到很多人批评,是因为地方官员一味追求增收,加重了百姓负担。因此,范百禄建议司马光"减少役钱,保留役法",但没有被采纳。

---

[1] 参见[宋]李焘:《续资治通鉴长编》卷二二四"元丰二年十二月戊申"。

第三，农民负担是否减轻的问题。实施免役法之后，农户负担是否减轻是争论的一个焦点。从字面上来，免役法把"差役"改为"雇役"，的确是好事，但问题是，原来户等低的穷人，也就是在实行差役法时不充役的，如单丁户、未成丁户、女户、坊郭户以及享有特权的官户、寺院户等，在实行免役法后也要缴纳"助役钱"和"免役宽剩钱"。所以，无论贫富，皆怨声载道，以致一些农民不得不"宰牛卖肉"，甚至"伐木拆屋"充役钱。反对派人物司马光虽然不满意传统的差役法，却更反对免役法，提出"免役之法，其害有五"[1]：主要涉及年年缴费，增加农民压力；雇佣人员不良，作奸犯科；出钱难于出力以及借机聚敛钱财等。苏轼也认为："第四等以下，旧本无役，不过差充壮丁，无所赔备。而雇役法例出役钱，虽所取不多，而贫下之人无故出三五百钱。"

反对免役法的人认为，免役法实施后，虽然国家财政收入增加，但也加重了百姓负担。三司使沈括在两浙一带访察时就发现："自行役法后，乡村及旧无役人多称不便，累具利害，乞减下户役钱。"[2]最初朝廷征二分免役宽剩钱，但在执行过程中，地方官员好大喜功，出现多征宽剩钱的问题。苏轼指出："有司奉行过当，通行天下乃十四五。然行之几十六七年，尝积而不用，至三千余万贯石，……因谓朝廷以免役为名，实欲重敛。"[3]

免役输钱，包括免役钱、助役钱以及免役宽剩钱，使北宋政府筹措到一大笔募役经费。苏轼云："先帝初行役法，取宽剩钱不得过二分，以备灾伤。而有司奉行过当，通计天下乃及十四五。然行之几十六七年，常积而不用，至三千余万贯石。"免役法增加了国家财政收入。据史籍记载：熙宁九年（1076），诸路上司农寺，年收入的免役钱达 10 414 553 贯石匹两，但支出募役费用仅 6 487 688 贯石匹两，剩余 3 926 865 贯石匹两，[4] 剩余率达 37.7%。至元丰七年（1084），仅役钱征收就达到 18 729 300 贯，"较熙宁所入多三之一"。[5] 直到

---

1 《宋史》卷一二〇《食货志上五·役法上》。
2 刘琳、刁忠民、舒大刚等校点：《宋会要辑稿13》，第7806页。
3 ［宋］李焘：《续资治通鉴长编》卷三七四"元祐元年四月癸巳"。
4 参见［清］徐松辑：《宋会要辑稿·食货六五》之一七。
5 ［元］脱脱：《宋史》卷一七七《食货志五上》，第4310页。

哲宗即位，剩余的免役宽剩钱竟然还有十分之四多。按自熙宁九年至元丰七年雇役不加多，而岁入比前增广。至元丰八年八月，哲宗即位，据户部结算役钱所留宽剩竟有及三四分以上者。[1] 国家财政收入因此得到大幅增长，多出的财政收入，"非专为供乡户募人充役之用而已，官府之需用，吏胥之廪给，皆出于此"。对国家而言，免役雇募法自然也是极为有利的。[2]

征收免役钱虽然增加了政府财政收入，解决了当时财政的燃眉之急，但由于党派斗争，免役法自熙宁四年颁布实施至元祐元年被停废，一共才施行了十五年。元祐元年，免役法被废除，恢复了差役法，十年后，苏辙在《三论分别邪正札子》中说："天下皆思雇役而厌差役。"宋哲宗亲政后，任用章惇恢复了免役法，但是这时的免役法与熙宁年间已经大不相同了。漆侠在《宋代经济史》中认为，绍圣元年（1094）九月间，官府公布的免役法条例上规定"应诸路旧立出等高彊（当作"强"）无比极力户纠合出免役钱一百贯以上，每及一百贯减三分"，在十月份的诏令中又增加了优待对象，但凡是元丰年间被许可享有免役特权的宗室、贵戚等，仍继续享有这项特权，同时还把这项特权的范围加以扩大——使所有皇太妃缌麻以上亲也都享有免役特权。宋徽宗时期，宰相蔡京也实行过一段时间免役法，目的只是敛财，已经完全歪曲了免役法的原有精神。但雇役法适应了社会的发展，此后的南宋、元、明都有类似免役法出钱免役的规定。

市易法的"生意"

熙宁五年三月，第六项重要的变法——市易法颁行。

市易法的历史源头可以追溯到西汉中期桑弘羊推行的平准法。平准思想始于范蠡，《管子》中亦有"准平"之词。作为一种经济措施，汉朝政府曾经通过官营商业收售物资，汉武帝通过这种控制市场的办法，获得了不可估量的财富，

---

[1] 柯昌颐编：《王安石评传》，北京：商务印书馆，1948年，第107—108页。
[2] 田晓忠：《"富民"与宋朝乡役制度的变迁》，《中国经济史研究》，2020年第4期，第105页。

才能对外发动征伐匈奴的大规模战争,最终取得胜利,从而打下了"强汉"的威名。

熙宁三年,秦凤经略司机宜文字王韶向朝廷建议设立市易司。他分析说,西北边境外少数民族,每年到秦凤路与汉人进行贸易,贸易额"不知几百千万",交易获得的利润,都由商人获得。他提出在该地设立市易司,用政府的钱做本钱,参与对外贸易,分一部分商人丰厚利润。这部分利润是多少呢?王韶说"即一岁之入,亦不下一二十万贯"。他进一步比较分析,市易司的益处,除了获得利润,还能扩大边疆贸易。因为在设置市易司前,本地商户采用延期付款方式与蕃商交易,蕃商不能及时收回贷款回买茶绢等汉货,双方交易受到限制。倘若实施市易法,本地商户仍旧延期付款,政府垫付,蕃商可以及时收到货款,双方贸易更为便捷,国家也可以分得利润,实现"既足以怀来蕃部,又可收其赢以佐军费"[1]。王韶进一步提出了这种做法的好处,本地商户赊得蕃货,官府则获"收息"之利。为了减少军费开支的压力,北宋政府采纳了王韶的建议,在陇西古渭寨(今甘肃陇西县境内)设置市易务,介入了边境外少数民族与汉族的贸易。[2]

熙宁五年初,开封商人魏继宗上书,认为京师的物价极不稳定,忽高忽低,有时高于本钱数倍甚至几十倍,其原因是富商大贾利用货物到京的时间差,操纵货物收购、发放。他们有意囤积居奇,造成物价大起大落,从中牟利,结果是老百姓受苦,社会动荡不安,国家不稳定。魏继宗认为,商贸大权不应该旁落到富商大贾手中,朝廷应该牢牢控制物价。只有这样,东南西北的货物才会云集京师,天下才能互通有无。他建议设置"常平市易司"来管理市场,物价低时增价收购,物价高时减价出售。"市易司"不是专做亏本生意,也是要赢利的,只不过并不牟取暴利而已。比方说富户奸商一文钱买进二文钱卖出,"市易司"则一文钱买进一文半卖出。盈利虽不算多,但也能充盈国库。

这种提议引起王安石和宋神宗的重视,他们早就不满京城大商人任意搅动市场,肆意哄抬物价,投机获利,危及国家财政收入。原来,在宋朝,城市商

---

1 [宋]李焘:《续资治通鉴长编》卷二一四"熙宁三年八月辛未"。
2 邓广铭:《北宋政治改革家王安石》,第221页。

第五章 战犹酣

业组织叫"行会",官府"纠人入行",行会强制商人缴纳行会钱,大商人控制了行会,通过行会制定有利于他们自己的行规,把持各项交易,以"较固取利"的手段垄断市场。他们又与皇亲国戚、达官贵人勾结,享受各种特权和好处。表面上看,达官贵族们不参与商业活动,但他们利用自己的权力和影响在"行会"里分红取利,这些贵人被称为"影占行人"。官府对商人的资产、设备、产品都做了详细的登记,宫廷和官府要置办各种商品时,就命令有关行会的商人轮流代办,官府称这种代办叫"行户只应"。而且,这种"行户只应"大多白吃白拿,对行户损伤很大。而大商人们利用与皇亲国戚、达官贵人的关系,把"行户只应"的差役转嫁到中、小商人身上,对他们造成灾难性的影响。东京是皇室贵族、达官贵人聚居的地方,几十万军队结集在京畿地区,一百多万人的汴京是当时世界上最大的消费城市。人口越多,商业贸易越繁荣,大商人从中获得的利润也就越来越大。到宋神宗时期,商品经济迅速发展,大商人积累了雄厚资金,把持各种商业组织,垄断商品,控制物价,获取高额利润。

此时,变法派已经在与反对派的斗争中获得了胜利。既有王韶在边疆进行市易务的实践,又有熟悉商业人士的建议,于是宋神宗和王安石决定推行"市易法"。熙宁五年三月二十六日,朝廷下诏称"宜出内藏库钱帛,选官于京师置市易务"。[1]命令在京师成立"市易务",委派吕嘉问为提举,令三司本司官制定详细的条例。

为此,三司制定具体条例,市易务设监官二人,提举官一人。市易务经营过程大致如下:拨内藏库钱一百万贯、京东路钱八十七万贯。如不足,则以榷货务茶盐钞引等充市易本钱。根据需要,市易务从客商收购物货,再赊贷给行户分销。行户以田宅金银等为抵押,从市易务赊贷钱款或物货,半年付息一分,一年二分,另纳相当于利息10%的市例钱。市例钱用于吏禄开支。逾期不能还本付息,每月加罚息钱2%。行户赊贷钱物的数量不得超过抵当物品的价值,拖欠市易务本息不能偿还者,其抵当产业(房屋、田产等)要被籍没拍卖,一时卖不出去就先出租,以租抵欠。自籍家产日,与免罚息。拍卖收益超过所欠本息(包括

---

[1] [宋]李焘:《续资治通鉴长编》卷二三一"熙宁五年三月丙午"。

罚息）的部分，退还给行户。[1]

可见，市易务本身并不做生意，由登记的行人和牙人[2]进行商务活动。外地运货商人到京后，可以直接找市易务。由市易务的行人、牙人和外地商人三方当面议出一个合理价格，由市易务用钱收买，或用市易务的货物交换；在京的商人，可以向市易务购买货物，加一定利润，到市场上销售。市易务并不局限于京城商贩购销，对于市场需要的货物，都可"随时价出卖，不得过取利息"[3]。彭州知州吕陶认为，虽然市易务也从事商品买卖，收买"滞于民而不售"的客商物货，但都赊卖给了本地行户。[4]表面上行户赊买的是物货，本质上赊贷了以物货为载体的市易本钱。[5]所以说，市易务主要不是从商品交易中赚取差价赢利，而是以放贷方式获取利息。

为了推广市易法，宋朝先在京城开封设立都提举市易司[6]，后来又在杭州、越州、扬州、成都、广州等十九个较大都市设市易务。市易务实施不到半年，收到了一些积极效果。熙宁五年七月，王安石与宋神宗谈话时，以茶行的例子来说明市易务发挥的作用。王安石说，在茶叶一行，处于垄断地位的茶商有十多家。外地商人将茶叶运到京城，首先向这十多家送礼请客，请他们定茶叶价格。这十多家购买茶叶，外地茶商大多低价销售，不敢获得利润，以期待得到高的定价，然后卖给其他小户人家取得翻倍利润，弥补卖给大户的损失。现在设立了市易法，这十多户垄断商人和其他小户人家，买卖茶叶的价格一样。所以，这十多户垄断商人认为新法不好，造谣诽谤。昨天了解到，茶行是这样，其他行业也大抵相似。这两个月以来，政府从茶叶贸易中收到的税增加了一倍，可以看出商人原来的利润是多么大啊。我们要立法平均天下的利益，为朝廷办事，不能让那些垄断商人作奸犯科，侵犯众多劳苦人的辛勤劳动成果。所以，即使有些人因为新法失

---

1 魏天安：《宋代市易法的经营模式》，《中国社会经济史研究》，2007年第2期，第21页。
2 牙人是指旧时居于买卖人双方之间，从中撮合以获取佣金的人。又叫牙子、牙郎、牙侩。
3 转引自邓广铭：《北宋政治改革家王安石》，第224页。
4 参见［宋］李焘：《续资治通鉴长编》卷二八二"熙宁十年五月庚午"。
5 魏天安：《宋代市易法的经营模式》，第21页。
6 为了与全国其他大城市市易务相区别，熙宁六年（1073）十月，京城的市易务改称都提举市易司，简称市易司。

去垄断地位和一些财富,也不值得安抚救助。用王安石的话,就是"若均天下之利,立朝廷政事,即凡因新法失职者,皆不足恤也"[1]。从王安石的话中可以看出,市易法的实行起到了调节市场、稳定物价的作用,从而抑制了富商大贾对商品交易的垄断。

宋史专家漆侠认为,市易务剥夺了一贯垄断商业的大商人的特权。他也以开封茶行举例,那十几家大茶商不能再依仗势力欺诈其他客户,缩小了自己经营的范围,不得不"与下户买卖均一"。市易法在一定程度上减轻了由大商人垄断价格产生的危害,沉重的"行钱"受到限制,减轻了城市中小商人原来遭受的官府勒索。同时,一些贫困的城市居民,经营小本买卖的机会较以前增多。[2]

市易法顺利推行,国库的收入明显增多。熙宁五年,京师设置市易务,其本钱一百八十七万缗(一千文为一缗)。第二年,市易务给内藏库交还了三十万缗;第三年,提举市易司奏称,市易务两年收息钱九十六万余缗,取得了立竿见影的成效。后来,都提举市易司本钱不断增加。本钱增加,随之而来的就是收入增多。熙宁八年(1075),三司称都提举市易司去年四月至今"收息、市利钱百万二千六百七十余缗"。熙宁九年,中书称市易务收息钱、市利钱总百三十三万二千余缗。熙宁十年,单收息钱一项就高达一百四十余万缗。据初步统计,从熙宁五年三月到元丰二年(1079)七月,在七年零四个月的时间里,市易司总计收入至少达六百零二万四千六百七十余缗,平均每年收入接近一百万缗。市易法大大增加了政府财政收入。[3]从总数来看,全国夏粮秋粮收取的现金只有五百五十八万贯,东京市易务一年的利息钱为一百四十三万贯,市例钱九万八千贯,两项共一百五十三万贯,相当于全国农业税的三分之一。市易法和均输法一进一出,相互配合,国家控制了物价,控制了经济走向,掌握了经济命脉。

看到市易法的诸多好处,一些城市贫民要求参与,愿意向市易司贷款做小本生意,但他们没有可供抵押的财产。怎么办呢?负责推行市易务的吕嘉问想出了

---

1 转引自邓广铭:《北宋政治改革家王安石》,第225页。
2 漆侠:《王安石变法》,第154—155页。
3 邓广铭:《北宋政治改革家王安石》,第229—230页。

一个办法，他将一些人流量较大的街道设立为"商品街"，把官府仓库内的时鲜水果、针头线脑等小商品，赊给一些想做买卖又没有本钱的贫困百姓售卖，官府派人专门负责监督管理并收取费用。这种经济管理模式比较超前，也很实用，穷苦百姓有了出路，官府也有收益。据记载，自从这项果子行法实施后，"贩者比旧皆得见钱，行人比旧所费十减八九，官中又得美实"。历史学家漆侠认为，这一结果表明，市易法对城市部分贫民和小商贩是有利的[1]，没有本钱的城市贫民获得了一个参与商业的机会。

但这种"御街东廊买卖瓜果"的行为，被一位大臣看到，引发了一场彻查市易务的惊天大案。

上香引起的彻查

熙宁五年十月，枢密使文彦博去相国寺行香，看见御街东边堆积了很多果实，官差在旁边监督贩卖。寺庙门口的街道上，到处可见官方经营的买卖，吆喝着招揽顾客。第二天，他向宋神宗上书，指责市易司派小商贩在御街做买卖，"监卖果实"，从而"有损国体"。他认为，堂堂大国，不能蝇营狗苟追求小利，何况垄断买卖以求高额利润呢？他气愤地指出："那些急于敛取赋税，邀功晋升的官吏，鱼肉百姓，玷污朝廷声誉，让人非常愤怒。"[2]

御街是东京的繁华之所，只有从市易务赊贷的果子行人才能在此营业。市易务每日"差官就彼监卖"，充当客商与果子行人的中间人，"公取牙利"。市易务牙人是官牙，牙利一般为交易额的5%[3]。同市例钱一样，牙利作为市易务胥吏的俸禄支出，故王安石称之为"合纳官钱"。因为牙钱并未计入政府的财政收入，而由市易务支配，右司谏王觌说："市易之患，被于天下，破民之产，而利皆归于牙侩胥徒。"[4]他认为市易法存在很大问题，利润大都被官吏获得，导致小商人

---

1 漆侠：《王安石变法》，第154—155页。
2 参见［宋］文彦博：《文潞公文集》卷二〇《又言市易疏》，民国山右丛书本。
3 参见［日］宫泽知之：《宋代的牙人》，《东洋史研究》，第39卷第1号。
4 ［宋］李焘：《续资治通鉴长编》卷三九一"元祐元年十一月戊午"。

破产。文彦博也因此攻击市易法"官作贾区公取牙利"。[1] 一些保守派大臣,特别是家里生意被市易司抢走的人,添油加醋批评市易司的种种不是。

虽然市易司帮朝廷赚了很多钱,但众怒难犯,宋神宗看了文彦博的奏章后,起了撤销市易司"果子行法"的念头。

他问王安石:"市易务卖果实,审有之,即太繁细,今罢之如何?"意思说,市易务卖果实,涉及这么烦琐的细节,把它停了怎么样?

王安石回答说"初未尝官卖果实也",他解释说市易务并没有经营果子买卖,只是将本钱借给果子行人,由果子行人直接与客商交易。果子行户有了从市易务赊贷的本钱,不再拖欠客商的货款。市易务差人每天收取合纳官钱,并不是自己在卖果实。

对于市易务过于烦琐之事,王安石继续说:"陛下说太烦琐细致,有伤国体,我不这样认为。我们设置官府监管的酒肆,一升也卖;设置的商业税,一分钱的税也收取,不是很细小琐碎吗?人们已经习惯了,并不认为有什么不好……上古经典《周官》提出征收商业税,但没指出几钱以上才征收;周朝管理钱币贸易的泉府[2],规定官府购买滞销商品待以后出卖,也没有说明几钱以上才买入。周公制定法令让官吏采买时要购买滞销的商品,也不以琐碎细小为耻。细小与宏大并举,才是治理国家的根本。尊贵的人负责大事,地位卑下的人处理小事,是先王的做法,也是自然天地的道理。就好像一个人,身体部位有大有小,功能也不相同,但都不可少。治理国家应该讨论立法是否对人、对事有利,而不是因为细小而停止。市易务勾当官[3]是收取商人税的,事情烦琐,但也不能说他们不是为大局在做贡献。所以,我认为大人物不应当陷于烦琐细碎的事务,市易务这样烦琐的小事,就不应该由皇帝朝夕检查。这也是《书》上所说的啊。"为进一步说服皇帝,王安石又解释说:"如果皇上检查太严,要求过于苛刻,会让臣子畏畏缩缩,不敢创制。""至于那些为国家发展打击兼并,收取盈余,振兴功业,拯救时

---

1 [宋]文彦博:《文潞公文集》卷二〇《言市易》,第265页。
2 西周时期,人们称钱币为"泉",设有泉府之官,负责掌管货币流通和集市贸易,隶属于地官府司管辖。
3 官名,北宋设置,勾当公事别称,三司及许多机构皆设,为主管某事务的官员。

艰，是先前圣贤做的事情，总不能说他们也好利润。"[1] 经过王安石的劝解，宋神宗认识到新法"诚比旧极佳，行人亦极便"，不再追究市易务监卖果子事。

皇帝不想追究，文彦博没有等来任何结果，又上书说，市易司官员派人监督水果买卖，并不是小事，而是损害非常大，绝对不可。难道有堂堂大国公然求利而不被非议的吗？王安石对皇帝辩解说："皇上您给百姓贷粮二百万石，给军队增加的粮食数十万缗，还有增加选人俸禄、增加官吏俸禄、给押运货物的人员费用也有百万缗，天下的人，无论聪明还是愚蠢，都不会认为皇上贪图利益。怎么会有花费巨大的事情不讲，而专门说买卖水果收入几千缗就成了牟利了呢？其实是因为老百姓苦于官员勒索，又被垄断权贵商人排挤，所以才有了市易法的这些措施。"[2]

批评市易法得不到反应，反对派又把矛头指向了具体实施的人员——出主意在御街卖果实的吕嘉问。听闻吕嘉问受到非议，王安石向宋神宗进言："如果不是吕嘉问，谁还敢不避利害敢于碰触上下左右形成的陋习？除了我，还有谁会为他辩护呢？"

宋神宗说："既然这样，为什么士大夫认为市易务不便利呢？"

王安石请皇上指出言者姓名，令吕嘉问分析说明。

宋神宗无言以对，吕嘉问暂时得以保全。

吕嘉问是谁？为什么成为这次斗争的焦点？

吕嘉问，寿州人（今安徽凤台），出生于官宦世家，曾祖父吕夷简是仁宗朝宰相，为昭勋阁二十四功臣之一。叔祖吕公弼、吕公著都做过宰执。吕嘉问"以荫入官"[3]，一度被通过科举考试当官的人看不起。熙宁初年，吕嘉问任户部判官，主管诸司库务。他曾在酒坊推行连灶法，每年节省薪钱16万缗，初步表现出了经济才干。变法初期，吕家在政治上是保守派的代表，吕公弼、吕公著都反对变

---

[1] 参见［宋］李焘：《续资治通鉴长编》卷二四〇"熙宁五年十一月丁巳"。
[2] 参见［宋］李焘：《续资治通鉴长编》卷二四二"熙宁六年正月辛亥"。
[3] 古代社会，官职达到一定品级或有一定贡献的人，其后代可以不通过科举考试入学或得到一定的官职。所谓"封妻荫子"就有这重意思。

法。不过，吕嘉问为了自己的政治发展，不屈从家庭压力，支持新法。据史料记载，有一天，吕公著写了奏本弹劾王安石，吕嘉问半夜摸进他的书房，盗走了奏折并交给了王安石。王安石得以知道弹劾内容，提前向宋神宗上奏，躲过一劫。事发后，吕家称吕嘉问为"家贼"，与其划清界限。为推行新法，王安石大胆提拔了一大批中下级官吏充任要职，吕嘉问是其中一个。

熙宁五年三月，王安石推举户部判官吕嘉问提举在京市易务，负责城市市场交易管理。宋神宗拿出自己的私房钱500万贯，交给吕嘉问做本钱。为了缓和京城物资供应紧缺，他先后派人"往湖南贩茶、陕西贩盐、两浙贩纱"[1]，打破大商人的垄断，稳定了物价。但是，吕嘉问的做法严重损害了垄断商人和贵族的利益，遭到了多方反对，成为反对派攻击的焦点。批判吕嘉问的声音传到皇宫，致使宋神宗产生了怀疑。而王安石在宋神宗面前据理力争，驳斥了反对派的攻击，保护了吕嘉问。王安石评价吕嘉问"守公奉法"[2]，并表白式地说"我与吕嘉问非亲非故，只是与他讨论市易务"[3]。有了王安石的支持和培养，吕嘉问才在政治上有所作为，市易法也得以贯彻执行。

虽然遭受了一些反对和攻击，但市易务的推行没有被阻止，杭州、成都、定州、密州、广州等很多地方陆续设置了市易务。熙宁六年冬，京城的市易务改名为都提举市易司，管辖全国各大城市的市易务。市易法的推行，极大限制了城市当中富豪商贾的垄断居奇行为。对此，王安石总结说："近京师大姓多止开质库，市易摧兼并之效似可见。"这说明，京城的大户人家被限制了商业活动，只好去开设质库，在放高利贷方面寻找出路了。据此认为摧毁了兼并的现象，是不准确的，只是富商大户转变了剥削方式，寻到了另外的牟取暴利的门路。[4] 但王安石确实通过市易务加强了宋朝政府在商业方面的管控力度，把以前被富商垄断的权力收归政府。从为国理财的角度看，市易法的实施效果，不能

---

1 [元]马端临：《文献通考》卷二〇《市籴考一》，第1567页。
2 参见[宋]李焘：《续资治通鉴长编》卷二五一。
3 参见[宋]李焘：《续资治通鉴长编》卷二六二。
4 安开学：《王安石》，第148页。

变　宋

不说卓有成效。[1]

市易法在推行过程中，的确出现了失误和违法行为。如楚州市易务王景彰曾违反市易务法令，让商人"自纳息钱"[2]，还强迫商人不得到其他地方买卖。最为严重的是，随着变法的推进，市易务出现了"挟官府而为兼并"[3]的不良趋势。有人反映吕嘉问凭着王安石的势力，"凡牙侩市井之人有敢与市易争买卖者，一切循其意，小则笞责，大则编管"[4]。

王安石深知变法必定要"言利"，他曾理直气壮地宣称："市易务若不喻于利，如何勾当？"尽管吕嘉问搜刮市易息钱不择手段，但客观上也增加了国家财政收入，且在一定程度上达到了"抑兼并"的成效。因此，从于国有利的角度出发，王安石很欣赏吕嘉问的行政能力。在他看来，即使吕嘉问有不当之处，那也是瑕不掩瑜，是可以原谅的。而吕嘉问受众人攻击的原因，他认为是："缘尽力则犯众怨，犯众怨则中伤以法，而朝廷或不能察，不能察则反得罪。"[5]

尽管王安石极力为吕嘉问辩护，但吕嘉问的个性与行为，使得围绕市易法的斗争变质，变成了变法派的"内斗"。吕嘉问比较强势，没有把三司使薛向放在眼里，诬告他阻碍市易法实施。宋神宗早就认为薛向不忠实，因此罢免了薛向，任命翰林学士曾布担任三司使。曾布虽是变法派成员，但素知吕嘉问骄恣，不喜欢这样不听话的下属。由于王安石维护市易务的工作，曾布就跳过王安石直接向宋神宗反映市易务作奸犯科、强买强卖、账目混乱等问题。宋神宗不知道曾布揭露市易务内幕的目的是整垮吕嘉问，怀疑市易务真可能存在问题，疑惑更深。当初建议制定市易法的魏继宗也开始对朝廷的做法不满，认为市易务打着官府的旗号代行了豪门商贾的兼并之举，并没有考虑老百姓的利益，真是前门驱虎，后门

1　安开学：《王安石》，第148页。
2　[清]徐松辑：《宋会要辑稿·食货三七》之十九。
3　[元]脱脱：《宋史》卷三五五《吕嘉问传》，第11188页。
4　[宋]李焘：《续资治通鉴长编》卷二五一"熙宁七年三月辛酉"。
5　转引自熊鸣琴：《曾布根究市易务违法案再议》，《东华理工大学学报（社会科学版）》，2011年第1期，第3页。

第五章 战犹酣

迎狼。[1] 宋神宗多次责问，但不得要领。于是，熙宁七年三月二十日，宋神宗夜下手札，命曾布调查，然后详情具奏，务将市易务不法之事查明。

曾布，字子宣，谥文肃，北宋建昌军南丰（今江西南丰）人，生于宋仁宗景祐二年（1035），卒于宋徽宗大观元年（1107），是唐宋八大家之一曾巩之弟，也是王安石变法的忠实追随者。王安石曾说："自议新法，始终言可行者，曾布也；言不可行者，司马光也；余皆前附后叛，或出或入。"即使在王安石隐退后，司马光上台要求曾布出面废止新法，也遭到曾布的断然拒绝。

皇帝让变法派成员曾布调查新法，看似不可能调查出问题来，但就是这个看似不可能，成为可能。早在曾布察访河北时，曾邀请魏继宗一同监察市易务。魏继宗对市易务的成立及经营情况非常熟悉，他认为市易务已经不是当初设立的样子了，负责人刻薄悭吝，城市居民大都不满意。当皇帝亲自下令调查，曾布为自身前途考虑，权衡利弊，决定追查市易务，这么做一是可以得君王之心，增加自己的政治筹码，二是可以压制骄纵的下属吕嘉问。

但开展调查之后，曾布遇到了一个难以逾越的阻碍——吕嘉问。史料记载，"中书（曾布）每以不便事诘嘉问，未尝不巧为蔽欺，至于案牍往往藏匿改易"[2]，由于吕嘉问刻意周旋，阻挠调查，进展不大。在这种情况下，经皇帝同意，曾布以三司名义出榜募人告发吕嘉问藏匿和涂改市易司案牍的不法行为。

获知曾布出榜，吕惠卿意识到问题的严重性，他派弟弟吕温卿秘密拜访王安石，告知张榜的事情，并说："行人辞如一，不可不急治继宗，若继宗对语小差，则事必可变。"[3] 意思是说，魏继宗是关键人物，如果他出面揭发，一定不可收拾。

作为新法的倡导者，对新法实施中出现的问题，王安石不可能不知道，过程是经不起追查的。此时，他心情非常复杂，深知一旦问题被揭开，势必遭到反对派更加猛烈的抨击。他曾经一度想在改革中不断完善制度，纠正失误，但没有人给他时间。

---

1 安开学：《王安石》，第 198 页。
2 刘琳、刁忠民、舒大刚等校点：《宋会要辑稿 12》，第 7273 页。
3 同上。

变　宋

　　王安石一急，打算连夜收缴文榜。但左右人告诉他榜上盖有皇帝御宝，只好罢手。

　　榜文贴出后，第一个向曾布检举的是魏继宗。曾布带魏继宗见王安石，王安石问："既然如此，为什么不早说？"

　　魏继宗说："吕嘉问天天在您身边，我不敢说。"

　　王安石"默然"。从王安石的沉默可以看出，他对吕嘉问的行为或是不甚了解，或有难言之隐。

　　曾布将魏继宗所述情况，向宋神宗回奏，吕嘉问多收利息以求赏赐，要求所有商旅所有的货物必须由市易务买卖，而市易务贱买贵卖，重入轻出，广收盈余。所以，曾布认为魏继宗说的是实话，市易务确实是"挟官府而为兼并之事也"[1]。

　　接到曾布的报告，宋神宗喜形于色。他问："王安石知道吗？"

　　曾布说："我已经告诉他了。"

　　宋神宗当场勉励曾布说："看来要了解实情，非你不可。"史料记载，宋神宗先是瞒着王安石令曾布彻底追查市易务，看到曾布汇报"览之矍然，喜见于色"。皇帝甚至说："朕久已闻之，虽未经覆案，思过半矣。"[2]也就是说，宋神宗早就听闻市易务有问题，即使不查究，也已经领悟大半。可见，皇帝早就怀疑市易务存在违法经营，并已经有了自己初步的看法。

　　曾布彻查市易务，使新法陷入艰难的境地。王安石护法心切，坚决否认曾布揭发的市易务违法情况，认定曾布弹劾吕嘉问是为了泄私愤，对曾布由信任转向痛恨，视之为"沮害"新法的"小人"。他以辞相要挟，迫使宋神宗派吕惠卿与曾布共同彻查市易法。

　　作为变法元老，吕惠卿一开始就参与了青苗诸法的措置推行，颇受宋神宗与王安石的器重，不幸熙宁三年父亲去世，他回乡守丧，王安石任命曾布接替其位。熙宁五年（1072）吕惠卿复职，地位反在曾布之下。吕惠卿的资历在曾布之上，他的复职动摇了曾布的地位。职位的变化，使两人产生了一些矛盾。吕惠

1　刘琳、刁忠民、舒大刚等校点：《宋会要辑稿 12》，第 6815 页。
2　［宋］李焘：《续资治通鉴长编》，第 6134 页。

第五章 战犹酣

卿本来就是一个嫉妒心强的人,他在复职后经常对曾布进行攻击、讥讽。熙宁五年十二月,曾布以知制诰罢为翰林学士,王安石请留修中书条例,皇帝说:"吕惠卿政务文稿尤其得力,不需再留曾布了。"[1]宋神宗还有"惠卿最先宣力""惠卿胜曾布"[2]之语。

在调查市易务违法案中,曾布与吕惠卿二人意见相左。吕惠卿庇护吕嘉问,两人各持己见,冲突日趋激烈。熙宁七年三月十三日,宋神宗又降手札令曾布奏对,曾布即向神宗详细陈述调查了解到的情况。

起初,神宗很相信曾布的话,但不久改变了态度,逐渐倾向接受吕惠卿的说法。吕惠卿批评曾布,甚至提出要将魏继宗送开封府拘禁起来。为了保住自己,曾布再次揭发吕嘉问违反市易法,揭露吕惠卿在追查市易务的行动中搞阴谋活动。宋神宗态度暧昧,仍要继续调查。[3]

在此案中,变法派内部的矛盾固然暴露无遗,但宋神宗与王安石在市易法上的分歧也客观存在。曾布追查市易务,很大程度上是遵从了宋神宗的意志,因此王安石对宋神宗说:"追查市易法,皇上您怎能不知道原因呢?如果皇上您不怀疑,曾布知道利害所在,一定不会找市易务的麻烦,请皇上您三思。"[4]皇权高高在上,王安石等人不可能去指责皇帝,于是曾布就成了他们攻击的焦点,由此导致了变法派内部公开分裂。

皇帝动摇不定的态度、变法派内部分裂和众人对市易务的指责,令王安石心中十分愤懑,感到新法难以继续推行,于是向神宗恳辞相位,并推荐吕惠卿为执政官。加上连年旱灾,批评王安石"惹怒上天"的人很多,宋神宗接受了王安石的请求。但彻查市易务案并没有结束,熙宁七年四月十九日,韩绛接替王安石的职位,吕惠卿则由翰林学士提升为参知政事,接力王安石主持变法。这种变化,对曾布极其不利。同年,宋神宗应吕惠卿之请,令章惇、曾孝宽就军器监立专案审查曾布所究市易事,曾布一向与章惇不和,结果可想而知。八月十七

---

1 参见[宋]李焘:《续资治通鉴长编》卷二百四十一"熙宁五年十二月乙未"。
2 同上。
3 郭文佳:《吕嘉问与市易法》,《安徽史学》,2002年第3期,第19—22页。
4 参见[宋]李焘:《续资治通鉴长编》,第6466页。

变　宋

日，军器监审查市易事终于结案，宣布曾布两项罪过：一是没有觉察官吏教唆行户添饰词理诽谤市易务，以至于"不当奏而奏"；二是调查汇报内藏库钱不准，被判为"当奏事诈不实"[1]。最后，曾布被贬职到饶州（今江西上饶）。而提举市易务的吕嘉问也没能幸免，以"不觉察杂买多纳月息钱"[2]之罪，贬到常州任知府。

在斗争中，两位变法派遭受处分，但后续他们二人的经历却截然不同。熙宁八年，王安石重登相位，他对皇帝说："陛下必欲修市易法，则须却令嘉问领市易。"吕嘉问即调回京师，依旧控制市易诸务。但是王安石却不肯再用曾布。曾纡为其父作《释谤》写道："熙宁末，宋神宗复用先公为北门学士，王荆公奏云：'陛下无以其刀笔小才，而忘其滔天大恶。'盖以论市易事不同而去，其恶之深如此也。"[3]

绍圣初，新党再次当政，但新党内部矛盾再次爆发，曾布被起用，不仅千方百计压制吕惠卿复职，且与章惇之间也发生了激烈的斗争。至宋徽宗继位，曾布又利用章惇反对立宋徽宗即位这一事实，将其排挤出朝。结果，鹬蚌相争，蔡京借机掌握大权。新党内部的纷争构成北宋后期政治的一个重要特点，追根溯源，这一矛盾在彻查市易务案中已经显现了。

彻查市易务案过程中，有一个非常有意思的细节，曾布被贬落职，罪名之一是"坐不觉"，即调查情况不实。可见，在宋朝，案件处理非常重视调查情况的真实性。该案涉案人员，争论的一个焦点也是围绕"事实"进行的。但调查的"事实"并不是一个客观的问题，而存在一个主观认定的过程，这个"认定过程"中掺杂了很多利害和斗争，受到当时朝中"大局"和各种势力等多种因素的影响。因此，与韩琦上书青苗法一样，即使调查清楚了"事实"，"事实"能不能被认为是"事实"，也是一个关键的所在。

1　［宋］李焘：《续资治通鉴长编》卷二百五十五"熙宁七年八月壬午"。
2　同上。
3　同上。

挟官府而为兼并

在彻查市易务过程中，曾布和魏继宗提出的最大问题是"挟官府而为兼并之事也"，为什么市易法存在这个问题呢？

在中国古代，官府商业和借贷资本由来已久。《周礼》提到泉府之官，主要是掌管国家税收、收购市上的滞销物资等。《国语·晋语》载，西周至春秋时期，有"工商食官"制度[1]，历史学家和文学家韦昭注说："工，百工；商，官贾也"，指商周政府占有工商业者并进行垄断性经营的制度。《管子·轻重》诸篇中理财思想最核心内容是国家运用"物多则贱、寡则贵，散则轻、聚则重"的规律，实行"敛轻散重"的物价政策，也就是国家自己经营商业，采用商人所进行的不等价买卖方式作为充裕国家财政收入的基本手段。这种思想沿袭到汉代，最有名的是汉武帝时的均输、平准和王莽的五均、六筦之政。

本来，市易法的制定是为了抑制兼并之家垄断物价，侵谋细民。按照这种逻辑，市易务的原则应该是遇价贱增价买进，价贵则低价卖出，从而"出入不失其平"，既不亏蚀本钱，也不谋求赢利。只有在这种逻辑下，才有可能达到"必也官无可买官无可卖"，即经过市易法调控，商货通流、物价平稳，达到市易务不用再买卖物货的理想境界。但是，在执行过程中，吕嘉问不仅把市易务办成"贱以买，贵以卖"的官营买卖机构，而且觊觎交易利润，"惟恐裒之不尽而取息不够"。[2] 且在推行过程中各层"冗官酷吏"刻意贪求利益，出现了一些与设想不一致的问题，引发很多争议。那么，市易法存在哪些争论呢？

第一，经营范围是否过大。三司拟定条例中规定，市易务的经营范围应该是国计民生的重要物资，但随着市易务的推广，经营范围扩展到一些生活物品，

---

1 工商食官是商周政府占有工商业者并进行垄断性经营的制度。在西周，王室和各诸侯国拥有各种手工业作坊，占有大量手工业者即"百工"，并设工官管理。作坊内设有监工，督促众工劳动；生产用料及食宿皆由官府提供，按工师设计的官方"图程"生产各种器物，"工有不当，必行其罪"。因为工商的服务对象以统治国家的天子、诸侯、领主、贵族为主，所以具有"公"的性质；另一方面，工商对自己的产品或者商品有一定程度的自由支配权，又具有"私"的特点。

2 ［清］沈钦韩：《王荆公文注》卷一《上五事札子》，第76页。

甚至连水果、芝麻、梳朴（做木梳的材料）等也都在一定区域内垄断经营，以至于开封城内议论说市易务逐步要"尽收天下之货，自作经营"。而在购销货物之外，还用各种名目放息钱，如所谓"缓急""丧费"等。《续资治通鉴长编》"熙宁七年四月乙亥"记载：市易务将大米分等卖给居民，就像贩卖的小商人一样。[1] 参知政事冯京说：开封府祥符县在民户"缓急丧葬之日"贷给市易本钱，允许民户以"银绢、米麦"抵押，如此借贷有七八种。不仅如此，市易务还将触角伸到了官办的太医局，为此还引发了一场御前官司。宋朝太医局卖熟药，本来直接卖给药行铺户，而市易司出钱买下来后，复使零卖。这种情况反映到宋神宗那里，皇帝批示："零卖熟药宜罢，恐太伤鄙细，四方观望，有损国体。"[2] 宋神宗欲罢市易务买熟药，但在王安石等人反对下，诏令未能颁行。市易务涉足了不少"细碎"商品的买卖，宋神宗对此大多持反对态度，而王安石却纵容之。

第二，是否与民争利。王安石并不掩饰获取利润这一点，他说："市易务若不喻于利，如何勾当？"他推行市易法，就是要增加财政收入。为了达到这个目标，设置了对各级官吏的奖惩，市易务"每岁收息钱二分，市易官以收息之多，岁岁被赏"[3]。对市易务官的考核奖罚只限于本钱是否发放，利息（含市例钱）是否足额收缴，[4] 因此官收二分年息，令商人自卖，成为市易务盈利的基本方式。但交易牙利、批零差价收益不归中央财政，不须考核，对此市易务官吏趋之若鹜。市易务吸收了很多商人参与，他们被给予市易务官吏的身份，对市易务的本息负有责任。为了获得奖励，市易务利用宋代科买物品时的时估上报制度，并根据"州县物价"从地区差价中赚取利润。由于过度追求利润，导致贪污勒索及高利贷盛行。大臣吕大防上奏说，有的市易官吏"以巧取息者有之"[5]，使市易务有些时候演变成为官营高利贷。

---

[1] 转引自邓广铭：《北宋政治改革家王安石》，第224页。
[2] ［宋］李焘：《续资治通鉴长编》卷二七四"熙宁九年四月庚寅"。
[3] ［宋］李焘：《续资治通鉴长编》卷三九一"元祐元年十一月戊午"。
[4] 魏天安：《宋代市易法的经营模式》，第27页。
[5] ［明］黄淮、杨士奇编：《历代名臣奏议》卷三〇三《灾详》，第15750页。

第三，是否强迫买卖。由于市易务以收息多寡为官吏赏罚标准，为提高政绩，以多收息钱为能事，故不时有强迫、引诱民户赊贷的事件发生。如果市易务亏折本钱变卖，责任就由市易务官吏承担。这种责任与后果，是强买强卖产生的原动力。即使政府禁止强买强卖，稽查处理了一些违规人员，但强买强卖与贱买贵卖如影随形，难以禁止。比如，宋朝在沿边州郡屯集有大批细绢，作为籴买军储粮草的本钱。熙宁七年大名府知府韩绛上奏称本路安抚司累岁封桩细绢，或致陈腐，因此要求转运司用新绸绢或钱银对易，或依市易法令民户入抵出息。这种做法被批准，将"陈腐"的细绢赊卖给民户，在不降价的前提下，不强制是做不到的。市易务贱买贵卖、强买强卖的违法行为，多次有人告发，却始终未得到处理，这与市易法奖惩制度及管理漏洞存在很大关系。

第四，是否造成新的垄断。市易务依凭权力买断客商货物，只有压低价格才能获取垄断利润，而价格太低，客商不至，又会引起物价上涨，损害债务人和消费者的利益。例如，客商以官籴价贱，不再贩运，导致京城糯米价益高，酒户难以承受。这件事反映到皇帝那里，熙宁八年宋神宗下诏："酒户贷市易司糯米，自去年中限至末限息钱并减半。"减少息钱，虽可减轻债务人负担，但客商不至，米价过高，影响了居民生活；参与市易法的商人由原来的"便利"走向负债，甚至破产，也影响了开封商业发展。

第五，是否存在大量违规。官营商业不可避免地有官吏中饱私囊的情况，有时候甚至落入官员或其子女的私人腰包。例如，熙州市易务提举官汲逢，把市易本钱贷借给母亲及其族人，且在帐籍上不登录借贷人姓名，致使熙州市易务本钱12万余缗无处追讨。开封宗室及官吏借贷市易钱，经常拖欠不还，造成本钱流失。这件事情引起朝廷重视，熙宁九年，皇帝诏令都提举市易司"自今不得赊请钱货与皇亲及官员公人"。[1] 更为严重的是各级官吏贪污行贿，例如，苏辙上奏提及"吏卒"敲诈市易欠钱人户，"公行寄禁""得钱即放，无钱即禁"。王觌列举市易法之弊时说："朝廷有得息之虚名，而奸吏有冒赏之实弊也。"

---

[1] 刘琳、刁忠民、舒大刚等校点：《宋会要辑稿11》，第6818页。

由于存在以上弊端,"市易司"变成了一家最大的、带有垄断性的"国有企业"。它的任务原本是购买滞销商品,但为了争夺利润和政绩,实际上却专门抢购紧俏物资。因为只有这样才能完成朝廷下达的利润指标,也才能从中渔利,中饱私囊。

而且,随着市易法实施,赊贷本钱逐年增加,至元丰元年(1078)达到高峰。因商户亏欠过多,大量本息无法收回,所以市易法实施不久就成立了"市易抵当所",负责追讨本息,处理商户抵当事宜。熙宁七年,罚息问题引起宋神宗的关注,要王安石调查"百姓为贷市易抵当所钱,多没产及枷锢者"[1]的情况是否属实。随着欠款和罚息的增加,市易法包含的高利贷色彩越来越浓重。商户亏欠市易本息越来越多,无法收回,市易赊请法难以为继。元丰二年皇帝下诏废除市易务立保赊钱法;元丰三年(1080)废除"赊请物货旧法"。此时,对官吏的考核不再以收息多少衡量,而以追收多少欠款为标准。元丰四年(1081),政府在开封"新旧城内外置四抵当所"[2],抵当所利用罚息和拍卖抵当的收入发放高利贷,"许以金帛质当见钱,月息一分"[3]。市易法脱离了取息二分的轨道,年息120%,成了不折不扣的"倍称之息"。[4]

元丰八年,政府废除州府县镇市易务,在京市易务只有抵当所高额放贷的功能尚存,而"所收之息"不能支付吏禄"所费之半"。于是,皇帝下诏废除了京城市易务,标志着市易法被终止。元祐之后,随着政局的变化,市易法时废时兴,但其通流物货、平准物价的功能已基本废弃,高利取息的功效却倍受青睐。宋徽宗崇宁二年(1103)皇帝下诏"依元丰条例,并置市易、抵当,就委监当官兼领"[5]。市易务抵当所也由元丰时主要设在州府,到崇宁时扩大至万户以下的县和设有监官的镇,只要是"商贩要会处",均设抵当所。到南宋时期,市易务收息已不限20%,收息越多,奖赏越厚。除发放高利贷外,还直接经营茶、盐

---

1 [宋]李焘:《续资治通鉴长编》卷二五一"熙宁七年三月庚戌"。
2 [宋]李焘:《续资治通鉴长编》卷三二一"元丰四年十二月庚申"。
3 [宋]李焘:《续资治通鉴长编》卷三三一"元丰五年十一月壬辰"。
4 魏天安:《宋代市易法的经营模式》,第22页。
5 刘琳、刁忠民、舒大刚等校点:《宋会要辑稿12》,第7280页。

等多种商品买卖，性质已与熙宁市易务大相径庭。[1]

所以，越到后期，市易法的弊端越明显。但是历史记载大都将这些弊端一股脑地放在王安石任宰相的这一段时间，从而让人产生变法弊病多、问题严重的印象。对此，著名历史学家漆侠认为，大体说来，王安石变法期间，市易务的各项活动，基本上是按照法令的规范进行的。市易法在一定程度上限制了大商人的投机活动，给商业的繁荣带来了有利的条件，商税因商业的繁荣而大大增加。但他也进一步指出，在此后的几年中，宋朝专制主义统治加强了对商业的控制。[2]

美籍华裔历史学家黄仁宇从现代财税制度分析出发，认为王安石的做法太超前了，王安石变法如果成功，可以把中国历史一口气提前一千年。王安石新法是要将财政税收大规模地商业化，其方针乃是先用官僚资本刺激商品的生产与流通。如果经济的额量扩大，则税率不变，国库的总收入仍可以增加。他评论道，王安石变法设计主旨是使财政部分商业化，可是却不能在下端促成各种商品公平而自由地交换，而上端只靠上级权威强迫执行，不能自然发展，迟早必会失败。[3]新法倡导政府与民间进行交易，但却不依商业法则进行，仍是传统的专制办法，通常没有好的结果。例如，历史上桑弘羊、王莽、韦坚和刘晏等，已经提供了这样的例子。在资本主义尚未登场的情况下，以一种官僚机构管理商业和社会交换，在宋朝发生了无数的技术问题，已经不是"贪污无能"四字所可概括的。所以，黄仁宇认为，在中国官僚主义的体系内，政府局部的经商，通常没有好的结果。仅仅工商业有所发展，也不见得就会使国家强大起来。只有当整个国家体制都已商业化，经济发展质量较高，从而资源流通、组织严密、商业上的财富能迅速转化为军事力量的情况下，才能使国家强大起来。否则，商业的发达，反而可能会造成社会风气奢靡，人心涣散，不及简朴均一的草原民族强悍、便于动员，而在国家竞争中占据上风。[4]

---

1 魏天安：《宋代市易法的经营模式》，第23页。
2 漆侠：《王安石变法》，第155页。
3 黄仁宇：《中国大历史》，第461页。
4 陈胜利：《当改革遇见王安石》，第271页。

政策调整引来的祸

一个卖肉的小老板提了一条意见，竟然获得皇帝的批示，指示国家权威机构吸纳采用，调整政策内容。如此亲民的行为，让开封市民奔走相告。但出人意料的是，政策调整的严重后果超出人们的想象，甚至有人评价称，该项政策是宋神宗任用王安石实施变法的最后一条政策，也是使王安石承受压力最大的政策，此条政策一出，或许意味着轰轰烈烈的变法走向了失败。

肉行小老板提出了什么意见呢？

熙宁六年四月，开封肉行徐中正等请求，仿照免役钱法，交纳免行钱，代替向商行供肉的做法。原来，京师开封由各商行为皇宫、高官上供百货，作为经商的义务。在上供官府物品时，官员上下勒索，索要数量至少在例额十倍以上；倘不如意，即恃权惩治，商行因官司需索，赔累甚多，很多小商贩因此破产。例如，因三司副使买来的靴皮不良，即处治行人二十人。

对于徐中正等人提出的建议，宋神宗亲自过问，诏令市易务与开封府司录司详定诸行利害。当年八月，市易务主持制定了"免行条贯"，又称免行法。免行法规定，各行按照收利多少交纳免行钱，免除行户对官府的供应。

看似一个小小的调整，但背后牵涉的权贵能量巨大，远非王安石等变法力量所能够对抗。原来，在王安石推行"免行条贯"之前，北宋皇宫和权贵们的一切采购，尤其是在开封城的采购，均由京师诸行供应。各商行必须为官府和权贵们无条件地奉上他们所需要的商品。在这个过程中官吏们向商行上下其手，索取财物，各行所费钱财往往是官府所需物资的十倍以上，多出来的供应就被皇亲、国戚、勋贵瓜分，这些人成为该政策的既得利益者。王安石主持的免行法施行后，商户们缴纳免行税之后，不再向官府和权贵免费供应任何商品，哪怕是皇宫之中采买商品，都要由当时的市易司估定物价高低，按价购买。这样一来，就损害了皇亲、国戚、勋贵等既得利益集团的利益。

为什么北宋实施这样的政策呢？北宋开国之时，对皇亲国戚执行"只养不用"的政策，鼓励他们兼并土地、经商谋利，但不能过问政治。宋神宗的外祖父向经是京城有名的"影占行人",他和太监们每年从供应皇宫的交易中获得令人羡慕不已的好处;太皇太后的弟弟曹佾是有名的大商人,欺行霸市,贱买贵卖;特别是宋神宗的母亲高太后,她的家人在京城里参与众多生意,受到的打击和损害最大;枢密使文彦博的家人把生意做到全国各地。在这种背景下,免行钱极大伤害了大贵族和大商人的利益,动摇了皇亲国戚的特权,使他们失去了恣意勒索和从中渔利的机会。利益受损的大商人、官僚士大夫、皇亲国戚、太监等联合起来,在宫廷内外夹攻新法。

反对派到处宣扬各行都在收免行钱,甚至宣称政府要求各色行人都要"诣官投行",否则不得在市买卖,于是"京师如街市提瓶者,必投充茶行,负水担粥以至麻鞋头发之属,无敢不投行者"[1]。对此,郑侠批评道,免行法规定不向官府登记、不参加官府组织的行会就在开封城做买卖是有罪的。这种严苛控制造成开封城里,连街上提瓶卖水、挑担卖粥、摆摊卖鞋、为人理发者,也都得加入政府组织的行会,否则即不许营业。

听说此事后,皇帝专门找王安石询问真假。

宋神宗问:"纳免行钱施行得怎样?有人提到拎水瓶卖水卖汤的也让交钱,有这样的事情吗?"

王安石回答道:"若有之,必经中书指挥,中书实无此文字。"王安石说中书省没有下发过这方面的政令。

反对派冯京插话说:"听说后来这些细碎的钱都不收了。"

王安石说:"冯京在中书任事,所有文件都能见到,怎么能够用'听说'这样的话呢?不知以前怎样收,后来又怎么停止的?根据我所见,从开头就没有收,并不是后来停止收的,不知道刚才冯京说的话有什么凭据?"[2]

谈话表明反对派攻击提水瓶之类的纳免行钱没有依据,可能是反对派用为民请命的招牌反对市易法的手法。历史学家漆侠称反对派在此"无中生有,捏造事实"。[3]

---

1 [宋]郑侠:《西塘集》卷一《免行钱事》,清文渊阁四库全书本,第50页。
2 参见[宋]李焘:《续资治通鉴长编》卷二五一"熙宁七年三月癸丑"。
3 漆侠:《王安石变法》,第196页。

一招不行，另一招又起。

皇亲国戚与反对派官僚集中火力围攻新法。这次围攻的主要力量是宦官和外戚，并且得到仁宗的皇后、英宗的皇后和神宗的皇后的支持。他们把反对派所捏造的谣言，添油加醋之后搬到宫廷，太皇太后、太后和亲王也憎恶新法，形成了一股强烈反对变法的势力。[1]

据邵伯温记载，宋神宗和两个弟弟击毬，以玉带作赌注，嘉王赵頵却说："我若胜了，不求玉带，只求废除青苗、免役法。"除了亲王之外，两宫太后抹着眼泪，要宋神宗废去新法。身为孝子的宋神宗，为了变法竟然面临了"众叛亲离"的困境。

不仅如此，连皇宫的太监都跪在地上哭泣着说："王安石所作所为是害民，不敢不说，请皇上罢免王安石，也将我们流放，表明我们不是为了自己而说宰相坏话。"[2]

见到身边人大多数说新法弊端，宋神宗又开始动摇了，询问王安石："何故士大夫言不便者甚众？"为什么士大夫们大都说花钱采购物品很不方便啊？王安石直接说，士大夫们与宦官勾结，宦官们不能再勒索商户，利益受损，与士大夫联合攻击新政。

几天之后，宋神宗又对王安石说："取免行钱太重，人情咨怨。"皇帝感到免行税招致大家怨声载道，感叹地说："近臣（宦官）以至后族，没有不说不便的。两宫（太皇太后、皇太后）都为此哭诉啊。"王安石愤然地说："如后父向经从来就'影占行人'，因推行免行新法失去暴利。向经曾来文交涉，我们没有理睬。又如曹佾赊买人家树木不给钱，反而由内臣用假姓名告状，诬告市易司。陛下试看此两事，后族怎么会不反对呢？"王安石揭露后族，直指曹太皇太后和向太后的亲人通过商行贪污勒索。

王安石敢于拿皇族宗室开刀，不是没有先例。为了解决困扰了大宋几十年之久的皇亲国戚授官过滥的问题，王安石制定《裁宗室授官法》，明确规定赵弘

---

[1] 漆侠：《王安石变法》，第197页。
[2] 刘成国：《王安石年谱长编》（五），第1579页。

殷、赵匡胤、赵光义三族后裔中的每一支每一代只能保留一个名额,选择一位贤良为公爵,其他公爵全部废除。另外,不再给予五服以外的宗室子弟赐名、授官、享受国家补贴的特殊待遇,从此宗室子弟一律经过考试选拔后方可任官。这项规定出台后,这项财政开支一下节省将近百分之四十,成效十分显著。但对皇族宗室的裁抑改革,使皇室成员的既得利益严重受损。这些人不敢与皇帝争辩,经过一番密谋后,宗室子弟们集体守在王安石下朝的必经之路上,一拥而上拦在王安石马前,高声呼喊哭诉:"我们都是宗庙的子孙,奉告相公要看祖宗的面子。"王安石不为所动,义正词严地说:"即使祖宗世代远了,也得从祖庙中迁出,何况你们!"这些养尊处优的龙子凤孙哭闹无望,只得无奈散去,但对王安石的切齿仇恨却一直埋在心里。

既然恳求行不通,动手报复的事情就被提上了日程。这件事非常离奇,甚至成为熙宁六年的一件疑案。

据北宋林希《野史》记载,熙宁六年上元夜,王安石应邀陪同皇帝到大内(皇宫)赏花灯,当他骑马进入宣德门后,值守的太监张茂则大声叫他停下,随后示意守门卫士上前揪住王安石的马夫,不由分说对马夫一顿拳脚。马夫骂道:"这是王相公的马!"张茂则呵斥道:"相公也是人臣,难道要当胡作非为的王莽吗?"张茂则如此胆大妄为,理由是王安石进宣德门不下马。

当朝宰相居然遭人如此侮辱,王安石自然十分窝火,马上找宋神宗评理:"陛下,门内下马,并非我开的先例,先前随同曾公亮陪皇上进大内也是这样。"这一提醒,宋神宗觉得有理:"朕做亲王时,地位可是在宰相之下,不也是在门内下马吗?今天何故如此?"不料一旁的老臣文彦博冷冷地说:"老臣从来只于门外下马。"言外之意这是当臣子应该懂得的规矩,难道王安石做了宰相就能特殊吗?

在王安石的请求下,宋神宗将此案移交开封府审理。接手宣德门一案的是开封府判官梁彦明、推官陈忱。他们毫不犹豫将门卫判处杖刑,把两个大胆狂徒打了个屁股开花。

宣德门一案在朝中引发议论,不少官员指责王安石。御史蔡确公开站出来为门卫辩护:"卫士的职责就是拱卫皇上,宰相不按规矩下马,卫士理应喝止他。

变　宋

而开封府的两名判官只知道仰人鼻息,不仅不秉公执法,反而对卫士重打板子,从今往后,卫士谁还敢忠于职守?"

事情越闹越大,王安石查找相关文件,没有找到宣德门下马的规定,他问皇城司官吏,也说没有条例;当问到中书官员温齐古时,温齐古说听堂吏看棚的人讲起一件事,守护宣德门的人私下议论,一个问:"你怎么敢打宰相的马夫?"一个答:"我怎么敢打宰相的马夫,但上面的人逼得急,能怎么办?"[1]至于"上面"是谁?不同史书记载不同,疑团重重。经过多次调查,王安石逐渐明白了。或许,那天打了王安石马夫的人,是曹太皇太后最亲近的太监。而且那天王安石和岐王一同进宣德门。岐王坐轿,一路与王安石聊天,不知不觉就进了宣德门,太监打王安石马夫时,岐王却不见了。从这个细节可以看出,幕后指使人很有可能是高太后和曹太皇太后,而岐王是具体执行人,这三个人都是王安石惹不起的。他们的目的,是要逼王安石离开开封。

案情升级,牵涉了皇帝的亲弟弟,太后最疼爱的儿子岐王,让处理此案的开封府尹蔡确非常为难,王安石可以得罪,岐王得罪不起,于是他拖着案子不办。有一天,宋神宗问起来,蔡确突然愤慨地说:"开这个花灯节,是为了取悦太皇太后、太后,友爱兄弟,给天下臣民做出表率。王安石是首席大臣,应该带头响应。现在反而因为打伤了几个从人,就治亲王的罪,让太后们怎么乐得起来?"蔡确还在愤怒中说出了最后一句话:"若必以从者失误,与亲王较曲直,臣恐陛下大权一去,不可复收还矣。"不管王安石有没有受委屈,都不能处罚岐王。不然,宋神宗本人的地位就会受到威胁,皇帝的威严就没了。

事后,王安石再次提出辞职。如果王安石一走,新法将遭受重大的打击。宋神宗明白这一点,极力挽留。皇帝问王安石,是不是因为宣德门打马夫那件事受了委屈?这件事查得很细,背后没人指使。王安石说不是因为宣德门的事。皇帝问那是不是你看出来我不是一个能做成事的君主("必定是见朕终不能有所成功"),所以才抛弃我,王安石说也不是。宋神宗问:那为什么你要辞职?王安石说我病了。宋神宗问,什么病啊?京城里什么药都有,我派太医每天去给你治

---

[1] 刘成国:《王安石年谱长编》(五),第1524页。

疗，这是在南方所没有的条件。你一定是有什么不开心的事，尽管对我说（"但为朕尽言"）。王安石无言。宋神宗继续说：知道你之所以进京为官，并不是为了功名利禄，而是身有才能，要济世救民，不想白白埋没。这一点，我们是共同的（"皆非为功名也"）。我们不是一般的君臣关系！

　　皇帝挽留的话说到这个份上，王安石还能走吗？难道王安石不想继续变法了吗？每次提出辞职，皇帝都会与他谈心，耐心地挽留。

　　但更大的事情发生了，让他不得不做个了断。这个大事，就是王安石念念不忘的军事。

第六章

大宋军事

整顿军队是一个棘手的敏感问题,王安石并不赞成简单的裁减禁军,他在《省兵》一诗中提出"有客语省兵,兵省非所先。方今将不择,独以兵乘边。前攻已破散,后距方完坚。以众亢彼寡,虽危犹幸全。"在还没有提高军队战斗力的情况下,不能过早过快地裁减军队,虽然依靠数量并不能获得十分安全,但以众敌寡还犹有一战之力。因此,王安石提出裁减军队必须有计划,有步骤,一步一步地实行。但是,采取什么措施才能使军事强大起来呢?在理财富国的同时,王安石积极推动强兵政策,先后出台保甲法、将兵法、保马法、设置军器监等,他期待通过军事变革,大宋的军队人强马壮,兵精粮足,武器先进,战斗力强,从而开疆拓土、一统山河。

保甲源起

熙宁三年,管理开封府界常平广惠仓兼农田水利的赵子几报告,在担任开封府属官后,往来于京城所属的各县乡村,他看到了真实而具体的民间疾苦:农村强盗横行,公开抢掠百姓。虽然有些乡村建立了专门缉拿盗贼的耆老和壮丁,但力量太弱，纵然能捕捉到一两个盗贼，可能招来盗贼余党肆意报复，破腹挖心，当面凌辱其妻女，凶狠异常，惨不忍睹。赵子几询问原因，很多人说从前农村设立保甲，由官家指挥，专门维护治安，捉拿盗贼；现在保甲废弛，没人过问了。凶残之徒纠集在一块，杀人越货，为非作歹，公开为害。赵子几建议实行从前的保甲制度，通过官府指挥"专于觉察奸伪，止绝寇盗"。为此，他请求重新查实农村户口的数目，除了病患、老幼、单丁、女户等分别由各保各甲登记保护之外，其余主户（有土地财产的地主）和客户（没有土地财产的佃户）凡有2丁以上的，依据远近，结成大大小小的保甲，各自确立首领，在所设的保甲内巡逻，共同签订乡规民约，相互约束，捉拿盗贼，朝廷给予赏赐。这样，贫穷的农户有保甲保护，富有的乡户也可以武装起来抵御盗贼。他请求在京畿普遍推行，选派能人担任县簿、县尉，与原有的官员核查户籍，推行此法。

保甲制度是我国古代的一种户籍管理制度，它萌生于先秦，发展于秦汉，确立于隋唐，完善于北宋，延续于民国，长达三千年之久。《周礼·地官·大司徒》记载"令五家为比，使之相保；五比为闾，使之相受；五闾为族，使之相葬；五族为党，使之相救；五党为州，使之相赒；五州为乡，使之相宾"，谓六乡制。早在春秋时期，齐国就实施了什伍里甲制，十家为什，五家为伍，什有什长，伍有伍长。什长伍长负责闾里治安，一旦发现形迹可疑者要及时上报，使"奔亡者无所匿，迁徙者无所容"。战国时期秦国商鞅变法要求居民登记户籍，实行居民五家为"伍"、十家为"什"连坐法。将"伍""什"作为基层单位的做法，被后来统治者推崇。唐朝以四家为"邻"，五邻为"保"，百户为"里"。熙宁三年十二月，司农寺制定《畿县保甲条制》，把保甲制推到了政治军事管理高度。之后，元朝实行千户制，规定每十户设一个十户长，每百户设一个百户长，每千户设一个千户长，由下到上，层层隶属。明太祖"以一百十户为一里，推丁粮多者十户为长，余百户为十甲，甲凡十人，岁役里长一人，甲首一人，董一里一甲之事，先后以丁粮多寡为序，凡十年一周，曰排年"。清顺治元年（1644）年在直隶、山西、山东推行保甲制；至康熙四十七年（1708）由原来保、甲二级变为牌、保、甲三级制；乾隆二十二年（1757）规定"甲长三年更代""保长一年更代"。清时保甲制的基本形式是十进制：十户为甲，十甲为保，十保为乡镇。鉴于各地地理、交通、经济情况各异，具体实行时也有差异。辛亥革命推翻帝制后，民国政府仍沿袭旧制，1937年2月南京行政院颁布《保甲条例》，保甲编组以户为单位，设户长；十户为甲，设甲长；十甲为保，设保长。但民国时期该制度在全国名谓并不统一，如广东为"牌甲制"，广西为"村甲制"，云南为"团甲制"。

虽然保甲制度在我国历史上源远流长，但在宋朝中期一度废弛。但宋仁宗时，局部地区又将"保伍法"加以恢复。如吴育在蔡州做知府时，下令"按令为民立伍保而简其法，民便安之，'盗贼'为息"[1]。燕度在陈留县也推行保伍法防盗。

变法派成员赵子几的报告，引起宋神宗和王安石的极大关注。与此不同，枢密院主张传统的义勇制度。保甲与义勇制度的区别在于，前者是寓兵于农，属民政系统；后者类似预备役，属军政系统。宋神宗提出两套系统并存，王安石认为这更加扰民。最后，皇帝听从了王安石的建议。

之所以采用王安石的提议，与保甲法产生的历史背景有关。因为北宋执行国家养兵政策，出资募兵入伍；而每逢灾荒年份，流民增多，就花费更多的资金进行招募，减少社会上的流民数量，使其不至于聚众生事。但随着时间的推移，北宋军队中吸纳的士兵数量越来越多，给国家财政带来极其沉重的压力。而这些招募来的兵员战斗力有限，导致军费开支与士兵战斗力成反比，成为北宋军事制度中的一个严重问题。[2]

在王安石变法前，北宋政府募养的军队人数已经达到140万。军队数量庞大，骄惰成性，素质低下。在对契丹、西夏的军事战争中软弱无能，屡次落下风。为改变这种情况，很多人上奏裁减军队数量，提高军队战斗力。熙宁二年闰十一月，王安石对宋神宗提出"募兵之害，终不可经久"[3]。他认为募兵制雇佣来

---

[1] 漆侠：《王安石变法》，第65页。
[2] 陈晓珊：《北宋保甲法制定与实施过程中的区域差异》，《史学月刊》，2013年第6期，第49页。
[3] [宋]朱熹：《晦庵先生朱文公文集》卷八三《跋王荆公进邺侯遗事奏稿》，转引自邓广铭：《北宋政治改革家王安石》，第244页。

的兵丁,"大抵皆偷惰顽猾不能自振之人",因此,王安石建议,第一,不能只修修补补,而要从根本上废弃募兵制度,实行古代曾经实行过的民兵不分离的征兵制度;第二,从募兵制向征兵制过渡的时期,可用受过训练的民兵(如义勇、保甲等)逐渐代替雇佣兵执行驻防或出征任务;第三,不论民兵或今后应征入伍的士兵,全不再往脸上或手背上刺字,而应以"礼义奖养",用爱国主义、保国卫民的意识,使其自重自尊,提高军队战斗力。[1]

经过宋神宗和王安石反复讨论,保甲制的推行最终由司农寺负责。熙宁三年十二月,司农寺制定《畿县保甲条制》。办法是:乡村民户以十户组成一保,五十户为一大保,十大保为一都保。由主户中"物力最高"和所谓"有才干、心力者"(即最大的地主富户)充当保长、大保长和都副保正。主客户有两丁以上者都要抽一人作保丁,训练武艺。每一大保逐夜轮差五人巡警,遇有"盗贼"报大保长追捕。同保内有犯"强窃盗、杀人、谋杀、放火"等案者,知而不告,连坐治罪。保内如有收纳"强盗"三人以上居住三天,同保邻人不知情也要治罪。农闲时集合保丁,进行军训;夜间轮差巡查,维持治安。可见,《畿县保甲条制》实际上是一种社会治安条例,这与边疆地区以国防目的建立的民兵制度有所不同。

为了保证实施,王安石还特意强调保甲的基层领导权应掌握在"物力高强"之人的手里,即让那些素来令乡村百姓信服,又不肯巧取豪夺、欺凌别人的富人担任保长或保正。他担心如果贫困户担任保长,可能贪污、侵占别人财产,或者因与富户有仇怨,借机报复。可见,在推行保甲法过程中,王安石依靠的力量还是乡村"形势户",维护地主阶级和王朝的利益,时刻防范贫困群众获得权力,对地主富人"报其宿怨"[2]。王安石希望保甲既可以使各地壮丁接受军训,成为帝国正规部门的一种辅助力量,节省国家的大量军费;又可以建立严密的治安网,把各地人民按照保甲编制起来。

---

[1] 邓广铭:《北宋政治改革家王安石》,第244—245页。
[2] [宋]李焘:《续资治通鉴长编》卷二三五"熙宁五年七月庚寅"。

变　宋

与此相似，提出保甲法建议的赵子几，也明确说"如此，则富者逸居而不虞寇劫"[1]，认为实施保甲法可以让富人安于此地居住而不担心害怕有盗贼。很明显，保甲法的目的是要在各州县乡村中建立严密的治安体系，加强社会控制力量，维持社会秩序。

保甲法颁布后，熙宁四年先在开封府畿内各县实施，等到开封府界各县编排保甲全部就绪之后，再向京东、京西、陕西、河东诸路推行，最后推广全国。逐步推行是王安石变法的常规方法，他认为可以从试行中取得经验，完善保甲制度。

在赵子几的主持下，开封保甲推行非常快。熙宁四年春，他已经做完开封、祥符两县编制保甲的工作，并开始向陈留、襄邑等县推行，受到王安石赞赏。

熙宁四年三月，王安石对宋神宗说："陈留县因赵子几推行保甲法，揭发检举抢劫不法官民十二次。仅仅数十里的地方，抢劫不法官员如此之多，可见人们被侵扰到了什么程度。"[2] 到熙宁五年闰七月，王安石又对宋神宗汇报说："保甲法，足够除去盗贼，保护良民。前天得到汇报，襄邑县未立保甲前，八个月发生强迫、盗窃各二三十起。抢劫、偷窃的事情扰民非常厉害。如果保甲能够顺利推行，这样的事情就不会频发。"五天之后，有一个问题出现了，引起了皇帝的关注。宋神宗问王安石："听说开封附近让老百姓典买弓箭，导致怨恨。这么做恐怕不好。"原来，《畿县保甲条制》中规定"除了禁止的兵器外，其余弓箭等许可就便自己置办"，从而招致很多反对意见。对此，王安石不以为然地回答说："开封府盗贼多，抢劫杀掠，一年有二百多伙。每一伙都出赏缉拿，这些赏钱由百姓集资而来……拿出了很多赏钱，也不能止住盗窃；但保甲法能够消灭盗贼，现在已经见效了，那么即使让老百姓拿出少量的钱来买兵器，也不会有多大损失。"[3]

开封府界内的祥符等县陆续编排保甲完毕，其余各县也在继续进行。但开封府界缺乏民兵建设的基础，在政策运行之初，出现了暂时的混乱。例如，陈留县

1　邓广铭：《北宋政治改革家王安石》，第241页。
2　同上。
3　同上书，第242页。

要求民众自行准备弓箭等物品、自办钱粮、修建防御措施，给民众生活带来了很多负担。由于距离首都较近，陈留县出现的弊端传入朝堂，朝廷也很快下令予以纠正。[1]

熙宁四年三月，枢密院传说有人为了避免保甲自截手指、自断手腕，此事甚至传到了皇帝耳中。王安石招来开封差役和官员询问，都说没有自残的情况。[2]又得到赵子几上报，推测断指有可能是砍桑树误伤，自断的实在查无此人，对此，有三人可以作证。任开封府界提点诸县镇事一职的曾孝宽还在开封十七县张榜悬赏捉拿造谣者。为了进一步了解详情，王安石自己召集了八个乡村农民询问，被询问的农民大都认为很好，神态很诚恳，王安石对宋神宗说，没有断指逃避保甲的人，很多人可以作证。现在推行保甲，不但可以防盗贼，更重要的是让百姓习惯兵马，人人都能射箭，渐渐地便可以派去防卫巡检、抓捕盗贼，优秀者予以奖励，便会激励百姓竞相争取，然后可以与募兵相争，以消除募兵骄恣之风，节省养兵费用。

在应对传言的同时，新法还充分考虑不同群体的特点。对于京城门外的草市百姓，朝廷没有对其实行保甲法。因为聚集在草市的民众多是从事商业活动的城市居民，如果将他们排定保甲，不但不能使他们练习武艺，还会导致众人情绪不安，影响社会稳定。[3]

作为最早实行保甲法的地区，开封府界是遭受批评最多的地方。之所以如此，因为开封府界有以下三个特点：首先，这里驻扎了大量的禁军，在保甲法实行之前，京畿地区的社会治安任务由巡检承担（巡检也属于禁军的编制之一）；另外，本土居民的数量相对较少，平均到每户显得负担较重。其次，北宋中期，京畿地区一直保持着和平安定的局面，有"戴白之老不识兵革"的情形，对成立民兵组织比较反感。最后，这里距离首都最近，各种信息反馈到朝堂非常迅速，容易在首都地区形成强大的舆论。贾玉英在《特别路区：宋代开封府界制度考》中认为，王安石将开封府界作为新法示范区加以建设，以便积累经验，但从实施

---

1 陈晓珊：《北宋保甲法制定与实施过程中的区域差异》，第49—56页。
2 参见［宋］李焘：《续资治通鉴长编》卷二一一"熙宁四年三月甲午"。
3 参见［宋］李焘：《续资治通鉴长编》卷三五五"元丰八年四月庚寅"。

过程看，由于这个示范区距离朝堂太近，使得各种意见非常容易传播并影响朝廷的决策。王安石自己也认为，开封府界的保甲法受到质疑，主要是因为距离首都太近，如果是在江西一类距离首都较远的地区实行，朝堂上便不会出现如此多的质疑声。

正是上述三个特点，使得畿内保甲法成为王安石变法中最受争议的新法之一。[1]在各种质疑中，司马光提出了一条较为奇特的理由，在历来的研究中多次被引用："国家承平百有余年，四夷顺服，戴白之老不识兵革，一旦畎亩之人，忽皆戎服执兵，奔驰满野，见者孰不惊骇？耆旧叹息，以为不祥。"[2]如果除去迷信的因素，司马光的这条意见实际说明了时人的一种感受，即京畿地区对于军事活动的陌生感。同时，也可以看到，在改革之初的调整阶段，一种新事物刚出现时，整个社会都容易产生相应的动荡，尤其是像保甲法这样涉及广泛，几乎与家家户户都有切身关系的政策，更容易引起民众的多种反应。[3]

新法实行之初，选丁一事很快引起波澜，有传言称实行保甲法的目的是将保丁在手背刺字后纳为义军。事实上，畿县保甲法起初所关注的只是"犯强窃盗、杀人、谋杀、放火、强奸、掠人、传习妖教、造畜蛊毒"[4]等社会治安事件，并未计划将保丁纳为义军。出现这样的传言，一方面可能如王安石所说，是"为奸人扇惑"，另一方面，从这种传言产生的社会基础来看，也是因为此前京畿地区没有这样大规模的民兵事件，而北宋民众又对被刺为义军一事心存恐惧，才会造成群体恐慌心理。

义军是北方边境处的民兵组织，被纳入义军者，需要在手背上刺字，以作为民兵身份的标记。对于普通民众而言，在手背刺字虽然不如刺面严重，但依然是一件难以接受的事情。邓广铭在《王安石对北宋兵制的改革措施及其设想》中阐述了北宋军队的刺字制度，认为脸上刺字"本是从古以来对罪犯施行的一种刑罚，而今竟用之于新被招募入伍的士兵，是把士兵与某些罪犯同样看待，是把他

---

1 陈晓珊：《北宋保甲法制定与实施过程中的区域差异》，第49—56页。
2 [宋]李焘：《续资治通鉴长编》卷三五五"元丰八年四月庚寅"。
3 陈晓珊：《北宋保甲法制定与实施过程中的区域差异》，第49—56页。
4 [宋]李焘：《续资治通鉴长编》卷二一八"元丰八年四月庚寅"。

们看作低贱人和下等人"[1]。

因为推行保甲，出现一定程度的恐慌，除了有民众因逃避被纳为保甲自己砍断手指的谣言之外，陈留县还出现了要将当地保丁送去戍边的传言，以至于出现"父子聚首号泣"[2]的现象。

据苏东坡记载，他在离京之前（保甲制度试行第二年），京师曾发生一次暴乱。新兵在乡村接受军事训练，疑心受训的用意，以为会调离家乡，开到北方去和外族打仗，于是临近京都的村子里发生了示威抗议。另外，当时官方命令农人自备武器，主要是弓箭，引起很多农民不满。由于这次暴乱，王安石失去了最重要的一个盟友韩维。因为韩维正是那个地方的负责人，他奏明暴乱经过，呈请暂时延缓军训，至深冬举行，那时农忙已过，空闲较多。因此次暴乱，韩维遭罢黜。

这些传言，对宋神宗和王安石产生了影响，他们各自去核实。宋神宗派人到京畿十三个县探看麦苗生长情况，见许多百姓在练习射箭。老百姓认为，只要捉住盗贼，官府必有奖励。还说大户人家做保正，管辖形迹可疑的人，如果保甲制度废了，他们就会被形迹可疑的人仇杀。

借鉴开封的经验，王安石积极推动保甲法向京东、京西各路推行。他在《上五事札子》中，向宋神宗保证说"保甲之法成，则寇乱息而威势强矣"。但是在推行保甲法的过程中，由于区域特点不同，无论是朝廷的规划，还是各路的具体执行方式都存在一些差异，每个区域所定的标准也各不相同。例如江南东、西路与福建路的情况和两浙相似，不靠近敌国边境，国防压力较小，朝廷只是要求结成保甲形式，并未切实督促其必须完成武备训练[3]。而在西北五路缘边地区，朝廷就规定当地保甲无须进行集教，只要建立起保甲组织，"专令觉察奸细"[4]即可。同时还规定了告获奸细的奖励措施，并令司农寺订立相关的规定，令当地监司负责点校事宜。

---

1 邓广铭：《王安石对北宋兵制的改革措施及其设想》，《邓广铭治史丛稿》，北京：北京大学出版社，1997年，第113页。
2 ［宋］李焘：《续资治通鉴长编》卷二二一"元丰八年四月庚寅"。
3 陈姗姗：《历史地理视角下的王安石变法》，北京大学博士学位论文，2011年6月，第74页。
4 ［宋］李焘：《续资治通鉴长编》卷二五〇"熙宁七年二月己丑"。

变　宋

　　各路地方官员对保甲法的重视程度和执行力度也各不相同。例如，当时在两浙督理水利事务的沈括就没有把这项法规当作军事法规看待，而是首先看到了其经济意义，希望可以借编排保甲之机进行人口与田地的普查，对境内隐瞒人户、逃役漏税等问题进行清算，从而使当地经济更加规范运行。除两浙路外，章惇在湖南排定保甲时，也顺便完成了普查人口的目标[1]。保甲法的实行需要按户调查人口，以上做法收到了一举两得之效。

　　对于内地，司农寺制定的《畿县保甲条制》是一种社会治安条例。所以，朝廷对两浙路训练保甲的成效也并不抱过高期望。熙宁十年，福建人廖恩因贩盐起事，聚众劫掠附近州县，波及两浙地区，两浙提点刑狱司调发保甲分番戍守。宋神宗并不认同这种做法，他认为东南地区的保甲只是形成了编排规模，还没有真正进行武备训练，战斗力较差，征调后不但不能指望百姓建立战功，反而会影响他们正常的生产与生活，所以放归农田是更合理的处理方式[2]。

　　在南方，一些不合理的现象得到了纠正。例如，沅州地处荆湖北路南部，又与荆湖南路西境相邻，空闲荒地较多，所以湖南西部全州、永州、道州、邵州的许多人户受到吸引，前往沅州申请耕地。但当地官员认为，这些人户既然已经在湖南被编为保甲，就不应继续在湖北耕种，因此欲将他们迁回湖南。时任察访荆湖南、北路的蒲宗孟则认为，实行保甲法的本意是要防止治安案件发生，既然民众愿意前往沅州申请耕田，说明在新居住地可以获得更富裕的生活，比之留在原籍继续处于贫穷状态，对稳定社会秩序更为有利。因此，根据蒲宗孟的建议，当湖南民众前往沅州申请土地时，便不再以保甲法为由进行阻拦抽调。[3]

　　在南方边境地区，保甲法还兼有边疆经略的作用。熙宁六年，西南的夔州路设置了保甲[4]。而在梓州路，时任梓州路察访常平等事兼经制夷事的熊本在开辟边疆后，也将新纳入的少数民族部众结为保甲形式。在海南，当地对保甲法

1　参见［宋］李焘：《续资治通鉴长编》卷二四七"熙宁六年十月辛巳"。
2　参见［宋］李焘：《续资治通鉴长编》卷二八四"熙宁十年八月辛巳"。
3　陈晓珊：《北宋保甲法制定与实施过程中的区域差异》，第49—56页。
4　参见［宋］李焘：《续资治通鉴长编》卷三五五"元丰八年四月庚寅"。

的期待除了国防御边之外，还希望能够借此促进区域开发。当时海南岛开发程度有限，当地政府希望借编排保甲之机，挑选年轻力壮、愿意从事农耕的汉族民众进行军事训练，形成有效的组织，从而在少数民族地区与黎族民众杂居，在进行耕作的同时维护治安。在北宋的广东、海南等地区，北方军士不习惯当地生活，无法驻扎太多禁军，所以只能加强民兵建设，以南方人戍守南方，维护地方稳定。

从地域差异看保甲法，在北方进行军事准备是主要目标，而在南方重点在于社会治安。[1] 从新法制定与实施的过程可以看出，即使在同一个政权体制之内，由于各地自然情况有差异，国家控制力和地方需求不同，对政策的执行程度和力度也不一致，区域差异对改革方案执行产生了重要影响。

真实目的

保甲法颁布后，又陆续作了一些补充和修改，开始时十户为一保，五十户为一大保，五百户为一都保，后分别减为五户、二十五户和二百五十户。为了加强保丁的军事素质，北宋采取了两大举措，一曰上番，一曰教阅。

上番是加强保丁的军事培训工作。熙宁五年，北宋先后发布了两道命令，令保丁到各地巡检司和县尉进行"上番"，时长通常为十天半月。保丁上番"每人日支口食米三升，盐菜钱一十文"[2]，而都、副保正可另外得钱七千文，大保长三千文。王安石希望，通过上番制度，金钱、粮食等激励因素共同发挥作用，使全国老百姓"不烦驱就官学，人自竞劝者"。他甚至期待，这种做法可以达到唐朝的府兵制那样显著的军事效果。曾布补充说，税收和钱财能够刺激平民闲暇磨炼武艺，"所以不待家喻户晓而人人自奋，技术高超者人人效仿，从而形成一片良好局面。"[3]

---

1 ［英］崔瑞德、［美］史乐民：《剑桥中国宋代史》（上卷），宋燕鹏等译，北京：中国社会科学出版社，2020年，第377页。

2 ［宋］李焘：《续资治通鉴长编》卷三四三。

3 参见［宋］李焘：《续资治通鉴长编》卷二三五。

相比较而言，朝廷更重视的是教阅。为了鼓励保丁们农闲练好武艺，各保可以推举武艺高强的保丁，参加宋廷每年十月至次年一月在州县进行的军事培训，称为教阅。被推举参加教阅，可以免税，优秀者或能得到升官的资格。教阅为时一月，最优秀者接受皇帝亲自检阅，授予官职；次者奖励两千现金和免除一个月徭役。比如，河北与河东的冬教时间为每年十一月至次年二月，每期"教阅一月"，教阅分"集教"和"团教"。集教是将大保长集中教阅，开封府界设置教场十一所，"大保长凡二千八百二十五人，每十人一色事艺，置教头一"。大保长学成武艺，转充教头，又对保丁实行团教，"凡一都保相近者分为五团，即本团都、副保正所居空地聚教之"[1]。

从理论上来看，训练保丁成本很低，每人每天只需要三升米、十一文钱，比禁军便宜多了。对王安石来说，保甲法不仅仅是维护地方治安、加强政府对百姓的控制力这么简单，他心中的保甲法，是"足以除盗，固可渐习其兵，既人人能射，又为旗鼓变耳目……然后使其与募兵相参"，这样可以消除募兵的骄傲气焰，省军费，才是"宗庙长久计，非小事业"。[2] 所以，王安石提议，削减原有禁军的军职，将空出的名额拨出一部分给民兵，用这种方式吸引民众自愿加入民兵。

对于保甲法，王安石有长远规划。早在《上五事札子》中，王安石追溯了保甲法的历史源头，提出要借鉴先秦法家商鞅等人所施行什伍法，因为此法可以使得"兵众而强"，可以"察奸而显诸仁"，可以"宿兵而藏诸用"。熙宁三年七月，与宋神宗谈"民兵"时，王安石建言，罢免军官得到十之二三的职位，奖励给保甲法中的优秀者，以此鼓舞百姓豪杰（大地主），使趋为民兵，则事甚易成。通过以上做法，王安石为宋神宗构想出以保甲民兵逐步替换募兵，减少冗兵，减少冗费，改造军队，提高军队战斗力，制服西夏和契丹，从而实现全国统一大业的宏大战略目标。

依照王安石的规划，熙宁四年九月，朝廷下令开封府界各县保丁肄习武事。到熙宁六年（1073）八月，保甲军队已经取代了开封巡检手下三分之一的军队，

---

1 ［元］脱脱：《宋史》卷一九二《兵志》，第4770页。
2 转引自邓广铭：《北宋政治改革家王安石》，第247页。

保丁被分配下去，补充县尉手下的弓手职位。[1] 因为在北方保甲制度重点在于军事训练而不是防治匪患，所以在北方扎根得要深些。

宋朝对加强保丁们培训工作费尽苦心，据元丰四年（1081）的统计，开封与陕西河北河东五路参加教阅的保丁、大小保长和都保正达 69 万人次。为此，帝国设立了一个专门的机构，提举保甲司，专门负责保丁的教阅事宜。《宋会要辑稿》载各路义勇、保甲民兵总数多至七百一十八万，其中保甲民兵有六百九十三万余，形成一个庞大的地方武装。这样，皇权通过里甲制度将其权力的触须遍及每个在编人户，乡村不再是"无官员的自治地区"。[2]

可以说，王安石开启了一个国家权力向基层社会渗透的机制，这种渗透对集权主义具有相当诱人的味道。后来，王安石其他新法被废除，但保甲法留存下来并一直延续到明清和民国，它的效应也远远超出王安石所能想象的范围。直到改革开放前，在单位制下的国家—社会结构中似乎依然可以发现这种自王安石变法以来国家权力延伸向个人的影子。马克斯·韦伯一语道破天机：可以毫不夸张地说："中国的治理史乃是皇权试图将其统辖势力不断扩展到城外地区的历史。"[3]

在北宋，推行保甲法挑战了传统的"立国之策"及军事安排。用保丁代替雇佣兵，用征兵制代替募兵制，改变了北宋建立以来所奉行的"养兵"政策，也打破了北宋以来民间严禁传习武术的传统，因此带来很多怀疑和反对。

首先是来自上层的怀疑。作为掌握北宋最高权力的人，宋神宗虽然一直支持变法，但又经常表现出迟疑甚至动摇，需要王安石随时向他解释，坚定他的信心。比如，熙宁三年十二月，宋神宗与王安石进行了谈话：

宋神宗问："用募兵与民兵没有大的差别，如果兵役过苦，可能导致不好的变化。"

王安石回答："兵役过苦则造成兵变，这是事实。但募兵多数是浮浪不顾生死、不服管教的人，喜欢捣乱引发祸端，不能与良民相比。对此，我曾上奏说也

---

[1] ［英］崔瑞德、［美］史乐民：《剑桥中国宋代史》（上卷），第 375 页。
[2] 陈伟：《东西方近代化比较视野中的王安石变法——以国家问题为中心的新考察》，《南京社会科学》，2002 年第 8 期，第 45 页。
[3] ［德］马克斯·韦伯：《儒教与道教》，洪天富译，南京：江苏人民出版社，1997 年，第 109 页。

不是全都不用募兵。《周官》说，国之勇士，属于善于战斗的司右[1]，有事情让他为前锋，这样可以管束壮士，也可以避免他们造反。"

宋神宗赞同变义勇为民兵，先用其豪杰，这样才可以让众人听命。他又问："民兵虽然很好，只是会妨碍农业生产，怎么办呢？"

王安石回答道："先王以农为兵，因为乡村也发生战争之事。农民平时耕田，编好了组织，一旦有战事发生就出发征战，不会太妨碍农业生产。"

宋神宗说："只是凭借民兵不一定能取得胜利，怎么办呢？"

王安石说："唐朝以前没有脸上刺字的黥兵[2]，也可以战胜敌人。我认为募兵和征兵没有太大差别，主要在于将帅怎么样。将帅并不是很难找到，需要皇上能察见诸位大臣的贤愚忠奸，善于管理他们，人才出现就使用，不会担心没有将帅可用。有将帅，就不会担心民兵不好用了。"[3]

虽然如此，宋神宗还是忧虑浮浪之人学习武艺为祸一方。熙宁五年五月，宋神宗指示中书省"保甲浮浪无家的人，不能练习武艺"。有时，他甚至认为保甲法不如禁军法严密。

王安石说："保甲法严密需要一个过程。纵使其间有浮浪凶恶的人，但不会比良民多，也不能危害一方……追捕盗贼能够得到优厚的赏钱。即使有武艺的人，也不愿意舍弃这样优厚的赏钱，怎么还会犯法呢？……如果他们想当盗贼，也不过是为保甲兵士提供取赏的机会罢了。没有什么可担心的。"[4]

到了熙宁六年八月，宋神宗又担心地说："如保甲、义勇都并行，将来岂不费粮草？"

---

1 司右，官名。《周礼》谓夏官司马所属有司右，设上士二人，下士二人，并有府、史、胥、徒等人员。司右掌群右之政信。群右指陪乘在尊者最右侧的负责警卫的人，又称车右，勇力之士任之。司右统辖有勇力、善用各种兵器的人员作为部属，有事时编制车队，委派车右。

2 唐末五代时期，鉴于士兵"开小差"的情况严重，出现了"黥兵制"。所谓"黥面"，就是在脸上刺字，这原本是一种惩罚犯人的方式。北宋名将狄青是从士兵成长起来的一位高级将领，人称"面涅将军"，就因为当年入伍时被黥面。据《嘉泰会稽志》"军营"条，宋朝招募士兵，体检合格后，接着就是"黥面"程序。黥面后，新兵才能拿到相应的报酬"衣履、缗钱"，称为"招刺利物"。除脸上外，手臂、手背等部位也可刺字。

3 参见［宋］李焘：《续资治通鉴长编》卷二一八"熙宁三年十二月"。

4 参见［宋］李焘：《续资治通鉴长编》卷二三三"熙宁五年五月丙戌"。

王安石说:"保甲、义勇,需要用减少募兵节省的粮米来供应。"

宋神宗担心消减军队造成动乱,说:"募兵也减不得。"

王安石说:"既然有了保甲代替募兵的任务,就不需要这么多募兵了。可以计算兵数,减少适当的人数。现在京师募兵,逃亡、死亡、放走及不干的,每季度有数千人。我们只是不再招募,就减少了总数。"[1]

推行保甲后,禁军中死伤逃亡等出现的缺额,果然不再招募填补,其所得钱粮赏赐等,从熙宁十年开始即作为一个专门项目分别储存在各路提点刑狱司管理的仓库中,以备边防战事使用。据范祖禹元祐年间说,诸路提刑司所储藏的"缺额禁军请受钱帛、斛斗"数量巨大。[2]

保甲法施行早期,比如熙宁二年,有些地方开始雇佣而非征募村里户长,承担收税的功能;此外还有耆老和壮丁,负责防火防盗。然而,这个情况很快就发生了变化。熙宁六年,保甲制度在全国推广,一年后朝廷废除了户长与城市的里正等职位,把他们的税收职能转交给了保甲组织,让保甲组织承担税收征缴工作,成为主要的税收代理人。熙宁八年(1075),朝廷统一规定保甲机构负责村一级所有地方公共服务,保丁们不仅负责征收所有税、免役钱和青苗利息等,还负责防火、修桥修路、维护治安等。

这种做法引起宋神宗的担心,因为已经征收免役钱,还让保丁承担一些劳作差事有损于朝廷的信用。但王安石坚持认为每个人都应该执行各种各样的任务,"若止令习兵,不可贰事,即不知余事令谁勾当"[3]。

这种做法受到了一些人的批评。熙宁九年(1076),御史周尹请求朝廷分开保甲与村级政事,重新雇佣耆老和户长,就像免役法刚开始那样雇人服役。江西安福县知县上官公颖也认为保甲组织代行村级职能的做法违背了免役法的初衷,提出如果耆老、壮丁和户长的职位不再必要的话,那么免役钱也应当相应减少。

---

1 邓广铭:《北宋政治改革家王安石》,第251页。
2 同上书,第252页。
3 [宋]李焘:《续资治通鉴长编》卷二六三。

变　宋

虽然保甲法取得了一定成效，但是在宋神宗的顾虑之下，王安石推动的保甲法并没有起到逐渐替代募兵制的作用，也没有达到王安石强军的终极目标。特别是在保守派的反对下，宋神宗的思想只停留在将农民组织起来防御盗贼、维护社会治安和减少一定数量的雇佣兵上，没有如王安石所想的那样使募兵制最终向征兵制发展。所以，在王安石罢相之后，保甲法虽然还在实施，但已经不再像王安石最初设想的那样具有改革兵制的功能了。[1]

不仅如此，原本旨在维护治安、强大军力的保甲法还带来了巨大的隐患。比如上番、教阅影响农业生产倒是其次，关键这会让农民受尽保正、保长、巡检、巡检部属等官吏欺凌和勒索。本身宋朝军队管理就存在大量问题，而保甲法是拿管军队的方法管理保甲。

军队腐败，还拿管军队的办法管老百姓？可以想象在这种环境下，保丁有多么悲惨。比如，定州新乐县一教场，保丁五十人，有四十九人受"臀杖"（打屁股），先打一边，留一边下次再打。而且训练、装备都要保丁自己掏钱。贫下户保丁本来就没钱，还要遭受无穷的剥削勒索，又遭受残酷的体罚与迫害，逼得他们逃跑外乡，有的贫下户甚至自己弄瞎眼睛，切断手指，变成残疾来逃避充役。御史王岩叟称："保甲一司，上下官吏无毫发爱百姓意，故百姓视其官司，不啻虎狼，积愤衔怨，人人所同。"[2] 结果本来不"耽误农时"的保甲法，成了保丁背上沉重的包袱。上头的文件一下，不管你田里粮有没有收获，家里老人是不是病了，都得去县里参加集训，私逃上番，杖七十。农民多了一项沉重的义务，保正、保长、都保长、巡检等各级官吏则多了一项欺诈盘剥百姓的权力。

于是，就有了不堪盘剥的保丁们群起反抗官府。有的地方爆发了保丁的武装反抗，他们抓住地方指使，驱逐巡检，攻击提举司地方官衙[3]。例如河北保丁一百多人为一群，进行武装暴动，州县不敢奏报。还有像单安、王乞驴、张谢留等为

1　邓广铭：《北宋政治改革家王安石》，第258页。
2　[元]脱脱：《宋史》志卷一五三《兵考五》。
3　参见[宋]李焘：《续资治通鉴长编》卷三六一"元丰八年十一月丙午"。

首的保丁起义，往来二州之间，夺取地主的财物，焚烧房舍，杀官吏。获鹿县（今石家庄市鹿泉区）的保丁，愤起砍射教练官员提勾孙文、巡检张宗师。陕西军士王冲在商、虢州界起义，聚众数千人，乘保马到各处杀伤官吏，冲击保甲团教场。由于保甲的上番和教阅给农民带来巨大困扰，使得原有的社会矛盾更加激化。为了缓和矛盾，宋廷只能减少训练、教阅和上番，这些情况表明保甲不可能具备较高战斗能力。

而拥有了一定军事实力的保正们，很多则成了地方一霸，为非作歹，作奸犯科，地方官庭却无法对其进行惩罚和制约。到后来帝国"盗贼横行，多保甲也"，这是变法者王安石很难预料到的后果。当然，这都不是最坏的结果，最坏的结果远远没有写在纸面上。

有人评论，打着革新的牌子，王安石其实走的是一条老路，叫寓兵于民，兵民一体。那是中国春秋至南北朝时期的特有产物。本质上来说，就是将帝国军事的专业化慢慢蜕变为业余化，这注定了王安石这一军事变革失败的必然命运。帝国中后期长时间拥有所谓几百万保丁，但却从未在一次军事行动中使用过这些"军事力量"。例如，元丰四年帝国征伐西夏，本来一开始准备在开封和陕西一带征集万余保丁参加，西征主帅之一的王中正一听连忙上奏折，说就算缺兵也不能拿保丁来充数，让朝廷取消了这一疯狂的想法。后来金人入侵，快速抵达帝国的首都，很遗憾的是帝国几百万民兵组织对金人的入侵没有起到一丝阻击作用。从这种后果看，王安石的如意算盘打错了，腐败的军政体系，训练不出强悍敢战的军队。

一个保丁的生活轨迹

在宋朝，普通人要获得官职，大概有四种途径：一是参加科举考试，二是官员子弟或亲属以荫补方式入仕，三是军功入仕，四是卖官鬻爵或其他特殊途径。然而，王安石变法为一些普通人入仕为官打开了一条特殊渠道，有些人通过保甲法获得了官职。

变　宋

游彪在《山西碑碣》一书中，发现周邦彦所撰写的田子茂墓志铭整理了他从一个普通保丁成长为武官的历程。作为一个普通农民子弟，田子茂从保丁到官员的人生轨迹，可以透视出北宋社会鲜为人知的诸多情形，其仕途的沉浮正是北宋历史场景的真实再现。[1]

田子茂（1059—1114），生于嘉祐四年六月二十六日山西忻州秀容县一个普通农户之家。如果推论祖上，他是唐代魏博镇节度使田承嗣的后裔，然而田承嗣后裔甚多，到了第三代，再没有出现杰出的人物，而到了北宋中期，历经一百多年，田家早已衰落成普通人家。田子茂的父母只是普通农民。

据说，田子茂幼时比较聪明，"稍长则便能武事"。因忻州处于宋朝边境，"其俗刚悍而朴直"，尚武之风盛行，他从小练习武艺。熙宁三年，北宋开始推行保甲法，要求"主客户两丁以上，选一人为保丁"[2]。由于田子茂家有两个以上男子，且他武艺出众，没过多久便"以弓马被荐"。

按照宋朝政府颁布的政令，保丁武艺符合相关等级标准就会授予相应的官职，武艺考试规定为"试骑、步射，并以射中亲疏远近为等……第一等保明以闻，引见于庭，天子亲阅试之，命以官使"[3]。然而，各地保甲能够推荐的名额极为稀少，如河东、河北路等五路仅仅有七个名额，大致相当于十万人中挑选七人。[4]被选中者每隔两年到京城参加"阅试"，经过考核后被授予相应级别的官职。

元丰六年（1083），田子茂24岁，年富力强，非常幸运的是他从河东路众多保丁中脱颖而出，获得了前往京城参加武艺考试的绝好机会。七月二十七日，"天子临轩试之，中第一"，宋神宗亲自主持了武艺考试，田子茂获得第一名，于八月五日"补三班差使"。十几万保丁中只有屈指可数的人才能获得这种职位，可以说这是田子茂人生最为辉煌的时刻。虽然"三班差使"是一个没有品级的武官官阶，但毕竟不同于普通保丁，这位普通农家子弟拥有了官员的身份，改变了他本人及其家族的地位。

1　游彪：《名门后裔：宋代一个普通人的异常生活轨迹》，《中国史研究》，2019年第3期，第125—142页。
2　[元]脱脱：《宋史》卷一九二《兵志六》，第4767页。
3　[元]马端临：《文献通考》卷一五三《兵考五》，第10431页。
4　《宋会要辑稿·兵二》记载，开封府"保甲七万三千七百一十八人"，河东路"保甲一十三万五千六百三十八人"。

第六章 大宋军事

田子茂从京城回到河东路后,被任命为提举保甲司属下随行官员,其后又在邻近他家乡的代州(山西代县)繁畤县(山西繁峙)负责保甲事务。经历两个武官任期和十年的磨炼,在他35岁时,恰逢仙居县缺人担任县尉之职,于是淮南西路"宪司"派遣田子茂担任此职。虽然仙居是淮南西路光州管辖的最为偏僻的县份之一,但县尉乃是朝廷从九品命官,意味着他从无品级的武官变成了朝廷命官,其仕途也随之而步入了正常轨道。

仙居县是1000户人口左右中下县,属于宋代十等县的倒数第三等。在仙居县担任县尉期间,田子茂兼任了主簿之职,不久该县又缺知县,于是又承担了知县的工作,实际上成了仙居县唯一的朝廷命官。通常,宋代知州、知县由文官出任,武官很难获得这些职位,然而田子茂完全掌管了仙居县各项政务。在任期间,他行事果断,处理了"十余年不决"的一桩争夺财产的积压案件,并很快将关押百余名犯人的案子审理完毕。其行政能力得到了当地人的普遍赞誉,"吏民惊喜,一境称治"。由于他在仙居任职时间比较长,且深得民心,于是"合土士众,诣郡请留",有不少人到州里请求上级政府让田子茂继续留任。但因为他是武官身份,没有留任的先例,因而作罢。

绍圣二年前后,田子茂担任了泾源路第四队队将,这是他第一次正式担任武将官职,这个官职是宋朝推广将兵法以后军队中基层的统兵官。此时,吕惠卿担任延安府知府,他不认识田子茂,但可能听说过他保丁夺冠的事迹,对田子茂比较器重。因此,当田子茂面见吕惠卿时,吕惠卿经考察后将他"置于左右,待极优异"。此时,田子茂官品很低,也想尽办法与顶头上司搞好关系。后来田子茂得以"奏辟焉",就是说吕惠卿是通过所谓"奏辟"的方式让田子茂从政为官,"奏辟"是宋代路级、州级官员依据相关规定依法自行选择下属官员,具名上报以后即可任职。宋人对这种升迁途径极为重视,认为"作官从人奏辟,非但宾主,便有君臣之义,不宜轻也"[1]。也就是说,一旦被上级官员辟举,下属与上级之间不仅仅是"宾主"之谊,而是接受了对方莫大的恩惠,有了"君臣之义",这是非常严格的上下依从关系。从此以后,田子茂与吕惠卿之间自然也就结成了一

---

[1] [宋]陈长方:《步里客谈》卷上,清刻守山阁丛书本,第4—5页。

种异常特殊的荣辱与共的关系。

宋哲宗亲政以后，一改高太后垂帘听政时期与西夏和谈的政策，派遣将领对西夏主动发起了大规模攻击。宋军在河东路、永兴军路等地向北推进，重创了西夏军队。绍圣三年（1096）七月，田子茂参加了征讨西夏的战争，他跟随泾源路兵马钤辖张诚一起攻打西夏的成平，在击败西夏军队之后"兼荡其寨"。此次宋朝军队的出击，似乎对西夏构成了相当的威胁，为了尽快挽回颓势，西夏国母梁氏"率众号五十万入鄜延"，从东、中、西三个不同的方向对北宋进行反击，西夏军很快便攻克了延安以北的要塞金明寨（陕西安塞南）。然后，宋军迅速组织反攻。田子茂"从本将逼逐"，双方经过一个月左右的苦战，"至十月初二日，两军大战于铁冶"。战斗开始，宋军似乎占了上风，但西夏派遣了相当多的军队参战。双方从早晨战斗到黄昏，在"马毙箭绝，肢体被伤"的情况下，作为宋军低级统兵官的田子茂只好带着手下士兵突围，"与残卒数人再战，夺路致捷而出"。墓志铭上说田子茂顺利突围，甚至还上报皇帝，得到了"赐银合香药、茶绢及进官一阶、减二年磨勘"的奖赏。虽然在这次战役中宋军陷入重围，损兵折将，幸运的是田子茂在异常艰难的情况下逃出来，并升了官阶。

铁冶之战后，田子茂升为泾源路"权第六将部将"，率领所部参与了修筑威戎城。通过不断兴筑城寨工事，逐渐深入西夏本土，是宋哲宗时期对付西夏总体战略的一个重要层面。此时，吕惠卿担任鄜延路经略使，田子茂被委任为经略司准备差使，作为重要幕僚再次回到吕惠卿身边任职，实际上进入了鄜延路军事领导的核心。

绍圣四年（1097），吕惠卿派遣宋军攻破西夏宥州、夏州及其附近地区。这一地区是西夏最为重要的粮仓之一，宋军进入这些地区后破坏了西夏军队的物资保障，使西夏被迫派遣军队前来守卫。然而，宋军在东线战场并没有长期占领西夏的城池，而是更多地采用不断袭扰的方式，随时派兵攻占西夏本土的各个重要区域，使西夏王朝不得安宁。元符元年，田子茂跟随宋军再次进攻夏州（陕西横山西北），破荡贼众，斩首八百级，生擒带牌伪天使一、大首领二，牛马孳畜万计。[1] 该年，田子茂39岁，升任供备库副使，这是他一生中做官的最高品级（表5）。跟随吕惠卿之后，可以说田子茂官运亨通，在短短的两三年内便迅速升为从七品的武官。

表5　田子茂仕途履历表

时间（？为不确定或大致年代）	阶官	差遣	勋	品级
元丰六年	三班差使	提举保甲司随行教阅本都保内人兼部辖、代州繁时县巡检教保甲官下指使、光州指使。仙居县尉兼主簿兼县令		无品
绍圣二年（？）	三班差使	泾源路第四队队将		无品
绍圣三年		权鄜延路第六将部将、第六将准备使唤。		
绍圣四年		鄜延路经略司准备差使		
元符元年	供备库副使			从七品
元符二年	如京副使、升庄宅副使		武骑尉	从七品
元符三年	骐骥副使、西京作坊使		从七品	
建中靖国元年		绥德军临夏寨主		从七品
崇宁元年（？）		同管勾黑水堡公事		从七品
崇宁二年			飞骑尉	从七品
大观元年	六宅使	真定府路准备将领、同管辖训练河北第十二将军马	骁骑尉	从七品
大观二年	内藏库使	同管辖训练河北第十三将军马	从七品	
大观四年	皇城使	权领赵州事、河东路第六将副将	从七品	
政和二年	武功大夫	河东路第六将正将		从七品

资料来源：游彪《名门后裔：宋代一个普通人的异常生活轨迹》

北宋地方政治深受朝廷政局动荡之影响，可能会因为不同官僚个人的政治理念或是非恩怨而出现转折性的变化。元符三年（1100），宋哲宗去世，宋徽宗赵佶即位。为了缓和哲宗绍圣时期排挤打击元祐党人而引发的矛盾，宋徽宗统治初

---

[1] 参见［宋］李焘：《续资治通鉴长编》卷四九八"元符元年五月庚申"。

期起用了一些绍圣年间受到压制的反变法派人士。其中，范仲淹之子范纯粹来到延州任职，由于他早就与吕惠卿不和，对吕惠卿在当地实施的政策颇为不满，还上书朝廷揭发吕惠卿虚报战功。"诈冒功赏"在宋朝是较为普遍的现象，尤其是在边境地区官员往往夸大战绩以邀功行赏。为了核实情况，范纯粹采取了相当严厉的手段，"置狱吓胁战士，出榜谕人，意要虚首"，即以司法方式胁迫相关将士，张贴告示要求他们自首。这种做法令将士深感恐惧，即使曾经立功的人也不敢指望升职，但求没有祸害。

对于中下层官员田子茂而言，面临非常艰难的选择，也是其人生和仕途的重要考验。他与皇城使范宏、黄彦等人被捕入狱，但都坚决否认曾经有过邀功行赏之事。田子茂表现尤为坚强，甚至对审问他的人辩解说："首可舍，冒赏则无，不必某，一路皆然。若本无功，斩虏数万，辟地千里，不知自何而得也。"他自辩不仅没有"冒赏"，而且全路都是如此，否则就不可能出现"辟地千里"的成效了。毕竟，他与吕惠卿交往比较多，个人之间情谊深厚。不管出于人情世故，还是为了自己的政治前程，田子茂似乎都没有太多选择的余地。对于出生草根阶层的田子茂来说，与其认罪被降职甚或丢掉官位，倒不如选择概不承认。范纯粹了解了他宁死不屈的性格，只好将他释放了，且任命他为"绥德军临夏寨主"。尽管职位并不是多高，但毕竟是一座城寨的最高军事领导人，但田子茂拒绝了范纯粹的好意。经过这次事件的磨难，田子茂不仅获得高度赞赏，吕惠卿对此也相当感动，说"我以后一定要厚待田子茂，必定不会忘"。在关键时刻田子茂赢得了莫大的声誉，"故天下之人闻公之风者，识与不识，皆推为大丈夫矣"。

尽管田子茂并未承认"冒赏"之罪，但是范纯粹下了很多功夫调查，有很多人认罪服法。建中靖国元年（1101）八月二十九日，鄜延路经略司上报朝廷，"本路自绍圣以来前后所奏功赏，例多妄冒"，并直接指出这是由于经略司处置不当而造成的，将责任完全推给了"帅臣"吕惠卿。于是朝廷决定贬谪吕惠卿等人。

田子茂听说后，为吕惠卿等人鸣不平，甚至"犹欲诣阙，以雪众冤"，想到京城开封去鸣冤申诉，但最终未能成行。经过这次事件，田子茂表面上似乎并未

第六章 大宋军事

受到太多的牵连,被任命为"同管勾黑水堡公事",这是位于宋夏边境的一个城堡,隶属于绥德军(陕西绥德)。事实上,这一任命意味着田子茂的仕途遭遇了很大的挫折,实际职权也少了很多。

至崇宁年间,宋朝与西夏之间战事再起,蔡京的心腹陶节夫来到延州,担任最高行政长官。此前田子茂与陶节夫之间没有任何往来,"性酷贪饕"的陶节夫刻意打压田子茂。本来是邻近黑水堡的威戎城的番官"逃背"了[1],陶节夫未惩处负有直接责任的威戎城官员,而是责怪邻近的黑水堡没有觉察到这些人的逃亡,他提出要贬去田子茂的职务。后来,这一处罚决定并未施行,但对田子茂的仕途发展影响很大。在失去了官场靠山之后,田子茂不得不更多地依靠个人之力面对仕途的困境。最后,陶节夫让田子茂继续留任,田子茂本人也作为一线统兵官参与修筑和保卫边疆城堡的战斗。在宋徽宗崇宁开边过程中,田子茂跟随宋军转战于宋夏边境的多处城堡;但此时,他仅仅是统领黑水堡守军的小军官,在当时的战争中是一个无足轻重的人物而已。

在崇宁三年(1104)前后,田子茂的父亲去世,他回到家乡奔丧。除了丧父之痛,此时也是他仕途受挫之际,他对自己在官场中受到的不公正待遇满怀委屈,"前任之事,不复辨也",表明他当时极其无奈的心境。由于他与两任延安地区行政长官之间几乎毫无办法进行必要的交流,自然也就得不到他们的赏识和信任。

在田子茂服丧期间,北宋与西夏之间的战事仍然持续进行。崇宁四年(1105)三月,宋军修筑银州城(陕西榆林南),又夺取了银州,开辟了宋夏东线战场,迫使西夏分兵前来迎战,北宋逐渐形成了不同于以往的战略格局。由于收复了银州,鄜延路经略司上报枢密院请求朝廷将这一地区的人事权下放给经略司,宋徽宗基本同意,于是服丧期间的田子茂"又自服中辟",接受了经略司的任命。当地行政长官钟传任命他为银城寨(陕西神木南)都监,这是极为靠近宋夏边境的一座城寨。也许这个职位仅仅意味着到一个新地方任职,对仕途没有益处,田子茂坚决辞去了这一职务,此时,他已然"了无仕宦意",对官场充满了失望之情。然而,在其"亲戚、乡人"的推动下,田子茂又回到了鄜延路,参与

---

[1] 番官:宋代边境地区少数民族任朝廷官职者,称为番官;逃背:败逃之意。

了修筑"龙泉、土门、镇边三寨"的工事。

至宋徽宗大观初年,北宋谋划收复燕云地区。为了遴选统兵人才,政府下令召集有能力的武将参与燕云地区的战事,田子茂最早响应倡议,义无反顾地来到宋辽边境地区。朝廷任命他为"真定府路准备将领",而其实际职任却是"同管辖训练河北第十二将军马",率军驻扎磁州(河北磁县),与宋辽边境的距离较远。此时,河东、河北路发生了一次百人的"叛乱",田子茂在平定叛乱的过程中发挥了积极作用。大观二年(1108),田子茂担任"同管辖训练河北第十三将军马",驻扎洺州(河北大名),后又移驻赵州(河北赵县)。

在赵州没有知州的情况下,安抚司派遣田子茂"权领郡事兼接待人使",除了该州的日常事务之外,还要负责接待辽国使者,实际上担任了该州最高的行政长官,这是田子茂一生所担任过的最高行政职务。大概是年龄的缘故,此后田子茂又再次回到河东路担任第六将副将,驻扎在距离故乡不是很远的隆德府(山西长治)。安抚使钱即非常赏识他,政和二年(1112)田子茂被任命为第六将正将官。两年之后,"因按兵辽泽,不幸致疾",回到隆德府不久后去世,享年56岁。

作为一个农民家庭的孩子,田子茂自幼练就了一身好武艺,享受到了宋神宗时期变法革新的成果,从一介平民的保丁一步一步晋升为从七品将官,成为变法的获利者。在中国古代官本位社会中,田子茂可以说是成功的。但伴随着北宋内外局势的变化,田子茂的仕宦生涯经历了变法派的提携和反对派的打击"二重天"。朝廷上下无处不在的党同伐异,从很大程度上影响了他仕途的发展,在从七品将官之后,十六年间再也没有获得官位品级的晋升。这种情况,严重挫伤了他的进取之志,加之宋代实施重文轻武的传统国策,田子茂自然也不喜欢儿孙"复以武进",而是非常看重他们能够"衣青衣而入门"。由于田子茂在仕宦过程中缺少家族可资其利用的各种关系网,尽管他为官后表现得尽心尽力,"生平历官,日夕不怠",职位始终未能获得晋升。在这种情况下,他必须不断调整并逐渐扩大自己的活动空间,在宦海中进行各种必要的算计,以至于损害了自己的健康。"故致劳役其心神,戕贼其天年也。"即使如此,他也没能避开仕途诸多或明或暗的坎坷,到死也只是一个级别不高的将级武官。

第六章　大宋军事

兵马大计

北宋中期面临的军事形势是王安石变法的重要外部因素。这些外部压力，在一系列争端中影响了内部政策的实施，成为王安石变法的重要考量因素。

在对外方面，北宋面临许多至关重要的不利因素。

第一，失去了地理上的优势。五代时期石敬瑭将燕云十六州割让给契丹以后，北宋建国伊始便失去了阻挡北方游牧民族南侵的地理屏障，边患一直无法消除。

第二，没有优良战马。终宋之世，今青海、甘肃、宁夏、内蒙古和四川西部的大片土地，皆落入吐蕃和西夏之手，从而断绝了西北方战马的主要来源，使骑兵的作战实力大受影响。在冷兵器时代，骑兵的强弱，往往会影响到战争的结局。宋朝多次被辽、金、西夏等打败，无不与骑兵弱小有关。

第三，北方民族不断南下，甚至有了问鼎中原的企图。与汉之匈奴、唐之突厥比较，宋朝先后遇到的契丹、女真和蒙古族，不再满足于入侵汉地掠夺子女玉帛和粮食，而是受到中原先进文化和生活方式的影响，怀有入主中原、统一全国的雄心，仅靠"和亲"和赠送财物，已经起不到长期稳定局面的作用。

在对外战争中，宋朝军事力量孱弱，经常处于被动挨打的境地。除了北宋初年取得过一些胜利之外，自宋太宗赵光义北伐失败以后，在军事上败多胜少。后来，北宋逐渐矢去了进取决心，把政策重心转向对内，对辽国采取消极防御的政策，即在雄州、莫州、霸州等边境地区修塘堰、开水田，或种植榆林、柳林，以阻碍辽国骑兵进攻，外交上则采取以金钱换取和平的方式。

这种局势的形成，是宋辽长期军事战争陷入僵局的结果。势力均衡之下，战争造成双方损失巨大而所获很少。景德二年（1005）澶渊之盟后，双方达成共识，正式承认了均衡状态下两国并存的局面。宋朝认为，为和平付出的费用，比战争花费的成本要少得多。为了保持这种"和平"局面，任何军事方面的战略举措都要考虑是否会因此与辽国发生事端，担心辽国以此为借口挑起战争。为此，河北地区的驻军连经常的训练也不敢进行，连军营堡垒和防御工事也不敢修葺，唯恐辽国妄动干戈，自我约束防止生事而形成的苟且偷安的氛围笼罩着北宋王朝。

变　宋

　　为了"和平"，北宋年年缴纳大量金钱和物资给辽国与西夏，一方面给老百姓造成了沉重的负担，"国帑虚竭，民间十室九空"，难以为继；另一方面导致在北宋老百姓血汗的滋养下，西夏和辽国的力量增强，胃口越来越大，变得欲壑难填。在北宋、辽和西夏的三国鼎立之中，北宋经济最发达，军队人数比较多，但战斗力很弱；辽国国力强大，军事最强，威胁最大；西夏国力虽弱，但最为好战，侵扰不断，成为北宋挥之不去、战之不胜、消灭不了的宿敌，一年一年、一步一步大量消耗着北宋的财力和精神。

　　西夏建国前，割据于夏州（今陕西靖边县北白城子）的李氏政权与北宋打打和和。后来，为了对抗北宋，西夏向辽国称臣并得到册封。为了巩固和辽朝的关系，西夏主李德明多次为儿子李元昊向辽请婚。1029年，辽兴宗把族姐兴平公主嫁给了李元昊，并封李元昊为夏国公、驸马都尉，自此辽朝一直以宗主国的身份自居，偏袒西夏。北宋天圣十年（1032），李元昊继承父位，北宋宝元元年（1038）正式称帝。北宋自然不能答应一个割据的藩属称帝，不仅关闭了互市，而且悬赏捉拿李元昊。从1040年到1042年，李元昊发起了三次大规模的进攻，并在延州（今陕西延安）的三川口之战、镇戎军（今宁夏固原）六盘山的好水川之战、镇戎军西北的定川寨之战中均大败宋军。当时北宋宰相吕夷简惊呼："一战不及一战，可骇也！"而且，地处西北贫瘠地区的西夏，经济不发达，不足以支撑庞大的军队，一遇水旱灾害或其他困难，就入侵宋朝边境获得人员、物资和给养。后来，抢劫宋朝边境变成了习惯，成了西夏应对灾害、过上好日子的唯一手段。

　　几十年来，北宋与西夏争战不断，仁宗、英宗、神宗、哲宗、徽宗时期，北宋与西夏都爆发过大规模战争。北宋本想一举解决西夏，但西夏和辽结成姻亲关系，奉行倚辽抗宋之策。而辽国利用宋、夏矛盾，从中渔利，不断向北宋讨要好处。面对不利的边疆局势，是长期备战辽国？还是先解决西夏？成为北宋几代皇帝不得不考量的重大战略性问题。

　　为缓解这种困局，北宋朝野爆发了一场大辩论。一派以王安石为首，主张变法图强，抗战自卫；另一派以司马光为首，主张继续妥协，苟且偷安。他们认为，北宋"储蓄赐予"不备，"铠仗士卒"不精，根本没有战胜敌人的希望。他们宣扬战争灾难论，说战争造成生灵涂炭，一打仗就会给人民带来极大祸害，而妥协退让、"屈己增币"（即在辽和西夏面前委曲求全，奉上更多的财富）才是"兼爱南北之民"；还把自己的投降主张美其名曰地说成是"为民请命"。为此，他们反对进行抗战的准备，攻击王安石加强军事力量的变法措施"徒致契丹之疑"，只能招来战祸，鼓吹只有用仁义之心对待敌人，敌人才不会"兴兵犯塞，以困生民"。

王安石针锋相对进行反驳。他分析说：契丹政权已处于"四分五裂"之中，"我今地非不广，人非不众，财谷非少"，没有惧怕契丹的道理。只要变法图强，"急修攻守之备"，"坚壁清野，积聚资粮"，契丹就"未能深为我患"；他反对在敌人面前表示软弱，认为"示弱太甚，召兵之道也"，招致敌人侵扰的不是敢于抗战的爱国主义路线，而是妥协退让的投降主义路线；王安石批判了"战争灾难论"，认为妥协投降给人民带来了无穷的灾难。

在王安石看来，变法图强，内修政治，加强军事，才是解决边患的根本策略。王安石变法体现在军事方面，最典型的措施是将兵法和保马法。

王安石特别强调将领的重要性，他认为募兵与民兵没有差别，关键在于任用的将帅如何。将帅不难求，只要皇帝能明察秋毫，使真正的人才脱颖而出，就不担心没有将帅可用。有了优秀的将领，就不必担忧民兵不可用。[1] 所以，如何选择任用将领成为改革军事的关键。

探其来源，择将法并不是没有先例。范仲淹在陕西时，曾对军队编制进行调整。他把鄜延路禁兵一万八千人分成六将，每将派人指挥训练。当时蔡挺正在范仲淹手下，对此非常熟悉。熙宁七年蔡挺被任命为枢密副使，全面主持将兵事，协助王安石在全国推行"将兵法"，分为以下几个方面：

第一，整顿军队。为了淘汰弱者，对禁军和厢兵进行了全面考核，那些身高不合格、体能不达标，通不过考核的，一律淘汰，逐级下放，直至放归为平民。而在农村保甲中，武力高强者可以破格选进军队。

---

[1] 参见［宋］李焘：《续资治通鉴长编》卷二百一十八"熙宁三年十二月乙丑"。

变　宋

第二，对各地兵力进行合并精简。北宋曾经整营整营地裁减军队人数。仅陕西一路，"马步军营三百二十七"裁减为"二百二十七"，减掉一百个营。通过并营，有效地精简了各地军队。

第三，对全国的军事部署进行了调整。在京畿设三十七将，鄜延五路设四十二将，东南六路设十三将，全国总计设九十二将；并派久经战阵的大臣专掌训练，"早晚两教""日夜按习武艺"。

第四，修改更戍法，减少其范围。凡是差往他路的"畸零守把兵士"都"拨还本处"。军队部署完毕，士兵不再随意调动，各部配置固定的将领，让大家彼此熟悉，打仗时才能"得士死力"。更重要的是，增强将领的权力，"各专军政，州县不得关预"。

第五，在兵力配备上，三分之二的兵力部署在河北、陕西边防，应对辽、夏，力图扭转以前"守内虚外"的形势，加强国防力量。

通过省兵置将这一套"制兵之良法"，宋军人数从"凡一百十六万二千"减为"五十六万"，裁军将近一半。因为裁军幅度较大，军费节省相当明显，熙宁八年的军费支出，比治平年间减少 810 万贯，比庆历年间减少 1350 万贯。[1]

将兵法只是对将兵分离而造成战斗力低下的一种改良，虽在一定程度上提高了军队的战斗力，但整个帝国重文抑武的基本国策决定了不可能给予武将们过多的权限，将兵法也只是在局部地区实行；而在宋神宗时代的政治高层，武将们照样没有发言权。

与此同时，王安石又推出了著名的保马法，这项措施主要解决什么问题呢？

在与北部草原民族长期战争中，中原王朝逐渐意识到一个重要的军事原则——"古之善骑者，无阵不摧"[2]。汉唐之所以能驰骋北方大漠，击败彪悍的匈奴和突厥，得益于组建了强大的骑兵部队。汉将霍去病、唐将李靖才能运用大纵深的骑兵运动战，千里奔袭，直捣敌方王庭。但这种战法在宋朝基本未见，主要原因在于宋廷失去了盛产战马的燕云十六州和河套地区。辽国占领的燕云十六州是

---

[1] 漆侠：《王安石变法》，第 110 页。
[2] ［宋］曾公亮、［宋］丁度：《四库全书：武经总要前集》卷四，北京：商务印书馆，2017 年。

蒙古马的主要产地，西夏盘踞的河西走廊是河曲马的主要产地，辽和西夏的骑兵对北宋都城形成了巨大威胁。如果要改变北宋缺马的状况，只能购买马匹或者实行新的马政。虽然北宋和辽、西夏在边境设有榷场以互通有无，但马匹毕竟属于"战略物资"，交易存在诸多限制。比如，西夏元昊时期，曾禁止卖战马给宋朝，导致北宋虽有重金却难求良马[1]。

"国之大事，在祀与戎。戎事之中，马政为重"[2]，为解决战马问题，宋朝设马监养马，但旧有的监牧制度无法提供足够的马匹。比如，原先一监有马数万匹，后来只剩下数千匹。变法前的熙宁元年，河南、河北监牧司十二监每年出马1640匹，但可供骑兵使用的只占16%，84%的马匹只能供驿传使用或者卖给民众。[3]为弥补不足，曾有人试着创办民间养马，取得了不错的效果。宋真宗时，曹玮在秦州试办民户养马，补充官马的不足。宋仁宗时，下诏将年龄大的军马卖掉，并有意将官办养马转为民间养马。宋祁提出民户养马以供朝廷使用。通过借鉴上述实践经验，王安石实施了保马法。[4]熙宁五年五月，宋神宗下诏许可开封府界诸县保甲自愿投名养马，马由官府供给，年不过三千匹。第二年八月，曾布拟成保马法条例，自开封推行到京东、京西、河北、河东、陕西五路。

保马法，又称保甲养马法。宋神宗熙宁年间，规定河北、河东、陕西、京东、京西五路及开封府界诸县保甲养马，户一匹，物力高而自愿者二匹，给以官马，或官给钱自买。养马户可减免部分赋税。三等以上户十户为一保，四等以下户十户为一社。保户马病死，由养马户单独赔偿；社户马病死，由养马户与其他九户共偿其半。保马法的实施，首先减省了官府的开支："募民牧养，可省杂费八万多缗。"[5]其次，降低了马匹的死亡率。养马任务精确到户，养马户大都细心照看，马匹的死亡率大幅下降。同时，马匹的质量也比实行监牧制度时大大提高。

---

1 于晓航：《北宋熙宁变法时期的"保马法"》，《学理论》，2018年第4期，第157页。
2 [宋]赵汝愚：《宋朝诸臣奏议》卷一二五。
3 杨德华、王荣甫：《略论王安石变法中将兵法和保马法的积极意义》，《云南师范大学学报(哲学社会科学版)》，1992年第6期，第84—86页。
4 漆侠：《王安石变法》，第66—67页。
5 [元]脱脱：《宋史》卷一九八《兵志一二》，第4947页。

"五路义勇保甲养马法"实施伊始,很受养马户拥护,出现了"百姓多以便,有千百五户投状"的效果。但在保马法的执行过程中,有些地方官员盲目追求政绩,不顾实际强令民众买马,同时"猾商乘时射利,以高价要养马户",给一些财力有限的民众造成了生活上的负担。如苏辙所云:"元丰之中,为保马之法,使民计产养马。畜马者众,马不可得,民至持金帛买马于江淮,小不中度,辄斥不用。郡县岁时阅视可否,权在医驵,民不堪命。"甚至变法派的重要成员章惇也对保马法提出了异议:"保甲、保马,一日不罢,有一日害。"[1]

除此之外,朝廷还设置军器监,监管军器制造。在王安石的儿子王雱建议下,在京师设置总管理机构,仿照铸钱监的组织规模,集中几个州的作坊,形成一个大的军器制作坊,"察其精窳之实而重为赏罚"。《续资治通鉴长编》卷二四九"熙宁七年春正月庚戌"亦载:"初,在京及诸路造军器多杂恶,河北尤甚,至是所制兵械皆精利。"特别是神臂弓,既坚韧又锋利,最为优良,能"射二百四十余步,入榆木半筈……而他弓矢弗能及。"[2]沈括也说神臂弓能"射三百步""最为利器"[3]。它在对夏战争中显示了一定的威力。例如,元丰四年(1081),宋军夺取磨脐隘时,刘昌祚以"牌手当前,神臂弓次之,弩又次之",向夏军猛攻,"夏人遂大败"。[4]

平戎策

事实上宋朝中期也有非常优秀的军事将领,宋仁宗时期有狄青,宋神宗时期是王韶。我们在前面提过,宋神宗登基之后曾经第一时间"求言",让大家针对国事出谋划策。当时有一个默默无闻的小人物王韶,也写过一篇奏章。之后,他成就了北宋历史上一段最有争议也最为辉煌的军事传奇。

王韶,江州德安人。他原是一个读书人,于嘉祐二年科举中进士及第,曾

---

1 [元]脱脱:《宋史》卷四七一《章惇传》,第13711页。
2 [元]马端临:《文献通考》卷一六一《兵考十三》,第11000—11001页。
3 [宋]沈括:《梦溪笔谈》卷一九《器用》,《四部丛刊》续编景明本,第327页。
4 [清]毕沅:《续资治通鉴》卷七六,第3562页。

做过主簿、司理参军等小官。任职期间，他参加了制科试，可惜落榜，于是做出了一个让人意想不到的决定——弃官不做，到荒凉的西北一带游历，了解西北边境的风土民情。熙宁元年，西北边疆局势动荡，王韶根据自己十多年对西北局势的了解，向刚刚即位"有志于天下"的宋神宗上了《平戎策》，提出"收复河湟，招抚羌族，孤立西夏"方略。《平戎策》针对的是河湟部吐蕃分裂导致的变局。分裂后的吐蕃一盘散沙，对于宋朝来说，它不仅不再是一面抵挡西夏南进的屏障，而成为宋、夏两国战争的一个关键性"变数"。分析宋夏双方实际情况之后，王韶提出宋朝欲取西夏，必先复河湟[1]。若宋朝收复河湟，西夏则面临腹背受敌的困境；若西夏先得河湟，则宋朝遭受两面攻击。西夏可以依据河湟向西南方发展，在四川武胜县位置建立堡垒，随时发兵侵袭洮、河两地，宋朝的陇、蜀等州郡都在攻击范围之内。如果发兵去救，陕西、开封附近的兵力会被分散。如果处处皆备，处处松散，等于无备。局面恶劣到那一步，宋朝就能被西夏一步一步拖死。因为逻辑很简单，想抵抗，只有增加军队；增加军队，要多加粮饷；多加粮饷，会使得经济可能被拖得崩溃！到时救无所救，兵无可调……而这一切，都源发于初始的那一点——是否保住河湟。

在河湟开战，使西夏人腹背受敌，应接不暇；失去河湟，在四川作战，北宋便腹背受敌，应接不暇。王韶还谈到宋朝在得到河湟之后巩固优势的对策。他认为河湟地区土地肥沃，完全可以自给自足。《平戎策》规划了宋朝在神宗年间的军事战略方向，直接影响到后来的宋哲宗和宋徽宗。不管王韶本人的境遇怎样，他指出的战略方向，一直都为宋廷所遵循，哪怕是在北宋灭亡的前夕，这个战略方向也没有改变。从这个意义上看，《平戎策》影响了宋朝的国运。

在《平戎策》里，王韶特意强调时间紧急，机不可失。河湟分裂，如同散沙，穷兵黩武的西夏吞并它是迟早的事，宋朝要想取得先机，就要比西夏更早动手，速度要快。哪怕是出于边境安全考虑，都要迅速采取行动，不然等待它的就是超级难看的死法。王韶战略的核心是河湟，但实现战略的主要支撑则是军费。

---

[1] 河，是指河州，现在的甘肃省临夏市东北部；湟，指湟州，现在的青海省乐都，在这两片广阔的土地中间，还有些别的军事要镇，如洮州，指今甘肃临潭；兰州，就是现在的兰州市；鄯，现在的青海省西宁市。

筹集对外战争的费用，是王安石变法的一个核心所在。

　　危机已来，战争迫在眉睫。然而，当时宋朝要钱没钱，要兵没兵。面对这种局面，要求王安石按部就班，理顺关系，搞好吏治之后再改革，无异于痴人说梦。外部势力的威胁，就是王安石变法为什么突然加速的原因之一。

　　对西夏一直耿耿于怀的宋神宗，看到王韶的《平戎策》之后眼睛一亮，他把奏书交给正在筹备变法的王安石。史料记载，王安石"称为奇策而听之"。《平戎策》的目的与神宗、王安石等变法派"富国强兵"的政治主张相一致，因此得到宋神宗和王安石的赏识和支持。王韶被任命为秦凤路经略司机宜文字之职，后又主持修筑古渭城，组建通远军；再后来又任知军，主持开拓熙河之事务。

　　开拓熙河，需要巨大的人力财力支撑。王韶上奏朝廷，称秦州有农田上万顷无人耕种，以市易司吸引商人进行投资，所得用于良田开发，并筹集军资，把当地的经济搞起来。王韶的这个建议，被朝廷采纳，将秦州作为市易法的试点。

　　对于变法，朝廷内部纷争极多，王韶也难免被牵连。秦凤路经略使李师中曾弹劾王韶设置市易司，吸引商贾，其目的是吞并边军的农田，会给秦州带来更多的麻烦。宋神宗和王安石毫无保留地支持了王韶，罢免了李师中，改以窦舜卿接替，并派一名官员李若愚去调查此事。让王安石没有料到的是，李若愚调查后，回报说农田只有一顷，批评王韶谎报万顷良田，欺君罔上。王安石大怒，把窦舜卿和李若愚双双罢免。不仅如此，大将郭逵曾弹劾王韶暗中违法贷市易钱，结果郭逵也被调职。朝廷派韩缜任秦州经略使，他支持变法，上奏朝廷说王韶所言是事实，采用并推行王韶的建议。在宋神宗和王安石的支持下，与王韶有矛盾的官员将领大都调走，让他安心主持秦州军事，为攻略熙河做准备。

　　为了获得对西夏的战争优势，朝廷给王韶极大的支持，要政策就给政策，王安石变法里备受争议的"市易法"就是专门为他量身定做的。市易法在边疆实施，主要为筹集军费。有了钱，就有了战胜的资本。这个运作链条——民间收财，变成军费，打赢战争，扩大国土，回笼资金——才是王安石变法的真正思

第六章 大宋军事

路,不然,以宋朝空前发达的商业系统,比前代先进得多的农业生产水平,只要像司马光说的那样节省花费,也可以保障国家的基本需求。可保家卫国、赢得战争呢?慢悠悠地一条一条地节省,和士大夫、大商人商量着办事,得等到猴年马月才能积攒起庞大无比的军费?何况战争只要开打,钱就会像流水一样哗啦啦地流走,哪怕是座金山都撑不起几场大战。

熙河一带主要以吐蕃和羌人为主,此前西夏曾多次南下攻略熙河,均被击退。熙河各部落也损失惨重,早已疲惫不堪。王韶瞄准时机,于熙宁五年七月,率军至渭源堡,破蒙罗觉、抹耳水巴等族;八月击败瞎征,收复武胜地区,并筑武胜城;十二月,王韶收复镇洮军。在进军过程中,王安石不断写信告诉王韶应注意的一些战略,给他鼓励和慰勉。熙宁六年二月,王韶又率军占领康乐寨,进而占据河州;九月,王韶大军攻入岷州;十月,王韶再次击败熙河最顽固的势力瞎征。历经一年多,王韶的军队跋涉1800多里,收复熙、宕、洮、叠、河、岷六州,歼敌数千,获牛羊马数以万计,史称"熙河开边"。熙河开边之后,宋朝不仅占领和巩固了熙河一带,取得了北宋王朝八十多年来最大的一次胜利,而且在军事上对西夏形成合围,占据主动,由此转守为攻。王韶因此官进左谏议大夫、端明殿学士。

宋朝熙宁年间的战争,并不止这一处,而是三处。在南方,很多少数民族聚集,还处于自治状态,这些人住在山区,和外界接触比较少,宋朝基本承认那些少数民族的自治权利。但在宋神宗时,湖南长沙以西大致居于今天的新化县、邵阳市等地的一些少数民族受到峒族首领的压迫,提出归附宋朝,战乱一触即发。熙宁五年,王安石命章惇为两湖察访使,主管招降事务。章惇招募流亡在外的当地人李资、张竑前去招抚,谁知李资、张竑却奸淫少数民族妇女,被当地酋长杀死。章惇果断调兵攻讨,进逼下溪的彭师晏、懿州、南江州峒。为此,朝廷争吵不断,欲撤换变法派章惇。在朝廷争论的同时,章惇不断地进军,要在有限的时间里打出漂亮的成绩,让上面不得不跟着他打出来的节奏走。章惇这样,王韶也一样。他们都清醒地意识到,熙宁五年到熙宁六年是改革派成功与否的分水岭,如果他们打不出好成绩,之前颁布的新法可能真的就被定性成横征暴敛了。如果打胜了，一切都合理化了，就好比先秦时商鞅得到了河西之地，卫青扫平了北方大漠。

除了王韶和章惇，在南方，还有一个人在拼死作战。熙宁六年（1073），泸州（今四川泸州市）的罗夷族、晏夷族举兵叛乱，皇帝下诏熊本察访梓州路、夔州路，授予便宜行事的权力。熊本曾任戎州通判，熟悉夷族的习俗，他认为，这些少数民族之所以能够侵扰边疆，凭借的是当地十二个村的豪强向导，因此设计逮捕了一百多名夷人向导，在泸川把他们全部处斩，其余的人吓得双腿颤抖，表示誓死为熊本效力以赎前罪。熊本又上书朝廷，为夷人酋领分别求得刺史、巡检等官爵，公开宣示劝导各部首领归顺朝廷。于是，诸夷部首领踊跃前来领取官职。只有一个叫柯阴的酋领不肯归顺，熊本集合晏州十九姓部落兵众，并调发黔南义军的强弩部队，由大将王宣、贾昌言率领，进兵征讨柯阴。柯阴率部阻击宋军，在黄葛被打败。宋军乘势长驱直入，追击叛军。熙宁七年正月底，陷入绝境的柯阴被迫乞降，熊本接受了他的投降，把柯阴所属的人口、田地、珍宝、马匹全部登记在册，归入官府，并令柯阴按时进贡。经此一战，熊本威震诸夷，乌蛮、罗氏、鬼主等各部夷族望风而降，表示愿意世世代代作宋朝的臣民。宋神宗很欣慰地赞扬说："卿不伤财，不害民，一旦去百年之患。"

《宋史》载："自王安石用事，始求边功，王韶以熙河进，章惇、熊本亦因此求奋。"[1] 王韶夺取河湟，章惇平叛梅山，熊本平定西南少数民族，短短 5 年间，新法使宋朝内外一新，焕发出前所未见的新气象。北宋内外长期"积弱积贫"而造成的妥协投降、委曲求全、苟且偷安的气氛被一扫而空。期待已久的胜利极大地鼓舞了宋神宗，鼓舞了全国的爱国志士，他们对富国强兵，对变法改革，对打败西夏、打败辽国，对恢复汉唐旧疆的信心和决心增强了。

自宋朝开国以来，每攻占一个州郡，大臣都会向皇帝称贺。熙宁六年八月，王韶攻入河州，王安石率领百官称贺。当年十月，王韶收复熙州、岷州、河州、宕州，拓土两千多里，斩获番部近两万人，招抚大小番族三十余个，王安石等上表称贺。宋神宗从身上解下一条玉带，赠予王安石，并派内侍李舜举给王安石

---

[1] [元] 脱脱：《宋史》卷三三四《沈起传》，第 10728 页。

传旨说:"洮河之举,大小并疑,惟卿启迪,迄有成功。今解朕所御带赐卿,以旌卿功。"王安石推辞说:"陛下拔王韶于疏远之中,恢复一方,臣与二三执政,奉承圣旨而已,不敢独当此赐。"宋神宗又令李舜举传旨:"群疑方作,朕亦欲中止,非卿助朕,此功不成。赐卿带以传遗子孙,表朕与卿君臣一时相遇之美也。"[1]这条玉带名叫"玉抱肚",有14粒稻谷宽,为稀世之宝。王氏子孙一直珍藏,直到南宋绍兴时期,才献给皇宫。

理财之法

表面看来,王安石变法的目的是"富国强兵",此话不假,但如果我们深入分析新政的措施,会发现变法的目的也许不像看起来那么崇高。中国古代很多变法,都围绕国家财政收入展开,都指向一个目标:让国家掌握天下资源,把掌握的资源用于强军,收复疆土,统一天下。这个目标看似功利,却表露了变法的大宗旨,所有的举措如果不建立在这个宗旨之下,便失去了意义。

宋神宗即位之时,面临的直接困境就是财政亏空,王安石说"理财为方今先急""财用足,然后可以用兵",此言正中宋神宗的心怀。他们都认为,无论是对外用兵还是对内实行改革,都要有强大的财政力量做后盾。所以,在变法之初,王安石对宋神宗说,现在还不能引发边境战争,因为财力不足。他认为当今急务以理财为先,理财又以农事为先,农事以去民疾苦、抑兼并、安民心、促生产为要务。天下事如下棋落子一样,下子得当与否,是决定胜负的关键。

哪个是"先手"呢?

从增加财政收入角度来讲,中华帝国的经济基础,是以一家一户为基本生产单位的小农经济,其财政收入主要依托于小农上缴的田赋。[2] 为了确保财政收入,历朝历代首先确立了君主对土地的最高支配权,其次维护小农家庭具有适当的土地占有和使用权。在王朝初期,政府往往掌握着大量荒地,可以通过售卖官地、

---

1 [宋]李焘:《续资治通鉴长编》卷二四七"熙宁六年十月辛巳"。
2 刘守刚、刘雪梅:《中华封建帝国财政边界与王安石变法的挑战》,《天津财经大学学报》,2012年第12期,第14页。

变　宋

鼓励垦荒、承认对无主地的占有等方式将荒地分配给小农，重建一家一户的小农经济基础。此时，履亩而税[1]成为主要的财政收入原则。在这个原则下，小农要根据占有的田亩数上缴田赋。除此之外，国家对工商业进行一定的抑制，并利用暴利性资源商品[2]来获取有弹性的财政收入，实现"取民不怨"的效果。但到王朝中期以后，随着经济的恢复与发展，土地兼并和资源集中往往不可避免，土地兼并者大多为权势阶层，拥有免税特权或法外特权，这就会造成正式财税收入的大量减少。与此相反，王朝中期财政支出往往大幅度增长，冗官、冗兵、冗费增长迅速，出现收支失衡，面临严重的财政危机。因此，到王朝中期，不得不进行财政改革，若改革成功，则形成"中兴"。[3]

在王朝改革过程中，出现增加财政收入与压缩支出两种思路和做法。汉代中期的汉武帝，主要侧重于对暴利性资源商品管理方式进行改革（如对盐铁实行全面垄断）；唐代中期"两税法"，主要集中于落实履亩而税；明代中期张居正改革，推行"一条鞭法"，合并征收银两，按亩折算缴纳，重点集中于节约开支和清丈田亩；清朝中期雍正改革，集中于将丁银负担落实到田亩上、官民一体当差、火耗归公等。

与其他王朝相比，宋朝存在的巨大危机，是在丧失马匹产地和战略要地等前提下，始终面临着游牧民族强大的威胁。在这种局势下，宋朝一方面继承了历代财政制度的传统原则，另一方面又具有自身的特色与创造性，这种特色和创造性在王安石变法中达到了顶峰。[4]刘守刚、刘雪梅两位专家进行了深入细致的研究，提出了王安石理财拓展了帝国财政边界的观点，对认识王安石变法具有极大启发。

---

[1] 履亩而税，也称"据地出税"或"税亩"，指中国古代实行按田亩面积征收赋税的制度。在土地清丈基础上，根据土地的实际拥有量征收田赋，这样做可以将财政负担落实到有能力的人身上。

[2] 所谓暴利性资源商品，指的是盐、茶、香料等生活必需品或致瘾性商品，这些商品的消费弹性低，政府可通过某种垄断方式（即专卖）来获取超额收益。由于从这些商品中获取财政收入有商品自愿买卖的形式作掩盖，消费者的消费量不会减少或者减少不多，因此被认为是一种良好的财政管理方式。

[3] 刘守刚、刘雪梅：《中华封建帝国财政边界与王安石变法的挑战》，第15页。

[4] 同上文，第16页。

第六章 大宋军事

在传统财政方面，北宋继承了中唐时期财政改革的成果，国家财政收入是基于征收于田亩的"两税"[1]，但是这种财政收入不具备必要的增长弹性。为应对日益严重的财政危机，北宋不得不转向和依赖于工商业，工商业收入成为支持宋帝国参与国家竞争的重要资源。商税主要是对过往关卡的商人征收的"过税"，以及对市场交易征收的"住税"。为了增加财政收入，北宋前期创造性发展了对暴利性资源商品的管理方式，完善了禁榷收入。宋朝中期，商税增长停滞，禁榷收入接近极致（再过就会盘剥民众）；为应对国内外危机导致的支出压力，王安石提出了"理财"的观念，即通过一种帕累托改进的方法，试图在不伤害民众的前提下，创造出更多的财政收入。这一理念极具新意，在一定程度上拓展了上述帝国财政的边界。[2]

如何能够动态增加政府财税收入？王安石变法的主要途径有以下几个：一是通过发展生产，推动经济增殖，增加民众财富，这样政府可以增加财政收入，如农田水利法。二是通过财政管理的加强，将财政负担落实在有负担能力者（富户）身上，在不增加普通民众负担且富人牺牲不大的同时，增加财政收入，如方田均税法。三是通过市场交易行为，使政府与民众之间因自愿交易而增加双方效用，如免役法和保马法。四是通过深化市场，将政府手中原来未投入市场的资源转化为商品，从中获得收益，如青苗法、市易法和均输法。刘守刚、刘雪梅两位学者认为，王安石变法中的许多内容，仍在帝国财政的边界范围内，如方田均税法、农田水利法，但王安石变法仍在相当程度上具有不同于其他财政改革的新创意，他更为重视商业交易行为对财政收入的增加。正是这个特点，使王安石变法具有梁启超说的前无古人、后罕见来者的现代性。

这种超前的特征体现在四个方面：一是王安石在一定程度上突破了"量入为出"的传统财政原则。这种突破，一方面来源于宋代严峻的国防形势所带来的压力，另一方面来源于王安石不相信压缩官俸支出对于财政的意义。在王安石看来，只要理财得当，"开源"得法，就能大幅度增加财政收入，以满足支出的需

---

[1] "两税"指"夏税秋苗"，即六月上交帛和钱，十一月输粟米和草。
[2] 钱穆：《国史大纲》，北京：商务印书馆，1996年，第573页。

要。因此，王安石变法在某种意义上已开始实行"量出为入"原则，以不压缩支出为前提，去寻求财政收入的增加。二是在财政管理方面，王安石变法没有依靠从暴利性资源商品增加收入的途径，而是通过理财新法，实现"民不加赋而国用饶"的目的，这在中国古代财政史上颇有新意。三是在实施方法上，王安石重视运用市场机制开展商品交易。除农田水利法和方田均税法外，其他变法几乎都运用了商业手段，试图在民众自愿的前提下，通过市场交易，来寻求财政收入的增加。这些商业手段，要么是官民两便的合作，要么是将未商品化的资源投入市场。四是官府干预经济，这是王安石理财的主要手段。由于帝国权力源于君主，到王朝中期约束与激励权力运行的体制往往出现病变，表现为官僚阶层的怠惰无为与贪污腐败，此时需要君主重新整顿基本的约束与激励机制，恢复管理制度的活力，确保甚至扩大财政收入。[1]

　　王安石变法遵循了一些新的财政原则，在一定程度上拓宽了传统帝国财政边界范围，加强了政府干预经济的力量。但这些变法措施颁布之后，在地方是否得到合乎目标的贯彻落实呢？各地推行新法之后出现了什么情况呢？

1　刘守刚、刘雪梅：《中华封建帝国财政边界与王安石变法的挑战》，第14页。

第七章

一叶知秋

朝廷的使臣日夜不停地奔驰在驿道上，一部部新法飞送各路州县，官吏们手忙脚乱地接过新法条文，甚至还来不及认真研读，就必须按照规定时限迅速贯彻推行下去。在地方任职多年的欧阳修记载，"近来朝廷号令，烦数更改，又频降出，四方多不遵禀"，"以不锐之意，行不信之言，宜乎空文虽多，而下不畏听"。[1]这就是王安石新法在地方实施的情况，新法的本意是"公私两利"，但为什么在实际执行过程中有些地方官员却不执行呢？

在前面提过，在变法之初王安石与众多反对派斗争，韩琦、富弼、司马光等离开朝廷，退出了权力中枢；李常、苏辙等更多的官员被贬到地方任职，这种做法，看似让变法派在表面上取得了胜利，却也为后来的失败埋下了种子。试想，在双方对立的局面下，把敌人大都赶到基层去，是理智的做法吗？不管法令有多周到细密，总要靠基层官员执行。

基层是什么情况呢？基层官员是怎么执行新法的呢？

---

[1] ［宋］欧阳修：《欧阳文忠公集·奏议》卷十，第3270页。

变　宋

宋代地方行政级别分为路[1]、州(包括与"州"级别相当的府、军、监)、县三级。《续资治通鉴长编》记载"自祖宗肇造区夏,划削藩镇,分天下为十八路,路置转运使、副、提点刑狱;有州三百,州置守,皆得专达于朝廷;有县一千二百,县置令,皆命于天子"[2]。

路级行政建制,包括转运使司、提点刑狱司、提举常平司、安抚使司"四司"。"四司"是并行的路级机构,互不统属。其中,王安石变法新设的机构是提举常平司。熙宁二年,在京东、淮南等路设置常平广惠仓,差官分赴各路,"提举诸路常平广惠仓,兼管勾农田水利差役事"。[3]初设时,按照王安石要求,往往破格选拔"年少资浅轻俊之士"担任提举官。哲宗元祐元年,提举常平司被取消;绍圣元年(1094)哲宗亲政又被复置,高宗建炎元年罢去……与新法一样,提举常平司也经历了多次废除与复建。

在路以下,设立州,一州之长为知州,称"知军州事",一般任期三年。据《哲宗正史·职官志》记载,知州的职责为总领一州郡务,负责宣布中央的诏条,掌本州府教化和刑罚,"岁时劝课农桑,族别孝悌""凡兵民之政皆总焉"。凡法令条制,知州需先详细了解其意义,"注于籍,而行下所属"。如朝廷颁发赦令,则率领官吏宣读,而后颁布于本区域内。遇水旱灾害,"以法赈济及安集流亡[4]。"

州级之下的行政组织是县,包括县、镇、寨。县是宋代最基层行政单位,"凡朝廷所行之政多在焉"[5]。长官称知县或县令,通治一县政务。神宗熙宁四年,为推行新法,始于各州、军主户二万户以上县分置县丞一员。县丞作为一县的次官,佐理县务。宋神宗时令县丞掌给纳常平、免役等事务。

为避免中唐五代藩镇割据的历史覆辙,宋朝以中央集权、地方分权,皇帝集

1　路本为监察区,但随着其行政管辖权的增强,亦被学者视为行政区。
2　[宋]李焘:《续资治通鉴长编》卷四六八"元祐六年十二月乙卯朔"。
3　刘琳、刁忠民、舒大刚等校点:《宋会要辑稿7》,第4111页。
4　同上书,第4272页。
5　同上书,第4330页。

权、臣僚分权为基本原则,努力实现中央对地方的绝对控制。[1] 为此,官员任命主要有三种方式:一是皇帝直接任命,主要是一些重要地方的监司、知州、知府等;二是堂除,即"都堂奏差者也"[2],都堂又称政事堂,也就是指宰执大臣对地方官员进行考察、了解和任命;三是部注,吏部注授,所注授的官阙称为部阙。大部分基层地方官员由吏部任命,甚至连级别很小的地方官员,如监太平州黄池镇户部赡军酒库兼烟火公事,也是吏部任命。作为补充,宋代还允许监司、知州等地方高级长官考察州县官员,可撤换其中的不合格者,用他们认可的权摄官来顶替。宋朝还有荐举和辟举制度,只不过不占重要位置。通过以上方式,将大大小小地方官的任命权,掌握在中央手中,对于加强中央集权无疑是有利的,[3] 但也弊端丛生,比如只对上不对下负责,政令贯彻落实时的权变、通融或修正。因此,研究王安石变法,不得不考察地方行政制度运行的逻辑和结构,方能对于变法有一个深入和具体的了解。

为了寻找答案,我们具体到宋朝的地方,去看看地方官是怎样执行变法政令的。

天涯沦落人

在变法过程中,司马光、孙觉、李常、张戬、王子韶、吕公著、程颢、韩维等先后离开京城。熙宁三年,首相曾公亮以年老辞职,赵抃这位追求风度的副宰相也到杭州当官……当时形成了一种奇特的状况:在朝中,反对新法的人无法立足,出外当地方官;而新法要靠地方官落实,他们在地方上阻挠新法。以后发生的事证明,几乎每一部新法,在执行时都走了样。

因一封奏章差一点废除青苗法的韩琦,连判永兴军、相州、大名府(今河北大名)等。在地方,他每听到一项新法颁布,就连呼"泣血!泣血!"甚至"终

---

1 贾芳芳:《宋代地方政治》,河北大学博士学位论文,2009年,第16页。
2 [宋]赵升编:《朝野类要》卷三《堂除》,北京:中华书局,2007年,第68页。
3 贾芳芳:《宋代地方政治》,第25页。

日不食"。[1] 在对外关系上，韩琦一改从前的强硬立场而日趋软弱妥协。在宋和契丹在"划界"河东问题上争得不可开交时，韩琦上疏神宗，认为宋在边防策略上主动进攻、积极防御等"七事"致"契丹之疑"，吁请神宗去掉各项新法，并将契丹所疑之事，"如将官（法）之类，因而罢去"，以换取边境安宁。

反对变法的中坚力量是司马光，他一生坚定地反对新法。熙宁三年二月，他连上五封札子，自请离京，以端明殿学士知永兴军（现陕西省西安市）。他辖制的十一个州郡，公开不执行新法。熙宁四年四月九日，他见好友范镇因批评新法被罢官，上疏为范镇鸣不平，并请求任职西京留司御史台。自此，他退居洛阳编撰《资治通鉴》，时间长达15年。元丰八年，司马光上书称保甲法、免役法和将兵法是"病民伤国，有害无益"[2]。他回朝为相后，全面废除了新法。

先支持变法后来反对变法的代表人物是苏辙和韩维。我们将在本章"齐州烟云"一节分析苏辙，这里重点谈韩维。韩维（1017—1098），字持国，开封雍丘（今河南杞县）人。以父荫为官，父亲去世后闭门不仕。后富弼安抚河东，辟为幕府；经欧阳修推荐为检讨、知太常礼院；以秘阁校理通判泾州。当时，宋神宗被封为淮阳郡王、颍王，韩维为王府记事参军，曾多次举荐王安石。宋神宗即位后，韩维历任龙图阁直学士、翰林学士、开封府知府和御史中丞等。起初，韩维支持变法，积极倡议新法；变法推行之后，他发现新法弊端很多，直言不讳批评新法，与王安石交恶，被贬往地方。绍圣二年，韩维被定为元祐党人，降为左朝议大夫，后被贬为崇信军节度副使，安置到均州居住。元符元年（1092）病逝。

前宰相富弼是非常有个性的人，他对新法的态度影响了很多人。熙宁二年二月，富弼拜左仆射、门下侍郎、同平章事。该年，王安石出任参知政事（副相）。由于与王安石不和，不能共事，他多次称病告退。数十次上奏章请辞之后，宋神宗才同意他离开朝廷，并在临行前问："谁接替你最合适？"富弼推荐文彦博，神宗沉默不语，很久才说："王安石怎么样？"富弼也沉默不语。后来，

---

1 漆侠：《王安石变法》，第198页。
2 [宋]李焘：《续资治通鉴长编》卷一五五。

第七章 一叶知秋

富弼被授职武宁军节度使、同中书门下平章事，判河南，改任亳州。青苗法颁布后，富弼认为新法会造成财力聚集于朝廷，人心分散，坚持不执行。提举官赵济弹劾富弼不执行圣旨，侍御史邓绾又乞求交付有司审问处理。于是，富弼的显爵被剥除，以仆射判汝州。但王安石觉得处罚太轻，对皇帝说："富弼虽受责罚，还不失于富贵。从前鲧由于违命被诛杀，共工由于貌似恭敬而内心傲狠被流放，富弼同时犯有这两条罪行，只夺去相位，又怎能阻止奸邪呢？"宋神宗不同意，仍派富弼去汝州任职。在就新职途中，富弼路过南都，访问老友张方平。他感慨地对张方平说："知人甚难。"张方平说："你说的是王安石吗？我认为了解他并不难。当年我有一次和他共办乡试，他把一切规矩都弄得乱七八糟，我就把他调离我的部下，不再理他。"富弼想到当初，自己不仅没有想办法调离王安石，反而主动离开，自觉难堪，又启程赶路。[1] 富弼一直反对新法，他甚至说："新法，臣下不知晓，不能在我的郡县实行。"后来他告老回乡，加拜司空，进封韩国公致仕。虽然居住在家，朝廷有大事，他都知无不言。郭逵征讨安南，他乞求诏令郭逵选择有利地位以便进退；星象发生变化，他请求广开言路，又请求尽快更改新法，解除百姓倒悬之急。虽然宋神宗没有全部采用，但眷念礼待没有减少。

像富弼一样反对新法的人很多，范纯仁是庆历改革主将范仲淹的儿子，但与父亲力推庆历改革不同，他反对新法。针对王安石变法急于求治，启用了一些新人，他上奏说：小人之言，听呢，好像还有可采用的价值，但照着办呢，必受其累。他们知小事而不知大事，目光短浅而无远虑。因为反对新法，范纯仁改迁河中府知府（今山西永济西），不久又调任成都路转运使。转运使除掌握一路或数路财赋外，还兼领考察地方官吏、维持治安、清点刑狱、举贤荐能等职责，执掌一路军、民、财、刑狱等权力。范纯仁到任后，命令所属州县一律不准推行新法。中央命令到了他的辖区，统统被拒之门外。王安石对这种破坏阻碍新法实施的行为非常气愤，上奏弹劾范纯仁。后来，宋神宗不得不把范纯仁派到庆州，去了西夏和北宋交战的前线。[2]

---

1 林语堂：《苏东坡传》，第116页。
2 杨硕：《宋神宗与王安石变法》，第128页。

这场自上而下的改革，宋神宗是领导者。但宋神宗对保守派、反对派采用了一种非常宽容的态度。比如对司马光、韩琦、富弼、文彦博、冯京等朝廷重臣只是将他们调离中央，贬到地方。对其他反对者，最多只是贬官罚款。可以说，王安石变法的失败，很大程度上就是因为官僚集团有意地抵制。这些人在各地反对新法，王安石不见得不知情，但迫于宋朝的国情，除了贬职之外，根本别无办法。与此相反，变法派吕惠卿守边时，大力推广了置将法等新法，还在元丰八年和绍圣三年取得了两次大的军事胜利。

亚当·斯密曾经批评这类现象，他说："在人类社会这个大棋盘上，每一个棋子都有自己的运动规则，它们完全不同于立法机构挑选出来施加于它们的规则。如果两种规则配合默契，人类社会的游戏便会顺畅进行，并且很可能带来幸福和成功。如果它们相互对立或有所不同，游戏就会可悲地进行，人类社会必定会始终处在极大的混乱中。"[1]

青州故事

北宋时期，青州为京东路首府，是北宋重要的交通枢纽和经济区域，所属京东路，也是先期推行青苗法的三路（京东、淮南、河北）之一。然而，王安石变法时，三任青州知州都反对变法。

熙宁元年八月，62岁的欧阳修以兵部尚书知青州，兼京东路安抚使。第二年，《青苗法》颁布之后，欧阳修在青州擅自停止散青苗钱。作为庆历新政名臣，欧阳修曾经极力推动改革，为什么这次阻挠新法实施呢？欧阳修深知宋朝各种弊病积重难返，牵一发而动全身，提出改革"知易行难"。他认为，改革法规与制度很容易，但要使新的措施推行而不受阻扰破坏则很难；裁减冗官、杜绝营私舞弊不难，但要长期坚持，不受到攻击和诋毁则不容易。鉴于这种认识，在变法第一年，欧阳修没有发表评论，他在观望，在等待，直到看见地方官为邀功请赏强

---

[1] 转引自［英］弗里德里希·冯·哈耶克：《经济、科学与政治——哈耶克思想精粹》，冯克利译，南京：江苏人民出版社，2000年，第228页。

制摊派、向农民夺取息钱，才深感不安。他预见强制推行青苗法可能出现一些不良后果，于是，熙宁三年五月，接连两次向朝廷上疏（《言青苗钱第一札子》和《言青苗钱第二札子》），批评青苗法推行过程中出现的弊端。欧阳修提出三点改良要求：一是将青苗钱改为无息贷款。他说，朝廷多次申明散青苗钱"本以惠民"，但自从散青苗钱以来社会舆论多以"青苗钱取利于民为非"。他认为青苗法引起争议的原因是取息，利息无论多少，都是从贫苦农民手中收取，而地方官在宣扬青苗法时多告知贷款的好处而不告知还要附加利息，所以，还不如不收利息，只还本金。他反问道："盖二分之息，以为所得多耶，固不可多取于民；所得不多耶，则小利又何足顾。"[1] 二是当农民不能如期归还上期青苗钱本息时，应停发下期青苗钱。根据青苗法规定："如灾伤及五分已上，则夏料青苗钱令于秋料送纳，秋料于次年夏料送纳。"欧阳修认为，年岁丰凶，固不可定。其间丰年常少，而凶岁常多。如果连续遭遇水旱灾害，则青苗钱积压拖欠数多。假若才遇丰熟，却须一并催纳，则农民永无丰岁矣。因此他建议："人户遇灾伤本料未曾送纳者，及人户无力或顽猾拖延不纳者，并更不支俵与次料钱。如此则人户免积压拖欠，州县免鞭朴催驱，官钱免积欠久陷。"[2] 三是禁止州县官吏向民户抑配青苗钱，罢去提举、管勾等官吏督促。据欧阳修所见，"诸路各有提举、管勾等官，往来催促，必须尽钱散而后止"。他认为，虽然朝廷下令州县不得抑逼百姓请钱，但提举等官却又催促尽数散俵，由于"提举等官以不能催促尽数散俵为失职，州县之吏亦以俵钱不尽为弛慢不才，上下不得不递相督责者，势使之然，各不获已也"[3]。为此，欧阳修建议，先罢提举、管勾等官，不令催督，然后可以责州县不得抑配，这样才能做到令行禁止。与当时的其他反对派一样，欧阳修希望"追还新制，一切罢之，以便公私"[4]，但当变法势在必行，为了顾全大局，欧阳修只好将青苗法的内容及其推行过程中的弊病上报，提出一些改良建议。在没有获

---

1 ［宋］欧阳修：《欧阳文忠公集·奏议》卷一八，第 3514 页。
2 同上书，第 3515—3516 页。
3 同上书，第 3516—3517 页。
4 同上书，第 3517—3518 页。

得朝廷批复的情况下,欧阳修擅自止散青苗钱,受到朝廷的诘责,称他"不合不奏听朝廷指挥擅止散青苗钱"[1],但没有给他严厉的处罚,更未指责他言论荒谬,[2]而是让他改知蔡州。

欧阳修离开青州去蔡州任职,大名鼎鼎的郑獬则由杭州来到青州任职。郑獬是皇祐五年的状元,曾任陈州通判,入京任直集贤院度支判官,修起居注、知制诰。他勇于任事,曾经对赋税、徭役提出自己的见解。郑獬在荆南府(今江陵、枝江等地)任职时,百姓普遍反映赋税过重,除了要负担田赋正税外,还有丁身钱(即男子成年后,政府要按丁征税)、盐曲钱和其他一些无名之税。这些赋税是在五代时期出现的,宋朝初年曾照例征收,宋真宗大中祥符四年(1011)下令废除。然而,江陵、枝江等地官员却没将其全部废除;再加上五代时连年战乱,百姓大量死亡,即使本户人丁不存在,可地方官吏仍把这些苛捐杂税强加给户长和邻居,令其代纳。了解这些情况后,郑獬写了《论免丁身钱状》上奏朝廷,最后使地方百姓免除了这些杂税。因治理荆南政绩卓著,不久郑獬被调还京师。在回京途中,他路过安州,见安州衙前差役很多衣衫褴褛,苦不堪言。原来当地官吏将农村强壮劳力抽走,充当差役,致使他们无力耕作家庭田地,生活更加贫困。郑獬写了《论安州差役状》上奏朝廷,要求废除安州衙前差役,以纾解民困。宋神宗初年,他被任命为翰林学士。郑獬直言进谏,坚决反对朝廷接受横山投降,否则"兵祸必起于此"[3]。不久,种谔攻取绥州,郑獬说:"我看过皇上亲手写的诏令,深切地告诫边疆官员不要无事生非。现在又特别重用讲求诈谋权变的人,专门偷袭邻国,像战国时暴君们追求的那样,这岂是帝王的战略?种谔擅自挑起战争,当诛。"后来,郑獬任开封知府,因不肯推行新法,被王安石所忌恨,改任侍读学士。熙宁二年,郑獬被贬任杭州知州,不久转到青州。对当时正在推行的青苗法,郑獬直言其害,称"但见其害,不忍民无罪而陷宪网[4]"。后来,他告病赋

---

1 [宋]李焘:《续资治通鉴长编》卷二一一"熙宁三年五月庚戌"。
2 俞兆鹏:《评欧阳修"止散青苗钱"问题——兼论北宋熙丰新法中之青苗法》,第110页。
3 [元]脱脱:《宋史》卷三二一《郑獬传》,第10418页。
4 同上书,第10419页。

第七章 一叶知秋

闲，任掌管鸿庆宫[1]闲职。

郑獬离任之后，朝廷安排坚决反对青苗法的赵抃接任。赵抃就是前面提到的那位因面子而耽误废除青苗法的大臣。从那个事件看，他好像是一个书呆子。但纵览赵抃的一生，却是一位令人尊敬的能臣。

赵抃（1008—1084），字阅道，号知非子，衢州西安（今浙江衢州市）人。他是孤儿，由长兄抚养，生活贫苦，但潜心致志、努力学习。景祐元年（1034），他进士及第，先后出任河南彰德，福建崇安，安徽泗县，四川成都、益州、茂州，江西赣州，浙江杭州、绍兴、淳安等地地方官员，累官至殿中御史、参知政事、太子少保。赵抃为官45年，不蓄资产，俸禄家资多用于救济灾民、济贫扶孤，为国为民、公而忘私，一身清廉。特别是任殿中侍御史时，敢于直谏，"弹劾不避权贵，举贤不择布衣"，有"铁面御史"誉称，堪称"旷代廉吏"。宋神宗以'爱直'名其墓碑，又命大臣苏轼撰写赵抃神道碑文。苏轼赞其"志在伯夷，其清维圣""玉比其洁，冰拟其莹""世有公像，如月在水，表而出之，后学仰止"[2]。宰相韩琦称赵抃为"世人标表"。

这位又呆又萌的官员典范，在治理睦州时，大力推广分水县知县江震实施的保甲制，建立百姓自治的管理制度。他以"监狱空虚，案件少"来考核知县执政能力，作诗称"人为闲郡我为荣，僚友多欢事少生"。他大力培养选拔官员，向朝廷推荐了寿昌知县郑谔等十一位优秀官员，并立下"如保举的官员提拔使用后表现得不如推荐时说的那样好，自己敢当同罪"的承诺，白纸黑字，掷地有声。因此有人说，赵抃是中国最早倡导建立官员失误责任追究制的先行者。赵抃到四川做官时，以一琴一鹤自随。他为政简易，长厚清修，日所为事，夜必衣冠露香以告于天，凡是不能对天说的事不做。

治平四年正月，宋神宗即位，为发扬赵抃仗义执言的优点，召赵抃知谏院。赵抃谢恩时，宋神宗说："听说你匹马入蜀，以一琴一鹤自随。政策宽松平和，

---

[1] 宋代宫殿，原名圣祖殿，是宋太祖赵匡胤在宋朝南京（今河南商丘）所建的赵宋宗庙。根据宋朝的宗法礼制和官吏制度，主管鸿庆宫事务的官员名称为提举，此职位事务不多，平时比较清闲。任此职位的多是德高望重的老臣、学识渊博之人、级别较高之人。

[2] 苏轼：《赵清献公神道碑》。

也能任谏官吗？"不久，赵抃升任参知政事，他感念神宗知遇之恩，朝政有不妥之处，他总是密启上奏，神宗也常亲笔回书予以褒奖。在变法之前，赵抃支持皇帝重用王安石，称王安石是相才。王安石变法中颁布的保甲法，与赵抃任睦州知州时推行的保长制类似。因此，起初赵抃对变法中利国利民的政策非常支持。但是，与王安石的激进姿态不同，他的态度较为温和，甚至企图折中，多次扮演调和的角色。曾公亮与陈升之因青苗法的推行，与王安石发生激烈争执，赵抃曾从中调和，建议暂缓推行，听取各方面的意见，进一步完善后再重新推行。然而，赵抃这种做法两面不讨好，被指为骑墙。[1]

在韩琦上书请求废除青苗事件中，赵抃因为"面子"问题浪费了二十天时间，错过了废除青苗法的大好机会，让他难以在朝廷立足。在反对派看来，他应该负主要责任，甚至赵抃也不能原谅自己，非常悔恨，更加猛烈抨击新法。他向宋神宗说："且事有轻重，体有大小。财利于事为轻，而民心得失为重；青苗使者于体为小，而禁近耳目之臣用舍为大。今去重而取轻，失大而得小，惧非宗庙社稷之福也。"[2] 宋神宗没有接受赵抃的意见，为弥补自己的过失，赵抃多次奏请辞官，一月之后获得批准。

熙宁四年四月，赵抃辞去参知政事，到杭州任知州，然后转为青州知州。在青州，赵抃以"讼庭无事"为要，绝不滋事扰民，在治狱上无妄系一人，狱有可出出之。[3] 根据青苗法的规定和青州的具体情况，赵抃不为党派分歧所限，而是以是否有利于老百姓为据推行新法，采取了多种措施，兴修水利、自愿向官府借贷等措施，极大调动了百姓的积极性。熙宁五年成都的戍卒又出现了不安定因素，朝廷派赵抃前去镇抚。为及时处理危机，赵抃向神宗要求"便宜从事"的特权，并用这个特权否决了在成都府推行保甲法的政策。

作为朝中大臣，赵抃的遭遇是当时朝中官员在熙宁政局中挣扎的缩影。他一度想居间调停新旧两派的争论，却既不被王安石为首的变法派接受，又被旧党指

1　白效咏：《赵抃与熙宁政局》，《齐鲁学刊》，2012年第4期，第46页。
2　［元］脱脱：《宋史》卷三一六《赵抃传》，第10324页。
3　夏爱民、赵艳娟：《赵抃与青州》，《潍坊日报》"今日青州"，2013年3月12日。

为骑墙，不得已重新站到旧党队伍里。旧党一意废除新法，而以王安石为首的新党则拒绝对新法的一切指责，使得两党势同水火。赵抃在地方执政，能根据自己的理解，根据本地具体情况，有选择地实施他认为应该实施的新法法令，有选择地否定他认为不合适的新法措施，从而造福于百姓，并尽量避免陷入新旧两党之争的漩涡而不能自拔。[1]

齐州烟云

　　山东半岛，又称为齐鲁大地，传说三皇五帝中的舜和禹都曾生活在这里，是中华文明发源地之一。秦始皇统一六国后，实行郡县制度，把齐国改为齐郡，郡治在临淄。后历经变迁，唐武德元年（618）复改齐州，北宋政和六年（1116）升为济南府。王安石变法时期的齐州，隶属京东路，后来隶属京东东路。齐州北临黄河，南依泰山，是从京师开封进入山东半岛入海的交通要道，地理位置非常重要。宋英宗赵曙即位前曾任齐州防御使，继位之后将"龙潜"之地改为兴德军，升格为节度州，齐州政治地位越来越重要。北宋中后期，齐州发展迅速，在人口、商税、亓镇数量等方面超过了青、郓二州。[2] 欧阳修称齐州"赋税最多"。据记载，康定时期，齐州的商税旧额为49619贯，至熙宁十年（1077），齐州的商税额增长至36663贯，商税增长率为75%，远远超过同为大州的青州的62%和郓州的36%。快速发展的齐州，在王安石变法期间成了保守派和变法派激烈斗争的舞台，新法的支持者王广渊、曾巩，反对变法的李师中、李常，以及先支持后反对变法的苏辙，都先后在齐州上演了人生大戏。

　　作为京师重要屏障的京东地区，是新法实施的主要区域，青苗法、方田均税法等在齐州试点，而后推广全国。为了顺利实施新法，熙宁六年朝廷设立了专门监督新法推行的京东路察访司。察访司设察访使，负责督促检查所属州县各项新法实施情况。作为京东重镇，齐州备受朝廷重视，所派遣的官员多为干练之人。

---

[1] 白效咏：《赵抃与熙宁政局》，第48页。
[2] 田小森：《宋代齐州研究》，山东大学硕士学位论文，2019年，序言。

变 宋

王安石变法期间，先后出任齐州知州的有王广渊、王居卿、曾巩、李师中、李肃之、李常、林积、张颉、韩铎、王临、范纯仁等，他们很多人的事迹为当地人津津乐道。比如，接替王广渊的是变法派王居卿。熙宁二年，王居卿任齐州知府，后又转任京东东路提举刑狱公事。熙宁四年十二月，王居卿上疏："天下官酒务皆令作连灶，以省薪苏。"[1]朝廷同意，令画图颁于天下。王居卿的这个做法，被司马光等旧党攻击"营利"。熙宁四年，王居卿离开齐州，调入中央，在三司任职，后来领导市易司，在改革市易法方面发挥了重要作用。

因为王广渊在齐州首推新法，齐州成为青苗法先行试点地区。为更好地推行新法，朝廷派遣"唐宋八大家"之一的曾巩执掌齐州。

曾巩，（1019—1083），字子固，江西南丰人（今江西省南丰县），北宋文学家、史学家、政治家。他出身名门世家，祖父曾致尧、父亲曾易占都是北宋名臣。曾巩从小聪慧，记忆力超群，幼时读诗书，脱口吟诵，十二岁能文，二十岁文章已负盛名。景祐四年（1037），18岁的曾巩随父进京，以文相识王安石，结成挚友，曾向欧阳修推荐王安石。但曾巩仕途坎坷，屡试不中，直到39岁才中进士。那次考试以古文、策论为主，诗赋为辅，主考官是欧阳修，曾巩与其弟曾牟、曾布及堂弟曾阜一同登进士第，后经欧阳修举荐，分别任馆阁校勘、集贤校理兼判官告院。在京九年，曾巩一直从事古籍整理工作。熙宁二年，曾巩被外放越州（今浙江绍兴）通判，熙宁四年到济南赴任。

曾巩被称为"醇儒"，他赞同孔孟的哲学观点，强调"仁"和"致诚"，认为要按照"中庸之道"虚心自省、正诚修身。因此，在政治上他反对兼并，主张发展农业，广开言路。他反对死守成法，提出"法者，所以适变也，不必尽同；道者，所以立本也，不可不一"[2]的观点，主张在不失先王意旨的前提下，对制度做必要的改革。在行动上，他是王安石变法的拥护者、支持者，并在实际工作中坚持以利民除弊为原则，不遗余力地推行新法。但曾巩也有自己的主张，认为法愈密，则弊愈多。

---

1 ［宋］李焘：《续资治通鉴长编》卷二二八"熙宁四年十二月辛酉"。
2 ［宋］曾巩：《曾巩集》，北京：中华书局，1984年，第184页。

当时的齐州，盗贼肆虐，社会秩序混乱，"故又多狱讼"[1]，曾巩积极推行保甲法，整顿社会秩序，打击地方豪强势力。据《宋史》记载：济阳有一个叫周高的恶霸，为富不仁，欺男霸女，横行乡里，民愤极大，但周家仗着"力能动权贵"的势力，与地方官员内外勾结，沆瀣一气，为非作歹。在搜集好证据之后，曾巩根据法令迅疾将周高逮捕法办。章丘有个"霸王社"的土豪组织，杀人越货，无恶不作。曾巩让百姓组成保伍，侦察盗贼的行踪，遇盗贼就击鼓传递消息，相互援助，待到查昉实情之后，迅速派兵将他们悉数缉拿归案，并将31名罪犯判刑后发配边疆，广大乡民交口称赞。通过不遗余力打击黑恶势力，在不长时间内，便使齐州境内的违法犯罪案件明显下降，以至"奸寇屏迹，民外户不闭，道至不拾遗，狱以屡空"[2]，齐州由案件多发之地变成了平安之州，风气随之越来越清明。

农田水利法鼓励地方官民兴修水利工程，这一措施在齐州得到了全面贯彻。由于济南地势南高北低，每逢夏日，来自南部山区的泉水毫无节制地宣泄而出，导致城北水患成灾。经过实地勘察，曾巩组织民众开展水利设施建设，疏浚水道，开挖新渠，修建了北水门，修筑了百花堤，既解决了济南北部平原水患，又可适时灌溉，使得大明湖成为泽被后世的天然水库，曾巩还为西湖（大明湖）修了长堤，在城内修了一些石桥，修建了泺源堂、北渚亭等。[3]

结合免役法的实施，曾巩改差役为募役。政府出钱招募民夫，修建了很多水利工程。在熙宁五年所作的《齐州北水门记》一文中，曾巩介绍说，济南泉水众多，这些泉水汇流至齐州城的西北处，如果遇上大雨，城外积水暴涨，人们不得不用荆苇编网，装上泥土挡住城门，防止城外的水流入城内。但这样既不牢固，又浪费大量的人力物力。曾巩利用原来的城门，修建了水闸，根据水量的多少来开闭，解决了城北的水患。在修建水门时，曾巩"始以库钱买石僦民为工"，根据免役法的要求，不是征劳役，而是用政府的钱买石头，雇佣民夫，仅用了一个月就完成了修建工作。水门修建后，"无后虞，劳费以熄"[4]。

---

1 [宋]曾巩：《曾巩集》，第215页。
2 同上书，第184页。
3 安作璋主编：《山东通史·宋金元卷》，第43—44页。
4 [宋]曾巩：《曾巩集》，第309页。

变　宋

在青苗法方面,曾巩没有继续王广渊摊派的做法,坚持维护新法本意,"公推行有方,民用不扰。使者或希望私欲有所为,公亦不听也"[1]。熙宁五年,为了治理黄河,朝廷要从齐州征调两万民工。以往征调民工,土豪劣绅转嫁徭役负担,对其人丁、家丁多故意漏登、瞒报,由于户籍人数失真,使得百姓三丁抽一。面对这种情况,曾巩马上展开人口普查,并在反复核实后堵住了漏洞,最终确定了九丁抽一,不仅如期完成了朝廷下派的征调任务,而且还为广大贫苦百姓减轻了负担。

曾巩执掌齐州期间,推行新法不遗余力,他推行保甲法以整顿社会秩序、兴修水利设施以防御自然灾害、实施募役制以减轻百姓负担、落实青苗法以防范土豪劣绅对农民的盘剥、加强市政建设以造福于民等等,这都与当时的变法改革密切相关。[2]在齐州为政两年,曾巩励精图治,勤奋努力,使得济南吏治清明,百姓安居乐业,社会秩序井然,且"市粟易求仓廪实,邑尨无警里闾安",赢得了百姓拥戴。熙宁六年六月,曾巩调任襄州知州,齐州百姓不愿让他离去,关闭城门,拉起吊桥,极力予以挽留,曾巩只能"乘夜间乃得去"。《宋史·曾巩传》不仅赞扬曾巩"负才名",而且对他在齐州的作为多有褒扬。

曾巩离济后,李师中任齐州知州。

李师中,字诚之,熙宁六年九月由登州改任齐州知州。他反对新法,反对王韶开熙河,上书极论时政得失,请求召用司马光、苏轼、苏辙等,遭到朝廷贬斥。在齐州任上,李师中待了不到半年,就于熙宁七年二月移知河间(今属河北)。半年中,他看到济水长期以来堵塞不通,遂寻访旧河道,从兖城西南开始凿通,但工程未完成一半而离任。

熙宁七年三月,天章阁待制、右谏议大夫李肃之(字复古)由湖北转运使左迁齐州知州。李肃之担任齐州知州的时间较长,颇有政绩。当时济南西门外护城河上的木桥(今济南趵突泉公园北的泺源桥,俗称西门桥)年久失修,每当夏季,只要连下几天的暴雨,南山下来的雨水暴涨,汇集到城下,桥不能抵

---

1 [宋]曾肇:《曲阜集》卷三《子固先生行状》,清文渊阁四库全书本,第239页。
2 安作璋主编:《山东通史·宋金元卷》,第46页。

挡暴雨的冲击，就被冲毁。桥坏阻塞交通，而此处又是京师到青州及山东半岛一带的必经之地。这年夏天，连下几天大雨，桥被冲坏，历城知县施辩向齐州府官建议说："年年桥都被洪水冲毁，建议造一座石桥，来缓解桥毁后重复造桥的劳役之苦。"李肃之采纳了他的建议。由于实施了新法，建桥做法与以前征用徭役不同。在建桥前，要把建石桥的计划报告转运使，得到官府二十七万两银子，作为用工和伙食的费用；建桥时，尽量节省费用，到山上采石，使用府库的建材和工具，让军队士兵出力，从当年九月至十一月，桥就建成了。（这座桥）有三个桥墩两扇门，洪水分道而泄，不再造成危害，所以，"又明年，水复至，桥遂无患"[1]。

当时苏辙在济南，作《齐州泺源石桥记》，借修桥发表了对新法的看法。苏辙分析到，建桥这种事虽小，但从前郡县行事的方法，是把劳役的费用按数量分派给百姓，容易成事；现在的法令，严格要求体恤百姓，一切事务和费用全仰仗官府，如果郡县想有所作为，要成事比从前更难。最后，苏辙总结说："非李公之老于为政与二君之敏于临事，桥将不就。夫桥之役虽小，然其劳且难成于旧则倍，不可不记也。"[2] 意思是如果不是太守李肃之富于执政经验和两位官员（施君和张君）有办事能力，这座桥或许建不成。建桥这种事虽小，但建好它比从前更费心，更难几倍，不能不把它写下来，因此就写了这篇记。从苏辙的记载来看，免役法推广到济南之后，政府官员不得随意征发徭役，修桥办事等费用都由政府出，政府办事，就要申请经费，雇佣人员，精打细算，不如以前那么任性。虽然该法不令苏辙满意，但从一个侧面说明新法规约束了官员的行为，对老百姓更为体恤，具有便民利民的功能。利于民而不利于官，被苏辙称之为"劳且难成于旧则倍"，典型地表现了反对派的立场和吹毛求疵的心态。

苏辙的这种心态，在他的另一篇文章中展现得淋漓尽致。熙宁八年，应齐州耆老之请，李肃之主持修建闵子祠。闵子，姓闵名损，字子骞，春秋战国时期鲁国人，是孔子首批学生之一。《论语》称闵子骞"少孔子十五岁"，以德

---

[1] ［宋］苏辙：《栾城集》卷二三《齐州泺源石桥记》，《四部丛刊》景明嘉靖蜀活字藩本，第976页。
[2] 同上书，第976—977页。

行而著称于世，列孔门四科十哲、七十二贤人。鲁国权臣季氏聘请闵子骞出任费邑宰，他见世道如此混乱不堪，便尊孔子"天下有道则见，无道则隐"之教导，毅然辞去。闵子去世后，葬于历城东面五里。到北宋时，李肃之主持修建闵子祠，建成后，苏辙作《齐州闵子祠堂记》，叙述祠堂的修建过程和落成典礼，称赞太守李肃之德政仁心，而后将重点放在仕与不仕的讨论上。他引述闵子骞的拒仕言行，用了一个比方说，你没见到东海去的人吗？那海面辽阔，看之望不到边，探测之深不见底。航海的船只像山那样大，船帆像天空的硕大云朵，这种大船才能冲破风涛而不翻覆，遇到蛟龙而不恐惧。如果用江河上航行的小船去航海，行不到十里就可能顶不住风浪被迫返回，航行百里可能沉没海底，根本就经受不了大海的万里风浪。有人说孔子不顾风险而出仕，那是他的船大到足以抵御风浪，子贡、冉有等积极出仕，不过是在尽力而为。而闵子骞等不肯出仕，是因为他们没有孔子那样大的德行和治乱世之才，经不住礼乐崩坏的冲击。因此，他们的不仕并非不想当官，而是"止而有待"，等待好的时机。苏辙用"方周之衰，礼乐崩驰，天下大坏"解释闵子骞的不仕，暗寓反对变法、身遭贬谪的作者本人，对现实政治的不满，曲折表达作者"止而有待"的隐衷。

熙宁九年二月，李肃之因病辞官，其继任者是滕甫（为避讳改名滕元发）。他历任同修起居注、知制诰、翰林学士、御史中丞等。宋神宗召对，滕元发直言以告，一点也不避嫌隐瞒，君臣之间犹如家人。王安石变法之初，众人议论纷纷；王安石怕他进言，借事让滕元发出任郓州知州，后改任齐州，上任不到一年，又离开，在地方流落近十年。

接替滕元发的是苏辙昔日在条例司的同事李常。李常字公择，南康建昌人。那时，齐州社会治安乱象反弹，以至熙宁十年（1077）六月，因"盗犹不止"，且"论报无虚日"，而被列为惩治"盗贼并用重法"之地。李常捉到狡黠的盗贼，刺字为兵，让他在自己部下服役。李常摸清楚盗贼聚居的地方，就破门而入，将他们全部根除。半年间，杀七百人，使那些作奸犯科之人无处藏身。

那么，亲历这种变化的苏辙，是怎么看待齐州的呢？

第七章 一叶知秋

来齐州前,苏辙听说济南多甘泉,鱼肥水美,物产之利可媲美江南,格外向往,恰好济南郡的官职有阙员,经过请求,他如愿以偿,于熙宁六年夏由陈州(治所在今河南淮阳)学官改授齐州掌书记[1]。曾巩调离不久,苏辙欣然而来,但不巧遇上了齐州"大旱几岁,赤地千里,渠存而水亡"[2]的景象。干旱不仅发生在齐州,而且影响到北方诸多地区,也就是这次旱灾,导致王安石第一次辞相。

大旱之年,苏辙看到,齐州饥民遍野、盗贼四起。在《送排保甲陈祐甫》一诗中他描绘道:"谁言到官舍,旱气裂后土。饥馑费困仓,剽夺惊桴鼓。缅焉礼义邦,忧作流亡聚。君来正此时,王事最勤苦。驱驰黄尘中,劝说野田父。穰穰百万家,一一连什伍。"到任之后,苏辙整日忙于辅助齐州知州开仓赈灾、安抚百姓、整顿治安等事务。面对王安石迅速推出的变法法令,苏辙感到"三年政令如牛毛",颇有"宦游少娱乐,缠缚苦文案"之感。他在《送韩衹严户曹得替省亲成都》中写道:"宦游东土暂相依,政役频烦会合稀。每恃详明容老病,不堪羁旅送将归!"[3]此时,苏辙虽远离朝堂争斗,但对频繁颁发的新法不胜厌烦,不断抨击新政,对齐州治理也是腹诽不已。

尽管如此,苏辙对引浑淤灌的成效还是进行了赞赏,他称赞淤灌后的麦田"比之他田,其收十倍"[4]。大规模引河淤灌、改良土质技术的应用,是农田水利法推行过程中收效显著的措施。京东、河北等黄河中下游地区,在官府的组织下广泛推广引浑淤灌技术,实施淤田。北宋专门设立"管辖京东淤田"的领导机构,沿黄河和广济河两岸推行淤田。除了引河水自流淤灌外,还开凿新河道淤田。仅熙宁十年,京东地区淤田5800多顷。经过连年放淤,大量盐碱地土质得到改善,极大提高了土地的生产力。元丰元年六月,京东体量安抚使黄廉上书建

---

[1] 唐朝后期置记室掌书记,为节度使属官,掌朝觐、慰问、聘荐、祭祀、祈祝之文及号令、升黜之事,军队中的记室掌书记也负责军队战情军需的记录、文书、信件等事务,比之前的记室更为重要。宋初沿置,属于一路军政、民政机关中的僚属。太祖乾德二年(964),令两使留后奏荐历两任有文学者充任。太宗太平兴国六年(977),命有出身人充任。后逐渐成为选人阶官。

[2] [宋]苏辙:《栾城集》卷一八《舜泉诗引叙》,第835页。

[3] [宋]苏辙:《栾城集》卷五《送韩衹严户曹得替省亲成都》,第357页。

[4] [宋]苏辙:《栾城集》卷四〇《论开孙村河札子》,第1612页。

变　宋

言："澶州及京东、河北淤官地皆上腴，乞募客户，依其土俗私出牛力、官出种子分收。选晓田利官两员诣京东、河北，计会转运、提举二司及逐县令佐，相度招募客户，自今秋营种，并下司农寺详定条约。"[1] 黄廉的建议得到朝廷同意，引浑淤灌技术也得到朝野上下一致认可。宋神宗派人到各地调查淤灌地的庄稼生长情况，还曾经亲口尝了一下淤土的味道，称"极润腻"，并大力奖赏负责淤灌工作的差遣官员。[2] 对水利颇有研究的沈括奉使察看开封府界以东地区的引浑淤灌，称赞沿黄河、漳河等流域的淤田为"美田"，"淤淀不至处，悉是斥卤，不可种艺"[3]。凡是淤过的田，地价都有大幅度的提高。

继李常之后，接任齐州知州的是林积，他性格廉谨方严，居官有治绩，才行为王安石所称，然终以坚决反对新法、鲠挺而不得进用。除了知州之外，齐州的地方官也因变法发生争执。元丰末年，赵挺之任德州通判，积极推行市易法。当时黄庭坚监德安镇，称镇小民贫，不堪诛求，若行市易，比致星散。二人各执己见，公文往来不绝，一时成为"笑谈"。[4] 自此，俩人埋下了不和的种子，后来变法派获胜，赵挺之也获得升迁，与变法派其他成员一起打击黄庭坚等保守派。

新旧两党之争也牵涉到两派官员的家庭。赵挺之是密州诸城县（今山东省诸城市）人，其子赵明诚娶了同是山东人的李格非的女儿李清照。崇宁元年（1102），在蔡京鼓动下，对司马光、苏轼等"旧党"严厉打击。作为变法派的赵挺之一度春风得意，不几年就当上了宰相。赵挺之得势时，其亲家李格非（时任提点京东刑狱）被宋徽宗和蔡京划为"元祐党籍"，罢官后流放到广西象郡。李清照请公爹赵挺之出面帮助父亲，赵挺之担心牵连自己，不予理睬；为此，李清照十分不满，作诗称赵挺之"炙手可热心可寒"。[5]

宋神宗时期，齐州先后有15位知州，任期大都不长。据统计，任期三年及

1　[宋]李焘：《续资治通鉴长编》卷二九〇"元丰元年六月癸卯"。
2　安作璋主编：《山东通史·宋金元卷》，第39页。
3　[宋]沈括：《梦溪笔谈》卷一三《权智》，第246页。
4　安作璋主编：《山东通史·宋金元卷》，第522页。
5　安作璋主编：《济南通史》，济南：齐鲁书社，2008年，第580页。

以上的只有一位，二年左右的 6 位，一年及以下的 8 位。[1] 任期过短，导致地方官员"时序未更，已闻移去"[2]，刚熟悉某一地区的情况，即被改派他地，也就很难谈得上对辖境的有效治理。北宋中后期官员任期过短的原因，除了官员人数远远超过官职数量之外，还与当时庙堂之上的政治斗争有关，相当数量的朝官因被排挤打压而主动请求外放地方或被动贬离朝廷。地方官员的变动、任期与庙堂之上的势力角逐有着密切的联系。

杭州美景

杭州地处东南沿海、钱塘江下游、京杭大运河南端，北宋时杭州隶属两浙路，当时人口 20 余万户，为江南人口最多的州郡之一。杭州经济比较发达，对外贸易繁荣，是全国四大商港之一，繁荣程度超过了苏州和越州（今绍兴），仁宗皇帝御赐"东南第一州"名号。

太平兴国三年（978）五月，吴越纳土，首任杭州知州是宰相范质的儿子范旻。自此以后，杭州知州多"名乡巨公"。[3] 宋神宗在位 18 年间，杭州共有 12 位知州；从宋神宗继位至宋徽宗建中靖国元年，34 年间，共有 20 位知州（参表 6）。历任知州思想倾向、生活经历并不相同，但大都有着广泛而深刻的影响力。其中，将近三分之一的人曾位极人臣。苏颂于元祐七年（1092）任宰相，其他任执政大臣的分别是胡宿、赵抃、吕惠卿、蒲宗孟、王存、林希。另外，陈襄是著名的道学家；苏颂是著名的科学家；沈立精于河防，善治水；熊本通晓兵事，曾经多次在边疆立功；苏轼、陈襄、胡宿、赵抃等蜚声文坛，是当时一流的大文学家。

东南地区经常遭受水旱灾害，因此杭州所在的两浙路不断兴修水利。在熙宁三年至九年全国兴修水利的高潮中，两浙路兴修水利 1980 个，在全国排名第二，水利田 1048.5 万亩，全国排名第一，上贡布帛、粮食等数量也在全国排名

---

1 田小森：《宋代齐州研究》，山东大学硕士学位论文，2019 年，第 75 页。
2 ［清］徐松辑：《宋会要辑稿》卷五六、卷六〇。
3 沈冬梅、范立舟：《浙江通史》第 5 卷"宋代卷"，杭州：浙江人民出版社，2005 年，第 4 页。

第一。在经济上,北宋政府对东南地区依赖越来越多,"自祖宗依赖,军国之费,多出于东南""国家根本,仰给东南"。[1]因此,考察杭州人物,对理解王安石变法具有重要的意义。

表6 北宋中后期历任杭州知州及其政治立场

	姓名	任杭州知州时间	立场	到杭州原因
1	胡宿	1066.4—1067.6	不赞同,也不激烈反对	年老,为政保守
2	祖无择	1067.10—1069.5	反对派	仕途不达,一直外任做官,属于正常迁转
3	郑獬	1069.5—1070.4	反对派	发遣开封府时,拒绝用新法审理案件,为王安石贬谪
4	赵抃	1070.4—1070.12	反对派	不满王安石新党执政请求出京
		1077.5—1079.1	反对派	由于朝廷体恤,为其致仕做准备,主持救灾工作
5	沈立	1070.12—1072.5	没参与	仕途不达,一直外任做官,属于正常迁转
6	陈襄	1072.5—1074.6	反对派	反对青苗法触怒王安石,被排挤
7	杨绘	1072.6—1072.9	反对派	
8	沈起	1087.11—1088.6	反对派	
		1074.9—1076.1	没参与	知桂州时积极备战防范交趾入侵,被朝廷议为妄生边事,改知潭州、杭州
9	苏颂	1076.1—1077.5	中立	苏杭一带发生旱灾,皇帝特命其知杭州抗灾救民
10	邓润甫	1079.1—1081.4	支持新法	因论奏相州狱,被蔡确陷害,被贬
11	张诜	1081.4—1085	没参与	一直外任做官,属于正常迁转
12	蒲宗孟	1085.7—1087.11	支持新法	遭御史弹劾,被贬
13	熊本	1088.6—1089.5	支持新法	迁转
		1091.1 未行	支持新法	
14	苏轼	1089.3—1091.1	反对派	与以司马光为代表的旧党政见不合,被贬杭州
15	林希	1091.2—1092.10	支持新法	正常迁转
16	王存	1092.8—1094.8	反对派	向哲宗谏言勿为朋党之论所惑,被当政者忌恨贬官

---

[1] 沈冬梅、范立舟:《浙江通史》第5卷"宋代卷",杭州:浙江人民出版社,2005年,第66—67页。

续表

	姓　名	任杭州知州时间	立场	到杭州原因
17	陈轩	1094.8—1096.8	反对派	招待高丽入贡使举措失当，被礼部尚书苏轼劾其失体
18	李琮	1097.7—1098.8	支持新法	正常迁转
19	丰稷	？—1100.4	反对派	与当政者政见不合，累迁
20	吕惠卿	1100.4—1101.3	支持新法	累迁

资料来源：范小兰《北宋中后期杭州知州及其诗歌研究》

表6所列20位杭州知府中，支持变法的有6位，基本中立的有5位，反对变法的最多，有9位。同在杭州为官，在政治立场上却分属不同的阵营，具体原因是什么呢？

考察20位知州的籍贯，浙江籍、福建籍居多，占了人数的一半以上。在浙江、福建籍十多位知州中，除了林希和吕惠卿外，其余大都与范仲淹及其熟人素有交往，形成了以范仲淹、欧阳修以及后来的苏轼为核心的文人集团，文人相惜，政治立场也相似。与此相反，支持新法的吕惠卿和林希二人，则被孤立，士林风评不佳。来自其他地方的杭州知州，新法的支持者邓润甫、熊本则来自江西，与王安石是老乡，有人怀疑乡邦旧情可能起到了一定的作用。在宋朝官场，荐举制度十分盛行，荐举者对被荐举者有知遇之恩，由此容易形成政治群体。[1] 另外，随着科举取士制度的确立，同乡、同年、师生等关系也成为官场上维持利益联盟的重要纽带。

从任期时间长短来看，20位知州任期大多很短。伴随着北宋中后期变法政潮频起，地方官员调动、迁转十分频繁，导致能够安稳地度过一任的杭州知州非常少。宋初，地方官实行一年一考、三年一任的任期制。任期制有利于加强中央集权，可以防止地方官在当地结党营私、垄断地方政治、尾大不掉，威胁中央。但地方官员任期过短，更替频繁，造成居官者刚刚熟悉民情便任满调离，或者有些官员无心留意地方政务。

俗话说人各不同，这20位杭州知州也都有自己的故事。

---

[1] 范小兰：《北宋中后期杭州知州及其诗歌研究》，第21—30页。

变　宋

　　在王安石还没有当宰相前，胡宿就在杭州任职。他任职时已经 70 岁，可以说到杭州是为了养老；其后，这种正常转岗的情况就变得极为罕见。祖无择仕途不达，熙宁二年，他在杭州知州任上被揭发行为不法下狱，郑獬、陈襄、苏颂等反对派纷纷上疏营救。祖无择虽然没有明确反对王安石新法，但一直身处变法派的敌对政治阵营中，政治立场也倾向于反对变法。

　　新法实施后，郑獬拒绝用新法审理案件，遭王安石贬谪，以侍读学士出为杭州知州。在青苗法推行之初，他只是将青苗法在十几个地方张榜公告，让百姓自愿申请贷款，但由于百姓积极性不高，推行极为缓慢。郑獬认为，青苗法"但见其害，不忍民无罪而陷宪网"[1]。但随着提举官进入两浙路，青苗法开始在杭州迅速推行，大量青苗钱得以发放，因推行新法不力，郑獬于熙宁三年四月被调离杭州。事后郑獬说："张榜累月而无一人愿请，一日提举官入境，则郡县更相希合，举民而与之，此非强民为何？"张榜一个多月都没有一个人来申请，如今提举官一来老百姓就都跑去贷款了，这不就是强行摊派的结果吗？

　　与郑獬的经历相似，赵抃屡次上书议论新法，都被宋神宗置之不理，于是求去，五次请辞后获准，以资政殿学士出知杭州。他在杭州第一个任期只有八个月，第二个任期为一年七个月。赵抃之后的沈立，没有参与新法之争。而陈襄则不同，曾五次上书反对青苗法，与王安石素有积怨。在历任杭州知州中，反对变法的占一半多，其中杨绘在熙宁四年为御史中丞，极力反对变法，曾说"免役法"有十害。丰稷多次抨击新党，被章惇打击，《宋史》本传记载章惇为置其于死地，曾一年之内令其亟徙六州。在宋哲宗执政后，丰稷还曾言旧党司马光、吕公著当配享宗庙。

　　与新旧两党不同，苏颂是"明且哲以保其身"的典型代表。他与王安石是同年，虽然两人没有过多的交往，但也没有交恶。苏颂能够冷静、客观地看待新法，是王安石变法过程中始终能中立审慎、就事论事的极少数人之一。熙宁变法时，苏颂在朝为知制诰，兼任的诸多职务中有判司农寺一职，负责制定保甲法、

---

[1] ［元］脱脱：《宋史》卷三二一《郑獬传》，第 10419 页。

免役法，苏颂对此没有任何异议。另外，他还专门上疏对学校的体制、考评提出整顿建议，建议改革科举取士的取舍标准。他虽然不反对变法，但在一些事情上与王安石有分歧，比如拒绝草制超擢李定的任命，因此被罢知制诰出知地方。苏颂外任婺州等七个地方的知州，没有拒绝新法的推行。他与变法派另一个重要人物吕惠卿同乡，吕惠卿曾力劝他站到变法阵营从而获得高位，苏颂没有回应，还上疏救助被新党黜罢的祖无择等人。在个人关系上，苏颂跟保守派的很多人私交甚笃。对变法，他态度非常公允，完全从利弊得失的现实出发，既能肯定变法的有利方面，又敏锐察觉变法中存在的过激、用人不当等问题。因此，苏颂对除弊兴利、振兴国家有其独特的见解，身经五朝，在元老宿臣纷纷被逐斥的情况中得以保全。[1]

　　元丰二年起，开始有杭州知州支持新法。邓润甫在杭州两年多，后来在宋哲宗亲政后，他首倡"绍述"之说，为新党重新执政开辟道路。而蒲宗孟在熙宁变法中参与吕惠卿主持的手实法，但因酷虐奢侈屡被弹劾。熊本曾治边西南渝州、泸州有功，称颂王安石变法。作为支持新法的骨干人物林希，在杭州任职一年多，曾被蔡襄荐举，投曾布而叛章惇，后来成为绍述新党的骨干。他被人诟病的事件是在"绍述"时期草制诏书，用"老奸擅国"之语极力诋毁元祐诸臣。据《宋史·林希传》记载："推明绍述，尽黜元祐群臣，希皆密豫其议。自司马光、吕公著、大防、刘挚、苏轼、苏辙等数十人之制，皆希为之，词极其丑诋，至以'老奸擅国'之语阴斥宣仁，读者无不愤叹。"据说，有一天，林希草制之后，掷笔于地说："坏了名节矣。"李琮任杭州知府一年多，《宋史》本传说他擅长吏治，但搜刮民财，为政严苛。李琮官位不高，曾因大力推行免役法被朝廷称赏。作为变法骨干的吕惠卿，与苏轼是同年进士，但二人立场完全对立。变法前，吕惠卿曾得到欧阳修、曾公亮等老臣赞誉，变法中他是王安石的得力助手，颇有建树。吕惠卿在元祐中官职累贬，"绍述"期间多在边境担任军政长官，元符末才到杭任职，那时已经七十多岁了。

---

[1] 范小兰：《北宋中后期杭州知州及其诗歌研究》，第21—30页。

变　宋

在杭州知州中，知名度最高、最为典型的人物是苏轼。在苏轼一生"八典名郡"（八个地方做官）中，在杭州为官时间最长，前后约六年；次数最多，先后两次；成就最大，修建了苏堤；命运最多舛，被捕入狱4个多月。

苏轼来到杭州，完全是因为他批评新法。苏轼（1037—1101），字子瞻，号铁冠道人、东坡居士，世称苏东坡、苏仙、坡仙，和王安石同列唐宋八大家。两人仕途理念不同，王安石号召变法，受到宋神宗的赏识而一跃成为宰相；苏东坡则反对变法，先被变法派排斥，后来又因反对全盘否定变法被保守派一再贬谪。

虽然王安石和苏轼政治观点迥然不同，但人生之初发展轨迹有很多相似之处。和王安石一样，苏轼二十多岁参加科举考试，两人中进士时年岁相近，但王安石早了十六年。苏轼从四川眉山来到汴京，以全国第二名高中进士，比曾经第四名的王安石风头更劲。与王安石相似，据说苏轼《刑赏忠厚之至论》一鸣惊人，然主考官欧阳修猜测这篇文章是自己得意门生曾巩所作，为避嫌便把它压为第二名。在这篇文章中，苏轼提到"皋陶曰杀之三，尧曰宥之三"的典故，连欧阳修也不知道出处，事后才从苏轼口中得知为其所杜撰。欧阳修惊叹苏轼善于思考，活学活用，赞叹他以后必能以文章独步天下。

王安石第一份工作是淮南扬州签判，苏轼的第一个职位是陕西凤翔签判。王安石在扬州不受韩琦待见，苏轼与凤翔一把手陈希亮也搞得别扭丛生。陈太守是军人出身，当年在长沙为官时曾经一口气搜捕过七十多名欺压百姓的地痞流氓。但此时陈太守年事已高，看年少气盛、颇为自负的苏轼很不顺眼。当时，府衙差役尊称制科出身的苏轼为"苏贤良"，陈希亮听后训斥道："府判官，何贤良也？"还命人将这些巴结苏轼的人打了一顿。每次举办宴会，陈希亮有时连比苏轼官小的都邀请，就是不请苏轼。次数多了，苏轼索性什么宴会都不参加，陈希亮竟以"无故不参加中元节聚会"为由，罚没苏轼1600文钱。而且，不管苏轼起草什么文稿，陈希亮大都修修改改，更有甚者，有时看也不看就直接把苏轼的文稿扔了，让自诩文章名满天下的苏轼情何以堪！[1] 遇到这种上司，苏轼憋屈无比，在给弟弟的信中说"思乡心似雨难开""虽无性命之忧，且复忍须臾"。在

---

[1] 张晓珉：《宋朝果然很有料》（第六卷），北京：中国工人出版社，2018年，第83页。

第七章 一叶知秋

给这位太守后园楼台写《凌虚台记》时,苏轼借机嘲讽奚落一番。苏轼生性洒脱,不拘小节,而陈希亮冷峻严厉,处事不留情面,两人之间产生了一系列戏剧性矛盾,闹得最厉害的时候,甚至连皇帝都惊动了。多年之后,苏轼为陈太守作传,曾表达过惭愧的心情:"方是时年少气盛,愚不更事,屡与公争议,至形于色,已而悔之。"

不过,与王安石不愿任京官不同,苏轼在凤翔任满之后,按规定回到了朝廷。此时,王安石在扬州的顶头上司韩琦已是宰相,宋英宗获悉苏轼文笔漂亮,计划破格提拔他为知制诰(起草诏书)或修起居注(记录皇帝言行),韩琦认为人才应该一步一步历练,官场应该讲究秩序和规矩,请求皇帝收回了破格提拔苏轼的想法。治平三年苏轼父亲苏洵去世,他扶送灵柩回四川眉山安葬。守孝三年之后,苏轼回到朝廷已是熙宁二年,王安石主导的变法轰轰烈烈地展开。同年五月,苏轼作《议学校贡举状》,反对王安石多录取赞同变法考生的做法;在《拟进士对御试策》中,苏轼将新法比作深夜驾车,周围都是万丈悬崖,而车夫还纵马狂奔,随时会车毁人亡;在《上皇帝书》中,苏轼认为变法"求治太速,进人太锐,听言太广",过于急功近利;在《再上皇帝书》中,苏轼将变法比作医生在患者身上胡乱试药,不顾病人的生死,他说"今日之政,小用则小败,大用则大败,若力行而不已,则乱亡随之";熙宁四年二月又作洋洋万言《上神宗皇帝书》,主张"结人心、厚风俗、存纲纪"。苏轼的主张可能多属于老生常谈,但他在批判新法时,总结历史、分析时事,纵横捭阖、雄辩滔滔。钱穆先生就指出:苏东坡的建设性意见几无可取,但他的批判性语言却才华横溢,非常富有感染力。正是这滔滔雄辩的文章,给苏轼惹来一生的波折。

苏轼指桑骂槐,舞文弄墨,反对新法,甚至一度动摇了宋神宗改革的决心。尽管如此,王安石还是尽量容忍,不想和苏轼计较。御史谢景温举报苏轼葬父途中贩运国家专营商品,按照传统社会的潜规则,王安石趁此拿下苏轼轻而易举。然而在查无实据之后,王安石没有动苏轼一根汗毛。[1] 直到苏轼做主考官,

---

[1] 罗强烈:《人品风流:王安石与苏东坡的恩怨人生》。

出题影射王安石利用宋神宗的信任，违背天理，独断朝纲，这已经超出个人恩怨，属于"政治阴招"了，王安石才决心把苏轼赶出朝廷。在王安石的示意下，熙宁四年四月，苏轼被贬为杭州通判。此后，在王安石执政期间的熙宁七年（1074），苏轼还升任密州知州，熙宁九年（1076）又迁徐州知州。从苏轼在密州所写《江城子·密州出猎》中的"持节云中，何日遣冯唐"来看，这个时期，苏轼仍然充满政治激情。

虽然变法派没有阻挠苏轼升迁，但苏轼在自己的诗文中，对新法一直评论不断。在杭州时，苏轼做了很多诗文批评新法，后来被沈括抄写下来，作为弹劾苏轼的凭据呈报宋神宗。比如，苏轼歌咏桧树的两句："根到九泉无曲处，世间唯有蛰龙知"，被曲解为"皇帝如飞龙在天，苏轼却要向九泉之下寻蛰龙，不臣莫过于此！"苏东坡什么都说，所以得罪了好些人，都睁大眼睛找他的错。另一方面，苏轼在政治上没有站队，既反对新法，也反对旧党，如同风箱里的老鼠两头受气。

元丰二年苏东坡被调任湖州，然后例行公事地上了一篇谢恩的折子《湖州谢上表》，发牢骚说："陛下知其愚不适时，难以追陪新进；察其老不生事，或能牧养小民。"句中"其"为自称，他以自己同"新进"相对，指那些升官过快的无能之辈；苏轼称自己不"生事"，被指责暗示"新进"人物"生事"。在王安石变法期间，保守派和变法派斗争激烈，司马光在给王安石的长信中有"生事"二字，于是"生事"成了攻击变法的习惯用语；"新进"则是苏轼对王安石引荐的新人的贬称。

光写这几句诗还不算罪过，偏偏凑巧，当时出版了《元丰续添苏子瞻学士钱塘集》，给御史台的"新进"提供了充足的材料。监察御史台里行舒亶经过潜心钻研，上奏弹劾说："至于包藏祸心，怨望其上，讪渎谩骂，而无复人臣之节者，未有如轼也。"国子博士李宜之、御史中丞李定等也历数苏轼的罪行，声称必须因其无礼于朝廷而斩首。李定提出了应处苏轼极刑的四项理由："苏轼初无学术，滥得时名，偶中异科，遂叨儒馆。"变法派说苏轼急于获得高位，心中不满，乃讥讪权要；皇帝对他宽容已久，冀其改过自新，但是苏轼拒不从命；苏轼所写诗

第七章 一叶知秋

虽荒谬浅薄，但对全国影响甚大。

宋神宗很生气，命人将苏轼抓到了御史台受审。元丰二年七月二十八日，苏轼被逮捕，八月十八日送进御史台的监狱，二十日被正式提讯。案件先由监察御史告发，后在御史台狱受审。因御史台官署内遍植柏树，柏树上常有乌鸦栖息筑巢，乃称乌台，此案称为"乌台诗案"。苏轼在大牢里待了一百三十多天，几次濒临被砍头境地，甚至还在狱中写了两首绝命诗。

李定、舒亶、王珪等欲置苏轼于死地而后快，但宋神宗一时举棋不定。立国之初，宋太祖早有誓约，除叛逆谋反罪外，一概不杀大臣。这时，王安石为苏轼辩护[1]，再加上身患重病的曹太皇太后也出面了，同属于苏轼口中"新进"的章惇也积极地营救，并不惜与宰相王珪翻脸。在这种情况下，为了不违背祖制，再加上宋神宗自己也喜欢苏轼的才华，所以免了苏轼的死罪。

据史料记载，有一天晚上，苏轼所在的牢门打开，一个人走进来，往地上一躺就睡了。苏轼以为是新来的犯人，没有理会，继续睡觉。四更天，他被那个人摇醒，那个人说"贺喜苏学士"。苏轼问祝贺什么，那人也不回答，头也不回地走了。原来，那个人是宫中的小太监，宋神宗派他去监狱暗中观察苏轼。第二天，小太监向皇帝汇报，说苏轼举止坦然，一夜熟睡，鼻息如雷。宋神宗听后，认为苏轼胸中无事，心里没鬼。

于是，苏轼保住了性命。但因为诽谤朝廷，他被贬为黄州团练副使，不得签书（签署）公事。通过这一案件，皇帝整肃了纲纪、压制了言论[2]，给那些非议朝廷的人树立了一个反面典型。

在乌台诗案中，那些被苏轼引为知己的保守派大臣，没有多少人为苏轼出力，反而是那些被保守派称为小人、奸邪的变法派人士纷纷上书为苏轼求情。通过这次变故，苏轼的人生态度有了极大转变，激进思想慢慢转化，心胸更为

---

1 此时，王安石虽然退隐了，但宋神宗给了他特殊奏事权，王安石从来没有使用过这一特权，包括他的亲兄弟王安礼遭遇政治困厄，他也不曾向宋神宗言说半句。虽然李定和舒亶都是王安石一手提拔的改革派官员，但王安石非常反感这种"因言获罪"的政治斗争手法，上书"岂有盛世杀才士乎？"据史料和宋人笔记记载，"乌台诗案，上以公疏入方决"。

2 张晓珉：《宋朝果然很有料》（第六卷），第109页。

豁达，以前是"鬓微霜，又何妨，持节云中，何日遣冯唐"，今朝叹"世事一场大梦，人生几度秋凉"。熙宁元丰年间，苏轼先后在杭州、密州、徐州、湖州等地任职，不断接触新法，所以"实践教育了他"，他在给滕元发的信中说，自己在新法施行之初，就存在偏见，有很多批判评论，"而所言差谬，少有中理者。今日圣德日新，众化大成，回视向之所执，益觉疏矣"[1]。苏轼觉得新法行之得当也能利民。[2]

黄州四年后，苏轼来到江宁。"山随平野尽，江入大荒流"，王安石和苏轼在江宁相聚，他们的生命都已流过"政治三峡"，显示出李白在《渡荆门送别》中所感受到的那种自由壮阔的气象与境界。

王安石和苏轼在钟山游山玩水、谈诗论佛将近一月。历经无数政治惊涛骇浪的王安石，深知苏东坡的性格不适宜官场，他以肺腑之言劝苏轼求田问舍，远离政治。苏轼在黄州时就曾产生过归隐念头，在致王安石书信和致《滕达道书》中，都谈起过曾想买田江宁，相伴荆公终老钟山之下。离开江宁四个月后，苏东坡又作《次荆公韵四绝》，其三如下：

骑驴渺渺入荒陂，想见先生未病时。

劝我试求三亩宅，从公已觉十年迟。

这是苏轼历经仕途坎坷之后的由衷之言。四十八岁的苏轼，在诗中真诚地流露出对六十四岁的王安石这位孤独和老病前辈的同情与感伤。或许钟山相会后，苏轼才对王安石有了完整的理解。

王安石和苏轼钟山相会之后不到两年，宋神宗驾崩，十岁的太子继位，反对变法的宣仁太后垂帘听政，改年号"元祐"，起用司马光为相，尽废王安石新法。然而，当废到"免役法"时，已回朝廷任中书舍人的苏轼坚决反对，他对王安石变法有了新的认识，认为应该保留其中的合理部分，只是司马光一意孤行，气得苏轼回到家中直骂"司马牛、司马牛"。王安石去世后，苏轼替小皇帝宋哲宗撰写《王安石赠太傅制》，除去可以理解的原因回避具体政治评价外，给予王

---

1 [宋]苏轼：《苏东坡全集7》，北京：北京燕山出版社，2009年，第3582页。
2 方诚峰：《北宋晚期的政治体制与政治文化》，北京：北京大学出版社，2015年，第5页。

安石很高的评价。按宋史权威邓广铭说法，苏轼这篇"制词"，至今仍是历史上最能传达王安石思接千载、智冠古今的宏大精神境界的文章。

王安石和苏轼皆为文坛领袖欧阳修的门生。从性格上讲，两人都极有个性，王安石很固执，苏轼是个大嘴巴。王安石最爱解字，他曾解"波"字，说波就是水的皮啊。苏轼说那"滑"岂不就是水的骨头？因此，王安石很烦苏轼，可是苏轼却最爱迎烦而上，没事就问他："牛比鹿长得壮，鹿比牛跑得快。但为什么三个牛的'犇'字，意思是跑得快，而三鹿的'麤'字意思却是粗壮？"不仅如此，苏轼偏偏要继续逗笑："以竹鞭马为笃，不知以竹鞭犬，有何可笑？"王安石答不上来。据说，有一次王安石向苏轼请教，问"鸠"为什么写成九鸟？苏轼戏弄地引用《诗经》"鸤鸠在桑，其子七兮。"儿子有七只，再加上爸妈，刚好九个。作为文学圈同道，王安石和苏轼惺惺相惜，对对方的文采大加赞赏。王安石写的词不多，但一首《桂枝香·金陵怀古》被看成是怀古词的巅峰之作。连苏轼看了之后，都大为赞赏，说王安石真乃野狐精也！这倒不是说王安石是个狡猾的老狐狸，而是赞叹王安石写词的功力。而王安石对苏轼的文采也是赞不绝口，说苏轼是几百年才出的大人物。

在文学创作上，两人互相欣赏；但作为政治人物，两人观点不合。王安石推行新法时，苏轼经常上书反对，王安石虽然爱惜苏轼的才华，但也知道不可能把苏轼拉到自己阵营中来。在政治上，如果说王安石是一位大政治家的话，苏轼终其一生最多也就是一位政治爱好者。林语堂先生有句话说得很到位：苏轼是政治上永远的反对派。用苏轼的"红颜知己"王朝云的话来说，他是"满肚子不合时宜"。

元祐四年（1089），苏轼任龙图阁学士知杭州。在任期间，苏轼自比唐代的白居易，率众疏浚西湖，动用民工20余万人，在湖水最深处建立三塔（今"三潭印月"）作为标志。挖出的淤泥则筑成了一道长堤，后人仿效"白堤"命名曰"苏公堤"，即现在著名的"苏堤"，"苏堤春晓"后成为西湖十景之一。

变　宋

陕西风雨

"熙丰新法中的许多内容，都滥觞于陕西，或与陕西有某种人事上的渊源关系。"著名历史学家秦晖认为，陕西是王安石变法推行力度最大的地区之一。[1] 但陕西又是反对派骨干司马光任职的地方，因此成为新旧两派对抗的舞台。被战争乌云笼罩的陕西，围绕富国强兵、赢得战争而进行的一系列改革，构成了这段历史的主要内容。

宋初，袭用唐以来的道制，不久改"道"为"路"。陕西境内除陕南及陕北神、府一隅外，大部分地区称"陕西路"，从那时起，陕西正式成为一级政区地理名称，一直被载于中国地理版图。[2] 宋朝"陕西"所属范围与现今不同，包括今甘、宁、青等省区的大片土地以及豫西地区，但不包括今之陕南。到北宋王安石变法时，将陕西路分为东面的永兴军路和西面的秦凤路，习惯上称为"陕西二路"。熙、丰年间，陕西二路被划分为6个军事区，分别是永兴军路、鄜延路、环庆路、秦凤路、泾原路和王韶开边后增加的熙河路。

与其他地方相比，陕西具有明显的军事化特点。其他省份转运使（漕司）为一路之官，然陕西的转运使权力有限，与之相对陕西特有的"六路"经略安抚使（帅司），合军政民政为一，是真正的行政和军事一元化区域。此外，陕西诸路基层行政设置中还有军、城、寨、堡，也带有明显的军事化色彩。

宋朝时期的陕西，是宋夏战争、金夏战争的主战场，也是宋金战争、金蒙战争的西线主战场，还是后来宋蒙（元）战争的前哨与宋辽战争的波及地。据历史学家秦晖统计，宋夏战争在陕西境内共打了41年（包括李继迁在陕北与宋作战的时间在内），金夏战争延续十余年，宋金战争仅大战年份就达21年，金蒙陕西争夺战持续16年，宋蒙陕南之战历时10年，所余的和平岁月实在有限。长期的战争，不仅造成人力物力损失，而且给陕西社会和经济造成了消极影响，进一步加深了关中的落后状态。

1　秦晖：《王气黯然：宋元明陕西史》，第129页。
2　同上书，第3页。

第七章 一叶知秋

陕西作为宋夏战争的主战场，两方你来我往，征战连年。庆历三年初，李元昊求和，第二年签订协议，李元昊名义上对宋称臣，宋朝每年给西夏岁币25万。其后陕北地区恢复了相对和平，间有局部冲突。比如在麟州、府州的战事仍然断断续续地进行。这种状态维持了不到20年，一次礼仪之争又使两国战端重开。北宋嘉祐八年，宋英宗继位。第二年，西夏主李谅祚（李元昊的儿子）派使臣吴宗入朝致贺。吴宗不尊宋朝宫廷礼仪，与宋朝引伴使（陪同团长）高宜发生争吵。高宜一怒之下，将吴宗关进马厩饿了一夜。吴宗被放出来后大骂，宋朝认为他无礼太甚，诏吉李谅祚惩罚他。然而，李谅祚认为此事是对夏国的侮辱。"朝贺事件"发生当年，夏主李谅祚派遣7万军队入侵泾源，分掠诸州；第二年初，西夏又派军攻庆州王官城和德顺军；第三年九月，李谅祚亲自率军大举入侵庆州；宋军激烈反抗，多次击退了西夏的进攻。其中，陕西种氏和折氏两大将门之家，在保家卫国的战争中多有建树。种世衡积极倡导并实践"筑城战"，修建了著名的清涧城。他去世后，其子种谔继承了种世衡军事、政治双管齐下的战略，积极争取、分化、诱降西夏贵族。

种谔字子正，因父亲恩荫升官至左藏库副使，延州守帅陆诜举荐他掌管青涧城。西夏酋长令啰请求归附，陆诜怕惹起事端不打算接纳，种谔请求接纳。西夏派人索要令啰。陆诜询问种谔如何答复，种谔说："（如果）一定要讨还令啰，就应当用景询来交换。"景询是从中原逃到西夏去的人，西夏不愿意用他来交换。得到这个答复，西夏才停止要人。另外，西夏将领嵬夷山归降，种谔派人用金盂招降嵬夷山的哥哥、西夏将领嵬名山。嵬名山手下小吏李文喜接受了金盂并答应归降，嵬名山却不知道此事。种谔立即把此事奏明朝廷，皇帝诏令转运使薛向和陆诜委托种谔招纳嵬名山。种谔不等嵬名山答复，发动所统领的全部士兵长驱向前，包围嵬名山的军营。嵬名山惊慌，带领部众拿起武器作战，嵬夷山大喊道："已经相约投降，你为什么还要这样做？"李文喜于是拿出所接受的金盂给嵬名山看，嵬名山丢枪哭泣，不得不率领众人跟从种谔南归。绥州附近的夏军，派4万人追击，种谔在大理河畔击溃夏军，北追20里，冒着"无诏兴师"的罪名回到绥州，筑城坚守。此事引起西夏震动，此后很长时间都企图收复绥州。而此役对宋朝军民是极大鼓舞,新即位的宋神宗非常兴奋,亲自命名"绥州城",后来又置绥德军。立下空前战功的种谔,却受到不公正对待。陆诜弹劾他"擅兴,且不禀节制"[1],还打算逮捕他治罪,还没动手而陆诜移任秦州。当时言官上书攻击种谔,种谔被贬官,到随州居住。恰逢侯可因报告水利之事入朝见皇帝,宋神宗问他这件事,回答说:"种谔奉密旨攻取绥州而获罪,以后怎么用人?"皇帝也后悔,恢复了种谔的官职。

绥州之战后,西夏耿耿于怀,在议和中一再要求交还绥州。为此,宋朝内部展开辩论,原先反对种谔的大臣建议交还,只有陕西宣抚使主管机宜文字的赵卨支持种谔。[2] 宋神宗征询主政陕西多年的大臣韩琦意见,韩琦原来反对攻取绥州,但在两国发生"杨定事件"[3]后,认为在西夏挑衅时送出绥州,未免示弱太甚,因此改变了原来的态度,转而反对向西夏妥协。宋神宗认为有理,拒绝了西夏的要求。西夏不肯死心,熙宁二年三月,西夏要求以其前所攻占的宋塞门、安远两寨换回绥州,宋朝同意后提出要西夏先还二寨再交还绥州,西夏要求"先得绥州",结果没有谈成。当年十二月,西夏派军攻打绥德城,被宋军击退。

因战争需要,宋朝加强了对陕西基层社会的控制,加大了对户口、土地、资源等的控制和役使[4],出现了以权力剥削甚于地产剥削为特征的"封建社会的关中模式"。[5] 朝廷通过强化邻里组织(保甲)直接控制农户。国家权力对社会基层的紧密控制与集权化倾向,阻碍了平行于政权的士绅阶层与家族权力的形成。

---

1 [元]脱脱:《宋史》卷三三五《种世衡传》,第10746页。
2 秦晖:《王气黯然:宋元明陕西史》,第48页。
3 1067年11月,西夏主李谅祚以举行议和的名义,把宋朝知保安军杨定等骗出城杀害。保守派认为这是种谔贪功启衅的报复,是种谔闯的祸。后来议和时,西夏一方自己讲出了杨定事件的真相。原来杨定之前奉使西夏,李谅祚曾经托他转达求和心意,并将一批金银器作为贡品托他带回。杨定起了贪心,私吞了这批金银器,回宋神宗说可以派人刺杀李谅祚,正符合了即位之初年轻气盛的宋神宗的心理,当即提升他知保安军。绥州之役后,西夏丢失了绥州,李谅祚感到杨定欺骗了他,为了报复,诱杀了杨定。这本是宋朝贪官和西夏幼主之间的囧事,却害苦了两国人民,也使种谔蒙冤。
4 宋朝之后,国家政权对农民的束缚更加严厉。明代陕西社会控制更加严格,比宋朝战时体制更厉害。百姓的户口、土地、职业、社会身份等都被前所未有地严密控制,通过山禁、矿禁、茶禁、盐禁等一系列手段,政府尽可能地控制地方资源,民户、军户、匠户、灶户等,都是家庭代代相袭。
5 秦晖:《王气黯然:宋元明陕西史》,第10—11页。

第七章　一叶知秋

与宋代南方发达的家族文化、亲缘关系不同，陕西家族组织弱小，宗法伦理主要服务于"皇帝"这个"大家之主"，社会发展让位于"富国强兵、赢得战争"的主线。

军粮不足问题，始终困扰着北宋的陕西当局。为缓解这种情况，早在王安石变法前，陕西出现了一些具有启发性的改革。其中最有影响的是范祥的盐政改革。改革前，宋朝的盐法为"交引法"。当时为了解决沿边军需困难，命商人向边郡输纳粮草，按照地理远近折算价值，发给交引作为凭券，到解池（今山西省运城市南）和东南地区取盐贩卖。随后，又允许商人在京师榷货务入纳钱银和在折中仓入纳粮米，发给交引支盐抵偿。由于商人操纵物价，牟取暴利，使国家盐利收入亏损，交引法遭到了破坏，无法继续实行。范祥主管盐政后，革除了交引法和官卖法的弊病，实行"钞盐法"，将官营、官运改由商人交钱领钞券，凭钞券到解池贩盐，自行销售。具体办法是：按盐场产量定其发钞数量，统一斤重，书印钞面。令商人在边郡折博务贡纳现钱买盐钞，至解池按钞取盐贩卖（即商人在边郡入钱四贯八百，向折博务领取一钞，凭此钞至解池贩盐二百斤，听凭销售）。同时在京师设都盐院置库储盐，平准盐价，盐贵卖盐，盐贱买盐，并允许商人凭钞到都盐院提取现金。此法免除了百姓运输的劳役，每年节约榷货务经费数百万缗，有助于西北地区粮草的籴买。于是，"钞盐法"逐渐推行到了东南地区。

范祥盐政改革的特点非常明显。首先，他没从根本上改变食盐的专卖制度（在当时历史条件下是不可能的），却使这个制度变得更为灵活方便。其次，他把商品货币关系部分地引入边防财政中，商人输钱于官，官府雇人购粮，过去食盐禁榷法下的徭役调发大大减少，过去入中法下的以物易物也变成了以货币为中介买卖，这符合了传统社会后期经济发展的大趋势。再次，范祥用经济手段稳定盐价，抑制走私，控制钞额，比过去政府严控食盐行销区进行干预远为进步。最为重要的是，范祥的改革增加了政府收入，缓解了陕西边防财政压力，商人乐于从事。比如，改革前的解盐岁收，庆历六年（1046）是147万贯，庆历七年是195万贯。改制之初岁入曾一度下降，皇祐元年和皇祐二年每年144.5万贯，但

变　宋

到皇祐三年（1051）回升到 221 万贯，皇祐四年（1052）是 215 万贯，皇祐五年是 178 万贯，至和元年（1054）是 169 万贯。另外，改制之后边防军需运费节省了 80%，还省去了榷货务每年支出的陕西沿边军费粮草（庆历二年军费粮草是 647 万贯，庆历六年降到了 489 万贯）。因为陕西已经有现钱买粮，榷货务不必再有支出。[1] 更为难得的是，其后几次废立或调整，无一不证明范祥做法的正确，"后人不敢易，稍加损益，人辄不便"[2]。范祥去世后，继任的薛向继续推行他的改革，并得到了王安石的大力支持，所以范祥的改革也成为王安石变法在陕西推行的重要基础。[3]

久任陕西职务的薛向，在均输法上贡献很多。嘉祐五年，薛向继范祥之后任陕西转运副使，置制解盐，"行范祥之所未及行"，他相继罢去了征榷制下所定的州县盐课，降低沿边盐价以与青白盐竞争，作小钞与大额盐钞配套发行，并把范祥时在京开办的平准盐价钞价机构增设于永兴军。史称他主政陕西八年，漕司"所入盐、马、刍、粟数累万。民不益赋，其课为最"[4]。王安石在嘉祐五年保荐过薛向，他执政之后立即招薛向入朝参与制定均输法。著名历史学家秦晖认为，均输法无非是把盐钞法用以征集军用物资的那套办法搬过来，并扩展用以征集朝廷日用物资。所以，如果说范祥、薛向在陕西进行了小范围的均输实验，王安石的均输法则是放大了的"盐钞"法。

在变法高潮时制定出台的市易法，也起源于陕西诸路王韶的市易司。第一个按照新法设立的市易务，在古渭寨成立，揭开了市易法的序幕。陕西不仅在全国最早推行市易法，而且最活跃。据记载，北宋 18 个市易务中，陕西诸路就占了 5 个。

免役法虽然首先在开封试行，但其很多原则早在熙宁变法前就在陕西出现了。盐钞法的重要内容之一是通过入中法为纳钱易钞，官府以所得钱币雇人搬运。因此，免役法能够在陕西顺利推行。

1　郑瑾：《论北宋范祥的盐政改革》，《江西社会科学》，2008 年第 2 期，第 144 页。
2　[元]脱脱：《宋史》卷三〇三《范祥传》，第 10049 页。
3　秦晖：《王气黯然：宋元明陕西史》，第 119 页。
4　[元]脱脱：《宋史》卷三二八《薛向传》，第 10586 页。

第七章 一叶知秋

同时，陕西军民积极响应农田水利法，在关中内郡掀起了兴修水利的高潮。如熙宁五年，提举陕西常平杨蟠提议修郑白渠；熙宁七年，知耀州阎充国招募流民修治漆水堤。金州西城县民间人士葛德用自己的钱修筑长乐堤，引水灌田，得到朝廷奖赏，被授予本州司土参军。不过，因修水利做官的现象，当时只见于陕南，在社区自治功能薄弱的关中极少见到。[1]

至于以整顿军事为目的的"强兵"措施，陕西更是首当其冲，首开其端。陕西军队在全国占有非常大的比例，整顿前，陕西禁军兵力占全国禁军总兵力的37.5%，整编后，陕西禁军兵力占全国禁军总兵力的43.2%。宋初兵力集中于首都附近，逐渐变为集中于西北，以至于后来经常出现陕军勤王、陕军东征之举。在此背景下，王安石"将兵法"包含的两个内容，都是由陕西推行全国。一是精兵、整编军队。熙宁二年，朝廷按"不任禁军者降充厢军，不任厢军者免为民"的原则，首先在陕西裁兵并营，将陕西诸路马步军327营裁并整编成270营，并规定马军每营300人，步军每营400人。其他诸路也在裁并军队，全国各路马步军545营，按陕西例整编裁并成355营。熙宁末年，禁军全国总数是56.8万，厢军是23.2万，禁厢两军比宋英宗时减少了36万，即裁减三分之一。二是改更成法为置将法，改变以往"兵不知将，将不知兵"的局面，变成"兵知其将，将练其士卒"。陕西泾原路安抚使蔡挺，依军设立了"将"职，诸将上隶帅司，驻地固定，所部固定相属，使将、兵不固定的体制改为固定的帅司、将两级指挥体系。这种创新做法，受到宋神宗和王安石的赞赏，提拔他到中央担任枢密副使。熙宁六年夏，朝廷将蔡挺在陕西的做法推广到河北；第二年，将其定为制度，推行全国诸路。[2]

此外，王安石变法中"强兵"部分的保甲、保马法，在陕西也得到了推行。尤其是保甲法，与陕西诸路原有的"乡兵"组织十分契合，完全由政府控制而没有任何地方色彩。但在河北，当地乡兵组织如弓箭社，就具备了某些地方自治色彩，遭到政府解散，并以保甲武装取而代之。

---

[1] 秦晖：《王气黯然：宋元明陕西史》，第125页。
[2] 同上书，第126—127页。

变　宋

王安石推行保甲法，企图通过政府严密控制的保甲编制实现社会军事化，从而形成一种类似唐代府兵制那样"兵农合一"而又效忠朝廷的"理想"兵制，以取代原有的兵制。这种兵制既不像正规军那样花费巨大，也不像地方武装那样影响中央权威，在当时，全国只有陕西乡兵组织较接近于王安石理想中的兵制。但是，虽然陕西是王安石变法推行力度最大的重点地区，然而与全国其他地方一样，陕西最终也没有实现"富国强兵"的目标。

为什么呢？

秦晖认为，根源在于王安石变法都是从强化国家权力对社会的一元化控制着眼的，变法的很多内容都源出于高度军事化的陕西战时社会。由于位于边防前线，陕西本来就是国家权力控制异常严密的地方，专制权力侵犯民间社会造成的种种弊端与腐败，在当地已经有所表现。而变法派想通过强化专制权力的干预来实现"抑兼并"，殊不知专制权力本身就是"兼并"的祸根！因此，新法最终都走向了自己的反面。[1] 比如军政，新法用种种办法消除了宋初兵制事权分散的弊端，然而其出发点是强化而不是削弱专制皇权对边军的控制，遂使宦官监军统军，从李舜臣、王中正、李宪到童贯，宦官统军之弊一发不可收拾，造成与西夏战争的两次惨败。

同样的问题也出现在其他新法推行的过程中。青苗法本意是增加财政收入，避免农民遭受高利贷的盘剥，以削弱"兼并"势力。但是，青苗法上述目的是自相矛盾的，当时陕西兼并之害，在于人身依附条件下特权的欺压，但青苗法恰恰由权势者来实施，这使它不能不出现严重的扭曲。司马光在与吕惠卿的辩论中提到，青苗钱，朝廷放不得。平民放贷尚能蚕食贫困户，使其破产，何况官府靠法令威逼？吕惠卿只能反驳道，此事富民为之害民，县官为之可利民。秦晖认为，吕惠卿的反驳很无力。就连变法派的曾布也认为"挟官府而为兼并之事"。陕西实行青苗法多年，许多地方官员将陈霉的米折高价贷出，强令农民以新麦贱价抵偿本息，数月之内"取利约近一倍"；更有贪官污吏利用"抑配"之权，上下其手，贪污勒索，造成"民无贫富，两税之外皆重出息什二"，获利的只是有权势

---

[1] 秦晖：《王气黯然：宋元明陕西史》，第131页。

第七章 一叶知秋

者与贪官污吏。

这种社会现状，使许多本来的好事也办坏了。例如农田水利法，在有些好大喜功、谎报请赏的官吏主持下，变成有名无实、劳民伤财之举。熙宁年间沈披修六门堰，规模宏大但"迂阔少效"；王孝先主持同州朝邑县淤黄河碱地为田，结果淤田不成反使河水灌注三百六十余顷农田。

与保守派空谈道德的说教相比，变法派对功利的强调有其进取的一面，但是功利欲和专制权力结合（秦晖称之为"权力功利主义"）却更容易产生破坏性。熙宁变法在没有约束权力的机制下鼓励官吏求利，结果不免造成"朝廷破坏规矩，解纵绳墨，使得驰骋自由，唯利是嗜"[1]，导致吏治更加腐败，造成与当初设想不同的后果。

战争是影响陕西地区发展的重要因素。战争导致政治性的土地兼并变少了，陕西逐渐小农化。为了支持战争，那时候陕西也有"关中重赋"之说。陕西的赋税重到陕西人都不敢拥有太多土地。因此，陕西人在外面经商赚了钱，基本上不买地。陕西激烈的官民矛盾是当时陕西社会的特征，是秦晖对新政变质之后的基本看法。

虽然陕西是推行新法的重点地区，但新政在陕西也遭受很多非议。关中士大夫张载、赵瞻、蓝田吕氏兄弟以及司马光，大都反对新法，而关中当局，如知永兴军事一职，也常常被保守派把持。熙宁三年九月，司马光到京兆府担任知永兴军事，与新法唱对台戏。当时变法派韩绛任陕西宣抚使，为贯彻新政，他主张对西夏采取进取之势，发文关中，选拔诸军骁勇之士，招募市井少年变为义勇乡兵，遣戍边郡；又下令百姓为前线制作干粮，征调民夫修整城池楼台。司马光不从，上书皇帝称"公私困敝，不可举事。而京兆一路皆内郡，缮治非急。宣抚之令，皆未敢从"[2]。他还保证说如果因此导致兵饷缺乏，甘愿承担责任。韩绛对司马光奈何不得，于是永兴军"一路独得免"。这种情况直到熙宁四年四月司马光被调至河南许州才中止。

1　[元]脱脱：《宋史》卷一八六《食货志下八》，第4557页。
2　[元]脱脱：《宋史》卷三三六《司马光传》，第10766页。

变　宋

关中大儒赵瞻，与张载齐名。在变法前，他曾上书宋英宗，抨击"积久之弊"，主张整顿吏治。在王安石执政之初，他曾对变法寄予厚望。但赵瞻主张像庆历新政那样整治腐败，对王安石抑制兼并的做法很反感，尤其憎恶起源于陕西的青苗法。熙宁初，他在陕西任知商州、提点陕西刑狱，一直抵制青苗法。熙宁三年，王安石推荐他入朝准备重用，他却在面见神宗时抨击青苗法为唐末乱世搜刮民财的苛政。后来，他没能在京城任职，被外放为陕西转运副使、知同州，依然抵制新法。不久，变法派为扩充财源，令赵瞻主持发行交子，他指出发行纸币需要"本钱足恃"，反对"多出空券"，再次拒绝执行。[1] 不久，他便请求还乡，去担任提举凤翔太平宫的闲职了。

陕西另外一个重要的人物是吕大防，他是著名的关中蓝田吕氏一族最有名的人物。最初，他和赵瞻一样呼吁改革，后来又反对新政。熙宁六年，他被贬官回陕，知华州，恰逢华山发生山崩，吕大防以此上疏，劝宋神宗"畏天之威，于时保之"，要畏惧上天警示，反思新法的弊端。元丰初年，他改知永兴军，天上出现彗星，他又上疏抨击新法，要求朝廷"广受言之路"。不久，五路伐夏，朝廷向关中"调度百出"，他没有像当年司马光那样硬顶，而是百般周旋，"务在宽民"。战争结束后，永兴军"民力比他路为饶，供应军需亦无乏绝"[2]。

当新法在实施过程中被专制权力扭曲为一种"官自为兼并"的苛政时，关中士大夫的抵制，无论是基于什么理论或观点，客观上都具有减轻苛政危害的作用，因而受到关中人民的赞扬。这种民间口碑，可以从一个石匠的故事中看出来。宋徽宗时期，变法派得势，司马光、吕大防、赵瞻都被定为"元祐奸党"，遭到官方全面彻底否定。当时，朝廷曾令全国各郡县刻立《元祐奸党碑》，让石工安民刻字，他拒绝说："我是一个粗人，不知道为什么立碑。但是像司马光这样的正人君子，竟然说他奸邪，我实在不忍心刻这样的碑文。"京兆府官大怒，要治他罪。他哭着请求："让我承担这个工作，我也不敢不做，请求在石碑末尾，不要将我的名字刻在石碑上，以免让后人看不起我。"其他人听到这句

---

[1] 秦晖：《王气黯然：宋元明陕西史》，第136页。

[2] ［元］脱脱：《宋史》卷三四〇《吕大防传》，第10841页。

话,都深感惭愧。

但是,保守派当政后实行的措施也并不比变法派高明。宋神宗死后,一直反对变法的司马光执政,他废除新法,驱逐新党,内外政策都倾向于保守。在对夏关系上,保守派认为宋夏关系"曲"在宋朝,司马光认为"灵夏之役,本由我起"。元丰八年,前来索要土地的西夏使者还没有到,苏辙就两次上疏要求"因其请地而与之"。当年六月,西夏使者到了开封,要求宋朝以交还兰州、米脂等五寨为议和条件,司马光不仅一口应允,还主动提出把整个熙河一路送给西夏。他认为,如若不给,西夏"小则上书悖慢,大则攻陷新城"。当有人提出异议,司马光愤怒地说:"见小忘大,守近遗远,惜此无用之地,使兵连不解,为国家之忧。"[1]北宋朝议再三,于元祐元年十月昭告西夏:"自元丰四年用兵所得城寨,待归还我陷执民,当尽划以归还。"但这时,宋朝手中正好有兰州、米脂等五寨,可见宋朝已经完全满足了西夏的要求。当时赍诏使夏的大臣穆衍说:"兰弃则熙危,熙弃则关中震。唐自失河、湟,西边一有不顺,则警及京都。"恰巧西夏迟迟不遣返永乐城战俘,于是和议未能立即生效。直到元祐四年六月,西夏才遣返了"永乐所掠吏士四十九人",高太后下诏归还米脂、葭芦、浮屠、安疆四个城寨给西夏。这不仅把元丰四年以来牺牲几十万人和无数财力收复的领土拱手送人,而且还比熙宁五年以绥州城外20里为界之约对宋朝更为不利。弃地诏书到陕西后,陕西军民怨声载道,尤其是重新被置于敌后的麟府军民更是"愤土地之委弃",人人痛心疾首。[2]

放弃四寨之地,令宋朝在陕西的防御大为恶化,而西夏并没有满足,"夏得砦(同寨),益骄",再度进攻陕北。元祐六年(1091)九月,西夏进攻麟州、府州;元祐七年,夏军多次进攻绥德城;元祐八年(1093)四月,西夏再度向宋索要兰州,提出以塞门等二寨交换,当时塞门就在宋朝手里[3],所谓交换纯属讹诈,宋朝拒绝了西夏的要求。

---

1 [元]脱脱:《宋史》卷四八六《夏国传》,第14015页。
2 秦晖:《王气黯然:宋元明陕西史》,第68—69页。
3 同上书,第69页。

元祐八年十月，高太后死，宋哲宗亲政，重新恢复新法。宋哲宗"惩元祐罢兵弃地骄敌之过，择将练兵，大复熙、丰之政"[1]，陕西军民抗敌情绪又复高涨。西夏看到局势变化，先发制人，在三年内两次兴十万之师，都被宋军击败。宋军用巨大的牺牲，先后收复了"元祐弃地"葭芦、浮屠、米脂等寨。西夏损兵折将，丧失土地，又失"岁赐"，无法再打下去，再次请求议和。经过陕西军民的艰苦奋战，宋朝赢得了体面的和平。

然而，到宋哲宗"绍述"和宋徽宗"崇宁"时，新法在陕西加速变质，被专制权力腐蚀和扭曲得面目全非。比如，崇宁年间，怯懦的边将纷纷在毫无军事价值的地方滥筑无兵无民的"空城"以邀功请赏。崇宁初年鄜延路经略宣抚使陶节夫因筑寨，提升为陕西河东五路经略制置使，于是"诸道兴役进筑，屡被爵赏"，而"时诸将所筑城寨，皆不毛，夏所不争之地，而关辅为之萧条"。[2]一时徭役繁杂，累及关中各地百姓。更为不幸的是，宦官内臣童贯插手陕西边政。政和元年（1111），童贯以太尉为陕西、河东、河北宣抚使，四年后领陕西六路边事。在他的把持下，陕西军治吏治进一步败坏，官吏盗窃边库，营私舞弊，军纪败坏，边备废弛。

当边疆治理败坏、朝廷内部陷于党争之时，帝国东北发生了重大变化，女真人兴盛，联合北宋灭了被称为"东亚第一军事强国"的辽国，并在灭辽之战中看透了宋朝的腐败与虚弱，大举侵宋。虽然陕西诸路军马前后四次赴京勤王，但大势已去，无力回天。

地方主义的代表

按照常理来说，一个政策在局部地方推行成功的话，应该能逐步推广到其他地方。可是事实并非如此，以后发生的事证明几乎每一条新法都在执行时走了样，难道地域与政策效果直接存在着某些奇妙的联系吗？

---

1 秦晖：《王气黯然：宋元明陕西史》，第70页。
2 ［元］脱脱：《宋史》卷四八六《夏国传》，第14021页。

第七章 一叶知秋

其原因，或许隐藏在黑箱中。这个黑箱的底层，是胥吏。

胥吏，《现代汉语词典》的解释是"旧时没有品级的小公务人员"，其实是"胥"与"吏"的合称，从地位上看"胥"又低于"吏"。官府之所以使用这些人，主要因为隋唐以后科举逐渐代替了察举，考试程序日臻完善，大多数通过科举取得"正途"出身者才具有做官的资格。但由科举等途径进入官僚体系的人数十分有限。唐朝每年大约选进士不到 30 人，明朝 100 人左右，清朝不到 100 人。虽然宋朝中举人数比较多，但与庞大的官僚体系还是不能匹配，因此还需有大量"辅助人员"从事"执鞭坠镫""奔走驱使"等后勤服务，有的负责抄写文书、管理档案，有的参与审办案件。以明清为例，朝廷各衙门中胥吏的人数很多，遍布中央六部及其他衙署；州级政府里的胥吏有医学、阴阳学、僧道官及各衙署的皂隶、马快、步快、禁卒、门子、仵作、粮差等；县级政府里除知县等"朝廷命官"外，还有典吏、捕快、驿丞、杂役等胥吏。胥吏没有品级，合法收入低，政治地位低，但他们的存在有助于沟通上下，可以保证政令的畅通和政策的连续性，在化解地方矛盾、维护政权稳定等方面也发挥着不可替代的作用。

在传统社会管理体系中，胥吏是一种不可忽视的行政力量，具有以下四个特点：

第一，数量庞大。在中国古代，从中央到地方都广泛雇佣胥吏，总数超过官员人数数倍。宋朝县衙正式官员，大县不过四五位，小县只有两三位，然而胥吏通常少则数十人、多则数百人。据《通典》记载，唐代有品级的内外官员约有 1.8 万人，而中央及地方胥吏总人数是 35 万人。据《宋史》记载，北宋时曾多次裁撤冗吏，其中一次裁撤的胥吏总数就达 19 万人之多。[1] 胥吏人数多，这是其第一个特点。

第二，位卑而言高。在身份上，吏与"官"始终有严格的区别，通常也难有身份转换的通道。所以，无论胥吏资格多老、能力多强，始终只能是胥吏，是"伺候"官员的帮手。但他们不仅掌握着"上情下达、下情上达"的关节，而且

---

[1] 陈忠海：《古代的"胥吏治国"》，《中国发展观察》，2016 年第 14 期，第 68 页。

久居权力的要冲,对各种事务拥有广泛的发言权,可以影响甚至左右上级的决策。所以有人称这些胥吏"位卑而言高,禄薄而谋大"。从政策实施上讲,宋朝编纂过240多部大型法典,其中《政和重修敕令格式》就有530卷,这些法典卷帙浩繁,完全掌握必须花费大量精力,要贯彻好还得有丰富的实践经验,一般人根本无从下手;而国家相关教育仍以儒学、经学为重点,读书人追求功名,不屑于律法,苏轼就写过"读书万卷不读律"的诗句;朝廷还规定民间不得私藏法律书籍,在这种重科举、轻实务的情况下,因工作便利而精熟律法的胥吏更成为不易被取代的群体。[1]

第三,胥吏是坐地户。俗话说"铁打的营盘流水的兵","官"不仅多由外来人担任,而且流动频繁。宋代知府、知县的任期大都很短,虽然规定二至三年,但很多只有一两年。大部分官员把自己定位为"匆匆过客",或纵容那些长期盘踞的胥吏们弄权,或与他们勾结贪赃和分肥。宋人叶适说,官员们"专从事于奔走进取,其簿书期会一切惟吏胥之听",他把这种现象总结为"官无封建,而吏有封建"。胥吏还经常利用自己熟悉地方事务的优势,欺骗官员。宋人李心传在《建炎以来系年要录》中说:"近时吏强官弱,官不足以制吏。"沈括《梦溪笔谈》记载,进士及第的包拯在担任开封府尹期间,有人犯法当杖脊,有个胥吏私受贿赂,与该人密约:"今天见到府尹大人,必定让我诉说你的罪状,你就大声哭喊着自辩,我一定想法和你分担,你被处以杖刑,我也和你一样被处以杖刑,以此减轻你的罪责。"该人在堂上呼辩,胥吏故意斥责,包拯大怒,"捽吏于庭",而"特宽囚罪"。包拯自认为抑制了胥吏的声势,却不知道还是上当了。

第四,重利轻名。宋朝官僚体制僵化,在政治前途上官与吏几乎有天地之分,官有更大的政治追求,因而更重名;吏在政治上没有太大希望,所以更重利。然而,在王安石变法前,衙前役属于徭役,没有任何工资收入。王安石变法后,胥吏有了收入,然而待遇普遍较低,仅能勉强维持温饱。政治地位低、没前途、收入微薄的胥吏,其位置居然受到热捧,这种反常现象,显然必有内情。胥吏有他的生财之道,其中一个重要途径是在经办过程中通过做手脚或"舞文弄

---

[1] 陈忠海:《古代的"胥吏治国"》,第64页。

墨"以收受好处。《梦溪笔谈》讲的那个敢在"包青天"面前做小动作的胥吏，事成之后自然可以获得丰厚回报。在一些案件审理中，需要引用律令或成例，引哪些不引哪些条文决定最终的判决结果，这时候胥吏可供"发挥"的空间就更大了，他们或避重就轻，将大事化小、小事化了，或断章取义、随手高下。

除了在文书上做手脚和泄密，胥吏还利用各自分管的事务"吃拿卡要"。宋人苏舜钦的《苏学士集》中说："州县之吏，多是狡恶之人，窥伺官寮，探刺防意，清白者必多方以误之，贪婪者则陷利以制之……上下其手，重轻厥刑，变诈奇邪，无所不作。"清朝纪昀在《阅微草堂笔记》中也说："最为民害者，一曰吏，一曰役，一曰官之亲属，一曰官之仆隶，是四种人，无官之责，有官之权。"[1]

王安石变法，却由那些"胥吏"来推行。意想不到的后果是，贪官污吏的寻租又多了一个旗号，可以假改革之名行腐败之实。只要朝廷有动作，他们就有办法。比方说，朝廷要征兵，他们就收征兵费；要办学，他们就收办学费；要剿匪，他们就收剿匪费。反正只要上面一声令下，他们就趁机雁过拔毛！

在王安石担任地方官的时候，由于地域小，管理层次简单，信息反馈直接，而王安石本人又具有良好的道德品质，这些因素决定了青苗法可以在一个低成本的条件下有效地运行，这也是青苗法在他所主政的地方推行获得巨大成功的原因之一。其实，王安石在地方上的做法，和2006年诺贝尔和平奖获得者尤努斯在孟加拉国农村地区实行小额信贷的做法非常类似。尤努斯是孟加拉乡村银行的创建人，他开创和发展了"小额贷款"的服务，专门提供给因贫穷而无法获得传统银行贷款的创业者。不过与王安石不同的是，尤努斯不是依靠官府来推动对农户的小额贷款，而是创立了孟加拉格莱珉银行来充当这个角色。

官家主义

一次，宋神宗和大臣文彦博聊天。文彦博说："祖宗法令具在，各项完善，擅自改变，小心失去民心。"宋神宗很警觉，瞬间感觉到文彦博对变法的不满。

---

1 ［清］纪昀：《阅微草堂笔记》，长春：吉林文史出版社，1997年，第121页。

变　宋

宋神宗评论说，王安石的新法是为了百姓的利益，而不是为了士大夫的利益。[1]接着宋神宗问了一句一直藏在心里的话："更改法制，的确让士大夫阶层不高兴，可是对老百姓有什么不方便的？"文彦博平静地说出了官场的真谛："陛下，您得想清楚，您是和士大夫阶层共治天下，不是和平民百姓一同管理国家！"听完这句话，神宗沉默了。他明白变法的目的是针对士大夫阶层，削夺这些特权阶级的利益；而文彦博则直言不讳地告诫宋神宗，皇帝只能与士大夫合作。皇帝不是民选的"共主"，而是士大夫拥护推举出来的，皇帝掌握最大的特权，代表的是与他一起的特权阶级，专制主义制度注定了皇帝与士大夫阶层合作治理天下，而难以代表老百姓的利益，也不可能与老百姓合作。宋神宗和王安石再开明，也不可能让百姓参政议政、走上政治舞台。[2]

文彦博之提到的"为与士大夫治天下"，常常为学者们引述，作为宋代"君臣同治"美好政治图景的证明。"与士大夫治天下"和"用士大夫治天下"虽只一字不同，但内涵相距甚远。"用读书人治国"，是历代君主不得不采用的普遍性做法。虽然宋朝也不例外，但宋代士大夫的身份地位，与前代已经不可同日而语。考虑当时的谈话背景，文彦博是担心皇帝制定政策以能不能得到老百姓的拥护为标准，他劝告宋神宗说，皇帝并不需要在此考虑百姓是否拥护，关键在于得到士大夫们的欢心；从而揭示出官僚集团是宋朝政府的政治支柱，也是保持政权不倒的经济利益共同体。

文彦博说的"为与士大夫治天下"，直白地道出王安石变法已经严重威胁到整个士大夫阶层的利益了，如果皇帝还站在王安石背后支持新法，就可能失去士大夫阶层的拥护，造成自己统治根基不稳，甚至危及专制统治。在反对派看来，这绝非危言耸听，因为宋朝一直"为与士大夫治天下"，因此，建筑了一个庞大的官僚利益架构，"官"与"民"成为中国传统社会人口的两种基本类型，也是在此意义上，宋代是一个真正的转折，彻底改变了西周那种世袭结构，官僚代替了世袭贵族，悄然启动了真正意义上的中国官僚社会，是官本位

---

[1] ［德］迪特·库恩：《儒家统治的时代：宋的转型》，第119页。
[2] 徐文明：《十一世纪的王安石：一个政治家的进退之路》，第147页。

第七章 一叶知秋

文化的滥觞。[1]

宋神宗疑惑了,文彦博的说法和王安石一直告诉他的那些管理国家、均富济弱、以民为本等理论截然不同,到底哪个对呢?

当时,宋朝社会分成三个阶级:君主、士大夫和普通百姓。哪个阶级掌握了社会权利和资源呢?王安石变法代表哪个集团的利益呢?这与变法面临的社会性质和社会危机密切相关。宋朝为什么会"积贫积弱"?说白了,社会资源流落到少部分人手里去了,大部分的社会资源被一小部分人牢牢占据,王安石变法就是要从这部分人手中夺取资源。新法将目标对准地方实力派,削夺地方财权,加强中央的汲取能力。从变革的内容上来看,王安石变法就是要从既得利益集团手中夺取资源,确是一大进步。

但变法实施的一个矛盾在于,推行新法依靠的执行力量是既有的官僚体系,相当于让既得利益集团革自己的命。变法触及了一些权势群体的利益,而这部分群体的干扰性又特别强,在他们的不断搅和之下,变法也就慢慢失去了最初的本意。于是,政策在执行环节问题频出,甚至既得利益集团又把压力转嫁到老百姓头上。当宋神宗一再坚持变法,并重申变法是为了老百姓好的时候,他的臣子们一句话就把他给噎住了:维护皇权的到底是士子们?还是老百姓?

与此相关,在熙宁新法推行之前,王安石与司马光之间有一场关于理财的著名争论。王安石认为:"善理财者,民不加赋而国用饶。"司马光批评道:"天地所生财货百物,不在民,则在官。"及至南宋,陆游则从另一角度批评了司马光的话:"自古财货不在民又不在官者,何可胜数? 或在权臣,或在贵戚近习,或在强藩大将,或在兼并,或在老释……"[2] 陆游的批评或许是针对南宋状况而发,而就北宋情况看,财富不在民(平民百姓),又不在官(朝廷官府),而在既得利益集团。既得利益集团是指那些以共同利益为基础的,为共同目标联合在一起的,力图影响政策或决策的组织和群体。既得利益集团对制度的变迁起着重要作用。中国历史上的重要变法,几乎都是不同利益集团博弈的结果。出现于北宋中

---

1 王玲:《重探"与士大夫治天下"——对宋代政治文化的再考察》,《河北师范大学学报(哲学社会科学版)》,2017年第3期,第108页。

2 [宋]陆游:《陆放翁全集上·渭南文集》,北京:中国书店,1986年,第149页。

变　宋

叶的王安石变法，由于不同利益集团之间的博弈，使得国家的财政制度发生了重大变化，影响了之后的整个宋代。[1]

具体到北宋，这个既得利益集团被称为形势户，又称"形势之家"，得名于北宋初年创置的"形势版簿"。"形势"一词，在唐、五代时泛指地方有势力的豪富之家，到宋代则专指现任文武职官和州县势要人户，包括官户和充当州县衙门的公吏、乡里基层政权头目的上户。其中，官户和上户占多数，但所占有的资本却是多数。与形势户相对称的是平户，包括形势户以外的全部人户。形势户是宋朝封建统治的关键，宋皇朝依靠形势户管理国家，统治人民。但形势户依仗当官做吏的权势，为非作恶，却是史不绝书。

除了形势户之外，还用一个流传更广、使用更频繁、更容易被理解的称呼是"官家"。官家这个词，在古汉语里有三层意思：第一层意思是指皇帝，大家看《水浒传》中"赵官家"，说的就是宋朝皇帝（因为皇帝姓赵）。从南北朝起，官家就有了皇帝的意思。因为，皇帝要至公无私，所以才称为官家。第二层意思是指衙门，县衙门、吏部衙门、户部衙门等条条块块的各级衙门。这间房子是谁的？官家的，意思就跟说房子是公家的一样。第三层意思，指的是官僚个人。[2] 这三个层面，合作"算计"，形成了一个立法、执法的动态结构。中国历史上，皇帝是最高权力的象征，但经常出现"政令不出皇宫"的现象，官僚集团和地方势力集合起来，对中国传统社会的立法、执法以及法令实施的效果起着重要的影响。

"官家主义"制度以及利益集团的"算计"，滋生了政策变通的动力。吴思认为，在中国历史上，我们可以把官家主义理解为：谁在订立规则，谁在当家做主。在宋朝，当家做主首先是皇帝，他立的叫王法；其次是衙门，可以立出部门法规、地方性法规；再次是官员个人，官员个人凭着他代理的权力或个人的影响力，建立一套潜规则体系，就是土政策。官家（包括上述三个层面的意思），是中国历史上真正能够当家做主的群体。他们可能存在利益分配不均，但是不管争

---

1 李义琼：《熙丰变法时期的利益集团与中央财政制度的变迁——以制置三司条例司的置废为例》，第102页。
2 吴思：《我想重新解释历史：吴思访谈录》，上海：复旦大学出版社，2011年，第104页。

第七章 一叶知秋

来争去,这个当家做主的群体始终是官家集团。学者王玲从政治运作角度分析,认为从唐后期开始,经过五代到宋,政治上的一大变局在于,从(唐)"皇权以贵族为基础",变为(唐末及五代)"皇权以军队为基础",再到(宋,完成于元丰改制)"皇权以士大夫为基础"。这种变化,应该说是宋初官制的核心,也是皇权政治一个标志性的转折。[1]

在王安石变法中,皇帝和王安石等变法派可以规定新政怎么制定,用什么办法推行,但是各地怎么推行,推行到什么程度,会出现什么效果,不是皇帝和王安石说了算的。皇权与各级官吏,分割了政令(规则制度)的制定权和实施权,掌握了划分和分配利害的权力。[2] 所有政策,都必须依靠不同阶层的人实施。但要想让这些实权利益阶层主动落实政策,肯定要从中受益,受益了才会积极地去落实。如果没人受益,还损害了一部分人的利益,这些利益集团轻则"兢兢业业"地把事情给你搞黄,重则把改革者搞残。

不管给系统任何指示,它都能给你搞砸了,这就是系统性问题。

宋朝并不是没有设法对官僚进行约束,宋朝对地方官设立了严格的考课制度,"人主之道在乎知人,而知人之要莫若考实"。[3] 中央依据有关法规,定期对官员的德行、才干、劳绩进行考评,以此来决定地方官员的升迁罢免。宋神宗熙宁、元丰年间修订的考课法令,一直沿用到南宋。[4] 但由于熙宁初年财政紧张,宋代地方官的考课在实际执行中,往往对赋税方面强调太多,每到年底,各部门考核诸路并州县赋税及上供钱帛,"税租课入,国用之所赖"。地方官员因为"上供钱帛,例不及额""深误大计"被处罚的事例很多。例如,京西路转运使向宗旦,以"不能经营,每有费用,悉干朝廷"的原因,被朝廷处罚[5];京东路转运使、亳州知府刘敉,也以"任内不能修举职事,致经用匮乏,屡烦朝廷应

---

1 王玲:《重探"与士大夫治天下"——对宋代政治文化的再考察》,第107页。
2 吴思:《我想重新解释历史:吴思访谈录》,第144页。
3 [宋]陈渊:《默堂集》卷一四《论考实》,清文渊阁四库全书补配清文津阁四库全书本,第380页。
4 参见《宋会要·职官一〇》之二。
5 刘琳、刁忠民、舒大刚等校点:《宋会要辑稿8》,第4836页。

副"，被追加处罚。[1] 与之相比，元丰年间吴居厚为京东转运副使，他长于经营，笼络钩稽，收羡息钱数百万，获得皇帝下诏褒扬并得到升迁。通过这些官员仕途命运的对比，各级官吏深知朝廷最看重的是什么，神宗时变法法令"为守、令者奉命唯恐后"[2]。

宋代标榜"张官置吏，务以安存百姓"[3]。然而在高度中央集权等级授职的体制之下，官员的权力都是来自中央的授予，地方官员必然是向上级负责，以"足上供"[4]满足上级的要求，从而获取仕途的升迁，为其主要从政目标。"剥下媚上，以图宠擢"[5]，成为地方官员从政的常态。"上之所好，下必有甚。朝廷意在总核，下必有刻薄之行。朝廷务在宽大，下必有苟简之事"。[6]中央一些政令，在地方达到了变本加厉的程度。比如，"青苗法"出台的目标除了减轻农民负担之外，还为了增加政府财政收入。为了达成这一目标，王安石自然会考虑给下面的官员制定出一个贷款回收率指标。为了完成青苗贷款指标，基层官员对农户又哄又骗又威胁，才能完成发放任务，可又要面临着繁重的收回贷款的任务。

怎么办？

为了完成贷款回收指标，地方官员显然会强迫贫苦农户还本付息，不还的话马上扒房牵牛、牢房伺候。为了偿还青苗贷款的本金，个别贫苦农户只好向地主富户借高利贷，如果连高利贷也借不到的话，只好卖房子卖老婆来还了，如果还是不行，只好逃债去当流民了。可见，号称最为农民着想的"青苗法"，反而使一些贫苦农民受到最严重最惨苦的伤害。经过官家的一通操作，本来为了"利民"的政策，意想不到地成为"扰民"之举。用御史中丞杨绘的话说，各级官吏"惟务敛之多而行之峻，致天下不尽晓朝廷之意，将以为率其剩者而官取之"。这种情形下的改革，本想造福于民，却因为各级官僚的"唯上"机械执行，变成

---

1 [宋]李焘：《续资治通鉴长编》卷三三九"元丰六年九月戊辰"。
2 [元]脱脱：《宋史》卷四二七《程颢传》，第12713页。
3 [元]脱脱：《宋史》卷三四〇《刘挚传》，第10855页。
4 [元]脱脱：《宋史》卷一六七《职官志七》，第3964页。
5 [宋]王庭珪：《卢溪先生文集》卷二七《与宣谕刘御史书》，《宋集珍本丛刊》第三四册。
6 [元]脱脱：《宋史》卷三四〇《刘挚传》，第10855页。

造害于民，走向了反面。冯友兰在《中国哲学史新编》中评论青苗法时说："封建官僚的长技是欺下瞒上，阳奉阴违。无论什么良法美意，一经过他们的手就变质了。青苗法的变质就是一个例子。"

在王安石变法过程中，各级政府不断强化资源配置的权力和对经济活动的干预，使寻租在许多领域继续进行甚至扩大。从寻租活动中得利的特殊既得利益者，必然会力求推动"半统制、半市场"的经济体制向国家资本主义乃至官家资本主义蜕变。所谓官家资本主义，就是毛泽东所说的"官僚资本主义"，即"封建的、买办的国家垄断资本主义"。造成这种局面的原因，是权力不肯退出市场，反而强化对市场自由交换的压制和控制。

皇权、官府、官员的三重博弈，使王安石变法处于不同利益集团斗争的风口浪尖，各种因素交织其中，影响着改革的前路与走向，甚至偶然发生的自然灾害，都成为斗争的一个借口，由此引发滔天巨浪。

第八章

天灾人祸

王安石是善于应对自然灾害的人,为了应对旱灾,他在鄞县试行青苗法,取得很大成功。然而,他也许怎么也想不到,同样是一场旱灾,却成为变法失败的导火索。

又是旱灾惹的祸

天下大旱。

从熙宁六年七月到熙宁七年四月,河北、京东、陕西等地连续干旱。查史书后我们会发现,这次干旱非常严重,涉及范围甚大,不仅宋朝北部旱灾严重,连北方辽国也旱得民不聊生。只是辽国人口密度小,疆域广大,不纯粹是农耕经济,对旱情的反应没有宋朝这样大。

连续八个月的干旱,北方诸路及淮南受灾严重。史料记载:"自去岁秋冬绝少雨雪,井泉溪涧,往往涸竭。二麦无收,民已绝望。孟夏过半,秋种未入。中户以下,大抵乏食,采木实草根,以延朝夕。"[1] 也就是说,自去年秋天以来,几

---

[1] [宋]李焘:《续资治通鉴长编》卷二五二"熙宁七年四月"。

乎没有下过雨雪，山间小溪和河流大多干涸，去年和今年两季麦子没有收成，老百姓已经绝望了。现在夏季过了一半，因为干旱还没有播种。中等收入以下的人家，大多没有粮食，只得啃树皮吃草根度日。

严重的旱灾，导致农业生产遭到严重损害，饥民流离失所。国家高度重视，宋神宗命令全国各地官员组织隆重仪式，虔诚地向上天求雨；命令宰辅大臣在京城组织祈雨仪式，恳请上天降雨缓解旱情。个别商人趁干旱饥荒将四十文一斗的粮价哄抬到一百五十文一斗，社会人心惶惶，动荡不安。宋神宗命令国家粮仓将粮食以一百文一斗出售给饥民，不久又命令降至九十文，再命令降至八十文。

中书省上报称，饥民流动迁移，路过京师，如果在京师赈济，远近相传，将有更多的灾民涌向京师，京师难以调剂。京畿州县没有大的工程兴修，建议在受灾州县招募流民青壮者充役，病弱老幼者按人口给予粮食。宋神宗批准，命令在京西各州县安排工程，招募流民以工代赈。

终于有一天，忧心忡忡的宋神宗找到王安石，质询旱灾情况。

面对皇帝的不安和疑虑，王安石表现得非常镇定："水旱常数，尧、汤所不免，此不足招圣虑，但当修人事以应之。"意思是，旱涝乃是自然现象，与变不变法没有关系。上古圣君如尧、舜、禹、汤，也不能避免灾害；我们尽力而为，做好自己的事就可以了。这种回答，以我们现代人的角度来看，说得没错。尧、舜、禹时洪水延绵数年，只要以人力努力治水，方法得当，不仅会治好水患，而且还留下了万年不灭的美名。

宋神宗怕得就是人事之未修，不安地说，自己担心的就是人为的问题，现在收取免行钱很重，人们怨声载道，不仅是朝中的大臣，身边的侍从，就连太皇太后、皇后都说这是变法引发的祸害。

王安石认为，太皇太后、皇后的说法，是由京城内的奸逆小人所挑拨引起的。冯京插话说："我也听说过这些事情。"王安石回答说，士大夫不满意的，都集合到冯京处，冯京才听到这些议论，自己就没有听到。而且这些言论只有在京城才听得到，在外地未曾耳闻。王安石想用这套说辞暂时稳住皇帝，因为宋神宗生活在深宫之中，了解外界情况大多来源于大臣的奏折和身边人的言谈。

变　宋

很显然，王安石的答复并没有消除宋神宗的疑虑。这位年仅 27 岁的皇帝陷入了自责与痛苦的深渊。王安石的态度更加印证了他的担心，不畏天的人，怎会被天所原谅？这 5 年来进行的变法、采取的变法措施，不仅遭到很多人的激烈反对，还受到了上天的惩罚……而王安石仍若无其事，坚定地相信灾异与政治完全不相干。他多次强调，旱灾只是小事，没什么大不了！

熙宁七年（1074）三月，在延和殿，宋神宗问翰林学士韩维，久旱不雨，怎么办？韩维说，皇上您担忧旱灾，怜悯百姓，减少膳食花费，按照平常规矩祈求，恐怕不足以感动天地。希望您下诏痛责自己，求直言，开门路，发恩泽，税赋有所减免，以求人和。他进一步提到，京畿诸县，近日仍然追索青苗钱，有的官吏鞭打百姓强迫缴足，致使农民砍伐桑树当柴火卖钱交纳。现在灾情严重，天下期盼减免租税，宽宥爱民，但政府却迟迟没有行动，希望皇帝自己做出英明裁断。[1] 在韩维再三乞求下，宋神宗命他起草罪己诏。

熙宁七年三月二十八日，宋神宗下罪己诏。在诏书中，皇帝承认自己治国经验少，政策不对，以至于阴阳失调，天下大旱，众多地方受灾。自己已经减少了膳食，从正殿搬出去，希望消灾降福，但上天没有反应，是不是皇帝没有采纳正确的建议，还是有其他过错。诏书要求中外大臣上书谈论朝政缺失，皇帝将亲自阅读，考量是否恰当，以求改进。

借此，一些士大夫纷纷上书朝廷，有些人认为王安石执意推行变法，触怒上天，他们强烈要求宋神宗尽快停止新法。严重的旱灾，以及河北流亡的农民，成为反对派攻击新法的有力武器。青州知州滕甫上奏称，新法害民，希望将新法中所有不便者尽数去除，然后民气和，天意解，灾情自然会消失……司天监灵台郎尤瑛利用"天久阴，星失度"的天象，宣称"政失民心，强臣专政"，建议"去安石，天乃雨"。陕西华山发生山崩，枢密使文彦博进奏说："不应该差遣官吏卖水果、梳子，导致华山山崩。"[2] 文彦博是持重老臣，竟然将京城买水果的事情与华山发生崩塌联系在一起，说明当时有不少人将自然灾害与人事政事结合起来，

1　邓广铭：《北宋政治改革家王安石》，第 303 页。
2　杨硕：《宋神宗与王安石变法》，第 350 页。

第八章 天灾人祸

作为论证自己观点的依据。接到各地官员的奏折后，宋神宗忧心忡忡，史书记载："帝忧形于色，对朝嗟叹，欲尽罢法度之不善者。"[1]

宋神宗颁发罪己诏，还是没有引起王安石的重视。他坚持自己的立场，在数日后见到宋神宗，仍然坚定地陈说"天变不足畏"的观点。他认为，天灾出现，很多君主都会如此。比如前些年，仁宗除了下罪己诏，还给自己施加肉体惩罚，大半夜到殿外光脚站着。神宗皇帝这样做，也不算什么反常。在王安石看来，皇帝一直支持变法，现在政绩很突出，国库很充盈，外战很辉煌，政敌司马光之流早就被赶出京城，甚至连唯一敢对抗的文彦博都失势，还有什么好担心的？多做事，做好事，把眼前的难关尽快度过去，才能让年轻的皇帝镇定下来。

但现实大出王安石意料，对他不利的事一件接一件，不断地涌现出来。司马光从远方加急送了一份奏章，积极响应皇帝"挑错"的号召。司马光共提出了新法的6条弊端：

1. "广散青苗钱，使民负债日重，而县官无所得。"
2. "免上户之役，敛下户之钱，以养浮浪之人。"
3. "置市易司，与细民争利，而实耗散官物。"
4. "中国未治而侵扰四夷，得少失多。"
5. "团练保甲，教习凶器以疲扰农民。"
6. "信狂狡之人，妄兴水利，劳民费财。"

司马光的批判涉及青苗费、免役法、市易法、保甲法、农田水利法以及对外政策等多方面，批评新法增加百姓负担、纵容小人、与民争利、耗费国家财力、扰乱边境、劳民费财。

面对司马光的突然袭击，王安石还是没在意。一个被边缘化的人，写封奏章有什么大不了的？但他怎么也没有料到，仅仅几天之后，新法突然间被废除！

如同晴天霹雳，变法派震惊了，他们不清楚哪里出了问题，也没察觉出是谁做了什么，就把一切都翻了个个儿。这暴露出了变法派的最大弱点，对政治的危险性估计不足，警觉性太低。身为帝国宰相，王安石总揽大权，居然让人在不知

---

[1] 《宋史》卷三二七《王安石传》。

变　宋

不觉之中把新法废了，还不知道出事的原因！

是谁说动皇帝废除了新法？

这个人叫郑侠，安上门监门小吏（守城门的）。为什么一个看城门的"小人物"引发这么大的震荡呢？

郑侠（1041—1119），字介夫，北宋福州福清人。郑侠的父亲郑翚在江宁府任酒税监。郑翚官卑职小，子女众多，生活清贫，把郑侠带到江宁，送进清凉寺书院学习，在那里他曾向王安石求教。郑侠借用僧房，不避寒暑，焚膏继晷，刻苦攻读。王安石读了郑侠"书随更漏尽，春逐酒瓶开"诗句后，对其青眼有加，勉励他好好学习，将来成为国家有用之才。宋英宗治平年间，郑侠考中进士。熙宁二年，王安石担任参知政事，举荐郑侠为光州司法参军。任职期间，郑侠大部分奏章谳议得到王安石的认同，平反了不少冤假错案。起初，郑侠对王安石推行的变法给予了肯定和支持，"以为三代君臣相遇，将有为于世，太平可期而望"。随着时间的推移，新法种种弊端暴露出来。熙宁五年春，光州任满后，郑侠进京述职，指出新法弊端。虽然王安石看重郑侠的才能，想擢升郑侠为检讨共同推行新法，却被郑侠拒绝。时隔多年，郑侠已经不再是新法的支持者，而成为一名反对新法的人。后来，郑侠被贬为安上门监门小吏。为争取这个门生，王安石让人聘请郑侠到修经局任职。王安石的侄女婿黎东美前去见郑侠，郑侠还是婉言谢绝："相君动不动就以官爵相诱，把士人看得太浅薄了。如果确实诚心，就请做几件利国利民的事，让我投在相君的门下也不会感到愧疚，这样不是很好吗？"郑侠向黎东美列举免役法的弊端，免役钱和市利钱很重，民间商人苦不堪言。不久，诏令对小商小贩免征市利钱，其他的都没有改变。

中原大旱，各地灾民涌向都城。作为城门小吏，郑侠站在城墙上，一眼望去，只见瘦骨嶙峋衣不蔽体的灾民成群结队，心里极其痛苦，更痛心新法的弊端！最终，郑侠选择一个非常特殊的汇报方式，越级上奏。他把自己亲眼所见灾民扶老携幼、流离失所、质妻鬻子、困顿窘迫的悲惨景象画成一幅画，名为《流民图》。在附言中，郑侠历数新法弊端，请神宗观其害，罢废害民之新法。

第八章 天灾人祸

他誓言若废新法,"延万姓垂死之命,十日不雨,乞斩臣宣德门外,以正欺君之罪"。为罢废新法,他将身家性命全部压上去了。但郑侠职务太低了,无权直接上书,若走正常途径须先由中书省王安石过目。他想了个办法,私自声称有紧急密奏,以加急驿马,送进银台司。

古代,只有紧急情况才能发快马递送。

《流民图》呈现出来的悲惨景象,震撼了宋神宗。只见图上无数流民携儿牵女,身无完衣,四处啼饥号寒;很多灾民食不果腹,只得口嚼草根树皮;难民尸体奄毙沟壑,累累不绝;更让人难以面对的惨状是酷吏还在威逼恫吓,怒目追索……宋神宗实在想不明白,以"富国强兵"为目的的变法,怎么会导致这样一个"民不聊生"的局面?变法到底错在什么地方?

天下黎民百姓的惨状,不仅让士大夫们请求罢废新法,而且还惊动了两位太后——神宗的祖母太皇太后曹氏和生母高太后。史书记载,一天,宋神宗到后宫去看望母亲高太后和祖母曹太皇太后。太皇太后说:"从前只要听到民间的疾苦事,都会告诉皇帝的,仁宗都会批准我。"宋神宗非常警觉,回答了四个字:"今无他事。"但是太皇太后继续说:"我听说现在民间青苗法、助役钱都不合理,你应该罢免它们。"宋神宗回答:"这是利民,不会害民的。"太皇太后直接提出最重要的要求:"王安石的确有才,但得罪的人太多了。你要真爱惜他,就让他暂时出京补外职吧。实在想用,过一年再召回来。"宋神宗再次驳回:"不行,现在大臣里只有王安石能'横身为国家当事'。"每句话都被驳回,太皇太后不再说话了,这时站在旁边的岐王插嘴说:"太皇太后说的都在理,皇上,您得多想想。"神宗满腔怒火再也控制不住,对弟弟吼了一句:"是我败坏天下吗?那就换你来当皇上!"岐王哭了,非常伤心地说:"至于这样吗?"

祖母和一个不懂事的小弟的意见,宋神宗可以忽视,可轮到生身母亲出场了,情况就不一样了。高太后哭着对儿子说,你就让王安石走吧,他把天下都搅乱了,快没法过日子了!宋神宗默然,上天降灾,后院起火,他更加犹豫不决。据分析,后宫之所以反对王安石,是因为熙宁二年十一月,王安石主持制定了《裁宗室授官法》,限制宗室弟子做官。这种做法与先秦吴起在楚国变法时

"废公族疏远者"的做法相似,引起皇亲贵戚的反对和仇恨。不仅如此,市易法不仅限制了大商人的剥削范围,而且在一定程度上损害了和大商人有联系的王公贵族、官僚士大夫及皇亲国戚的经济利益。这种仇恨新法的情绪,待宋神宗去世后,立刻爆发出来,形成了一股废除新法的决绝力量。

《续资治通鉴》记载:神宗接下了这份郑侠不惜以生命为代价密呈上来的《流民图》,袖以入内,反复观看,面色凝重。熙宁七年四月初六,在度过一个不眠之夜后,皇帝下诏暂停青苗、免役、方田、保甲等十八项新法。[1]

据说,诏下,天降大雨。[2]

这里用"据说",是因为《宋史·郑侠传》中记载"天降大雨"。但与此不同,也有史书称根本没有下雨。因为那之后,灾情还是很严重。是否下雨可能存疑,但有一个方面是肯定的,在这两年灾荒中,变法派在开封卖出去了数以万计的粮食,稳定了京师居民的生活;在河北、江浙等灾区,利用储存的青苗钱米,募集受灾农民兴修水利等工程,渡过灾荒。[3]

新法被废,王安石又一次提出辞职,宋神宗像往常一样积极挽留。但这次不同,王安石身心俱疲,已心生退意。五年间,改革法令涉及帝国的财、政、军各方各面,每走一步都要与所有人为敌,要对皇帝反复解释规劝,但皇帝的动摇、怀疑、反复,让他倍感压抑。此时,王安石已不再是二十多年前那个"不畏浮云遮望眼"的意气风发的青年,而是进入知天命的年纪。在五十岁之前,他全力以赴希望有所成就,五十岁之后,则看透了人生,深知理想实现之艰难;谋事在人,成事在天,做事不再强求结果,而是顺应上天的安排。王安石一连上了四封辞职奏章,神宗再三挽留,非常有诚意,甚至提出让王安石辞去相位之后仍留在开封,但也没有改变王安石辞职的心意。此时,王安石也许想到了熙宁六年正月元宵节自己随驾观灯路过宣德门被皇帝侍卫打伤坐骑的事情,宰相被几个侍卫侮辱,却不了了之。或许,皇帝已经厌倦了老臣,老臣也到了应该退出的时候了。

---

1 虞云国:《宋代台谏制度研究》,第237页。
2 吴明明:《悲剧从失去民心开始——王安石变法之败因》,《政府法制》,2003年第19期,第38页。
3 漆侠:《王安石变法》,第199页。

第八章 天灾人祸

从熙宁二年二月到熙宁七年四月，五年时间，王安石协助宋神宗制定推行均输法、青苗法、农田水利法、免役法、保甲法、将兵法、保马法、市易法、吏禄法，使财政窘困的北宋走出了困境，重新振作起来。按照王安石的计划，此时应是策划如何武力征服西夏、完成变法大业的关键时候，然而，自己却辞职离开，无法割舍与无可奈何的心情，交织在一起。

在屡次挽留无效之后，宋神宗计划给王安石太傅官职，仍留在开封，但没有得到王安石的同意。最后，熙宁七年四月，宋神宗依照王安石的请求，批准王安石辞相，出任江宁府知府。

为什么皇帝同意王安石辞职呢？是他不想变法了吗？不是，宋神宗一生对强国富民念念不忘，为之竭尽全力。在他看来，让王安石暂时离开，一是顺从了祖母和母亲的要求，听取了大臣的意见，缓和一下紧张的局面；二是让王安石回南方调养一下，之后随时可以回来；三是新法在原来的布局中继续推行。离开京城前，王安石也做了一些安排，他向宋神宗推荐，由韩绛代替自己为宰相，吕惠卿为参知政事，宋神宗一一答应。当时人称韩绛为"传法沙门"，称吕惠卿为"护法善神"。[1] 他还写信给王韶，勉励他为国守边，坚定抗击西夏的决心。在王安石看来，改革已经走上了正常轨道，不管他本人是否回来，新法都已经形成趋势，只要宋神宗本人坚定，这个趋势必将持续下去，北宋财政状况越来越好，军事实力越来越强。

宋神宗深有感慨地说："安石一心为国，不追求官职，不在意个人进退得失，廉洁自律，可谓贤者。"他认为，韩绛和吕惠卿是新法的核心人物，暂时接替王安石的工作，也很稳妥。再说，皇帝已经成长，他对自己，对变法团队，慢慢有了自己的主见。

熙宁七年四月底，王安石一家轻车简从，悄悄离开了京城，回到了他父亲曾经任职的江宁。在那里，王安石希望过一段悠闲自在的日子。可谁都没有想到，王安石的离去，不仅没有平息风波，斗争反而更加激烈，演绎出另一种社会危机。

---

[1] 杨硕：《宋神宗与王安石变法》，第360页。

口头废除新法后不久,宋神宗突然就来了个大反转,宣布除了"方田均税法"之外,新法全部恢复。为什么会这样呢?史书里给出的答案是变法派吕惠卿、邓绾跑到宋神宗面前,痛哭流涕地说:"皇上多年以来,废寝忘食,成功地施行了新法,国家因此受到很大利益;如果采纳郑侠这个狂夫的意见,一下子将新法罢除殆尽,岂不是太可惜了吗?"于是,神宗回心转意,立刻下令,恢复新法。为了表达对新法的支持,朝廷将郑侠羁押到监狱。但是,宋神宗和王安石都不想严惩,最后只追究他私发马递之罪,以"擅发马递"罪名小小处罚了事。

为什么小小门吏竟然一度"推翻"了新法,甚至"迫使"当朝宰相不得不自动"引退"?这个问题的答案,在于古人对灾害的认识和"天人感应"的理念。

借灾说事

宋代既是一个科技文化十分繁荣的朝代,也是一个祥瑞、灾异观念等十分盛行的时代。灾异不仅造成大量人员伤亡和财产损失,也对宋朝政治、经济、文化乃至社会变革都产生了深刻影响。在王安石变法过程中,灾异不仅在当时引起社会广泛关注,而且成为保守派攻击王安石变法的有力武器,甚至成为导致王安石变法失败的重要原因之一。[1] 因此,分析宋朝的灾异与社会的关系,有利于我们深入理解灾异影响的系统性、广泛性、社会性及综合性的特点。

灾异主要是指那些人力无法抗拒的自然灾害或无法理解、解释的事物,主要分三类:一是自然灾害,如洪水、干旱、暴雪、地震、冰雹等;二是一些被当时的人认为异常的天文现象,如日食、月食、彗星等;三是自然界或社会当中出现的反常现象,如马长角、羊无角等。据《宋史·真宗纪》与《续资治通鉴长编》记载,从大中祥符元年(1008)至乾兴元年(1022),水灾、火灾、旱灾、地震灾害、风灾、雨灾、虫灾、河灾等接踵而来,史书中有关"民饥"的记载,几乎每年都有。十四年里,仅黄河决口就有十二次。11 世纪 40 年代,黄河河道因决口自大名改向北流;到 50 年代,又因决口派生出流向德州、沧州至无棣县而

---

[1] 张俊峰:《灾异说与王安石变法的失败》,《信阳农业高等专科学校学报》,2009 年第 1 期,第 29 页。

入海的东流河道。北流和东流沿岸仍然常有决口或溢出,引发整治黄河的激烈争论。频繁发生的灾害,不仅造成巨大的经济损失,也造成更加严峻的社会问题。[1]

宋代灾祸频繁,与当时的气候变迁有着密不可分的联系。竺可桢在《中国近五千年来气候变迁的初步研究》中提到,中国11世纪初到12世纪末,气候转寒,在12世纪初期的时候这种变化加剧。宋王朝恰好横跨了两个气候温暖期,中间还夹着一个寒冷期,气候变化频繁,导致自然灾害频发。两宋三百余年,单是有记录的水灾,便有600多次。政和元年(1111),江苏、浙江之间2250平方千米面积的太湖,不但全部结冰,且冰坚实到足可通车。寒冷的天气把太湖、洞庭山的柑橘全部冻死。[2]

中国历史上气温低的时期,北方水草不够丰茂,游牧民族生存受到严重影响,生存危机促进了游牧生活的军事化,"一个更强大、更神圣、更专制的权力形式代替了贵族部落"[3]。这样,可汗或皇族控制下的部落变成了永久的战斗部队,严寒刺激了他们入侵更富有的地区掠夺所需要的经济资源。游牧民族大规模南下,极大程度地影响了宋朝的内外政策。

在灾害方面,宋朝继承了我国传统的灾异观念。我国灾害种类多,发生频繁,很早以前,先民就试图将天灾与人间事物联系在一起。先秦时期,人们认为天、地、人三者之间存在密切关系,发生在人类社会中的灾害事件其起因就在于"天"。[4]孔子在《春秋》中详细记载了日食、彗星、山崩等突发自然现象以及一些严重的自然灾害,他认为自然界的这些变异与人类社会有着某些联系。孔子的孙子孔伋在《中庸》中提到"国家将兴,必有祯祥;国家将亡,必有妖孽"[5]。因此,灾异被看作是上天意志的表现,一向被视为凶兆,预示上天的惩罚,故称咎征。西汉董仲舒将这种观念充分发挥,提出了"天人感应论"。他认为,上天是有意志的,自然和社会的一切变化都是天意的体现。在政治方面,君主受

---

1 张俊峰:《灾异说与王安石变法的失败》,第29—30页。
2 竺可桢:《中国近五千年来气候变迁的初步研究》,《考古学报》,1972年第1期,第38页。
3 [英]崔瑞德、[美]史乐民:《剑桥中国宋代史》(上卷),第15页。
4 卜风贤:《中国古代的灾荒理念》,《史学理论研究》,2005年第3期,第33页。
5 王福琪、焦金鹏主编:《大学中庸》,北京:光明日报出版社,2016年,第116页。

变　宋

命于天,"王者承天意以从事",带有天然的合法性;但上天又以各种灾异对君主的行为进行警告。这种思想将灾异与人事行为尤其是政治得失关联起来,从而使灾害与现实之间产生了关联[1]。为避免天怒人怨,历代帝王不得不采取一些措施,以塞天谴、平众怒。一方面,政府采取赈灾措施,拨款、发救济粮,派官员实地指导救灾;另一方面皇帝也会收敛自己的行为,如易服、减膳、避正殿、求直言等。如果灾情严重危及了社会稳定,皇帝还要下罪己诏,引咎自责;如果大臣有不法行为,可能会问责罢免。宋代继承了前代的阴阳五行及天人感应观念,普遍承认灾异是上天的惩罚,因此将灾异的发生与人事挂钩,赋予灾异非常浓厚的政治色彩。

王安石变法期间,不幸碰上了频繁的自然灾害。司马光、吕诲等保守派大臣利用天人感应理论,声称新法的推行引起了"阴阳失和",竭力阻止变法。例如,在王安石实行变法之初,富弼在《论灾异而非时数奏》中认为:董仲舒说得对,灾异是由于朝政所致,朝政应该负责。熙宁二年,御史中丞吕诲上疏弹劾王安石说:"方今天灾屡见,人情未和,惟在澄清,不宜挠浊。如安石久居庙堂,必无安静之理。"[2] 吕诲将政事比作水,以为安静则能澄清,不可生事搅扰,因而主张维持原来的制度,不能任由王安石破坏朝纲。但这些批评和弹劾,并没有动摇王安石变法的决心和信心。熙宁二年,宰相富弼罢相离任时对神宗说,王安石"所进用者多小人",以致天降责罚,"诸处地动、灾异",所以"宜且安静",不宜改革。熙宁五年,华山发生山崩,文彦博认为王安石应该对这次天变负责[3]。更有甚者,指责王安石变法违背了天意:"辛丑,司天监灵台郎尤瑛言,天久阴,星失度,宜罢免王安石。"翰林学士范镇、御史程颢等也以天变地震,民情扰动,提出废除新法。熙宁六年七月至次年三月,久旱不雨,到处是流离失所的饥民,神宗因而"忧见容色,每辅臣进见未尝不叹息恳恻,欲尽罢保甲、方田等事",使变法遭受重大挫折。

1　余治平:《董仲舒的祥瑞灾异之说与谶纬流变》,《吉首大学学报(社会科学版)》,2003 年第 2 期,第 47 页。
2　[清]黄以周等辑:《续资治通鉴长编拾补》卷四。
3　孙小淳:《北宋政治变革中的"天文灾异"论说》,《自然科学史研究》,2004 年第 3 期,第 228 页。

与之相反,传统社会也一直流传着朴素的唯物主义思想。战国时期荀况在《天论》中提出了新的天变观点,他认为那些异常的自然现象是天地阴阳变化所致,"怪之,可也;而畏之,非也"[1]。日食月食及不测风雨很常见,没有哪个时代不出现,国君英明治理有序,即使多次发生灾异也造不成大的伤害;君主昏庸治理不善,即使没有灾难也不会有好的局面。与荀况相似,王安石提出天"无作好,无作恶",天道自然无为。尧和汤都是儒家广泛称颂的圣主,然而尧统治时期连续发生了九年洪水,汤在位时出现了连续六年的旱灾,难道说尧、汤这样的古代圣贤也犯了严重的罪行吗?为了避免传统灾异观念对皇帝的影响,实现自己的革新意图,他提出了"变风俗,立法制"的改革主张,其做法被称为"三不足",即"天变不足惧,人言不足恤,祖宗之法不足守",表现出了他藐视权威、锐意改革的决心。

虽然王安石变法是在"法先王之意"的旗号下进行的,但他在《洪范传》中已经把"先儒传注,一切废不用",而"断以己意",做了新的解释和阐述。他认为,宇宙的本源是"道","道"的本体是物质性的"元气",也就是细微肉眼看不见的"朴",而不是精神性的东西。"道"分化成阴阳二气,生成金、木、水、火、土五种元素,天地万物由这五种基本元素演变而成。从这种朴素的唯物主义出发,王安石形成了"天地与人,了不相关"的天道论。[2] "天"是自然的、物质的,沿着自己的"天道"运行变化,它既没有什么情感,也没有任何目的和意志,不以人的意志为转移,也与社会人事无关,"可谓无作好、无作恶、无偏无党、无反无侧"[3]。所以,人既不能被"天变灾异"蒙蔽和吓倒,不敢有所作为,也不能因为"天变灾异"与我不相干听之任之,而是以"不蔽不蒽不固不怠"的态度,积极发挥主动性,努力减少各种自然灾害造成的损失。在《省兵》一诗中,王安石坚定地指出,只要政治上采取积极的措施,让那些游手好闲的"游民"愿意耕种土地,那么庄稼的收成在人而不在天,"游

---

[1] 叁壹、冯蕾编著:《荀子》,西安:太白文艺出版社,2009年,第112页。
[2] 游彪:《追宋:细说古典中国的黄金时代》,第157—158页。
[3] [宋]王安石:《临川先生文集》卷六五《洪范传》,第1650页。

民慕草野,岁熟不在天"[1]。

在认识论上,王安石强调人的形体是一切精神活动的基础,人具有认识客观世界的能力,一切规律都可以被人类认知。在人性论方面,王安石受孔子"性相近,习相远"的影响,发展了"性本情用"的观点。所谓"性",是指人的自然性能,而"情"是指人的感情与欲望的表现,是"性"在某种条件下的外在反映。"性"无善恶之分,只有"性"产生了"情"之后,善恶才能被分辨出来。他认为,人的善恶,取决于后天的学习和修养。[2]在人与自然的关系上,王安石更强调人的作用。在他看来,"自然之力"形成的事物,如山、雷、雨、雪等,人们是无可奈何的,但"待人力"而生成的事物,如房屋、舟船等,必须经过人们的努力才能制作而成,就需要人们积极有为。他还以牛、马为例形象地说明,牛、马都是自然之物,如果牛不穿鼻,马不套上笼头,就不肯为人所用,穿牛鼻、络马首这种人为的活动,就成为改造牛马这种自然之物的决定性因素了。[3]所以,自然界是一个取之不尽、用之不竭的宝库,只有通过人们的努力,才能打开宝库,取出它所储备的物品,变成人们可以使用的社会财富。在对社会的认识上,王安石批判了历史退化论的观点,指出人类社会处于运动变化之中,历史是不断前进、发展的,有着人类无法扭转的客观必然性,所以要不断变革传统,以适应和推动历史的发展。[4]

王安石的思想集中体现了北宋开拓创新的时代精神,他以儒为本,兼并吸收其他学说,敢于突破旧的框架,务求通经致用,为倡导变法提供理论依据。为了避免传统灾异观念对皇帝的影响,王安石将自己的著作《洪范传》献给宋神宗。针对伏生、董仲舒、刘向的灾异说,王安石提出天道自然无为。他认为,灾异也仅仅是一个信号,人事得失不应用谶纬之书、类谶纬的著作直接将天象和人事加以比附,王安石强调"卜筮者,质诸鬼神,其从与违为难知"。帝王治国,不应该依凭卦卜,而应"以天下之正理考吾之失而已矣",即用儒家的道德伦理来省

---

1 [宋]李壁:《王荆公诗注》卷一七《省兵》,第456页。
2 游彪:《追宋:细说古典中国的黄金时代》,第158页。
3 漆侠:《王安石变法》,第71页。
4 游彪:《追宋:细说古典中国的黄金时代》,第158页。

察自己的过失[1]。皇帝应该正视灾害造成的影响，修人事以应之。王安石建议皇帝应修身正己，为臣民建立行为准则，使臣民有所依据。在对臣民实行统治时，要刚柔结合，内刚外柔，不失中正。

王安石希望通过对灾异的解释，排除传统灾异观念对皇帝的影响，避免灾害频发对新法造成的不利影响。他明白，如果没有"天变不足畏"的坚定信念，变法很难实施。但他的努力并没有发挥期望的效果，传统灾异观念异常强大，并且蕴含了超出自然灾害之外的内容。早在春秋时期，孔子希望用"文化"提升"政治"、推动"善政"。后来，儒学终于被皇权当做治国之本，但当儒生们站到政治舞台上时，才明白在圣人关于君子小人的谆谆教导后面，站着一个更为至高无上的君主，拥有专制权力的君主能让他们瞬间生死一线。在传统社会，专制权力不仅没有被关在笼子里，而且泛滥于外，随时有荼毒老百姓的危险。在不可能有什么力量限制君主专制权力的历史环境下，以具有迷信色彩的天变作为震慑帝王思想行为的武器，似乎是儒家无奈而又现实的选择。

与此相比，王安石提出天道自然无为的思想，从今人的角度，非常科学先进，近于唯物主义的观点。然而，放到中国古代特定的社会背景下，提倡天变不足畏，无异于破坏了儒家处心积虑为专制帝王设置的制衡工具，纵容了专制帝王无所顾忌为所欲为。对于更熟知社会人情世态、洞彻历史经验教训的反对派，如司马光、富弼而言，正是基于对中国社会内部机制的深入认识，他们才会产生深深的忧虑。曾任宰相的富弼听说王安石向宋神宗解释天道无为的思想，叹息地说出了真话："人君所畏唯天，若不畏天，何事不可为者！"专制制度下的皇帝，所畏惧的唯有上天，受到天道观念的影响和约束。试想，天变也不足畏了，祖宗也不足法了，人言也不足恤了，世上还有什么能约束君权呢？

王安石反对传统灾异观，出现了一个让他意想不到的后果。"三不足"的口号，几乎颠覆了传统社会对皇权的很多约束机制。在拥有绝对权力的情况下，滥用权力的诱惑几乎是无法阻挡的。在赫赫皇权面前，普通百姓的私人权利与之相比，犹如鸡卵与巨石相比，毫无保障。地方官僚假皇权之名，行搜刮民财

---

[1] 王宇：《王安石"天变不足畏"新论》，《浙江社会科学》，2002年第5期，第120页。

之实，导致变法没有按照设计之初的宗旨限制权贵阶层，反而成为剥削老百姓的一个手段。

所以，王安石变法失败的原因除了体制性的各种因素外，更在于，变法依靠政府的权力加以推行。而这种不受约束的权力运作对老百姓戕害更深，结果其法甚美，其行甚惨，学者将之称为"王安石陷阱"，以此类比用专制权力强力推行某些政策可能带来不可预料的后果。王安石陷阱最有可能出现在那些具有集权政府体制、民众软弱无力的传统集权社会。与此相似，我们将那种从良好意愿出发制定的政策却产生了未曾预期到的副作用的现象，称之为政策制定或执行过程中的"非预期陷阱"。[1]

权力诱"祸"

熙宁七年，郑侠上《流民图》，王安石罢相，此事引发了一连串的震荡。宋神宗对新法产生了动摇，反对派因此抬头，形势一片紧张。而且变法派内部关系错综复杂，首相韩绛没能总揽大局，那位精明强干的吕惠卿迅速抢占上风。他借彻查市易法案，促使皇帝将曾布、吕嘉问一起贬到外地。该案使曾布和吕嘉问结成了终生死敌，后来曾布飞黄腾达时，对吕嘉问一直打压；等曾布晚年失势，又被吕嘉问抄家治罪。

赶走了这两人，吕惠卿认为自己成了王安石之后的领头人。他掌握主动权，做事精明强干的一面展示出来。为减少王安石离开的负面影响，他要求皇帝颁布诏书，宣告王安石离职与新法无关，变法还将继续。接着，他狠狠打压威胁变法的李师中。李师中是一位馆阁人员，和皇帝见面时经常批评新法，认为新法导致天旱人祸、百姓困苦，唯一的办法就是马上召回司马光、苏轼等反对变法的大臣……然而，李师中喜欢说大话，自认为天生其才，必然成为盛世的良臣。吕惠卿从他话语中挑出错误，上书弹劾他欺罔皇上。结果，李师中被贬出京城，到和州当团练副使。为了巩固权力，吕惠卿提拔吕升卿（吕惠卿的弟弟）、沈季长为

---

[1] 缪延亮、廖岷：《政策的非预期陷阱：体制机制视角》，《新华文摘》，2020年第21期，第128页。

第八章 天灾人祸

崇政殿说书,让他们以讲学的方式陪伴并影响皇帝。但吕升卿无学无才,常被皇帝问得张口结舌,不得不由沈季长来代答。

在"扳倒"王安石之后,郑侠一跃成为著名的"斗士",被反对派认为是一位忠于理想、仁义为怀的典范。吕惠卿执政后,郑侠再次上书,指责吕惠卿结党为奸,堵塞言路。和以前一样,这次上奏还是奏章加图画。图共两幅,以唐朝魏征、姚崇、宋璟、李林甫、卢杞等为比照,将在位的朝臣分成两类,分别比附成李林甫一类的奸臣和姚崇、宋璟一类的忠臣,题名《正直君子邪曲小人事业图》。在奏章方面,郑侠完成了一篇五千多字的新作,详细记述当朝政治上的问题以及民间苦难,他甚至说宫中如有披甲、登殿等事发生,即有人意欲图谋不轨。

奏章果然引起轩然大波,吕惠卿大怒,差一点要了郑侠的命。同样的事情,在不同时间由不同人处理,就会有截然不同的结果。王安石执政时,对郑侠小有惩戒,让他博得天下大名;但在吕惠卿的手里,这幅《正直君子邪曲小人事业图》成为他被贬的"罪证"。吕惠卿上奏说郑侠"诽谤",要求罢免郑侠职务,编管汀州。汀州远在长江以南,接近福建。如果认为郑侠被免职就行了,那就太小看政治斗争的残酷性。吕惠卿不像王安石那样宽容,也无所谓雍容大度的宰臣气量,有的只是牙眼相还、还本付息式的报复!吕惠卿恨冯京不与自己一心,怨恨王安石弟弟王安国曾当面侮辱他,于是借郑侠一事,乘机陷害三人。

走在发配路上,刚到陈州,郑侠突然被叫回。

原来,在郑侠离京之前,御史杨忠信去看他,说:"各位御史对朝政都闭口不言,只有您一个人挺立不屈,做此殊死战,殊为可敬!而今,似乎全御史台监察朝政之重任,都移到了您的肩上了。"他从怀中取出两卷名臣谏疏给郑侠,说:"把这拿去,以对正直之士有所帮助。"获得这个消息,吕惠卿指使御史张琥揭发,弹劾郑侠与冯京等勾结为朋党。

据反对派笔记记载,开封城里的吕惠卿灵机一动,决定把郑侠置于死地的同时,让他再发挥点余热,把朝廷中一直与自己作对的人拖下水。本着鸡蛋里挑骨头的精神,吕惠卿从郑侠奏章里看出了破绽。这份奏章除了描述民间疾苦外,还谈到了一些宫廷内部的隐秘事件……据郑侠《西塘先生文集》,吕惠卿向宋神宗说，像青苗法、免役法、市易法等是举国皆知的事，郑侠知道不奇怪；可宫廷内部的事郑侠是怎么知道的？他认为，这些消息，是参知政事冯京告诉他的！冯京指使郑侠诽谤皇帝，不信您把郑侠召回来问问就知道了！皇帝问冯京，冯京说："我与郑侠从来就不认识，我自己也许辩解不清楚，郑侠还没有走远，请将他追回来作证，真假自然能够证明。"[1]

于是，皇帝做出批示，吕惠卿命人追回郑侠，搜查他的行李，按照此前御史杨忠信交给他的两卷名臣谏疏上的名单，逐一搜罗迫害那些人。对被押回来的郑侠三堂会审，最后揪出了郑侠的门人吴无至和集贤校理丁讽，据说是这两个人给郑侠和冯京来回传信。这件事导致冯京被罢相，另外三人都被贬到外地。此案甚至还牵连到王安石的弟弟王安国，也被免职，放归田里。

吕惠卿还不解恨，他主张判处郑侠死罪，但宋神宗阻止道："郑侠谋国而不谋身，忠诚勇气，颇可嘉许，不可重罚。"最终，郑侠被流放到英州。到英州后，他在一间快要倒塌的寺庙住下来。十年后，宋哲宗即位，郑侠得以复用，被任命为泉州教授；由于党派斗争，后来又被放逐到英州。宋徽宗即位，赦免郑侠，恢复原来的官职，不久又被蔡京夺官。罢官之后，郑侠布衣粗食，闲居田野，活到了79岁。

吕惠卿一刻都没有停息，借着威慑天下的气势，迅速提出了自己创立的新法——手实法。作为免役法的一个补充，手实法针对免役法各户出钱不均的问题，规定由官府为田产订立适中的标准价格，让民户根据自家田亩多少、质量高下参照标准价格自行上报，县府登记造簿，以各户所报的财产折价定高下，分为五等。将一县民户的物产钱数与全县的役钱总额相参照，确定各民户所应交纳的役钱。这种让百姓自报家产作为征税依据的方法，并不是没有先例。唐初行租庸调法时，官府每年年底命地方居民自报年龄及田地面积，编成簿册，名为"乡帐"。唐穆宗长庆四年（824），元稹在同州整顿赋役，曾令百姓自报，名"自通手实状"。宋仁宗时，周湛为江南西路转运使、苏颂为江宁知县，都曾施行许民自言、自实的办法。因此，"手实法"又被称为现代"不动产登记"制度的一个雏形。但吕惠卿

---

[1] 刘成国：《王安石年谱长编》（五），第1762页。

第八章 天灾人祸

制定的手实法，不仅仅是以上内容，又增加了一条更为严格的规定，谁家隐瞒财富，被别人告发，以所隐瞒财富的三分之一奖赏。这个做法，充分体现了吕惠卿既狡猾又强悍的本性，也成为手实法引起激烈批评的关键因素之一。

手实法鼓励告密的做法，引发广泛批评。时任密州知州的苏轼，甚至抵制手实法在密州推行。他认为，手实法鼓励告密，必会败坏人心，破坏公序良俗。事实证明，在推行手实法的地方，果然出现官吏扰民、奸人告讦之风。熙宁八年（1075）十月，宋神宗下令停止手实法。

熙宁七年九月，吕惠卿接受蔡挺建议，推出了置将法。在国都周围4路共置37将长期驻守，其中京畿路7将、河北路17将、京东路10将、京西路3将。吕惠卿采用弟弟吕温卿的建议，准备推行田募法，以此取代免役法。

通过一系列操作，吕惠卿削弱王安石的影响，打击了异己，不知不觉间已完成了角色转换，快速形成一股势力。他身边迅速聚拢了一大群亲信，这些人有些是吕惠卿的亲戚，有些是变法集团内部的主力，甚至不用吕惠卿刻意去拉拢，就自己靠拢过来。官场就是这样奇妙，只要你掌权、地位迅速攀升，一群人自己就会靠过来，变成你的拥护者。

为真正拥有实权，提高个人的声望，吕惠卿谋划了一生中最重要的一件事，而这件事成了他命运的转折点。

熙宁七年十一月，冬至日郊祀大典，朝廷按惯例赦免一些有罪或犯错的官员，特殊情况还有恩赏，以示仁爱。吕惠卿微笑着提醒宋神宗：王安石任江宁知府，官职有些低。在这普天同庆的好日子里，请您赦免，再给他加节度使头衔吧……在唐朝，节度使是有实权的地方诸侯，可在宋朝只是荣誉头衔，没实权，只是待遇比较高。乍一看，好像是件好事，可皇帝猛然间惊醒：吕惠卿这个建议用心非常阴险。那一天，宋神宗盯着吕惠卿，缓缓说了一句话："王安石是离职而不是有罪，为什么要赦免呢？"这才是问题的焦点，如果答应了吕惠卿，王安石就被坐实成了罪人，失去重返朝堂的资格！这一刻，吕惠卿很清楚自己在做什么，也清楚皇帝的话代表了什么。踏出这一步，他已站在了悬崖边上，且还想把皇帝都扯了过去陪着他一起冒险……

变 宋

面对这种局势,首相韩绛害怕了,他感到被边缘化的危险。吕惠卿担任的参知政事官衔,本身就是赵匡胤用来制约宰相权力的。吕惠卿充分发挥了这个职位的作用,制约韩绛,将同等职位的冯京扳倒,逐步实现大权独揽的目标。首相韩绛每时每刻都在吕惠卿压力之下,如芒刺在背……

可能是担心王安石会回朝,威胁自己的地位与权力,吕惠卿借办理郑侠案件的机会排斥王安石的弟弟王安国,又炮制了李士宁案件来阻挡王安石。北宋魏泰[1]与李士宁同代,在《东轩笔录》中记载:李士宁,四川人,有异术,当时在京师游走,王安石很赏识他,留他在家里住了半年,厚遇之,两人常常在家里纵论天下。王安石第一次罢相后,吕惠卿当政,出现了余姚县主簿李逢谋反案[2],宋太祖的四世孙赵世居被说成是主谋。赵世居认识李士宁,李士宁与王安石相熟,顺着这条线索,可以牵连出一大串谋反嫌疑人。苏辙在《乞诛窜吕惠卿状》中,分析了吕惠卿阻挠王安石再被复用的事情,他说:"王安石辞去宰相时,大力推荐吕惠卿。现在吕惠卿已经得到了权位,担心王安石被重新起用,遂发起了王安国、李士宁之狱,以此遏制王安石重新掌权。"

吕惠卿揽权,大有尾大不掉之势。不仅韩绛感到了威胁,连宋神宗也产生了戒心。因为人们千算万算,还是算漏了一个点——人性的弱点。从概率上讲,不管是王安石还是别的什么人,都没法真正洞察身边人的内心。吕惠卿为了长期独揽大权,竟在神宗面前诬告王安石,企图使王安石永远不能复起。他又与韩绛、邓绾等人争权夺利,不可开交。

---

1 魏泰是北宋有名的世家子弟,他的姐夫是曾布。魏泰自己说非常了解李士宁,很多事情都是亲眼所见。
2 宋神宗熙宁八年,沂州百姓朱唐告发前浙江余姚县主簿李逢谋反,提点刑狱官王庭筠调查后,称李逢并无谋反之形迹,但有诽谤怨言,牵涉攻击皇上和胡乱猜言天降祥瑞和灾难,请编配发落。宋神宗仍有疑虑,派遣御史台推直官蹇周辅再加审讯断决。蹇周辅不仅得到了李逢的供状,而且还牵扯上了太祖四世孙赵世居。宰相以王庭筠奏词不当,要求处罚他。王庭筠畏惧,自缢而死。在审讯李逢时,供出与之有联系的宗室皇族赵世居、医官刘育、河中府观察推官徐革、李士宁等人,皇帝令逮捕后送御史台狱,由御史中丞邓绾、同知谏院范百禄与御史徐禧共同处理。狱案审结,宋神宗赐赵世居死、李逢、刘育及徐革凌迟处死,将作监主簿张靖、武进士郝士宣皆处腰斩,司天监学生秦彪杖脊并往湖南编管。其余牵连者降官落职,世居子孙宽待免死,但除去皇族名籍,初审之官吏一并被检举诏罪。此案是宋神宗时涉及人数较多、情节也比较严重的大案。

韩绛觉察到吕惠卿的用意，竭力帮助王安石回朝。恰巧此时，辽国也趁火打劫，加速了王安石的归来。

契丹渔利

王安石离开京城不久，宋朝君臣的噩梦来了。

辽国枢密副使萧禧来到宋朝，讨要代北土地，重议疆界划分。原来，辽国看到北宋熙河开边的胜利，震惊不已。为了制衡北宋，偏袒西夏，加上辽国新任国君也需要一个漂亮的政绩巩固势力，仗着自己东亚第一的军力，辽国向宋朝挑衅，方式极其简单，直接索要更多的土地。辽国索要土地钱财，并不是第一次，而是经常这么做。

北宋大臣刘忱和吕大忠据理力争，寸土不让，双方僵持不下，疆界久而不决。辽使者回去，准备了辽方认定的分水岭地界图，再一次来到大宋，要求指图划界。

眼看外交争端兴起，熙宁七年十月八日，宋神宗不得不派太监出宫，向韩琦、富弼、文彦博、曾公亮等元老重臣问策。这些人提出，要想让辽国安静，先从根子上把自己毛病改好。韩琦建议把王安石新法全都废除，回到改革前的军事状态，辽国自然就不再闹事。

由于不敢同时与西夏、辽国发生战争，宋神宗又想花钱免灾了，他准备向辽国妥协，但刘忱、吕大忠两人不愿接受辽国的勒索。吕大忠说："现在人家来一个使者，我们就割地五百里。如人家魏王耶律乙辛亲自来要关南之地，我们是不是也要给他？"宋神宗撤掉了两位不愿妥协的大臣，准备另选使者、择期谈判。在这个危难时刻，宋神宗又想到了王安石，那个帮他充盈了国库的人。

熙宁八年（1075）二月十一日，宋神宗下旨召还王安石，王安石上表推辞，宋神宗不许。二月十二日，宋神宗派御药院刘有方带诏书去南京召还王安石。这次王安石没像第一次见宋神宗那样在路上游荡四五个月。接到诏书后，他知道北边边境有了情况，军情火急，于三月一日启程，以最快的速度赶往开封。

王安石回朝，宋神宗立刻问出心里话："辽国来要土地。怎么办？"

王安石答："不给！慢慢谈，拉长时间讲道理，备战。"

皇帝心慌了，问道："要真打起来呢，怎么办？"

王安石摇头说："绝不会！不能怕，更不能示弱。"接着，他把一件件报告摆在桌上。报告记述，熙宁二年三月，耶律使逊煽动准布部落叛乱，辽国花了很大力量才镇压下去。同年十二月，五国部落又叛乱，辽国动用皇室斡鲁朵才能平叛。熙宁四年，辽国北方大雪灾，南方大旱灾，国力大降。熙宁五年，辽国北部又有叛乱，一连打了几个月才平叛。经此一役，辽国北部很多部落被斩尽杀绝，夷为平地……经过这些灾害和变乱，辽国自保都有困难，拿什么来攻击军事实力空前增长的大宋？如果我们过于担忧，紧张的情形被外敌获知，是灭自己的威风而涨敌人的士气。我们不应该满足辽国使臣的要求，满足契丹的欲望，他回国后获得重赏，开启了契丹之臣以牟利中国求赏的例子，不是好兆头。王安石进一步说："外敌强则事之，弱则兼之，敌则交之。"如果可以打得过而妥协投降则招来侮辱，被侮辱了而不能忍受再争取，则引来更大的打击。所以，示弱太甚，招兵之道。[1]

辽国使者萧禧，带来了地图材料，同时威胁说边界集结了辽国大军。他认为这次宋朝肯定会屈服。但万万没料到，事情坏就坏在地图上了！

比知识，宋朝还没有怕过谁。论地理知识，宋朝有一个人，名叫沈括，上至天文，下至地理、方志、律历、音乐、医药、卜算、水利、冶金……可以说无所不知，无所不精。为了充分发挥这位知识达人的作用，宋神宗指定沈括接待辽国使臣，就两国边界划分进行谈判。接到命令后，沈括没进驿馆，而是走进了枢密院庞大的资料室，里边分门别类保存着自大宋立国以来所有邦交往来的公文。他忙活了一夜，天亮时捧着一沓文件出来，那是六十多份辽国与宋朝历年签订的边境合约原件。文件显示，这次辽国所要的土地，以古长城分界，只有三十余里，根本不是之前双方认定的数百里！宋朝上下大大松了一口气，证据确凿，拿给萧禧看：这是你们自己写的文件，还有什么话说！

---

1 参见［宋］李焘：《续资治通鉴长编》卷二六二"熙宁八年四月癸亥"。

第八章 天灾人祸

萧禧没话说，不等于辽国人全体都沉默。辽国人还是坚持分水岭为界，霸道、嚣张，根本不顾及大国礼仪。宋朝看辽国人，如同大学生看小学生，在谈判中问："分水岭？分水岭上也是领土，怎么分？"

辽国人答："以分水岭上的土脊为准。一概平分！"

宋朝人面无表情地问："岭上没土的怎么办？"

辽国人诡谲一笑："到辽国去算！"

于是，谈判地点转移到了辽国。沈括带着大量档案文件，来到辽国都城，一堆堆契丹人围着沈括等人进行无情的围攻。辽国人坚持不懈，要钱要土地。作为谈判首席代表，辽国枢密副使杨遵勖竟说："你们宋朝人太小气了，几里大的土地都不舍得，还能算兄弟之邦吗？"面对各种非难，沈括镇定自如，据理力争，又迫使辽国做出了让步。宋史记载辽国"舍黄嵬，以天池请，括乃还"。在回国的路上，沈括把辽国的山川道路、风俗民情写成《使契丹图抄》，献给宋神宗御览。

宋朝看似取得了外交优势，但事情到此并没有结束。依仗军事实力，辽国全面推翻了沈括出使辽国达成的边境划界协议。同年7月，辽国派来了一位叫耶律普锡的使者，到宋朝要求重新谈判，而且价码又回到了最早时的要价⋯⋯

宋神宗问："辽国派使臣来，怎么办？"

王安石说："辽国以为我们害怕使者，我们表示不怕，他可能就不再派人来了。如果我们表现非常恐惧，他们一定再来。"

"辽国的使者来了不走，怎么办？"

"上次萧禧来，皇上您开天章阁开了两次大会讨论，又连忙派人商量边界，大涨他们的气势。这次辽国来使，他们说一句，我们答一句，如果不说话，我们也不说话。如果不肯走，就好好招待。他们没法发怒，也不可能引来战争。但是，为了防止辽国可能更换一个好战的君主，我们不能不早做准备，做好御敌准备。"[1]

王安石坚定地主张，绝不对辽国的挑衅表示屈从，而宋神宗却一直顾虑重重，心怀惊恐，对王安石的一次次诤言，置若罔闻。熙宁八年五六月间，代北地

---

[1] 参见［宋］李焘：《续资治通鉴长编》卷二六二"熙宁八年闰四月丙申"。

界的交涉，事实上是以北宋忍辱屈服而告终。[1]

反对变法的邵伯温在《邵氏闻见录》中记载了一个奇怪的故事：宋神宗对辽国出尔反尔非常气愤，召见王安石，问这次还要怎么办？王安石也沉默了，最后说"将欲取之，必固与之也"，他用笔在地图上划了道线，命令天章阁待制韩缜把线外的土地都让给西夏。大概放弃了500余里的土地……[2] 与邵伯温相似，其他文献中也有类似记载，只不过割让的土地500至700里不一。

这成了王安石人生中最大的污点，割地求和，这还是王安石吗？前些天他还振振有词宣称绝不割地，宁愿开战，怎么突然间就变成了懦夫卖国贼？这是读宋史时让人感到非常疑惑的地方。据《王安石年谱长编》的作者刘成国推论，王安石一直强调抗争，提出放弃土地的是宋神宗与反对派。细看边境纠纷事件的后续，宋史记载王安石割出700里后，两国矛盾立即解决了，可各种资料显示直到熙宁十年冬天这次领土纠纷才结束。那时，王安石第二次罢相已经一年了。有人分析了割地事件可能存在的两个情况：一是没割出去那么多地，用很小代价换来战略上积蓄力量攻打西夏的时间；二是这事和王安石关系不大。

割让土地与王安石关系不大，那么与谁有关呢？在宋神宗通过一名宦官给韩缜的"御笔"中，可以得到答案。宋神宗写道："宋朝与辽国的疆界纠纷，询问了文彦博、曾公亮，都认为南北两方通好百年，两地生灵得以休养生息。辽国有了要求，应当因事应对。朝廷已经许可了辽国的要求，而你们仍然固执地认为不可以，万一辽国人生事，你们的家还能保全吗？"[3] 从这封给谈判人员的"御笔"中，可以看出宋神宗对辽国委曲求全的意向已经非常坚决。

从结果上看，不管以分水岭还是黄嵬山、天池等地为界线，宋朝都吃亏了！再一次妥协换来北线的平安，让之前确定下的先河湟，再西夏，最后辽国的计划得以实施，也许能够自我安慰，自我救赎。

---

1 邓广铭：《北宋政治改革家王安石》，第307页。
2 转引自刘成国：《王安石年谱长编》（五），第1786页。
3 邓广铭：《北宋政治改革家王安石》，第293页。

第八章 天灾人祸

与辽国谈判之后，王安石在政治上陷入进退两难的处境。[1]他发现自己在宋神宗心中的分量与以前有了很大不同。北宋马永卿《元城语录》中记载了一段刘安世关于宋神宗和王安石的评论，分析了宋神宗对执政大臣们态度的前后变化。刘安世把元丰初年作为分界线，在元丰初年前，王安石与宋神宗"若朋友"，神宗若一言不合王安石志，必当面说服，反复辩论，一定是宋神宗示弱妥协才算完。但在王安石第一次罢相前夕，宋神宗与王安石的对话已经出现了不同，特别是在王安石复职之后，在商议如何处理辽国重新划分边界的挑衅时，宋神宗开始凭本人意志专断处理，对王安石所陈对策采取了不理不睬的姿态。刘安世说，元丰初年，宋神宗变得成熟自信，大臣对他也毕恭毕敬，完全顺服，宋神宗陡然有了皇帝的威严神圣之感，对王安石也要"正君臣之分"，明确"上下之别"。

这使一切都变得非常微妙。对于变法的终极目标，进军西夏，在宋神宗还没有亲口提出布置之时，王安石只能把它放在自己的心里，长期等待。这种有所忌讳、不再主动提出建议的微妙局面，暗含着王安石将战略主动权让给了宋神宗，意味着未来胜利的光荣归于皇帝。

接下来，另一件事情也透露了宋神宗和王安石之间微妙的关系。熙宁九年六月三日，宋神宗突然对王安石说，熙河探报，西夏欲用十二万人取熙河，怎么办？王安石当即分析："熙河城必然不会很快被攻陷。西夏即使攻下，也不可能守得住多久。西夏举国侵犯，很少能超过二十天，熙河城虽然粮食不多，也有半年的抵抗能力，并不让人担忧。除非急迫，西夏怎么可能如此安排呢？"宋神宗默然，不再讨论了。这样重大的军事情报，为什么没有依照通常渠道先送达枢密院，怎么竟然直达皇帝了呢？邓广铭分析，宋神宗所说的"熙河探报"，全属于虚妄不实之词，是他特地用来否决王安石原定的在攻取河湟之后继续用兵的战略规划的。这种微妙的试探及政治上的分歧，更使王安石感觉到过去几年招讨西蕃诸部的成功，可能会变成一场浪费财富的战斗；包围困死西夏的战略规划，可能成为徒劳无果的安排；通过新法积累财富消灭西夏的战略，

---

1 邓广铭：《北宋政治改革家王安石》，第307页。

已经变得没有实际意义了。[1]

宋神宗已经羽翼丰满,他要走自己的路,按照自己的意愿和节奏,实现自己的抱负。

新的时代已经来临。

内部分裂

在进入新时代的进程中,变法派却没有与时俱进,内部发生了严重分裂。

熙宁八年二月,王安石恢复宰相职位之后,力图维持变法派内部的团结,并且积极推动后续人才培养规划。一件意义重大的事情发生在该年六月十九日,王安石将编写完成的《三经新义》[2]上呈皇帝、下颁学官。在《周官新义序》中,王安石说明训释《周礼》,意在"立政造事",以实用的论策之风取代以往空谈之风。王安石重经世致用,而非空泛华丽的诗词歌赋。《三经新义》的本意是为了培养属于自己一方的"变法官员",让他们大胆地指出问题提出对策,让变法派能在人才实力上占据上风。《三经新义》颁于学校,成为法定教材,并用以取士,统一经义。王安石希望,被新思想改造后的科举学子们,更能经世致用,也更敢于上书皇帝,直接抨击时政,弹劾腐败官员。这种教育具两面性,一方面,论策的学子之风,起着强有力的监督作用。比如宋徽宗时期,学子们弹劾了当朝宰相蔡京等位高权重的官员。另一方面,这种教育也有弊端。学子们过早参与议政,过早地形成了派系,后来取士成功后,他们就会不由自主地加入某个派别,最后加剧党争。因为,在某种程度上来说,这些学子大胆指责当朝高官,必然需要有人在背后撑腰,由此出现了很复杂的裙带关系。后来,到了南宋,刘光祖说台谏之风毁于熙宁,毁于变法,他认为新法思想把和而不同的风气破坏掉了,大家台上有矛盾,台下也不放过对手,要不然也不会出现一定要将岳飞处死的极端事件。这样的政治氛围,在南宋孕育出了一群勇于内斗却

---

[1] 邓广铭:《北宋政治改革家王安石》,第309—310页。
[2] 《三经新义》即《毛诗义》《尚书义》《周官新义》之合称。王安石撰《周官新义》,王雱、吕惠卿撰《毛诗义》和《尚书义》。

第八章 天灾人祸

怯于外争的误国奸臣。

熙宁八年六月,因编写《三经新义》之功,王安石加官尚书左仆射兼门下侍郎,主修官吕惠卿加官给事中,另一位主修官王雱(王安石之子)加官龙图阁直学士。这时,一幕戏剧性的事情发生了。当王雱按例辞谢时,吕惠卿突然劝皇帝答应王雱的辞谢。他说王雱一个青年,以后日子长着呢;何况以王安石的博大胸襟、无私性格,怎能让长子走一条侥幸富贵的路呢?王安石听了哈哈一笑,说惠卿说得对,就这么办吧!在两人谈笑的身后,王雱愤怒的目光紧紧盯住了吕惠卿![1]

王雱回到家里,默不作声。他想不通一向强势做人的父亲为什么没有反击?为什么要纵容一个"叛徒"呢?王安石在第一次罢相时力荐吕惠卿为参知政事,但吕惠卿却得陇望蜀,为阻挠王安石复职竟制造了几起有损于王安石政治声誉的事件。但王安石重新担任相位之后,不仅没有追究吕惠卿的过失,反而更纵容吕惠卿,两人走得还很近,从外表看,和当初同心协力改革时非常像。比如在辽国要求重新划定边界的问题上,两人采取了一致的态度和主张。因为两人合作,随之而来的是帝国事务处理得越来越顺畅,这样的局面,是王安石、宋神宗都非常渴望的。

可惜,一些不和谐的事情还是发生了。

八月二十一日,首相韩绛辞职。原来韩绛受不了吕惠卿的霸道,才设法请回了王安石。王安石重新当政后,韩绛劝王安石不要再用那些只顾"利"的官员,王安石没有采纳韩绛的建议。韩绛无法做到"既不喻于义,又不喻于利,却居位自如",不去追求实际意义上的利益,又无法回头走从前老路,去追求虚无缥缈的义,这官还怎么当呢?韩绛选择不当,辞职了……

另一件事,成为破坏平衡格局的一个砝码。蔡承禧查阅了当年国子监的考卷后,发现考官名叫吕升卿,一优等生万通是吕惠卿的妻弟!蔡承禧认为肯定存在徇私舞弊,他以这个罪名弹劾吕惠卿。吕惠卿无奈,提出辞职。他的辞职请求被宋神宗驳回了,宋神宗说:"国家正是用人之际,你要全心全意配合王安石,大

---

[1] 高天流云:《天命不足畏》(下),第11页。

力推动新法。"吕惠卿酸溜溜地说:"这次首相复职后,经常在家不办公,很可能是因为对我不满,我辞职也是应该的……"

吕惠卿之所以这样说,是因为王安石复相之后,与吕惠卿在政见上产生了分歧,主要表现为两个方面,一是吕惠卿曾推行的手实法和田募法没有获得王安石的支持;而吕惠卿对于王安石"欲添盐钞而废交子,罢河北运米而行市易俵放之法"也表示不赞同。二是在用人方面,两人都觉得对方用人有问题,王安石认为吕惠卿用人唯亲,吕惠卿认为王安石所用非人。例如王安石欲用练亨甫,吕惠卿认为练亨甫是"小人";吕惠卿欲重用曾旼,而王安石厌恶曾旼,不予重用。

蔡承禧的弹劾告一段落之后,吕惠卿回到政事堂,见到的仍是和蔼可亲的王安石。只是他和王安石都不知道,甚至蔡承禧都不知道,刚刚发生过的这一幕,被一个人看在了眼里。他悄悄走了出去,一个想法在心里生成。

这个人是王安石的长子王雱,他去见了御史中丞邓绾。王雱问:继续跟吕惠卿走,还是重新回到王安石的队伍?邓绾想都没想,说:回来!这就是邓绾,前面谈过他发迹时的不光彩往事。这时,他最恶劣的品质又显现出来——唯利是图。王安石离开,他跟吕惠卿;王安石回来,他就立即背叛吕惠卿。

王雱跟他说,蔡承禧那些材料,根本办不成事,要找出吕惠卿本人的错来。邓绾立即就给出了答案,几年前吕惠卿兄弟曾合谋向华亭县富户强借了500万贯钱,还曾在秀州勾结知县张若济强买民田!这不再只是小问题。王雱很满意,拿着资料走出御史台,去找另一人——吕嘉问,让他和邓绾一起提出立案,弹劾吕惠卿兄弟害民犯法!各方面迅速行动起来,倒吕行动进行得也非常顺利,立案、调查、上报,很快材料就交到了宋神宗手里。

熙宁八年四月,宋神宗改派吕惠卿任陈州知州,王安石变法最得力的骨干被自己人干掉了。此后,新旧两党都视其为眼中钉,吕惠卿再也没能重回权力中心。吕惠卿成了宋朝历史上极其罕见的一个特例:这个反对派最憎恨的人,成了新法的叛徒!从这一刻起,他被变法派排斥。此后不管改革派当权还是反对派复辟,都跟他再没半点干系!他只剩下了被排斥在一边。

吕惠卿把这件事归罪于王安石。

第八章 天灾人祸

一次，宋神宗和王安石又因为天灾争论起来。天上出现了彗星，沉寂了很久的反对派又站了出来，用天变来说事。宋神宗一如既往地紧张，找来王安石："据反映，老百姓近来很苦啊，连彗星都出现，是不是我们真的做错了？"这些年来，神宗一直被天象困扰，王安石不胜其烦，回答说："老百姓连祁寒暑雨都要抱怨，不必顾恤。"

宋神宗郁闷地反驳说："不能让老百姓连祁寒暑雨的抱怨都没有吧。"

王安石立刻就说："我病了，我请假！"在复相期间，王安石与神宗议事多有不合，所奏之事"只从得五分时也得也"。他只能无奈地对神宗说："天下事如煮羹，下一把火，又随下一杓水，即羹何由有熟时也？"[1]

听到王安石要辞职，宋神宗立即软了，爱卿别生气，更别生病……

争论看似已经解决，王安石告退往外走，这时他听到身后宋神宗冷冷的声音："爱卿，回来看看这是什么？"

王安石回头，宋神宗递给他一份文件，上面写着吕惠卿的一长串罪名，王安石不解：为什么给他看这个？宋神宗笑而不答，又递给他另一份文件，这一份上写着王安石"违命矫令，罔上欺君"[2]。这八个字是致命罪名，是做臣子的最大罪名！恍惚间，他看了下文件署名，赫然写着吕惠卿！身处逆境的吕惠卿为泄积愤，一连写了几封奏折，控诉王安石，揭发王安石有欺君罔上的大罪。据说，吕惠卿还把王安石早先写给他的私信呈送给神宗，有的信上注明"无使上知"（千万不要让皇上知道）等密语。参与变法的苏辙在后来的一道奏章中说，吕惠卿详细地汇报了和王安石相处的事情，揭发私自往来的书信，其中有"无使齐年知"，齐年指参知政事冯京，宋神宗认为过错不大；吕惠卿又奏称"无使上知"，王安石因此获罪。[3]

但八年后，宋哲宗即位，陆佃参与编修《宋神宗实录》时，曾经认真追查过此事。他专门上《乞降出吕惠卿元缴进王安石私书札子》，请求将元丰年间吕惠

1　［宋］李焘：《续资治通鉴长编》，第6414页。
2　邓广铭：《北宋政治改革家王安石》，第311页。
3　同上书，第313页。

变　　宋

卿上缴的王安石书信交付给实录院参考使用,以利于"笔削详实"[1]。这道札子收录在陆佃文集中,下面又附上了他的"自注",详细说明后来找出了王安石的书信,果然没有"无使上知"这句话,陆佃追根刨底,证明了王安石和吕惠卿没有密谋"欺君"之事。因此,王安石第二次罢相,也不是触怒宋神宗所致。[2]

无论里面有没有"欺君"之事,宋神宗将吕惠卿的诉状告知王安石,敲打和警告的意图非常明显。王安石一方面清楚宋神宗对所诉事件必然知其因果,不用再一一置辩;另一方面,他立即想起前几天宋神宗提起的"熙河探报"。由此及彼,由表及里,王安石只能再次向宋神宗恳切地请求辞职。

王安石生平第一次感到了无力和失败,政治纷争不断,他渐渐心灰意冷。

他实在搞不懂,吕惠卿怎么突然间这么疯狂?这不是跟他分大小,这是要争个你死我活!正思量间,又听见宋神宗慢悠悠问了句:"爱卿,这是怎么回事,你知道吗?"王安石老实回答"不知道"。宋神宗没再追问,只是意味深长地说:"那就回家仔细想想吧。"

一路上,王安石想了很多。吕惠卿被弹劾,他又弹劾自己,这两件事相继发生,必定有内在联系!回到家后,真相大白。长子王雱告诉了他经过,王安石生平第一次感到了无力和失败,终于众叛亲离、无力回天了。这和他第一次罢相时不同,那时他和皇帝有默契,与变法派们同心同德,有"护法善神""传法沙门"。而现在,什么都没了!

王雱不解,王安石一一给他解释,他才知道自己错到了什么地步!王安石第二次拜相,变法派中坚人物只剩下了吕惠卿,这就是一直容忍他的原因。可惜年轻的王雱被一时的愤怒遮住了眼睛,他指使邓绾弹劾吕惠卿,吕惠卿也第一时间进行反击!于是,新政集团彻底内讧,结果是两败俱伤!

当王雱知道自己坏了父亲的大事,急火攻心,得了背疽,一病不起。宋神宗借机给王安石放假在家抚视儿子。吕惠卿被贬,王雱赢了!但他没有半点兴奋之情,更加自责内疚。六月二十九日,王雱病亡。宋神宗又体贴地给王安石假期,

---

[1] 邓广铭:《北宋政治改革家王安石》,第314页。
[2] 同上书,第315页。

第八章 天灾人祸

让他在儿子头七之后再上班。儿子之死让王安石悲痛不已,从此他谢绝人情往来。[1]

此后,大多时间,王安石称病,不再到中书供职。宋神宗经常派人探病,熙宁八年十一月,皇帝一天派使臣十次。病好了,宋神宗又给了王安石十天假恢复。然后,宋神宗又给三天假,让两府官员到他家议事。对于王安石提出辞职请求,宋神宗派人向王安石解释说:"朕无间于卿,天日可鉴,何遽如此?"皇帝指天发誓表明心迹,或可证明问题核心不在于吕惠卿的诉状,而只在两人的关系上。这种关系的焦点,聚焦在如何对待西夏方面——是按照战略计划主动向西夏用兵,还是在预测西夏可能出兵熙河的自相惊扰中放弃主动呢?宋神宗在左思右想中选择了后一种决策,对王安石心中不免感到惭愧,不仅指天画地表明心迹,而且更加关心抚慰失去爱子的王安石。[2]

然而,树欲静而风不止。在邓绾的弹劾下,由吕惠卿提出的手实法被罢。做完这些,邓绾仍意犹未尽,为保住官位,他向皇帝建议尽力挽留王安石,并请求为王安石及其家属在京城修建大宅第,好让其在京城永久定居。宋神宗看了这份报告,不由对王安石产生了反感,这是王安石的授意吗?如是,你怎会是这种人品?如不是,你所选的人怎会这样自私狭隘!邓绾没有意识到自己的愚蠢,他还在排斥异己,把王安石可能的帮手都铲除了。吕惠卿贪污夺田案被上纲上线,一大批改革派中上层官员被牵连进去,赶出京城。甚至连三司使章惇也被以吕惠卿同党的罪名罢官。

王安石独立朝臣之巅,他仍是大宋首相,可纵目四望,再没一个并肩同行的人!清洗得这样彻底,还是自己的手下邓绾干的。这也说明,这些积极投身变法的新人,有的只是因为经济利益或政治地位而支持新法,为了攫取政治权位利益而彼此相互倾轧,这种内在的个人私欲、私怨或倾轧,必然削弱变法派的力量。

皇帝把邓绾的奏章拿给王安石看,王安石非常惭愧。自己一生操守洁白无瑕,连敌对的保守派们都说不出污点,却接连因儿子和下属蒙羞!王安石

---

[1] 邓广铭:《北宋政治改革家王安石》,第311—312页。
[2] 同上书,第311页。

只得回答:"邓绾有失国体,请黜落。"并再一次恳求辞去相位,邓绾也被朝廷罢免。

变法派内部分裂,宋神宗支持愈加不力,推行新法出现了明显的迟滞,王安石因儿子去世又一次意气消沉,熙宁九年十月,王安石终于再次辞去相位,到江宁任知府。回到江宁不久,王安石上书坚决"奉祠"[1],辞去了江宁知府一职。

辞相之后

王安石会不会第三次任相呢?毕竟,他才五十多岁。南宋时,朱熹的弟子也曾问:"王安石为何没能第三次拜相,继续改革,反而让一群乌合之众立于朝廷?"朱熹一笑说:神宗已尽得荆公(即王安石)伎俩,何必再用?

从他第一次来京见宋神宗,七年一梦终于醒来,又回到了原点。王安石义无反顾地辞职,主要有三个原因:一是他最器重的长子王雱英年早逝,变法派分崩离析,让他心灰意冷。王安石复相时,变法派分裂,"在者已不可信,可信者又才不足以任事"。二是王安石与宋神宗产生了隔阂。在保守派的围攻中,王安石对神宗慨叹说:"天下事像煮汤,下一把火,又接着泼一勺水,哪还有熟的时候啊?"王安石说得明白,渡人先渡己,自溺于渊,而欲他人救上岸,则未见可以。宋神宗立场不坚,恐惧于天道、人言等各种力量,不时发生动摇。所以,在青苗法遭受韩琦、郑侠等反对时,他两次暂停新法。特别是在第二次任相时,王安石觉察皇帝已经成长,有了自己的主意,对他的建议只听一半,"只从得五分时也得也"[2]。这时的王安石,儿子死了,助手离散,放眼望去满朝大臣都是敌人,他留下只会给帝国添乱,让反对派整天围着他争吵,那国家怎么办?而他离去,留给宋神宗的是一片广阔清新的天地:国库充裕了、政令刷新了、军队强大了、熙河收复了……下面的路,要由29岁的宋神宗自己去走了。

---

[1] 宋代五品以上官员,年老不能任事或退休,多被任命为宫观使等官职,实无职事,不理政事,只领俸禄,称为"奉祠",以示优礼。
[2] 转引自邓广铭:《北宋政治改革家王安石》,第316页。

记得二十年前,王安石任舒州通判届满后,曾返回安徽与弟弟王安国、王安上等同游褒禅山,写下了著名的《游褒禅山记》。文章开门见山地先说明褒禅山名字来源——唐朝有一个名叫慧褒的和尚,死后葬在山下,所以叫褒禅。褒禅山前洞,景美而不险绝,游者甚众;后洞惟其险绝,才有奇观,需要花费气力才能到达。于是王安石等人拿着火把,走进洞去,走得越深,行进越艰难,所看到的景物也就越加美妙。有倦怠的人说:"不出去,火把就要烧光了。"大家随着他一起走了出来。王安石感慨道:"夫夷以近,则游者众;险以远,则至者少。"他评论说,要到达瑰丽、稀奇的景点,首先是"非有志者不能至也",只有胸怀大志,才有可能到达理想的境地。其次,有了大志,还要有能力。他说"然力不足者,亦不能至也"。这个"力",是指气力,如果气力不足,是不能到达理想境地的。再次,有了大志和气力,还不能倦怠,以免"有怠而欲出者"。最后,需要具备条件,做好物质准备。"至于幽暗昏惑而无物以相之,亦不能至也"。这里所说的"物",是指火把之类的借助之物。当游览者走进昏暗之处的时候,如果不借助火把之类的物来照亮前进的道路,是不能到达理想境地的。总之,只有具备志、力、不倦怠与相助之物这些条件,才能到达理想的境地。反过来说,气力可以达到,而又未能达到,对自己来说是很可惜或悔恨的。如果竭尽了自己的气力,仍然达不到,也就没有什么可遗憾的了。在王安石变法中,他为了志向,竭尽全力,所以也就不存在什么遗憾了。

从此,王安石在江宁隐居。

在今天的南京市中山门北白塘附近,王安石修筑起他的隐居之所。因距江宁城东门7里,距钟山主峰也是7里,处于半途之地,故将居室命名为半山园,晚年王安石也自号半山居士。这个地方地势低,积水为患,王安石凿渠决水,将水引到城河,将凿渠之土堆于低湿之地,成一土台,台四周一水环绕,在土台上置屋数间,环植竹树。他将居家之地称作"北渚"。魏泰《东轩笔录》记载:"所居之地,四无人家,其宅仅蔽风雨。又不设垣墙,望如逆旅之舍。有劝筑垣墙,辄不答。"

王安石辞官之后,一些势利小人以为他失宠,上门找麻烦。据说,王安石辞去所有官职之后,夫人借了一张官家藤床没有归还,地方官吏上门索要。夫人可能是有意不还,左右侍从不敢言,悄悄告诉了王安石。王安石知道夫人好洁净,一天他光着脚、穿着脏衣服上床,在藤床上躺了很久。夫人一见,赶紧让人将床归还。王安石不摆架子,也让一些人以为他可欺。一次,王安石夫人的弟弟来探望,因家中狭小,借住在寺庙中,然而太守叶均找借口让他搬出去。妻弟盛怒之下骂了几句,转运使毛抗、判官李琮大怒,派公差前去捉拿,妻弟只好逃到王安石家里,公差追到王安石家中要人,喧闹不已。此事恰巧让宋神宗派来的使者知道,回报给皇帝,宋神宗大怒,将叶均等三人免职,任命变法派人物吕嘉问为江宁知府,又任命王安石的弟弟王安上为提点江东刑狱,就近照顾王安石。[1]

在这之后,王安石恪守不在其位不谋其政的原则,不言政事,遇到民间告状,都推给江宁府。退居期间,王安石创作了一首五言绝句《梅花》,表明了他的心态:"墙角数枝梅,凌寒独自开。遥知不是雪,为有暗香来。"王安石以梅拟人,盛赞了那些同梅花一样身处恶劣环境却依然保持高洁品格和操守的人。短短二十字,耐人寻味。

他寄情于山水,题写大量禅诗。比如《游钟山》:"终日看山不厌山,买山终待老山间。山花落尽山常在,山水空流山自闲。"短短二十八字,重复出现了八个"山"字,如此回环反复,匠心独运。唐代羊士谔曾有一首与此相似,名为《乱后曲江》:"忆昔曾游曲水滨,春来长有探春人。游春人尽空池在,直至春深不似春。"诗中五叠"春"字,读来已是传神至极。而王安石的这首《游钟山》更是出奇制胜。诗的首句点明了自己所做的事情——看山。李白也写过看山的诗,"相看两不厌,只有敬亭山"。在写这首诗时,李白因为站错队被流放,心里早就没有了当时的傲气与豪气,反而显得有些颓废。但是王安石的看法却和他不同,他之所以看山不厌,因为心里面早就放下了所有的前尘,在看山的时候显得心里非常宁静。诗的第二句有两个"山"字,但内容由看山变成了买山。王安石非常喜欢山水,如今每天都和山水待在一起,算是得偿所愿。很多人看到花落的时候,都有一股伤怀之感,然而王安石没有这种"伤春惜花"的感觉,虽说

---

[1] 徐文明:《十一世纪的王安石:一个政治家的进退之路》,第199—200页。

山花落尽，但是只要山依然在，来年依然能够看到春景。最后一句中突出了一个"闲"字，山是静的，水却有声，诗人待在这种环境下，内心无比洒脱。王安石经常和高僧讨论佛法，自然明白佛学的高深之处，佛法讲万事皆空。

晚年，王安石修订《字说》，其他时候，骑驴往来。在金陵，人们时常会看见一衣着简单、沉默寡言的老人骑着驴，从不管驴往哪边走，随遇而安……著名画家李伯时作《荆公骑驴图》，成为传世佳作。王安石像一个完成了所有愿望的信徒，把自己的心血和精力都献祭给了国家，然后，无欲无求，漂泊天下。

在江宁，王安石结交了许多高逸之友，包括米芾、李公麟、欧阳修和苏东坡等。据朱弁《曲洧旧闻》记载，元丰七年（1084）七月，苏东坡乘船经过金陵，王安石特地骑着驴子迎接，苏东坡也不冠而敬揖说："轼今日以野服见大丞相。"王安石笑着说："礼岂为我辈而设哉！"继而两人说佛吟诗，王安石还邀请苏东坡同游钟山，赋诗纪游。

元丰七年，王安石得了一场大病，宋神宗派太医到江宁府为他治病。病好之后，王安石上书皇帝，请求捐出自己的住宅，改建寺院，宋神宗赐额"报宁禅寺"，又称半山寺。明代划入皇宫禁地范围内，清道光时两江总督陶澍在半山园故址重建半山寺，咸丰时被毁，同治十年（1871）重建，宣统时重修。

从高山之巅下来，王安石退至金陵，筑半山园，立半山寺，素服交逸友，骑驴走四方，伴佛入诗，携半生烟云，吟半城风月，观半湖涟漪，复得"半"之至味。

安石之事，是对是错，千古能有定论乎？

历史功业，半而废之，岂独北宋之悲乎？

中国之世，半而处之，前车之鉴能勉乎？

第九章

独掌天下

熙宁九年（1076）之后，王安石在金陵隐居，司马光在洛阳闭门著书，新旧两派跟随首脑人物集体休眠……此时唯一活力四射的是宋神宗，事无大小，都自己做主。他羽翼丰满，全心考虑如何"政由己出"，集军政大权于一身，大展神威，实现"富国强兵、抗击外辱、一统天下"的丰功伟业。

巨大财富

要谈宋神宗想干什么，首先看看王安石变法留下了什么？

史料记载，王安石变法改善了财政收入，积聚了大量财富，国库积蓄的钱币和谷物数额巨大。元祐元年，毕仲游在《上门下侍郎司马温公书》中讲道："今诸路常平、免役、坊场、河渡，户绝庄产之钱粟，积于州县者无虑数十百钜万。如一归地官（指户部）以为经费，可以支二十年之用。"[1] 一贯反对变法的户部尚书李常也承认："现在常平仓、坊场、免役积攒的钱有五千万贯，分散在各个州

---

[1] ［宋］毕仲游：《西台集》卷七《上门下侍郎司马温公书》，第276页。

县,有的串钱的绳子已经陈朽。"[1]不仅如此,据建中靖国元年知枢密院事安焘追述:"熙宁、元丰之间,中外府库,无不充衍,小邑所积钱米亦不减二十万。"[2]这些记载说明,中央和地方政府积蓄了大量钱物,一扫宋神宗即位时财政"捉襟见肘"的局面。

经过变法,北宋提高了农业生产力。在变法前,土地荒芜现象非常严重。变法后,兴修水利,鼓励开荒,耕地面积大为增加,贫苦农民能够按时生产劳作,劳动效率提高。由于生产关系的调整,农民开山造田的积极性特别高,不仅平原丘陵得到开发,还出现了海田、涂田、塘田、圩田等多种形式。[3]据漆侠先生统计,从宋太祖开宝九年到宋神宗元丰六年,开垦耕地面积增加了1.6倍(表7)。

表7 北宋开垦耕地的数量

年 代	垦田数(万亩)
宋太祖开宝九年(976)	29533.2
宋太宗至道三年(997)	31252.5
宋真宗天禧五年(1021)	52475.8
宋仁宗皇祐三年(1051)	22800
宋英宗治平三年(1066)	44000
宋神宗元丰六年(1083)	46145.5

数据来源:漆侠《宋代经济史》

王安石最看重的青苗法的实施,为朝廷带来大量的利息收入。青苗息钱的征收,起初是按照20%的利率收取,后来放宽了利率上限,达到20%—30%之间,偿还方式主要是现钱。元丰三年时,全国出贷青苗钱斛斗1318.6万贯硕匹两,本利收回约1500万,所得的青苗息钱为181.4万,实际利率为13.8%。而元丰六年,朝廷确定的年额为1103.7万,敛1396万,所得的青苗

---

[1] 参见[宋]李焘:《续资治通鉴长编》卷三八四"元祐元年八月丁亥"。
[2] [元]脱脱:《宋史》卷三二八《安焘传》,第10568页。
[3] 赵云旗:《理财以农事为先——论王安石发展农业振兴财政的举措》,《农业考古》,2001年第1期,第125页。

变　宋

息钱为292万余，实际利率则为26.5%。[1]

朱舣整理了熙宁九年司农寺所管理的青苗钱、免役钱和坊场河渡钱三项收入余额变动情况（表8）。其中，各路期初余额总计1872万，而期末余额总计4991万，两者相加就是熙宁九年朝廷所积累下来的总额，达到了6863万。[2]

表8　熙宁九年各路免役钱收支情况

路　分	收	支	应　在	见　在
开封府界	112953贯文	77140贯文	17494贯	80858贯
京东东路	513476贯两钱 513318贯	285581贯	90287贯	394271贯两
京东西路	474666贯	300470贯	45867贯	钱物367226贯硕
京西南路	283963贯	203360贯	33120贯	钱银232790贯两
河北东路	513014贯硕两	319702贯	50510贯	462180贯硕匹两
河北西路	623903贯硕	329779贯硕	91487贯	594875贯硕束
永兴军等路	954132贯	520634贯	91804贯	772861贯硕束
秦凤等路	413422贯	259431贯	48358贯	361157贯
河东路	525372贯硕两	296205贯硕两	102356贯硕两	572935贯硕匹两束
淮南东路	494830贯	306958贯	176053贯硕	232026贯
淮南西路	348200贯	242145贯	141086贯	203303贯
两浙路	855844贯	689020贯	331226贯	541652贯
河南东路	386856贯	228338贯	188618贯	267682贯
江南西路	390661贯匹	199259贯硬	296509贯硬	534386贯硕匹两
荆湖南路	395883贯	189391贯	112230贯	667084贯硕两
荆湖北路	328664贯	253032贯	273289贯匹	200717贯
福建路	374398贯	189186贯	93514贯	530065贯
成都府	600949贯	431945贯	52733贯	369232贯
梓州路	340066贯	231245贯	38560贯	243782贯匹两硕
夔州路	208936贯两	177918贯两	4128贯	201925贯两
广南东路	220254贯	146861贯	159220贯	87517贯两
广南西路	206396贯	124868贯	145587贯	102255贯
总计	1041万贯	649万贯	269万贯	888万贯

数据来源：朱舣《北宋社会经济的再认识——以军事财政与全国性市场为中心》

1　朱舣：《北宋社会经济的再认识——以军事财政与全国性市场为中心》，首都师范大学博士学位论文，2013年，第150页。

2　同上文，第171页。

第九章 独掌天下

变法增加了国家财政收入,实现了财政收支的平衡。据文献《玉海》记载,京师每年钱币收入,宋太宗时平均 1600 万贯,宋真宗时为 2650 万贯,宋仁宗时为 3680 万贯,宋神宗熙宁初年,也就是王安石变法的初期,朝廷的货币收入估计在 5000 万到 6000 万贯左右。熙宁十年前后,朝廷的货币收入总计达到了 7000 万贯左右,其中王安石实施新法带来 1800 万贯收入。而在元祐元年,由于青苗法和免役法在很短的时间内被司马光一概废除,当年的货币收入下降到 4848 万贯。[1]

这么多财富,藏在什么地方呢?

在王安石执政时期,常赋常贡以外的各项物资收入是用"朝廷封桩"[2] 的方式储蓄起来。王安石罢相之后,宋神宗常愤恨契丹蛮横,慨然有恢复幽燕之志,仿封桩库之制,于元丰三年建库,命名为元丰库,初属尚书都省,元丰五年(1082)改制后属太府寺。元丰库掌收诸路诸司常平、坊场等结余封桩钱物。元丰库,实际上是一个战时物资储备库。据陆佃《〈宋神宗皇帝实录〉叙录》记载:宋神宗经常怅恨敌人占据蓟州、燕州等地,慷慨激昂地立下收复国土的宏伟志向。他将金银布帛等物资储存起来,做了一首四言诗曰:"五季失图,狁犹孔炽。艺祖造邦,思有惩艾。爰设内府,基以募士。曾孙保之,敢忘厥志!"在每个仓库门上贴上诗中一个字。不久,积累的物资越来越多,原来的仓库容不下,又命人增加仓库,做了另外一首诗,将诗中二十个字分别贴在新建的库门之上。这首诗为:"每虔夕惕心,妄意遵遗业。顾予不武资,何日成戎捷。"可见,当时国库储存物资的规模多么宏大。[3]

变法积累了数量巨大的财物,用于做什么呢?在宋神宗的诗中,我们可以看出他志在解决边疆忧患,对西夏和契丹兴师用兵。陈均在《皇宋编年备要》中提到"以待非常之用也",范祖禹在《范太史集》中再一次确认了这个目的:"提刑司封桩阙额禁军请受钱帛斛斗万数不少,此乃户部、转运司本分财计,先帝特令

---

[1] 朱舸:《北宋社会经济的再认识——以军事财政与全国性市场为中心》,第 160 页。
[2] 封桩:是指封桩库,源于宋太祖乾德三年(965),北宋攻下荆州、湖州和西蜀后国库充实,宋太祖设置了内库,称封桩库,预备每年额外的开支。宋太祖曾设想用这部分钱物赎回或募兵夺取燕云十六州。
[3] 转引自邓广铭:《北宋政治改革家王安石》,第 359—360 页。

封桩以待边用,盖恐仓猝调发不及,故为此权宜之制。"

仅从军事物资获取来看,宋神宗和王安石致力于"富国强兵"的变法,成就之大不言而喻。从新法实施到熙宁九年,七八年间,朝廷仅现钱的积蓄就达到2773万贯,而且有近一半(1500万贯)集中在沿边,这对常苦于军需的北宋军队而言当然是一笔巨大的资源。一方面,通过青苗法、免役法,朝廷获得连本带息的收入,实现了长期盈余;另一方面,在市易法推行过程中,各地市易务建立起了全国性的物流体系,夺回了"边籴之权",而且通过商品流通的力量把货币输送到了朝廷希望它们到达的地方。作为一项系统工程,王安石变法不但实现了货币积累效应,而且还产生了一种定向的积累效应。

变法积累了大量财富,至于如何运用好财富将其转化为军事上的胜利,则是宋神宗面临的一个主要问题。但解决这个问题之前,宋神宗还要处理好内部的问题,以便腾出手来致力于外部征伐。

异论相搅

没有了王安石这个强势人物的制约,宋神宗跃跃欲试,要按照自己心愿安排国家大事,但他突然发现,皇帝也不能随心所欲、为所欲为。

有一个小故事,形象地说明宋神宗面临的局面:

元丰年间,宋神宗打算杀一名漕运官员。宰相蔡确回答:"祖宗以来,未尝杀过士人,您这么做是要开先例呀!"宋神宗心里一想,杀个人事小,坏了名声事大,这恶例还真是开不得,但这个漕运官员贻误大事,实在可恨,必须治罪。于是他指示蔡确:"既然如此,不杀也罢。给他刺上字,发配到穷山恶水的偏远之地。"章惇冷不丁冒出一句打有埋伏的话:"这么办,倒不如杀了他。"一句话把神宗噎得够呛,因为"士可杀,不可辱!"宋神宗恼羞成怒地说:"朕快意事一件也不得做!"章惇不仅没有闭嘴,反而又加上一句更有分量的话:"如此快意事,不做得也好!"[1]宋神宗默然。

---

1 [清]潘永因:《宋稗类钞》卷九,清文渊阁四库全书本,第524页。

第九章 独掌天下

为什么宋神宗的命令,被臣子顶了回去?

因为,在北宋中期以前,皇帝并不能为所欲为,会受到宰相和监察部门的制约。为实现集权,宋神宗在选宰相时,选了一些既能干事又能听话的人,随时可以指使调用。于是,原枢密使吴充接任王安石成为宰相,后来是更听话的王珪,听话的人先后成为北宋宰执人员;另外还要找一个能干事且敢于说出不同观点的人,冯京这位连中三元的状元郎再度回朝任枢密使。

从这个执政班子,可以看出宋神宗用人的策略和方法。吴充是王安石、韩绛的儿女亲家,但并不热衷变法,曾经提出新法不便于民,他能够中和不同派别。王珪则是一个唯命是从的大臣,少有建树,没什么能力,被时人称为"三旨相公"[1]。司马光在《涑水记闻》中评论:以前王安石实行新法,王珪认同照办;现在吴充改变新法,王珪也认同照办。如果以前做对了,那么现在就是错的;如果现在是对的,那么说明以前做错了。[2] 与以上两位不同,冯京从小天资聪颖,好学上进,参加乡试、会试、殿试,连中解元、会元、状元。冯京坚决反对新法,曾上疏万言论其更张失当,被王安石指为邪说,欲予罢黜,但宋神宗认为冯京可用,任命冯京为枢密副使,后任命为枢密使,成为决策层核心成员。从决策班子人员构成可以看出,宋神宗招来一些变法的反对派,委以要职,实行"异论相搅"的帝王统治之术。

"异论相搅"并不是宋神宗的发明,而是古代君主常用的"帝王心术",指在群臣党派间进行力量平衡,不使某一方占据绝对优势,更不能使其独揽朝纲;有时甚至故意制造矛盾,以便制衡相互敌对的党派。北宋建立之后,唯恐大权旁落在宰辅大臣之手,总是同时用一些政见不同的人,彼此互相牵制。从立国政策看,北宋实行崇文抑武,造成了文人士大夫权力过大,直言敢谏,有时令皇帝都无可奈何。为了削弱文官权力,宋真宗加强了台谏制度,使台谏官员和宰执官员相互监督制衡。其中典型案例是宋真宗启用寇准,有人问为什么,宋

---

[1] 王珪上殿进呈时,称为"取圣旨";神宗决定后,称为"领圣旨";退朝后告诉禀事的人,称为"已得圣旨"。王珪对皇帝没有劝谏、诤言,唯皇帝旨意是从。

[2] 上海古籍出版社编:《宋元笔记小说大观·涑水记闻》,第944页。

真宗说：“且要异论相搅，即各不敢为非。”同时，宋真宗还给御史很大权力，而且加大谏官御史的弹劾之权，上至皇亲国戚，下至文武百官，谏官都可以随时监督监察，上奏弹劾。宋仁宗时，又专门设立了独立的谏院，与御史台合称台谏，虽然达到了台谏与宰执官员的相互制衡，但又导致台谏官员与宰执官员的权力纷争。

在执行"异论相搅"方面，宋神宗不逊于宋真宗。他喜欢读《韩非子》，懂得帝王之术。在王安石变法期间，他一直运用宋朝列祖列宗的治国法宝"异论相搅"，让不同思想、不同政治主张的大臣在朝堂上碰撞竞争，让不同的政治派别互相监督，皇帝则高高在上择善而从，做出最终裁决。《宋史》记载，熙宁初，宋神宗一面任用王安石变法，一面要把反对变法最坚决的司马光提升为枢密副使。司马光力辞，宋神宗说："枢密，兵事也，官各有职，不当以他事为辞。"司马光执意不从，宋神宗才作罢，但仍然任命同样反对新法的文彦博担任枢密使。后来，在重大决策中，宋神宗曾有意引导持不同意见者各抒己见，以有利于决策的完善与改进。《续资治通鉴长编》记载，熙宁三年（1070），吕公弼被罢去枢密使，宋神宗召曾公亮、韩绛、王安石讨论谁可以接替。王安石推荐吴充，宋神宗没有同意，将反对派首领富弼的女婿冯京提升为枢密副使，王安石对此颇为反感："若朝廷人人异论相搅，即治道何由成？"可是，宋神宗仍然坚持这一做法，在把冯京任命为枢密副使之后，又将他先后提拔为参知政事、知枢密院事、枢密使，以致冯京成为旧党在宰执集团内部的旗帜。王安石罢相之后，宋神宗继续奉行"异论相搅"和权力制衡之祖宗家法，收回原来王安石以宰相之位理财的权力，进一步加强皇权专制。

古代帝王所谓的平衡之术可以方便地控制下级，防止一方坐大，这对于帝王来说看似有利，但也因此留下了朋党倾轧的风险。宋神宗去世后，保守派在皇太后高氏的支持下，一拥而上，废除新法，打击变法派，引发了派系冤冤相报的潜在风险。后来，宋徽宗亲政之初，也实行所谓"邪正杂用"，旧党韩忠彦、新党曾布同时担任宰相，更是典型的"异论相搅"。这种做法，导致党争不止，内耗不断，摧毁的是整个国家的根基。

第九章　独掌天下

随着形势的变化，元丰二年五月十七日，参知政事元绛被罢。二十一日，御史中丞蔡确升任参知政事。这时，首相吴充突然间转变立场，向皇帝建议：把司马光、吕公著、韩维、苏颂等反对派从外地招回来，连同当年与王安石势不两立的孙觉、李常、程颢、苏轼、苏辙等数十人也一起回京，大家一起商讨国事，力图振作。吴充的提议，让宋神宗非常反感。元丰三年（1080）三月二日，吴充罢相，王珪成为独相。王珪是神宗朝里的"三旨宰相"，上朝取圣旨、在朝领圣旨、下朝得圣旨，如同皇帝的贴身秘书，却把宰相的权威、责任、义务全都扔到了一边。

宋神宗在位十八年，有"熙宁""元丰"两个年号，变法主要措施都是在王安石担任宰相的熙宁年间推行的，其后元丰年间，宋神宗主导了政局，亲自进行了一些后续改革。变法是宋神宗、王安石和变法派共同完成的，应该称为"熙宁变法"。但南宋皇帝认为变法导致北宋衰落和灭亡，责任在于王安石，因此称之为"王安石变法"。

皇帝亲自改革

与王安石不同，宋神宗亲自操刀官僚体制改革。他提出改革官制，精简办事机构，裁汰冗员，打通官员晋升通道。之所以如此，从积极方面看是宋神宗要提高行政效率，从另一个侧面看，宋神宗有私心，他要满足自己乾纲独断的欲望。

在王安石执政期间，虽然对一些闲散的政府机构进行了调整，但并未在官制上进行改革。他认为只要各个机构能恢复职能和作用，就算达到了改革的目的。如司农寺、都水监等经过调整，对新法发挥了重要作用，收到"董正官制之实"。但宋神宗并不以此为满足，面对官僚机构重叠、效率低下的问题，他亲自操刀，创建了一个有特色的官僚体系。

熙宁十年，宋神宗下令重新校勘《唐六典》。《唐六典》记载的是唐朝官制功能表，他准备以此蓝本改革官制。元丰三年，他在蔡确、王珪的协助下定了

《元丰寄禄格》，杂取唐及宋初旧制，将原散官开府仪同三司等定为二十四阶，用以取代原寄禄官中书令、侍中等等，以阶易官，确定官员俸禄及升降品级标准。新的体制包括以下几方面内容：

第一，恢复三省六部。恢复唐朝中书省主决策、门下省主封驳、尚书省主执行的旧制。

第二，以阶易官，减少等第。过去"官"仅用以定禄秩、序位著，此次改革，一律"以阶易官"，此后，升迁、俸禄等都按新定的《元丰寄禄格》办理。新的阶官共有25阶，比旧的寄禄官少了17阶。新官品仍是9品制，每品分正从，共18阶。

第三，减员定编，循名责实。凡省、台、寺、监领空名者一切罢去，使各机构有定编、定员和固定的职责；许多机构或省或并，如三司归户部和工部，审官院并于吏部，审刑院划归刑部。各衙门从今往后叫什么名，就办什么事。

从表面上看，宋神宗完成了司马光、王安石两人的主张，一个是开源、一个是节流。他和王安石实施新法所产生的巨大利润、财富向国库滚滚而来。现在宋神宗自己实施了司马光倡议的节流，削减官位、减少开支。但改制后，机构与官员数量依然庞大，行政效率没有提高，比过去还更拖沓。宋神宗有些后悔，但由于冗员和冗散机构的裁撤，节省了两万缗的开支，他又颇感安心。

其实，宋神宗更为在意的是皇帝专制权力得到了扩张。在元丰改制后，监察部门被裁撤，宰相的权力受到削弱，皇帝可以直接对三省发号施令，而不再需要通过宰相，这样皇帝的命令直接下达到具体执行的部门，强化了皇帝个人的权力，加强了中央集权，这一做法在后世不断强化，产生了重大影响。

元丰改制虽然是熙宁变法的延续，但与熙宁变法有许多不同之处。最大的不同，在于后者借推行新法之机，实现了两大目的：一是加强了集权。宋神宗利用"郑侠移居案"[1]，处分了十多位中书和刑部人员，剥夺了宰相的独立审批权。宋神宗下诏："从今以后，所有类型的入奏公务，都必须等皇帝亲自画可之后，宰

---

[1] 吴充任相之后，曾想利用大赦改善郑侠的生活状况，将他从英州转移到条件较好的鄂州。他没有上报宋神宗，而是利用宰相对于"例行公事"的直接审批权，批状下发。此事引发宋神宗大怒，剥夺了宰相的此项权利。

相才可以签字下发。"二是加大从民间聚敛的力度。例如，原来免役法规定："州县官府出钱募人充役，所需募役费按各户资产征募，划等级征收，又分免役钱和助役钱。"元丰时期扩大免役钱、助役钱的征收。如两浙路不按原法规定，原来规定"坊郭户"家产不足二百千者，可以不缴纳役钱，现在则把标准定在五十千者。这样很多家产并不丰厚的老百姓也要缴纳役钱。因此"雇役不加多，而岁入比前增广"。元丰七年所征收的募役钱，比熙宁年间多收了三分之一。宋神宗不仅要增加财政收入，还要照顾到一些权贵和地主的利益。特别是当改革遇到反对和巨大阻力时，他就进行一些收缩，变法执行力度减弱，有的变法措施甚至半途而废。例如，从大户人家收不到钱，就增加老百姓税赋，收取普通民众的钱。元丰改制虽然增加了宋朝的国库收入，但却增加了百姓负担，加剧了社会矛盾，为王朝衰弱埋下隐患。

后人评论到，王安石辞相，变法派失去了一位经验丰富、处事老练的核心人物，从此，变法发生了方向性的变化。[1]宋神宗继续主持改革。主要是改革了北宋混乱的官制，加强了军事力量，又扩大了国家专卖范围，继续从民间敛钱。邓广铭、漆侠、葛金芳、李世宇、唐兆梅及罗家祥等学者认为宋神宗和王安石两人在思想及战略设想上不同。王安石是"民不加赋而国用饶"，宋神宗亲自主持变法后，却利用新法中的"富国"因素大肆从民间聚敛，使得变法的宗旨和轨迹发生逆转。

五路伐夏

宋神宗加大"敛财"的力度，不惜造成"国富民穷"的后果，因为他念念不忘不断恶化的外部局势，选择了变法侧重点的转移——由国内转到外部。两相比较，熙宁年间，朝廷的重心在内部改革，变法措施纷纷出台，对外则将重点放在王韶开边。而到了元丰年间，新法中易行者已经推行，难行的受到种种阻

---

[1] 漆侠：《王安石变法》，第207页。

变　宋

挠,[1]宋神宗虽然独揽大权，但变法推行难度越来越大，要想有所作为，他将眼光看向了边疆。环顾周边，辽国兵多地广，实力强大，北宋长期以来不得不采取守势，不敢轻易开战；而西夏名为北宋藩属，实为敌人，几十年来骚扰边境，征战不断，如蛆附骨般让北宋疲于应付而又空耗国力。如果能一劳永逸地解决西夏，则北宋就能放下沉重的包袱，轻装前进，离统一大业和辉煌盛世的梦想更进一步。

恰在此时，一个巨大的变局出现，一个看似"千载难逢"的机遇摆在北宋面前。

这机会是西夏国王自己送上门的。西夏第三任继承人李秉常即位时只有八岁，等他十七岁名义上亲政时，却发现朝政大权掌握在太后梁氏家族手中。此时的国相是梁太后的弟弟梁乙埋。梁氏家族除了把持京城大权外，还在各部门各要地安插自己亲族！怎样才能夺权成功呢？李秉常意识到，想夺回权位绝不是在京城发动一场政变那么简单。内斗既不行，就寻求外援。他非常悲哀地发现，外援只有两个——辽和宋，选哪个呢？辽国万万不能招惹，实力强大而不讲理的辽国，请神容易送神难！那么，只有讲究仁义礼智信的大宋是唯一选择！

李秉常从小就向往宋朝文化，他曾下令废除李元昊制定、梁氏推行的蕃礼，在西夏全境第二次全面推行汉礼，向汉人学习，向宋朝示好！仅仅学习汉文化或者向宋朝问声好，是远远不够的，怎样让苦大仇深的宋朝伸出援手呢？北宋看似什么都不缺，夏主好像也没有什么拿得出手的东西。但只有一样除外，那就是土地。长期被压迫的年轻夏主提出了让宋朝难以相信、难以拒绝的条件——将黄河以南的土地归还宋朝！

在一个叫李清的汉人降将的建议下，夏惠宗李秉常派人通知宋朝，为两国友好愿把"河南地归宋"。河南之地指的是河套平原以南，包括西夏的陪都西平府（即被李继迁攻陷的灵州）和党项人发迹祖业的银夏五州！这片广袤富饶的土地是西夏立国之本！可败家子李秉常却轻易地许诺，只要宋朝帮我夺权，我就都割让给你！这个开价让宋朝疯狂，直接想到了李秉常的老祖宗——李继捧。当年李

---

[1] 秦晖：《王气黯然：宋元明陕西史》，第52页。

第九章 独掌天下

继捧为稳固在党项人中的地位,把银夏五州无偿献给了赵光义!

送上门来的肉,还等什么!宋朝积极响应李秉常的提议,一方面派使者商量接收,一方面积极备战。检验变法成败的时机来了。新法积聚的财富,保甲法锻炼出来的兵甲,熙河拓边积累的合围之势……变法之初设想的伟大蓝图(变法图强——扫平西夏——征服辽国——一统天下)的重中之重——扫平西夏的机会到了!

不曾想,机遇稍纵即逝。陕西边臣上奏,称正准备秘密潜入宋朝的汉人李清被梁太后诱杀,而愿意献出土地的夏惠宗李秉常被梁太后关押在皇宫五里外的木砦!

刚刚兴奋起来的宋朝不甘心失去"此千载一时之会"[1]。作为宗主国,平定西夏内乱,"义当有征",宋朝企图以全国之兵一举解决西北边患,扫除国家统一的最大阻碍。

于是,北宋对西夏最大规模的全面进攻发动起来了。

元丰四年六月,宋朝举国动员,组织了一场自太宗朝以来最大的军事行动!宋神宗集中大宋陕西、河东、畿内诸路全部主力,汇集军力36万人,另有吐蕃盟军30000人,分兵5路征夏:

第1路由熙河、秦凤军总管大太监李宪率领步骑近7万,汇合董毡的3万吐蕃军,攻击兰州、灵州。如灵州被友军攻破,则变目标为凉州。

第2路鄜延军,由种家军第二代著名将领种谔率领鄜延军9将54000人,另拨京城禁军7将39000人,总计93000人,出陕西攻米脂,再攻击夏州,最终目标是与河东军围攻怀州。

第3路河东军,由太监王中正率领,步骑60000,民夫60000,马2000匹,驴3000头。另有民夫50000人作为后备。先取怀州,后渡黄河,进入西夏腹地。

第4路环夫军,由高遵裕率领,蕃汉步骑总计87000人,民夫95000人。他们是攻击主力,先取清远军,目标是原宋朝重镇灵州、现西夏陪都西平府。

---

[1] [元]脱脱:《宋史》卷四八六《夏国传》,第14010页。

第 5 路泾原军，由刘昌祚率领，由 51062 名步兵，5000 匹马组成，会同环庆军攻占灵州。

一个个数字罗列出来，稍微计算下就让人瞳孔放大、全身发麻。五路大军总计 35 万人，民夫 20 万，全加在一起是 55 万左右！想想当年雍熙北伐，只不过 30 万人左右。毫不夸张地说：这是大宋朝有史以来最大的一次军事行动，同时也是空前绝后、拼尽全力的攻击！

宋神宗压上去的筹码不仅是军队数量，更是自王安石改革以来所产生出的巨大财富！当时，与西夏征战多年的种家军名将种谔认为："夏国无人，秉常孺子，臣往持其臂以来耳。"举国上下对战争前景充满了高涨的乐观精神。

对于这次"国运之战"，作为最终决策者的宋神宗本人，惴惴不安。他找来负责全国军事的枢密院诸人，问大家觉得怎样？现场一片沉默。好久后，枢密副使孙固才慢慢说了六个字"举兵易，解祸难"。也许孙固没有忘记，九十九年前，西夏主李继捧为稳固在党项人中的地位，把银夏五州无偿献给了宋太宗赵光义！而宋夏就是从那时开始了连年不绝的土地争夺战。

宋神宗不愿放弃，像在说服孙固，更像是在说服自己："夏有衅不取，则为辽人所有，不可失也。"[1] 现场再次沉默，宋神宗说的是对的，西夏内乱，我们不取则辽国取，难道我们要坐失良机，坐视辽国做大吗？以辽主耶律洪基没事都敢向宋朝勒索土地的贪婪，近于分裂的西夏算什么？

最后，孙固提出一个关键的问题："请问陛下，这次西征主帅是谁？"

"朕已属李宪。"宋神宗给出了答案。听到这句话，负责军事的大臣觉得一阵阵头晕。宋神宗委派的五路总指挥竟然是一个太监！急切万分的孙固立即指出："伐国，大事也，岂可使宦官为之！今陛下任李宪，则士大夫孰肯为用乎？"他提出征伐别人国家这样的大事，怎么能派太监领导呢。如果皇上派太监指挥，那么士大夫怎么可能听从呢？宋神宗听了，非常不高兴。

当时，在军事方面，熙宁变法以将兵法、保马法等新政，一方面革除了不少军事上的积弊，纠正了宋初将权太轻的缺点；另一方面却强化了集权，提出"人

---

[1] ［元］脱脱：《宋史》卷三四一《孙固传》，第 10875 页。

主擅操柄，如天持斗魁，赋予皆自我"[1]的主张。这样的变法思想，令人不安地发展出以宫中亲信太监监军、统军的流弊。当时五路大军中，不止李宪一个是太监，另一个太监是河东军主将王中正，外加一个外戚高遵裕！五路大军中，两个太监，一个皇亲国戚，只有种谔、刘昌祚是主战宿将，而这两位边疆宿将居然连自主的军权都没有！

意识到问题的严重性，第二天孙固又对宋神宗说："今五路进师而无大帅，就使成功，兵必为乱。"宋神宗无奈地说："大帅诚难其人。"皇帝找不出能够统领军队的大帅。当时，作战最为勇敢、战绩最为辉煌的无疑是鄜延军种谔，但他生性刚猛，不善与同僚及上司相处，在军界和官场都不得势，所以宋神宗感到无人可用。吕公著说："既然没有合适的统帅，为什么不自己担任呢。"孙固赞同吕公著，说："公著言是也。"于是，宋神宗亲自远程指挥。正是这个决策，又重蹈了八十多年前宋太宗千里之外指挥"五路围攻"的失败[2]，那次征夏，"诸将失明，士卒困乏"。各位将领失去指挥，士兵困顿疲乏。这种场景，在北宋历史上一次又一次重演。

但是，熙河开边的百胜将军王韶呢？非常不幸，在征伐西夏前夕，王韶去世了。更为可悲的是，宋神宗以李宪为总帅的设想，由于多人反对，没能定下。所以，五路大军，实际上在没有总指挥的情况下投入了战斗。[3]

战争以未曾预料的方式进行。元丰四年七月，种谔首先出师伐夏。他由绥德城北攻米脂城，围困70天，采用围点打援的方式，逼降米脂城守军。十一月六日，种谔在黑水大败西夏。但第3路河东军王中正却没有获得任何战果。这两路东线部队深入毛乌素沙漠，事前考虑不周的后勤问题成了致命大患，王中正军在

1　[宋]王安石：《临川先生文集》卷四《兼并》，第114页。
2　太平兴国七年（982）三月，夏州李继捧因为内讧请求献地入朝，被宋太宗视为上天赐给的机会，顺水推舟答应李继捧的要求，准备强迫李氏家族全部迁到京城，接受西部眼看指日可待的归附，但没想到小人物李继迁扛起了反对大旗。开始，宋太宗没有给予足够的重视，后来采用了一些为渊驱鱼、以夷制夷、妥协招抚等不成功的办法。至道二年（996），李继迁劫掠宋朝四十万粮草，围困灵州，再次激怒了宋太宗。他命李继隆等五路伐夏。然而，宋军各自为政盲目进军，最后落得了劳民伤财无功而返的结果。宋太宗感到精疲力竭，决定把军事边备向缩，放弃银夏，对西部地区弃之不顾，终致夏州一点点坐大，割据西部，成为宋国的百年之患。
3　秦晖：《王气黯然：宋元明陕西史》，第58页。

变　宋

宥州奈王井就饿死 20000 多人，甚至发生"军夫冻馁，僵卧于道路未死，众已剐其肉食之"的惨剧，第 3 路军不得不撤退。在撤退中，不断遭受西夏游击部队袭扰，损失惨重。王中正退军后，种谔军还在麻家平驻军等待粮食，粮终不至，部分军队因饥饿溃逃。种谔无奈，只好回师。途中面临严寒风雪，士兵民夫多数冻死，仅剩 30000 人退回宋境。

在西线，曾经被皇帝委以统帅重任的第 1 路军李宪，根本就没有到达指定地点，他在西夏境内荒无人烟的地方行军，缺粮之后又折返回，将战争变成了一次行军"拉练"。而他不参战的行为，导致与西线配合作战的策略变为泡影。第 5 路泾原军刘昌祚按照原计划到达灵州，发动了灵州城之战。在将要攻破灵州城时，姗姗来迟的第 4 路军高遵裕为争夺军功，让刘昌祚暂停攻城。为独吞战功，他让自己的环庆军攻灵州，久攻不下，直到十二月上旬，西夏援军到达，灵州城下的两支宋军不得已回撤。回国途中，宋军粮草断绝，士兵被迫用枪杆和弓箭来烧火取暖，全军冻饿伤病，损失惨重！

五路伐夏，基本没有配合。1、3、4 路军深入西夏腹地粮草不济，冻馁死伤无数；2 路军围灵州城 18 日却不能攻取，5 路军被掣肘不能协同攻击，先后溃退，无功而返。

孙固的担忧，变成了可怕的事实。

最失望的人莫过于宋神宗。这是他个人主持的第一场战役，之前熙河开边、西南平叛、交趾之战都有王安石坐镇指挥。此次他独自驱使庞大的帝国军队征战，结果不只是损兵折将影响国家的实力，更直接影响到他个人声望与权威。从战争开始，宋神宗日夜处于紧张之中，命令只要西北战报传来必须不分昼夜第一时间告诉他！但希望越大，失望越大，战败后的皇帝在深冬黑暗的皇宫里一个人独自徘徊，思绪难平，十多年来的努力，竟就这样失败了吗？这不只是军事上的失败，连带的是千辛万苦才积累起来的民心、士气的一并失去，不知何年何月才能重新振作！与之相对应的，反对派的呼声，甚至皇宫深处的阻挠，也会随之而起……难道真是天不佑大宋？失败让宋神宗痛苦万分，他再一次深深感受到，堂堂大宋、煌煌天朝，又被西北跳梁小丑给羞辱了！

第九章　独掌天下

永乐城惨败

遭此失败，悲伤之后，宋神宗犹有不甘。他吸取教训，明白长驱直入战法的失策，于是接受边关守将的意见，采取"筑城战"的策略，逐步推进，并以所筑城寨巩固占领区，计划采取长期围困的方法削弱西夏。五路伐夏时，银、夏、宥诸州都曾被宋军占领，但未能守住。这次筑城，陕北的鄜延路又成了这一战略的重点方向。

元丰五年三月十八日，鄜延军经短暂休整后再次出击，种谔派出大将曲珍在金汤大败西夏。4月，曲珍乘胜追击，攻击葭芦寨。此次胜利，让种谔空前兴奋，一个详尽庞大的战略生成。他派自己的儿子种朴入京，同时请鄜延路总管沈括上奏皇帝，提出夺取横山，在横山上修建古乌延城，再沿银、宥、夏、盐、会、兰等州一线修建城寨，筑垒推进，一步步稳扎稳打，围逼灵州与兴庆府，逼迫西夏就范。种谔认为横山延袤千里，不仅适合耕种，也适宜养马，当地人强悍善战，并且具有盐铁之利，西夏人依仗此地为生；该地城堡占据险要之地，足以守御。如果兴兵，应该从银州开始。从战略思想上来说，种谔的设想与当年范仲淹的思路一脉相承，虽然见效慢，可每一步都没风险。西夏国土面积并不大，以这时宋朝空前壮大的国力、对西夏压倒性的军事实力，绝对可以把西夏的有生力量和生存空间榨干挤尽……

为了使该战略更加切实可行，元丰五年四月，宋神宗下旨命令种谔与沈括制定对夏方略。《续资治通鉴长编》卷三二五记载：朝廷大臣考察了历次与西夏交战的情况，认为西夏与宋朝相隔，关键所在是沙漠。倘若西夏率兵进攻，经过漫长的沙漠戈壁已经疲惫困顿；倘若宋朝军队进攻西夏，渡过沙漠后也兵力疲乏。制定对西夏方略重点不在于拓展土地，而是围困西夏，以图制服。所以，关键在于占据山上有利据点。如果没有占据险要据点，沙漠被西夏所用，则边患难消；如果占据山上据点，则沙漠南边没有集结的地点，西夏无法展开兵力。所以"当先择险要之地，立坚城，宿重兵，以为永计"[1]。

1　[宋]李焘：《续资治通鉴长编》卷三二五。

变　宋

　　起初,种谔与沈括制定了筑城困夏策略,得到了神宗的认同,群臣也没有异议;但在哪里筑城,却众说纷纭。种谔以其父子两代筑城的经验,力主在银州筑城,认为这是实现他"据横山困死西夏"战略的核心。延州知州沈括有不同意见,主张先筑夏州石堡城。[1]面对不同意见,再一次看见了希望的宋神宗,为了更详细地了解利害得失,迅速派出两位钦差大臣给事中徐禧、太监李舜举去西北实地考察。徐禧从小志向高远,积累了一脑子新奇古怪的想法。李舜举是皇帝的贴心人,深得皇帝的信任。当他们到达延州时,种谔还在京师。在沈括的陪同下,徐禧、李舜举视察了永乐的地形。徐禧毫无悬念地否决了种谔的计划,认为修筑几个州城太费事,不如在三州之间建筑一个大城,"名虽非州,实有其地"[2]。在徐禧的坚持下,修筑永乐城(今陕西米脂县西北马胡峪)的计划诞生了。沈括等曲意附和。

　　种谔自京师回来,反对修建永乐城的计划,极言"城永乐非计"。徐禧向来厌恶种谔,不听从种谔等边将的意见。两人之间发生激烈争执,作为皇帝亲信,徐禧盛气凌人、不可一世,怒斥种谔:"难道你不怕死吗?"种谔反驳:"兴建永乐城必败,败则死,拒绝你的命令也是死,死于拒绝执行错误的命令,比打败后丧失军队和国土强得多!"徐禧遂上奏种谔不听令、跋扈、不可与偕行。

　　元丰五年七月,徐禧与种谔各自陈述筑城横山的制夏方案,各不相让。两种方案差异主要体现在筑城选址上。远在都城的宋神宗,不知前方具体情况,犹豫不决。于是,另一个人的态度,影响了宋神宗的决策。这个人就是大名鼎鼎的地理学家沈括。最初,在与种谔共同讨论制夏方略时,沈括与种谔达成一致。但最终上报宋神宗时,沈括又选择了徐禧的筑城策略。在他看来,徐禧是钦差大臣,自己和种谔皆受其节制。沈括态度的转变,使种谔处于势孤力单的境地。原本种谔是此次制夏方略的倡议者,其主张被宋神宗同意后,派来了徐禧,种谔反而受其节制,提出来的方略被否决。其实,种谔并不是第一次面临这样的处境,在五路伐夏时,种谔身任鄜延路副帅,极力主战。朝廷却派来了宦官王中正,直到无

---

[1] 秦晖:《王气黯然:宋元明陕西史》,第56页。
[2] 《宋史》卷三三四《徐禧传》。

定河之战后，种谔才得以摆脱王中正的节制，然而此后种谔仍被不了解边事的文臣统帅，将帅不协的局面产生，军队内部矛盾很大。

凭借宋神宗的信任，徐禧进一步弹劾种谔在元丰五路伐夏时绕路进攻，没有走直线，导致人困马乏，空耗粮草，这是战争失败的重要原因。他认为因为种谔有这种前科，这次不能再任由他行事。

对徐禧抱有信任和期待的宋神宗采纳徐禧的方案，弃用种谔的计划。朝廷令种谔留守延州，不得参与永乐城的修筑，而让徐禧统领军队，去实施他的计划。徐禧积极行动，用14天筑成了永乐城。该城三面环山崖，形势险要，控制着无定河河谷与支流永乐川，战略位置非常重要。但唯一的缺点是城中缺水，徐禧在山下河边加筑了水寨，保护取水通道。

为了拔掉"眼中钉"，西夏集结30万兵力围攻永乐城。有将领指出水源问题，建议放弃永乐城，被徐禧斥责为动摇军心，将其关进监狱；有将领提议对正在渡河的西夏军队半渡而击，徐禧不予采纳。结果西夏军队修整后一举击败宋军，把宋军赶进城里。西夏采取围点打援、断其水源等方式，永乐城缺水，"掘井不及泉""士卒渴死者大半"，最后沦陷。此役造成20多万军民覆灭，鄜延军数万精锐损失殆尽，集中到永乐城的凝聚着王安石变法"富国"成果的金银粮草军用器械尽为西夏所有。[1] 耗费巨大财力修建的永乐城，被西夏人拆毁……永乐城战役是宋夏交战史上宋军最大的失败，创下了将、兵、民夫与军资损失的最大纪录。

宋神宗之死

战报传到京城，宋神宗万万没想到居然是这样的恶果！一战城毁，军民全部被歼，是自宋朝开国以来从没有过的惨败，而这种惨败竟然是他这位自认最有理想、最有抱负的皇帝造成的！据说，这一夜，宋神宗绕床苦郁，整夜不眠。太想国家振兴的宋神宗，实在没法原谅自己，极端高傲敏感的心灵让他坠入自责自伤

1　秦晖：《王气黯然：宋元明陕西史》，第58页。

甚至自虐的情绪里。他非常聪明，不用别人指责就清楚两大战役败在了哪里：用人不当！王中正是个废物，高遵裕居然如此自私，永乐城的徐禧更是个千古笑话，这些迂腐之人本该活在故纸堆里，当个食古不化的古人！回想王安石还在时，复熙河、平荆蛮、征交趾，战无不胜。王韶、章惇、熊本、郭逵……都能独当大任，始终其事。两相对比，他自己挑选的都是些什么人？极力奋发图强的宋神宗也许会想，他与太宗、真宗、仁宗一样，并不是什么天纵奇才、中兴名主，只是个志大才疏的庸人罢了！

　　极端失望、悲哀的情绪笼罩着他，以致宋神宗在早朝上谈到永乐城之败时，突然失声痛哭，无法自抑！

　　对西夏战争的惨败，究其根源，在于"将从中御"这一传统的影响。宋神宗派不熟悉边疆情况的人去指挥，而不愿意给边疆将领军事指挥权，造成熟悉边疆情况、久历战阵的将领不能担任关键职务，甚至被排斥在军事指挥系统之外。在这种体制下，极易造成将帅之间相互倾轧。比如，神宗派徐禧前往鄜延路与种谔、沈括计议边事，本意是为了能够制定一套完善的制夏攻略，然而却造成了种谔、徐禧之间的相互倾轧。宋神宗屡次干预边地指挥体制，破坏了西北的军事指挥系统，导致种谔等著名边将难有作为。甚至，在永乐城被围之时，种谔不能予以援救，再次被弹劾。《续资治通鉴长编》卷三二九记载："谔初议进城横山，本意身任统帅，成大功在己，而为徐禧、沈括所外。及永乐被围，谔据城观望，故托名守延，不即往救。"从李焘此处的记述看，种谔本以为自己能够身任统帅，但却被徐禧和沈括排斥在外，因而托名守延州而不去救永乐。从当时的形势来看，种谔不救永乐城一方面是因为与徐禧的私怨，另一方面也考虑到自己兵力确实有限，且都是羸懦之兵，去救无异于抱薪救火，徒损兵力。

　　经过这两次战役，宋神宗身心俱疲，健康迅速恶化。以34岁为分水岭，在此之前，宋神宗每天临朝工作，很少生病。五路伐西夏之后，宋神宗一下病倒了。虽然病得很重，可他毕竟年轻，身体很快就开始恢复。只是时隔不久，永乐城沦陷的噩耗再次成为致命的打击。似乎只一夜间宋神宗的身体就崩溃了。他早

第九章 独掌天下

朝当廷恸哭，宰执不敢仰视，"涕泣悲愤，为之不食"。他心思太重、自视太高，无论如何都没法摆脱失利的阴影。从此之后，宋神宗"始知边臣不足任，深悔用兵，无意西伐矣"[1]，终神宗一朝，不再言开边进取之事了。

永乐城战役后，种谔等在五路伐夏中夺取的米脂、义合、吴堡、塞门、浮图等寨，仍然在宋朝手里。夏军移兵西线，发动攻势，被宋军击退。两国征战持久，谁也奈何不了对方，战事处于胶着状态。这一阶段的宋夏战争（1081—1084），虽然是宋军主动发动，但遭到了灵州、永乐城两次空前的失败，五年来宋军以数百名战将死亡、"军官、熟羌、义保等60万人的牺牲"、物资损失无数的巨大代价，换来了陕西境内米脂、佳县、吴堡、横山一带的六城之地，"帝临朝痛悼，而夏人亦困弊"。[2] 多年励精图治，得到的是一个僵局。不仅统一的梦想破灭，还将王朝置于不确定的风险之中。[3]

相比而言，宋神宗崇拜的汉武帝，也并非一帆风顺地战胜了匈奴。汉武帝登基时面临的局势，与宋神宗相似。汉初，匈奴强盛，汉朝被迫采取两国联姻政策，多次向匈奴进纳财物。汉武帝即位之初，发现匈奴一方面享受着和汉朝联姻带来的好处，另一方面又不满足，多次进犯。原来的办法已经不行了，汉武帝认为汉朝经过了七十多年发展，具备了一定条件，不应该继续忍让，反击匈奴的战争爆发。战争之初，汉武帝也遭遇了不少失败。汉武帝元光二年（前133），西汉在马邑（今山西省朔州市朔城区）策划诱敌歼灭战。匈奴单于贪图马邑城的财物，亲率10万大军进入武州塞（今山西省左云县），在匈奴单于快要进入汉朝军队埋伏圈时，守卫烽火台的亭尉向匈奴单于透露了汉军计划，匈奴军未达包围圈就撤退。为了报复，匈奴四处出兵侵扰汉朝边境。因未能实现伏击计划，汉武帝将谋划诱敌的王恢下狱，王恢自杀。自此西汉与匈奴发生了一次又一次大规模战斗。元光六年（前129）龙城之战，武帝派遣车骑将军卫青、骑将军公孙敖、骁骑将军李广、轻车将军公孙贺四路出击，兵力分散，结果是公孙贺一无所获，

---

1 转引自张晓珉：《宋朝果然很有料》（第七卷），第149页。
2 转引自秦晖：《王气黯然：宋元明陕西史》，第59页。
3 ［英］崔瑞德、［美］史乐民：《剑桥中国宋代史》（上卷），第27页。

公孙敖、李广兵败，唯有卫青斩首七百凯旋。但汉武帝并没有气馁，自元光二年（前133）的马邑之战始发，至征和三年（前90）发起最后一次燕然山远征，四十余年之间，倾全国之力，发动了对匈奴的十五次远征，大小几十战，长期坚持下来才取得了最后的胜利。据统计，汉武帝在位54年，其中44年都在攻打匈奴。只有不怕失败，失败之后再次振作，长期坚持下来才有可能取得最终的胜利。

与汉武帝不同，在最初两次失败之后，宋神宗深悔用兵，一直郁郁不乐！宋神宗本人没有承受失败的勇气，没有不怕牺牲的胆量，没有犁庭扫穴不灭敌国绝不收兵的决心，在一个方面遭遇了失败，就全线撤退。回顾宋朝军事史，军队总人数在一百二十万左右，已经超过了西夏全国的总人口。在冷兵器时代，有坚强的作战意志和数量上的优势才有可能占据战场上的优势。如果缺乏刚健勇敢的精神，富裕了之后的国家也可能耽于生活享乐、不思进取。北宋末期以至于南宋，都是在表面的经济繁荣中，被外族军队大举进攻而灭亡。

最终，宋神宗忧郁成疾，于元丰八年三月去世，熙宁变法到此结束。

王安石变法是宋神宗时期最大的历史事件，围绕理财这个中心，为实现富国强兵的目的，以宋神宗和王安石为首的变法派采取一系列措施提升国力，争取在与辽、西夏等少数民族政权的激烈较量中居于优势地位。为此，变法派采取了保甲法等措施，使国家权力穿透原来的传统宗族社会，渗透到乡村每一个家庭和个人。其结果，国家权力确实到达了最基层，但这种做法也使国家和个人之间产生了新型的关系。在这种关系之下，国家需要为个人、家庭和民间经济活动等提供公正的法律保障、稳定的社会秩序等公共产品。只有国家提供了这些公共产品，才能构建起新型的国家与社会治理关系。但王安石变法只走了一半，通过国家权力渗透，吸取了更多民间资源，国库充实，财政问题得到了解决，然而另一步的公共产品供给体系，则由于王安石罢相、宋神宗逝世及新法被罢废，造成"半截子"工程而遗憾千年。

第九章 独掌天下

势同水火

宋神宗驾崩时，可能自己也没有想到，留下了一个内部争斗不休的烂摊子。宋神宗的死亡不是结束，相反，是宋朝党争连锁反应的开始。自此，宋朝政治势力固化成新旧两派，轮流上台，互相打压。

宋神宗去世之后，他十岁的儿子赵煦（宋哲宗）继承皇位，改年号元祐。宋神宗母亲高太后以太皇太后身份垂帘听政，她与亲王赵颢等早就反对新法，因此任命司马光、吕公著等反对新法的人出任宰相，文彦博、刘挚等反对新法的人物重新上台。他们决定废止令其憎恨的新法，改变"擅自"用兵的冒险主义做法。[1]

司马光评价"王安石不达政体，专用私见，变乱旧章，误先帝任使"[2]，他认为变法"名为爱民，其实病民；名为益国，其实伤国"[3]，以他为首的反对派掌权后，全盘否定新法，保甲法、方田均税法、市易法、保马法、青苗法、免役法、将官法等先后被废除，称"元祐更化"。

司马光曾批评王安石做事太急，但他废除新法更急。元祐元年，司马光连上两道奏章，要求罢废免役法，恢复差役法。他既不管"官司上下关连事目极多"，也不问这一二十年间户等升降的具体情况，要求敕书到达的五天之内，按熙宁元年以前差役人数和五等丁产簿来定差。[4]

在罢废免役法时，苏轼认为不能一概废除，应该有所取舍。他评价说："差役免役各有利害。免役之害，掊敛民财，十室九空，敛聚于上而下有钱荒之患；差役之害，民常在官，不得专力于农，而贪吏猾胥得缘为奸。此二害轻重，盖略等矣。"[5]苏轼上疏称衙前可雇不可差，此法可守不可变，需要详细商议，不能一概废除。因此，他找司马光商量，希望把一些对百姓有利的新法留下来，司马光

---

1 ［英］崔瑞德、［美］史乐民：《剑桥中国宋代史》（上卷），第27页。
2 参见［宋］司马光：《温国文正司马公文集》卷四七《请更张新法札子》，第1446页。
3 ［宋］司马光：《温国文正司马公文集》卷四六《乞去新法之病民伤国者疏》，第1416页。
4 漆侠：《王安石变法》，第205页。
5 ［元］脱脱：《宋史》卷三三八《苏轼传》，第10810页。

非常生气地走开了。苏轼又追进政事堂,司马光"色愤然",非常生气。不识眉眼高低的苏轼又讲了半天,没法说服司马光,出了政事堂气得大叫:"司马牛!司马牛!"这种说法获得朱熹的认可,他也说司马光认死理,凡是让老百姓掏腰包的事情,他都认为是坏事儿。

朝廷要求五天内废除免役法,恢复差役法,看似不可能完成的任务。不过,正所谓"上有所好,下必甚焉",开封府知府蔡京在五日内,完成了开封及周边州县"免役法"废除事项,全部恢复差役法。司马光不仅不鄙视蔡京这种轻易变节的人,反而将他树立成废新复旧的标杆人物,予以高度表扬。数十年后,蔡京成了北宋"六贼之首",司马光当年的栽培之恩"功不可没"。

苏轼认为司马光只是一味地废除新法,而不计较新法的利弊,更不用新法的优点。想当年,司马光曾经写信劝诫过王安石,嫌变法太过,牵涉太广,不利于治国,现在他自己却不顾免役法实行甚久,牵涉人口众多的事实,执意十万火急地废除包括免役法在内的所有新法,根本不顾役法衔接不良、运行不畅的混乱局面。废除新法,与其说是司马光施政思想的实现,不如说是派系斗争的结果,新法自然也成为这种政治斗争的牺牲品。在废除免役法三年后,李常通过计算上下等户的负担,认为"然则今所改法,徒能使上等人户优便安闲,而第三、四等困苦日甚"[1]。

尽管权力已经转移到了保守派的手中,但是获胜的一方妄想获得全部的政治战利品。[2] 在迅雷不及掩耳地废除新法时,反对派利用高太后对蔡确等人的不满,捕风捉影,对整个新党集团进行了一次斩草除根式的清算,变法派蔡确、章惇、韩缜被斥为"三奸","蔡确亲党"蔡卞等47人名单,"王安石亲党"章惇、吕惠卿、曾布、沈括、张商英等30人名单被张榜公布,以示警告。变法派在朝人物蔡确、章惇、韩缜、李德刍、吴安诗、蒲宗孟等遭到贬斥,引发了极其恶劣的

---

[1] 刘琳、刁忠民、舒大刚等校点:《宋会要辑稿13》,第7829页。
[2] [英]崔瑞德、[美]史乐民:《剑桥中国宋代史》(上卷),第27页。

第九章 独掌天下

"车盖亭诗案"[1],成为北宋开国以来以文字打击政敌最广、力度也最大的一起文字案。与十年前"乌台诗案"中的苏轼相比,蔡确是宰相,其权位、影响力远高于苏轼,因为诗文受到的处罚比苏轼更重,受牵连的人物更多,结果更为惨烈。蔡确在被称为"大法场"的流放之地死亡,标志着围绕变法的国事之争彻底演变成了"势同水火,以牙还牙"的内斗[2]。

在蔡确贬到新州时,保守派吕大防和刘挚曾以蔡确母亲年老、岭南路远为由,主张改迁他处,高太后却说:"山可移,此州不可移。"对此,范纯仁(范仲淹次子)对吕大防说:"岭南之路长满荆棘七八十年矣,今日重开,日后我们难免有此下场。"宋哲宗亲政后把大批元祐大臣贬至岭南,印证了范纯仁当日的忧虑。

元祐二年,科举禁用《三经新义》《字说》,变法思想备受压制。这种做法,在宋朝一百多年间开了一个恶劣的先例:要么全面肯定,要么全面否定。毫无节制的党派之争偏离了政见之争的轨道,走向了更为激烈的意气之争。

变法派内部曾经因为权力之争发生分裂,保守派同样也不能幸免。苏轼、范纯仁不同意全部废除新法,认为新法有可取的一面,断不可因人废法,两人相继贬谪地方。韩维虽然反对市易法和青苗法,但有时却维护免役法和《三经新义》,也遭贬斥。在旧党领袖司马光、吕公著去世后,旧党以地域、师承关系分裂成洛党、蜀党和朔党。三党之间,时常相互攻击。

高太后执政八年后去世,元祐八年十九岁的宋哲宗亲政,决心不再做一个受摆布的傀儡。他任用变法派章惇为宰相,以绍述(继承)神宗成法为名,下诏"凡元祐所革,一切复之",称"绍圣绍述"。宋哲宗追夺司马光、吕公著死后所

---

[1] 宋神宗去世后,蔡确等新党被排挤。元祐元年二月,蔡确被罢相,命出知陈州(今河南周口淮阳)。次年,因蔡确的弟弟犯事,牵连到了他,再贬至安州。在安州游览车盖亭时,蔡确写下了《夏日游车盖亭》十首绝句,诗被与蔡确有过节的吴处厚所得。吴处厚曾在蔡确手下为官,希望他推荐自己,但被蔡确拒绝了,由是怨恨不已。此时,吴处厚任汉阳军知军,他将蔡确的诗上呈朝廷,并指控说"内五篇皆涉讥讪,而二篇讥讪尤甚,上及君亲",尤其诗中有"矫矫名臣郝甄山,忠言直节上元间"之句,影射高太后,将高太后比做武则天。唐高宗曾想让位给武则天,郝甄山上奏章反对。高太后怒不可遏,将蔡确贬到岭南的新州。在当时,被贬往岭南,实际上如同被判了死刑。苏轼曾有诗云:"问翁大庾岭头住,曾见南迁几个回?"

[2] 陈胜利:《当改革遇见王安石》,第204页。

赠谥号，毁所立神道碑。原来被贬的变法派纷纷起复任用，他们将文彦博等30名旧党揭榜朝堂，布告天下。吕大防、刘挚、梁焘、苏辙等被流放岭南，前三人相继死在贬所。

这一时期，章惇独居相位，他认为"司马光奸邪，所当先辨，势无急于此"，对旧党进行了激烈的报复。在西北边境，北宋对西夏由妥协变为强硬进逼，绍圣五年（1098），章楶在平夏城打败西夏军队，一举扭转了两国的军事格局。史书称"夏自平夏之败，不复能军，屡请命乞和"。此时，辽国进行干预，在这种情况下，"哲宗亦为之寝兵"。不过，经过百年的战争，北宋终于在与西夏的战争中取得上风，掌握了战争的主动权。

元符三年，25岁的宋哲宗去世，其异母弟弟赵佶即位（徽宗），由向太后临朝听政，再次起用反对新法的保守派人士，打击新法。不到一年，向太后病逝。起初，宋徽宗想采取不偏不倚的政策，当年十月，他下诏称没有元丰、元祐的区别，斟酌某项举措，只看是否合乎时宜；辨别忠奸，用舍进退，只看是否合乎情理。他改元为"建中靖国"，意为"中和立政""调一天下"。为显示不偏不倚，他以旧党韩彦忠、新党曾布并相。但不久，宋徽宗沉迷享乐，搜求字画古玩，蔡京乘机讨好皇帝。为排挤韩彦忠，曾布也极力推荐蔡京。结果韩彦忠罢相，曾布自己也遭蔡京排挤，被罢免。

宋徽宗重用蔡京，以继承"先圣之法"为名，追究破坏新法的"奸人"，将文彦博、吕公著、司马光、范纯仁、苏轼、程颐等120位大臣列为"奸人"。宋徽宗御笔书写名单，刻在石上，竖于端礼门外（史称"元祐党人碑"）。后来，奸人名单被进一步扩充到309人，由蔡京手书姓名，发各州县，立碑以"永记"。列为元祐奸党的官员，一律"永不录用"，其子孙不准留在京师，不许参加科考。崇宁元年十二月，朝廷下诏禁止元祐学术[1]及其他"邪说"，对所谓非圣贤之书实行"文禁"。第二年四月，下令将苏洵、苏轼、苏辙、黄庭坚、张耒、晁补之、秦观、马涓等人的文集，范祖禹的《唐鉴》、范镇的《东斋纪事》、刘

---

[1] 元祐学术主要指周敦颐、二程等人的经学。

放的《诗话》、僧人文莹的《湘山野录》等书的印刷刻板全部销毁。[1]

在不断折腾中,两派积累了很多私人仇隙,相互报复,导致高层斗争愈演愈烈,直至不可收拾。宽松、仁爱、包容、文明的宋朝朝堂变成一个超级苛刻、残酷、恶毒、不讲半分情理的梦魇世界,谁也别想在这个世界里有好日子过。司马光代表的传统文官路线和王安石采用的亲信势力治国的路线之争,变成了保守派和变法派势不两立的政治斗争,使大宋在内斗中耗尽了生气。

更为可怕的是,在权力斗争中,尽管"新法"几度恢复,实际上已完全变质,失去了抑制兼并的内容,变成了对百姓的肆意掠夺。变法派好大喜功,为了富国强兵,既掠夺上等户的利益,也加剧盘剥下等户。在宋徽宗朝,把持朝政的蔡京一伙,一方面打着变法的旗号镇压反对派,并把王安石配享孔庙以显示对变法事业的忠诚;另一方面则横征暴敛,贪财纳贿。他们搞"西城括田所",在各地强占民田;搞"苏杭应奉局",搜罗各种奇花异石;修建明堂、九成宫、万岁山,耗费无数人力物力。这伙人的所作所为,进一步加重了朝廷的内外危机。

新法变质

蔡京拜相,独揽朝政。打着"变法"的旗号,他不遗余力地打击包括变法派在内的异己。他们所推的方田均税法,地主豪强的土地虽多,交税却少,农民的田少但赋税却越来越多;推动的免役法,规定减征豪强兼并之家的役钱,将其全部"均敷于下户"[2];极力投宋徽宗所好,使皇权与地主豪强成为巩固的联盟,穷奢极欲地享受特权。历史学家漆侠认为,蔡京集团以偷天换日的手段,抽出了熙宁期间新法的精髓,使其成为维护豪强兼并集团利益的工具。[3]宋徽宗在位25年(1100—1126),是北宋历史上最黑暗的时期,也是政局发生大变动的时期。不仅党争更加激烈,而且在恢复新法的名号下使新法彻底变质。[4]

---

1 陈胜利:《当改革遇见王安石》,第211页。
2 刘琳、刁忠民、舒大刚等校点:《宋会要辑稿13》,第7921页。
3 漆侠:《王安石变法》,第237页。
4 安作璋主编:《山东通史·宋金元卷》,第49页。

变　宋

　　宋徽宗在党禁问题上出现了几次反复,蔡京也三次罢相,四次任相,把持朝政长达十八年。为迎合宋徽宗的私欲,蔡京设立应奉局和造作局,大兴花石纲之役,建延福宫、艮岳,花费巨大;设置西城括田所,搜刮民田;乱铸货币,导致通货膨胀,民怨沸腾,出现了梁山起义、刘五起义、方腊起义。蔡京自己标榜是王安石变法的继承人,但他扭曲了新法。在蔡京被贬后,右正言程瑀上书说:"(蔡)京名为遵用熙丰之典,乃实肆为纷更,未有一事合熙丰者。"

　　宣和七年(1125),金军灭辽。十月,金兵南下,围攻开封。宋徽宗仓皇之间将帝位传给宋钦宗赵桓。靖康元年宋钦宗连贬蔡京、王黼、童贯、梁师成、李彦、朱励"六贼"。四月,宋钦宗恢复以诗赋取士,禁用庄老及王安石《字说》。自此,王安石新学丧失了长达六十年的官学地位。六月,宋钦宗下诏"群臣庶士亦当讲孔、孟正道,察安石旧说之不当者,羽翼朕志,以济中兴"。不仅朝堂政事如此,王安石个人历史评价也出现了颠覆性的变化。政和三年(1113),宋徽宗追封王安石为舒王,配享孔庙。到靖康元年,宋钦宗追夺王安石王爵,毁去配享的塑像。淳祐元年(1241),南宋皇帝理宗下诏削去王安石从祀资格,钦定为"万世罪人"。

　　分析北宋灭亡的因素,外部冲击是直接原因。1125年,北方崛起的女真军队打败了辽国最后的残存力量,兵锋直指庞大虚弱的宋朝。宋朝既没有有效的外交策略,也没有训练有素的军队,更没有有效防御所需的军事纪律和政治资本的存储。更为可悲的是,宋朝进行了半个世纪的变法自强、战争动员和军事改革严重变形,没有产生真正的作战能力,导致北宋末期边境如同"没有防备一样",把自己暴露在女真族的闪电战下,女真军队南下一个冲锋就将宋军彻底击溃。靖康元年八月,宋钦宗发出诏书"以济中兴"不到两个月,金兵第二次南下攻宋。金军攻陷开封,俘虏宋徽宗、宋钦宗及后妃、皇子、宗室、贵戚等三千多人,历经九位皇帝、一百六十七年的北宋灭亡。

　　自宋朝开国以来,历代统治者极力约束、削弱国内武将势力,不惜以鼓励经济兼并来笼络士大夫阶层,让精英阶级得以尽享繁华。然而,他们没想到,能排除范仲淹、王安石的"干扰",却没法排除女真人、蒙古人的征伐。[1] 在宋军遭受了彻底的失败之后,金灭北宋,《清明上河图》描绘的盛世灰飞烟灭,首都汴京城内"米斗三千,贫民饥饿布满街巷,死者盈路"(《南烬纪闻录》)。整个北方"几千里无复鸡犬,井皆积尸,莫可饮"[2]。盛世转瞬间变成了国破、家败、人亡的末世。

---

1 [英]崔瑞德、[美]史乐民:《剑桥中国宋代史》(上卷),第27页。
2 [宋]庄绰:《鸡肋编》卷上,清文渊阁四库全书本,第60页。

第十章

千古功过

一千年来，研究评价王安石及其变法的论著可谓是汗牛充栋，难以计数。著名宋史专家李华瑞先生系统梳理了千年来王安石历史地位沉浮与变法得失评判，他在《王安石变法研究史》中称，仅 20 世纪研究王安石的传记、变法史实的专著就达 90 余种，发表论文约千余篇。这些论著，大都毁誉、褒贬莫衷一是。不同时期对王安石的评价，起起落落，是是非非，甚至完全颠覆。在王安石改革之初，他被寄予厚望，被认为是继承庆历新政的领军人物，是改善了宋朝积贫积弱局面的希望。晚年，他被封为荆国公，死后被追封为太傅；绍圣年间获赐谥号"文"，配享宋神宗庙堂；宋徽宗时又配享文宣王庙，极盛一时。但在其后九百多年的传统社会，主流观点则把他看作"天变不足畏，祖宗不足法，人言不足恤"的异端、北宋灭亡的历史罪人、历史上真正的"小人"。然而，近代梁启超等学者对王安石重新诠释，好像在千年前他就是一个资本主义的先行者，甚至称之为"三代以下惟一之完人"。

为什么会有这么翻天覆地的差别呢？

第十章　千古功过

古代如何看？

新法的"敛财"实质，是王安石变法失败的根本原因，这个观点是王安石的政治对手司马光提出来并一再强调的。作为最坚决的反对者，司马光针对王安石提出的"善理财者，不加赋而国用足"，反驳道：所谓"理财"，主要是在分配领域内损下益上，夺商人、地主、农民之利归国家财政，不过是利益的重新分配而已。分析熙宁元丰时期的实际，在一定程度上司马光说中了王安石变法的关键问题，变法的真正兴奋点不是富民，而是富国。变法几乎把整个社会作为"取财"的对象，不仅损害了社会各阶级、阶层的利益，导致变法的社会基础丧失，而且这种以"民穷"为基础的"国富"难以持续，社会怨声载道，民不聊生。与司马光观点相似的还有苏轼、唐介等熙宁、元祐时的反对派，他们与司马光一样，批评新法执行的种种问题及可能造成的负面社会效果。

这种看法，在靖康时期进一步推进，南宋时进一步固化。南宋初期，宋廷南迁，宋高宗为开脱父兄的历史罪责，以靖康元年以来士大夫们的议论为依据，把"国事失图"由蔡京上溯至王安石，对王安石及其变法进行"污名化"[1]。在南方登基的第二天，他就下诏为"以母改子"的高太后辩诬，宣扬她废除新法的"功德"。绍兴四年（1134）五月，岳飞北伐大胜，南宋暂时安全，宋高宗诏命重修《宋神宗实录》，要求"直书王安石之罪过"，奠定了否定王安石变法的基调。一年零八个月后，二百卷《宋神宗实录》重新修成。这次重修的《宋神宗实录》，后来被元朝修《宋史》时承袭，王安石作为北宋亡国元凶的论调，遂成为封建时代官方定论。《宋神宗实录》《宋史·王安石传》《四朝国史》等史料，如同盖棺论定，板上钉钉，成为南宋至晚清大多数史家和思想家评议王安石新法的主要依据。

被称为"宋代理学之大成"的朱熹认为，王安石的文章学识虽高，但"安石乃汲汲以财利兵革为先务，引用凶邪，排摈忠直，躁迫强戾，使天下之人，嚣然丧其乐生之心。卒之群奸嗣虐，流毒四海，至于崇宁、宣和之际，而祸乱极

---

[1] 李华瑞：《王安石变法失败了吗？——为王安石及其变法正名》，第19页。

矣。"[1]由于朱熹理学的正宗地位，使得这一"公言"在其后的几百年为后世所尊奉。这种评价的思想根源，是传统儒家"子罕言利"或"义主利从论"，而王安石公开提出"理天下之财"的旗帜，对儒家传统经济思想造成很大的冲击，因而被传统观念所不容。与当年的反变法派一样，南宋以后评议者，大都以儒家传统理论为根据。

"用人不当"被认为是王安石变法失败的另一个最重要原因。当时司马光提出"皆吏不得人，故为民害"，在推行新政改革的同时，忽视了吏治的改革和整顿。变法最重要的支持者吕惠卿、章惇、曾布、蔡卞、吕嘉问、蔡京、李定、邓绾、薛向等人，个人品质多有争议，有的在当时就被视为小人。虽然王安石极力主张用君子，去小人，但事实上他的用或不用，常常以是否拥护新法为标准，而忽视了所用人的道德品质。用人不当，不仅造成政策执行不力，使一系列变法措施从安民走向扰民，而且导致变法派内部分裂，以至于最终解体。

变法急功近利、急于求成，也被认为是王安石变法失败的原因之一。王安石明知改革"缓而图之，则为大利；急而成之，则为大害"，却在变法中操之过急。只认定"变法图强"这个目标，却忽略了在实现这一目标过程中必然会连带产生一系列问题。在短短数年间，将十几项新政全面铺开，不被认可，变法陷入了欲速则不达的困境。

还有很多人将变法成败归于王安石本人的性格缺陷。在变法之前，作为宋朝最高统治者的宋神宗，曾反复思量王安石及其变法的可能性。他问大臣反对王安石担任宰相，是因为王安石学问、才识还是能力。大臣说是因为性格。这是王安石受攻击颇多的方面。

明朝开国皇帝朱元璋，对王安石变法印象非常恶劣，他说："宋神宗用王安石理财，小人竞进，天下骚然，此可为戒。"黄仁宇认为，宋朝300年后，明太祖朱元璋放弃帝国开放性的财政设施，采取一种保守性和收敛性的体制，与他个人对王安石的反感有关。在这种观念下，朱元璋一手设计了明朝的财政经济政策，基本精神就是重农抑商，其特点是彻底放弃商业化的努力，财政经济退回到

---

1 [元]脱脱：《宋史》卷三三七《王安石传》，第10553页。

第十章 千古功过

以广大的小农经济为基础。在明朝高度的中央集权下，社会"万马齐喑"，文明几乎处于停滞。

号称明朝第一文人的杨慎，著述甚多，对王安石极尽攻击毁谤之能。他指责王安石为"古今第一小人"，认为秦亡因商鞅，宋亡因王安石。明末清初，大思想家王夫之更是通过系统论证，认为王安石变法是小人之治，是苛政恶法，"依法以求赢，徒为聚讼而已矣"，所以他判定"安石之为小人，非苛责之矣"[1]！

传统社会认为王安石变法失败的人居多，这成了一个主流看法。但也有不同的观点，甚至也有人为其辩诬。南宋陆九渊，元朝吴澄、虞集，明朝陈汝锜、章衮，清朝颜元、李绂、蔡上翔、杨希闵、龚自珍、陆心源等，给予王安石高度评价。但有人分析，他们高度评价王安石有两个原因：一是他们大都是江西临川人，对王安石的褒扬，实际上是中国古代尊重和敬仰"乡贤"优良传统的一种表现；二是颜元、龚自珍肯定王安石及其变法，与他们和王安石有着相近的思想理路分不开。这些人认为，新法实行数年后，全国财政收入从宋初的1600多万贯增加到6000多万贯，史书也记载"中外府库无不充衍，小邑所积钱米亦不减二十万"，说明实效显著。在各种新法措施中，尤以科举改革、免役法、保甲法、保马法得到较多的肯定，与其在后世被陆续沿用是分不开的。颜元则更进一步说：王安石推行的很多新法，如农田、保甲、保马、雇役、方田、水利、更戍、置弓箭手于两河等，"皆属良法，后多踵行"[2]。与此相似，蒋士铨在《读宋人论新法札子》诗中也提出："后来十九遵遗法，功罪如何请细思。"明朝于慎行进一步提出："募役之法，即今之均徭；保甲之法，即今之坊保；保马之法，即今之种马；均税之法，即今之税粮。行之数百年未见其弊。而以经义论策代词赋之法乃选士之良规，永为后法，则其所行岂尽非哉。"清朝蔡上翔说自南宋以来，"荆公受谤七百有余年"，他认为"荆公之时，国家全盛，熙河之捷，扩地千里，开国百年以来所未有者。"[3]

---

1 ［清］王夫之：《宋论》卷六《神宗》，清道光二十七年听雨轩刻本，第259页。
2 ［清］戴望：《颜氏学记》卷三，民国吴兴丛书本，第148页。
3 ［清］蔡上翔：《王荆公年谱考略》卷廿四，第1018页。

总体看来，中国传统史学界对王安石变法否定居多。这种否定，对南宋及其以后朝代带来了严重的影响，政治保守主义在朝野中弥漫起来。南宋高宗、秦桧等执行妥协投降的外交路线，忌言抗金，对内钳制舆论，迫害异己，国家气运一日不如一日。直到近代，当国人面对西方列强的"船坚炮利"猛然惊醒急欲变法而"富国强兵"时，对王安石变法的评价才出现了转机。

近代如何看？

著名翻译家严复多次论及王安石变法，认为"王介甫之变法也，法非不良，意非不美也，而其效浸淫至于亡宋……在其时之风俗人心与其法之宜不宜而已矣。"他提出王安石变法具有相当的先进性，之所以变法没有成功，是因为人们的思想还没有达到变法所需要的程度，变法难度大，支持的力量不足。

在清末变法维新、救亡图存的社会背景下，梁启超为王安石及其变法彻底翻案，高调称赞他为"三代下求完人，惟公庶足以当之矣"[1]。梁启超激动地说，王安石走在欧美前面，最先发明社会主义，是全球社会主义学说的先行者。他把青苗法和市易法看作近代"文明国家"的银行，把免役法视作"与今世各文明国国收所得税之法正同"，还认为保甲法"与今世所谓警察者正相类"，一言以蔽之，"今世欧洲诸国，其所设施，往往与荆公不谋同符"。梁启超赞美王安石，有强烈投射现实的意思，为王安石翻案其实是为戊戌变法高唱赞歌。其后研究者虽然已涉及王安石及其变法的方方面面，但梁启超的肯定性评价为很多人所尊奉，而成为20世纪前半叶的主流观点之一。

具有相似观点的是陈焕章（1880—1933），他是康有为的弟子，1911年在美国哥伦比亚大学哲学博士学位论文——《孔门理财学——孔子及其学派的经济思想》中，认为王安石是一位伟大的政治家，但生不逢时，"不是太晚就是太早"[2]。如果早一点生在封建时代（指周朝封建制时代），或者晚一点生在民主社会

---

1 梁启超：《王安石传》，第3页。
2 ［美］陈焕章：《孔门理财学——孔子及其学派的经济思想》，长沙：岳麓书社，2005年，第362页。

的现代，王安石大都是可以成功的，而且假如王安石那时成功了，中国早就成了现代国家。[1]

与此不同，作家林语堂在其英文作品《苏轼传》中，对王安石进行了激烈的批评，他认为王安石和希特勒一样有"妄想狂"的性格，王安石的改革结果是"国家消除了私人垄断，却建立了自己的独占制度"[2]。这种极端的观点，即使西方人也难以接受，因而受到了当时评论者的批评。[3]

评价王安石变法，不能不谈列宁。作为20世纪俄国共产党主要领导人，列宁称赞王安石为"中国十一世纪的改革家"。这句话对20世纪的中国有重大影响。很多人认为：既然革命导师说王安石是"改革家"，那么他就是一个值得肯定的人。持这种观点的人以新兴的马克思主义学说为依据，例如吕振羽认为王安石的新政目的在于缓和农民和地主的阶级矛盾，适应中间阶层的要求，特别符合中小地主的经济利益，也反映了自由商人和手工业者的一些要求。

此后，由于持续的、快速的社会变革，社会主流意识形态对王安石持正面看法的人增多。民国时期，对于王安石财政思想的研究形成了一种诠释模式，主要是以传统价值标准和西方资产阶级学术思想为框架来评析，代表人物有柯昌颐、熊公哲、钱穆等人，论述王安石及其变法的成果较多。

对这些观点，胡适之颇有见地地说："看惯了近世国家注重财政的趋势，自然不觉王安石可怪了，懂得了近世社会主义的政策，自然不能不佩服王安石的见解和魄力了。"他总结说："是故今日为安石白沉冤，诚亦环境有以支配之使不得不然。"[4]

现代如何看

中华人民共和国成立以来，大多数研究者对王安石及其变法持肯定态度，许多文章探索用马克思主义理论进行分析。但改革开放以后，对于王安石变

---

[1] 张呈忠：《近三百年来西方学者眼中的王安石》，《史学理论研究》，2016年第4期，第133—141页。
[2] 林语堂：《苏东坡传》，第83—85页。
[3] Shau Wing Chan, "Review", *The Journal of Asian Studies*, Vol.20, No.2, 1961, p.233.
[4] 转引自柯昌颐：《王安石评传》，第396页。

法的评价却发生了分化，肯定和否定两种价值判断并立，评论的角度呈现多样化。

一是受马克思主义阶级斗争理论影响，认为王安石代表的阶级有问题。新中国成立后，受马克思主义的唯物史观和阶级斗争理论的影响，有些研究聚焦于王安石代表哪一个阶级的利益上面，认为变法派缺乏广大人民群众的支持，是因为其代表大地主集团反动势力的利益。进入20世纪80年代以后，很多研究转向从变法措施自身存在的弊端去分析。一般认为，王安石变法只是一场地主阶级内部针对统治危机的改良，没有触及社会的根本问题，不可能从根本上解决社会的矛盾。具体表现在，王安石变法中的经济改革过于激进而体制改革却裹足不前。范仲淹变法中的吏治改革失败，让王安石意识到了吏治改革是最不能触碰的底线，这个致命的失误成为新法失效的重要因素。[1] 这一类以马克思主义为指导的影响较大的著作有邓广铭先生的《北宋政治改革家王安石》、漆侠先生的《王安石变法》，都对王安石变法的基本框架、内容及其意义做出分析、解释和评价。

二是从政府职能讨论，认为王安石变法是政府干预所致。这种观念将王安石变法失败的原因归之于体制和法制的不匹配性。由于没有政府与民间的权利与义务关系法律保障，两者之间的交易自然也无法自由地按照商业规则来进行。王安石变法"一直维持由上端统筹支配"，这使得北宋不能在下端实现各种公平而自由地交换的局面。因此，有些研究将王安石变法的失败与政府失灵联系到了一起。所谓政府失灵，是指政府对经济干预不仅未能有效地克服市场失灵，甚至阻碍和限制了市场功能的正常发挥，进而加剧了市场紊乱。此外，寻租现象的大量存在也从侧面佐证了政府失灵问题。变法的发生、发展和结果，俨然已经为我们勾勒出了一幅市场与政府交替主导社会经济的景象，比如合理界定政府干预有效性边际的问题，从根本上进行政治改革以克服政府失灵的问题。[2] 学者李明思从

---

[1] 王宾：《王安石变法失败的政治根源探讨》，《兰台世界》，2013年第36期，第32页。
[2] 李昕、胥仕元：《由市场失灵到政府失灵——从政府干预经济角度谈王安石变法》，《邯郸学院学报》，2009年第2期，第87页。

国家干预主义这一角度进行分析,发现国家干预经济成本太大、造成许多不良的后果是变法失败的重要原因:第一,政府干预引发政府机构膨胀及政府运行成本的增加;第二,政府干预造成管理、决策成本增加;第三,政府行为的垄断性和官僚性给市场交易带来了更大的成本。

三是从发展环境角度分析,认为缺乏商业流通环境和市场运作机制,是王安石变法失败的一个重要原因。马海涛、李将军认为,因为皇权不受节制、私人财产权利得不到保障,服务部门(如商法、会计、保险、金融、民法等)得不到完善,国家与大资产者之间缺乏一个成熟的博弈机制,进而市场经济不能充分健康发展。如实行青苗法,官府贷款给百姓,却没有金融机构按照商业机制来运作。[1]

四是从政策决策和执行角度分析,有些学者认为,宋初权力与财富的分离,使改革成为可能的选择。通常情况下,既得利益者不肯放弃权力,本能地做出"与民争利"的政治选择。就像亚当·斯密所说的那样,资本天生具有对自由的渴望。商业资本具有对经济自由化的内在要求。它对于社会进步的作用在很大程度依赖于自由竞争法则的确立。但王安石变法主张政府加强对经济的干预,恰恰与经济自由化的内在要求背道而驰。[2]

从政策执行角度分析,执行不力是王安石变法的一个重要问题。清华大学教授梁小民认为,王安石变法动机不错,可惜效果并不好。变法最终失败的原因,除了遭到上层官僚集团顽固的反对之外,重要的一条是在执行过程中的扭曲。无论当初的动机有多好,执行的地方官员都可以把自己的私货塞进去。当府库充盈后,变法调节社会经济活动的正面影响一直在弱化,当神宗亲自掌控变法后,这种趋势更加明显。专制体制下的中央政府难以受到限制,新法实施存在的问题得不到矫正,新法最终沦为政府增收的工具,专制权力又给腐败开了方便之门,致使政府失灵出现了必然性。

---

[1] 马海涛、李将军:《王安石财政思想及其史鉴价值研究》,《现代财经—天津财经大学学报》,2003年第8期,第5页。

[2] 侯河彬:《政府职能的错误定位——王安石变法失败原因之我见》,《商业文化》,2010年第4期,第85页。

当然，当代学者也分析了王安石变法中人的因素。一些学者认为，用人不当导致变法的法规、措施在实施中走样。[1] 姚治勋进一步指出，在变法过程中王安石排斥异己所造成的恶劣影响，是导致变法失败的重要原因。张俊峰指出，在北宋时期，祥瑞、灾异等迷信学说对当时的政治、经济乃至军事等都产生了较为深刻的影响。灾异说在当时"不仅成为攻击王安石变法的武器，而且也是导致王安石变法失败的重要原因之一"。

当然，也有很多学者对王安石变法成败的评价进行了反思。宋史学者李华瑞在为王安石及其变法正名的文章中认为，对王安石及其变法的污名化始于靖康时期，于宋理宗时期达到高潮，从南宋至晚清成为宣扬义利道德观念最具有说服力的"反面教材"，王安石也成为典型"喻于利"的"小人"。[2] 著名宋史专家邓广铭认为王安石是一个真正能够高瞻远瞩的战略家，提出了"新法的被推翻不等于新法的失败"的判断，他认为绝不能因为司马光推翻新法，就认为新法失败了。[3]

外国如何看

王安石研究已经成为西方汉学的一个重要议题。张呈忠[4]、何文国[5]、饶望京等对国外学者的观点进行了系统总结，为我们了解海外王安石研究的成果提供了重要的帮助，此节对以上几位中国学者的研究成果予以概述性地介绍。

根据美国学者刘易斯·A. 马弗里克（Lewis A. Maverick）研究，第一个将王安石介绍到欧洲的是法国的耶稣会士、汉学家杜赫德（Du Halde）。[6] 1735年，杜赫德在巴黎出版被誉为18世纪三大汉学著作之一的《中华帝国全志》，提及王安石与富弼关于天变的著名争论，把王安石描绘得非常负面，影响了很

---

1 宫春科：《王安石变法的教训》，《领导之友》，2016年第6期，第51页。
2 李华瑞：《王安石变法失败了吗？——为王安石及其变法正名》，第19页。
3 邓广铭：《北宋政治改革家王安石》，第363页。
4 张呈忠：《近三百年来西方学者眼中的王安石》，第133—141页。
5 何文国：《王安石历史评价面面观》，《企业家天地（理论版）》，2010年第2期，第211—212页。
6 Lewis A. Maverick, "Review", *Eastern Quarterly*, Vol.1, No.1, 1941, p.81.

第十章 千古功过

多人对王安石变法的看法。[1] 其后，法国汉学家冯秉正（De Mailla）、德经（De Guignes）、雷慕沙（Jean Pierre Abel Rémusat）等，都对王安石变法持否定态度。[2]

与这种评价有所不同的是19世纪中叶法国传教士古伯察（Evariste Régis Huc），他将王安石的主张和当时法国的社会主义思潮等同起来，认为"那些使得法国大众为之狂热，被看作人类理性进步之崇高结果的社会理论，大部分不过是天朝许多年前已经破碎的中式乌托邦"[3]。古伯察的《中华帝国纪行》中关于王安石的论述，影响甚广。[4]

进入20世纪以后，西方学者对王安石的研究增多，更多地将王安石变法与社会主义思潮做比较，从多个方面进行评价。加拿大人福开森（J. C. Ferguson）从学术上正面阐述王安石及其变法。他将王安石的改革方案分为四个方面：1. 国家商业垄断；2. 匀税；3. 军事组织；4. 国家招募劳力。他认为王安石的改革方案体现的思想非常深刻，王安石为改革所发明的词汇被后来的一些改革者沿用。[5] 穆四基（John Meskill）认为这篇文章标志着对王安石变法的现代"再发现"。[6] 1908年，美国人荷马李（General Homer Lea）发表了《社会主义在中国是怎样失败的》，认为王安石是社会主义者，将社会主义原则传播到了整个国家，但王安石促使人适应社会主义原则的人性改造并没有如其所愿，原因在于民众没有准备好。[7] 此时，西方学者更多地结合本国社会发展，对王安石作出了新的评价和思考。

1909年，法国汉学家伯希和（Paul Pelliot）将王安石与马克思做了比较，认为二者存在很多相似之处："他们都对自己的论断和宏图的可实施性很有信心；

---

1 许光华：《法国汉学史》，北京：学苑出版社，2009年，第68—70页。
2 张呈忠：《近三百年来西方学者眼中的王安石》，《史学理论研究》，2016年第4期，第133—141页。
3 [法]古伯察：《中华帝国纪行——在大清国最富传奇色彩的历险》（下），张子清、王雪飞、冯冬译，南京：南京出版社，2006年，第31—36页。
4 张呈忠：《近三百年来西方学者眼中的王安石》，《史学理论研究》，2016年第4期，第133—141页。
5 J. C. Ferguson, "Wang An-shih", *Journal of the Royal Asiatic Society*, North China Branch 35: 65-75 (1903-4).
6 John Meskill, Wang Anshi, Practical Reformer? Heath and Company, 1963, p.35.
7 General Homer Lea, "How Socialism Failed in China", *Van Nordens Magazine*, 1908, pp.107-113.

在追求目标上都很坚决;都对历史作出了新的偏执的解读;最后,动机都来自对普罗大众的同情。"同年,俄国汉学家伊凡诺夫出版了《王安石及其改革》,称王安石改革具有国家社会主义性质。这种分析影响了德国著名经济学家、社会学者马克斯·韦伯。在参阅了陈焕章和伊凡诺夫的著作之后,1915年韦伯在《儒教与道教》中将王安石变法看作一场失败的理性化改革运动,其改革受到了"儒教徒"的反对,未能建立起合理化的军队组织和公共财政。[1] 1931年,德国汉学家福兰阁(Otto Franke)将王莽和王安石的改革称之为国家社会主义,给予高度评价,认为王安石"所处时代与近代西洋的统治制度相类似"。[2] 英国人威廉森(H.R.Williamson)非常推崇王安石,借王安石的主张来批评当时英国保守党的政策[3],反映出经济危机背景下英国人对国家干预的诉求。

在这一时期,王安石还受到美国政治家华莱士(George Corley Wallace Jr)的青睐。华莱士曾阅读陈焕章的《孔门理财学》。在20世纪30年代任美国农业部部长后,他从王安石的青苗法中获得启示,在美国设立商品信贷公司,为农民提供农业贷款。他认为美国经济危机时发放农业贷款的做法,与青苗法有异曲同工之妙,对挽救美国经济起到了很大作用。[4] 1944年,时任美国副总统的华莱士访华时称:"他(王安石)在1068年的重大困难之下所遭遇的问题,与罗斯福总统在1933年所遭遇的问题,虽然时代悬殊,几乎完全相同,而其所采取办法,也非常相似。"他强调两者的不同制度背景导致了不同的结果。[5]

与此不同,1947年拉铁摩尔夫妇(E.Lattimore)在《中国简明史》中,否定了王安石理论的社会主义性质,认为王安石是要"在不消灭地主阶级原有结构的情况下,把农业生活和农业收入从地主手里转移到政府手里,王安石的用意并

1　[德]马克斯·韦伯:《儒教与道教》,洪天富译,南京:江苏人民出版社,1997年,第83页。
2　苏乾英译:《中国上古及中古之国家社会主义经济政策》,《食货》,1936年第7期,第40—50页。
3　H. R. Williamson, *Wang An-Shi, a Chinese Statesman and Educationalist of the Sung Dynasty*, Arthur Probsthain, 1935-1937.
4　康震:《千秋万岁名:在王安石千年诞辰之际的一点思考》,第16页。
5　唯明编:《华莱士在华言论集(英汉对照)》,重庆:世界出版社,1944年,第34—35页;另见沁青:《华莱士与中国农业界》,《农业推广通讯》,1944年第8期,第42—43页。

不在于国有制，而在于让国家的全体官僚人员进行垄断控制"[1]。

20世纪50年代以后，将王安石比作社会主义者的说法不再流行，这个时期王安石研究的学术水准有了很大提升。著名宋史专家、美籍华人刘子健撰写《宋代中国的改革——王安石及其新政》一书，认为王安石变法的目标是通过理想的官僚制来建立道德社会。[2] 他指出："新政对国家财政的促进远远大于带给人民的利益。"他将王安石的失败归结于官僚制的问题，"当这些官僚转变为巧取型的时候，新政所获得的就失去了"。新政的结果是集权主义的强化、绝对主义的增长以及官僚的腐败将北宋带入了危险境地。[3] 20世纪70年代，费正清（John King Fairbank）和赖肖尔（Edwin O. Reischauer）认为，王安石的一些改革措施，如低息信贷制度以及完全放弃劳役制等，显然在经济和行政上向前迈出了一步，而其他的措施例如调价、政府控制商品、集体担保和民兵制度只是以前制度的恢复和延续。[4]

20世纪70年代以后，美国汉学界对王安石的研究有了新的变化，引领这个变化的是美国著名宋史学者郝若贝（Robert Hartwell）。他将11世纪的中国学术潮流主要分为三类：古典主义（classicism）、道德教训主义（moral didacticism）和历史类比论（historical analogism）。所谓古典主义即以王安石为代表的新学，道德教训主义则是"二程"为代表的道学，历史类比论则是司马光为代表的史学。他认为古典主义表达了一种效法三代、对后古典历史（即三代以下）予以否决、力图重建一个故纸堆中的理想社会的愿望。[5] 1982年，郝若贝发表《750—1550年间中国的人口、政治及社会转型》一文，奠定了美国宋史

---

1 [美]拉铁摩尔夫妇：《中国简明史》，陈芳芝、林幼琪译，北京：商务印书馆，1962年，第61页。

2 James T. C. Liu, *Reform in Sung China, Wang An-shih (1021—1086) and His New Policies*, Harvard University Press, 1959, p.58.

3 张呈忠：《近三百年来西方学者眼中的王安石》，第133—141页。

4 [美]费正清、[美]赖肖尔：《中国：传统与变革》，陈仲丹译，南京：江苏人民出版社，2011年，第131、115页。

5 Robert Hartwell, "Historical Analogism, Public Policy, and Social Science in Eleventh and Twelfth Century China", *American Historical Review*, Vol.76, No.3, 1971, pp.690-727.

学界的"郝若贝模式"[1]。郝若贝的着眼点是精英身份的转变,认为宋代的主要统治阶层已经由唐代的世袭精英阶层发展到北宋的职业精英(官僚)阶层,再到南宋的地域精英(士绅家族)阶层。在王安石试图对中国政府的机关与政策进行广泛的制度变革的时候,"地方性的、亲属的、利益集团的、恩主与受庇护的以及意识形态关系的复杂混合体形成了派系",派系的斗争导致了职业精英的衰落。[2]这种研究,奠定了其后20年美国学界对唐宋变革研究的理论框架和讨论模式。

1993年韩明士(Robert Hymes)和谢康伦(Conrad Schirokauer)主编《经世:宋代中国通向国家与社会之路》,基本理论框架是"国家与社会的关系",鲜明地体现了郝若贝模式的分析框架。[3]史乐民(Paul J. Smith)以1074—1224年四川的茶叶垄断及四川和青海之间的茶马贸易为主题,认为王安石新法是典型的"经济激进主义",是一种直接通过专卖、政府企业和间接通过商税参与商品经济的模式,正是这种经济激进主义使变法最终堕落为横征暴敛。[4]

"国家与社会的关系"分析框架下最具代表性的是包弼德(Peter K.Bol)。他认为:"王安石试图把政府与社会统一为一个整体,司马光则希望在政府的常规活动和人民追求物质利益的传统方式之间划出一条必要的界限。王安石希望打破私人财富的权威,司马光则为富人特殊的和必要的社会机能而辩护。"[5]也就是说,司马光的主张类似于"小国家、大社会",而王安石的主张接近于"大国家、小社会"。借助这样一种分析框架,包弼德将中国历史上的主要时代进行了两种区分:秦朝、新朝、北宋后期为王安石路线,汉唐、南宋、明清为司马光路线。由此可见,在这样的一个谱系中,司马光路线代表着一种正常的路线,而王

---

1 罗祎楠:《模式及其变迁:史学史视野中的唐宋变革问题》,《中国文化研究》2003年第2期,第27页。
2 [美]郝若贝:《750—1550年间中国的人口、政治及社会转型》,载伊佩霞编:《当代西方汉学研究集萃》(中古史卷),上海古籍出版社,2012年,第175—246页。
3 Robert Hymes, Conrad Schirokauer, *Ordering the World: Approaches to State and Society in Sung Dynasty China*, University of California Press, 1993, p.6.
4 Paul J.Smith, "Taxing Heaven's Storehouse: Horse, Bureaucrats, and the Destruction of the Sichuan Tea Industry, 1074-1224", *Harvard University Council on East Asian Studies*, 1991, p.313.
5 [美]包弼德:《政治、社会与国家——关于司马光和王安石的政治观点》,载田浩主编:《宋代思想史论》,北京:社会科学文献出版社,2003年,第154页。

第十章　千古功过

安石路线则是极端的特例。[1]

在日本研究王安石的学者中，影响最大的是内藤湖南（Naitō Torajirō）的唐宋变革论（或称"内藤—宫崎假说"）。他认为王安石变法代表了近代化的方向。这种看法与上面提到的郝若贝模式——南宋的地方士绅社会代表着社会发展的方向——恰好相反。[2] 前者强调的是国家的权力，后者重视的是社会的建设；前者是战前日本国家主义色彩浓厚的表达，后者则是美国20世纪70年代以后新自由主义思想的展现。

美籍华裔历史学家黄仁宇从现代财税制度分析出发，把王安石变法失败的原因归之于体制和法制的不匹配，导致王安石变法思想上和行动上的距离相去过远。他认为，新法推行政府与民间交易，但却不依商业体制进行，仍是传统的专制办法，通常没有好的结果。[3] 崔瑞德、史乐民主编的《剑桥中国宋代史》（上卷）充分吸收了国内外王安石研究成果，分析了新法执行过程、问题及解决办法，认为变法推出的政策主要基于能否为国家发起的各项举措和皇帝的"拓边"行动筹集经费的考虑，导致新法"从经济再分配转变为榨取税收"[4]，最终被紧急财政状况和军事失败压垮。变法的财政化及政府对基层社会的破坏性入侵，不仅引起了保守派的激烈反对，而且也导致新法失去了"抑兼并""促生产"的进取意义。

王安石研究已然成为西方汉学的一个重要课题。纵观近三百年来西方学者对王安石的介绍与研究的历程，不仅认识上不断丰富深化，而且产生了很多具有重要启发意义的成果。而从思想变迁的角度来看，每一时代对王安石的看法都深受当时社会思潮的影响，不同时代不同文化背景下的学者往往"以自己的场域为前提"。[5] 西方学者对王安石变法问题的思考方式和解答，既有值得我们学习借鉴的地方，也有需要反思之处，相信读者会做出自己的判断。

1　张呈忠：《近三百年来西方学者眼中的王安石》，第133—141页。
2　参见魏峰：《宋代社会的理想化分析——评韩明士〈政治家与绅士〉》，《西安电子科技大学学报（社会科学版）》，2006年第3期，第98页。
3　陈胜利：《当改革遇见王安石》，第271页。
4　［英］崔瑞德、［美］史乐民：《剑桥中国宋代史》（上卷），第377页。
5　秦晖：《问题与主义：秦晖文选》，长春：长春出版社，1999年，第6页。

理想与现实之间

追本溯源,严重的财政危机,是王安石和宋神宗变法所必须尽快解决的难题。而这个问题,看似急功近利,但关系王朝兴衰存亡,是国家运行不得不面对和解决的问题。为了解决王朝中期严峻的财政危机,王安石变法不得不涉及三个方面:一是如何积累财富?二是增加的财富如何使用?三是这种做法的最大风险是什么?

首先,如何积累财富?

朝廷敛财,不能硬抢,首先要有一个冠冕堂皇、具有号召力的理由。王安石提出"民不加赋而国用足"的变法主张,一方面,他不愿意加重赋税,防止农民破产引发社会动荡;另一方面,又要增加财政收入,解决财政危机。为此,他把造成农民贫困、国家积弱的原因,归之于兼并,具体表现为高利贷盘剥、富商垄断货物、贫富不均以及国家财力匮乏。由此,他提出"抑兼并"的具体做法,目的是由国家来分享兼并的利益。例如,宣传实施青苗法的目的是"使农人有以赴时趋事,而兼并不得乘其急",然而王安石并不直接打击豪强垄断或高利贷,而是坚持收取政策性"低息",试图达到"抑兼并"与增加财政收入的双重目标,这样抑兼并就成了理财的手段之一,加快了从社会吸取资源的力度。熙宁四年实行免役法后,收取免役钱,连宋神宗都感到"税敛已重",王安石却说:"以我所见,税赋并不重,能够防止兼并。"[1]然而,农业兼并的实质是土地兼并,王安石却不肯触及土地问题。他曾对神宗说:"现在朝廷治理农业……播种收获,怎么能够突然夺取地主田地分给贫民呢?将富人田地分给穷人并不可行,即使可行也没有好处。"[2]不夺取大地主的土地,怎么能消除兼并呢?王安石认为皇帝要知晓天下利害,对兼并土地的富人进行约束,施加压力,逐渐限制地主兼并土地,同时奖励耕田之人。[3]在新法中,除农田水利法外,其他几种理财新法都同"抑兼

---

1 参见[宋]李焘:《续资治通鉴长编》卷二二三"熙宁四年五月丙午"。
2 参见[宋]李焘:《续资治通鉴长编》卷二一三"熙宁三年七月癸丑"。
3 叶世昌:《论王安石的经济思想》,《经济问题探索》,1982年第5期,第75—79页。

并"具有相似的逻辑。均输法是要"稍收轻重敛散之权归之公上",市易法是为了限制富商大贾的乘时利益,把出纳敛散之权归之国家。免役法是要"抑兼并,便趋农",但征收免役钱却是越多越好,有人上报浙西役钱上等户有出六百贯,太多了,王安石说:"出六百贯者或非情愿,然所以摧兼并,当如此。"[1] 在"抑兼并"的号召下,王安石努力把大官僚、大地主、大商人的部分剥削收入转归朝廷所有,同时力图稳定小农经济,发展农业生产,达到"摧兼并,收其赢余,以兴功利,以救艰厄"的多重目标。

为什么王安石要从"抑兼并"入手呢?北宋中期,大地主、大官僚、大商人"三位一体"的现象已经非常严重。王安石明白,土地兼并与商业资本关系密切,只抑制土地兼并,限田、括户、核实土地,如果没有抑商业的措施与之配合,兼并之家还可以从商业环节操纵市场,通过囤积居奇、高利盘剥等手法,积聚财富,然后再将其用于购买土地,继续兼并。因此,要抑制兼并,必须抑制商人的资本积累,这样才能遏制兼并资本的增长,减弱兼并的速度。所以,王安石变法的历史意义,在于不仅仅针对一般的地主,而且对垄断的商业资本和大官僚也采取了抑制措施。与西汉桑弘羊相比,王安石处于土地私有的古代社会发展阶段,国家财政收入不再只是按照人口计算赋税和分派徭役,宋代赋税按照田亩征收,政府与豪强的斗争不仅在于争夺人口数量,而且在于争夺对农民土地地租剥削的分配比例与制止隐匿瞒报田地逃避税收。王安石变法的"方田均税法",就是想阻止大地主隐瞒漏税。[2]

"抑兼并"政策的效果究竟怎样呢?传统社会最主要的社会经济基础——被兼并者是农民,他们的生活是否得到改善了呢?据记载,实行新法而增加的财政收入,除少量用来兴修水利使农民受益外,绝大部分都用来弥补财政开支和贮存国库。新法施行既没有防住农民被兼并的趋势,也没有使大地主放弃他们的过限之田。后来,王安石自己也知道新法对抑兼并的作用极为有限,说:"今制法但

---

[1] 叶世昌:《论王安石的经济思想》,第78页。
[2] 吴慧:《中国商业通史》(第二卷),北京:中国财政经济出版社,2006年,第825页。

一切因人情所便,未足操制兼并也。"[1]这样,变法的实际意义,不过是为国家向兼并势力分取一些剥削所得加上一个冠冕堂皇的理由。

王安石变法的主要目标是"富国强兵富民",在顺序上,首先是"富国"与"强兵",最后才是"富民",可惜他第二个目标严重受挫,第三个目标根本没能贯彻,重塑社会的愿望最后也未能实现。著名经济学学者叶檀撰文说,王安石理财,短期满足了国库所需,但它所产生的弊病,则造成了更为深远的负面作用。从历史上看,政府高度垄断所得越多,对整体经济的长期发展越不利,越容易形成政府对经济集权的依赖。以今天中国的发展来看,从小岗村包产到户开启的进程来看,在于政府逐步退出,渐渐放松对经济的严厉管制,选择市场经济的方向。这就使民众能够挣脱束缚,也使社会蕴藏的活力得以迸发,从而创造出增长的奇迹。这个方向与王安石所致力的途径正好是相反的。

第二,财政增收的财富用到哪里?

在变法方针上,王安石说得很清楚:"当今理财最为急务,养兵备边,府库不可不丰"。变法增加的财富,大部分用于养兵。熙宁、元丰年间,宋朝对西夏、交趾、吐蕃连年用兵,钱粮消费巨大。由于交通不便,大规模军事行动需要大量后勤人力物力支持。据沈括《梦溪笔谈》记载,民夫和士卒人数一比一时,可支持军队来回九天的粮食;二比一时,可支持十三天;三比一时,可支持十六天。如果出兵十万,军人和民夫总人数要达到四十万人。巨大的军费开支,使财政增收的财富不可能用于改善民生。

在"用武开边""成盖世之功"方面,王安石和宋神宗之间有一定的差距。王安石对用兵极为慎重,采取"待时而动"的策略。宋神宗之所以大力支持变法,与契丹、西夏等外来压力和刺激分不开,因此他急于求得对外战争的胜利。为了尽快实现这个愿望,他在王安石罢相之后延续了增加税收的法令,但抽出了抑制兼并的内容,这样就将大部分的赋税压力由"均摊""转移"到了"中下层农民"身上,使变法性质发生了改变。[2]

---

[1] [宋]李焘:《续资治通鉴长编》卷二二三"熙宁四年五月丙午"。
[2] 漆侠:《王安石变法》,第213页。

第十章 千古功过

而且，为了急于取得战争的胜利，宋神宗还超出以前的法令未曾越过的范围，一方面扩大赋税征收，另一方面加强各项军事措施。将变法引导到这个方向后，自然使社会经济受到相应的影响。从全国看，改革前期有利于社会生产发展的措施，已经降到次要的地位了。史书记载兴修水利的情况，只记载到熙宁九年，其后不再记载，可见国家用于兴修水利的费用降低到了什么程度。宋神宗主持变法后，四川榷茶增加了很多茶税，茶户和商旅都深感痛苦；原来王安石不同意的榷铁做法（因为官府制作器物不良，老百姓不喜欢使用），也于北宋神宗元丰六年京东实行；将养马法普遍推广到京东、京西两路，"务为苛峻"，造成两路居民沉重负担。对变法前后的这个变化，北宋陈瓘认为"元丰之政多异于熙宁，则先志固已变而行之"[1]。

宋神宗和王安石在改革路线上，有着一定的差异，特别是在抑制兼并方面，存在着明显的距离。比如，熙宁四年五月，王安石对宋神宗说："抑兼并惟古大有为之君能之。"他认为，只有那些古代的大有作为的君主才具有抑兼并的能力，兼并者都是有能力、有地位的人，这些人的议论足够动摇士大夫的看法，如果新法一切"因人情所便"，就不能有效地抑制兼并了。王安石进一步劝说皇帝，不要被议论所动。他担心皇帝被议论动摇变法的决心，影响变法的顺利开展。王安石这种担心，并非无的放矢，在新法制定的过程中就表现出来了。比如，在制定市易法条目时，原文有针对豪商大贾"较固取利"按律治罪的规定，宋神宗竟不顾王安石反对，将该条目一笔勾销。熙宁八年（1075）四月，王安石建言说，最近京城很多大家族关停了典质店铺，市易法摧抑兼并的效果快要显现出来了，要求进一步"更修法制，驱之使就平理"。对王安石进一步修订法制的要求，宋神宗说："均无贫固善，但此事难尔！"这些事例表现了宋神宗犹豫的心态，王安石极为清楚，他说："陛下忧畏太过，故奸人窥见圣心，敢为诳胁也。"[2]

正如王安石抱怨的那样，当变法取得一定成功，缓解了财政压力的时候，宋神宗对变法的支持变得"刚健不足"。历史学家漆侠分析说，皇帝作为专制主义

---

[1] 转引自漆侠：《王安石变法》，第214页。
[2] ［宋］李焘：《续资治通鉴长编》卷二二三"熙宁四年五月庚子"。

的最高代表,其实际地位处于各类矛盾交叉集合点上。他既是黎民百姓仰望的救星,也是地主阶级的总代表,当然也是兼并势力的代表。他既要倾听来自中下阶层要求公平均等的改革呼声,也要倾听力量更为雄厚的豪强兼并之家的呼声,并受到这两种呼声的影响。在变法之初,当这两种矛盾尖锐并影响到国家统治时,宋神宗坚定支持新法;但当变法取得一定成效缓解了国家危机时,皇帝就不由自主地减弱了对改革派的支持。特别是当反对派凶猛进攻,新法实施碰到困难的时候,这位年轻的皇帝摧抑豪强的劲头,就从大化小、由强转弱,很多时候,一再表现出游离不定、动摇彷徨。任何一项新法,比如青苗法、免役法、市易法、免行钱等遇到激烈批评时,特别是反对派提出实行这些措施容易引发类似"建中之乱"[1]那样的社会动荡或农民暴动时,宋神宗就立刻变得犹豫起来。

而且,宋神宗这一内在弱点,被反对派紧紧抓住并充分利用。反对派散布言论,公然宣称变法将失去士大夫和豪强兼并者的支持,必将导致动荡分裂。在攻击青苗法时,范镇和司马光都在奏章中提出富人因青苗法致贫后,缓急之际无人出钱出力支持皇室。苏轼更是用生花妙笔将这个说法夸张到了极致,他说青苗法使"民"怨,均输法使"商贾不行",裁并军营致使"军始怨矣",官僚机构整顿使"士莫不怅恨"。在苏轼笔下,宋神宗一下子冒犯军、民、吏、士四等人,而这四种人是"自古存亡之所寄者"[2]。也就是说,如果不停止改革,像官员、军士等统治工具,都要和皇帝分道扬镳。[3]面对这种攻击性论调,宋神宗改革不彻底的一面暴露无遗,他曾经表示:"民合而言之则圣,亦不可不畏。自

---

[1] 公元779年,唐德宗李适即位,年号建中。为了改善财政状况,德宗任用杨炎为相,颁行两税法,锐意改革。公元781年,成德节度使李宝臣去世,他的儿子李惟岳按照惯例,向唐德宗请求继承自己父亲节度使的职位。唐德宗见李宝臣才去世不久,成德镇内部局势不稳,想借此机会削弱藩镇势力,派遣朝廷官员去治理成德藩镇,于是拒绝了李惟岳继承父职的请求。李惟岳请求继承成德节度使职位未果的消息传出,魏博节度使田悦和淄青节度使李正等看出唐德宗的削藩意图,为了保证自己藩镇节度使的位置能够代代相传,纷纷调兵遣将,举兵支持李惟岳与朝廷抗衡。因处理藩镇措施不当,引起各地藩镇相继叛乱,唐德宗被迫逃出长安,史称"建中之乱"。

[2] [宋]郎晔选注:《经进东坡文集事略》卷二九《再论时政书》,《四部丛刊》景宋本,第739页。

[3] 漆侠:《王安石变法》,第211页。

第十章 千古功过

上制法以使之,虽拂其情,然亦当便于民乃可。"[1]这里的"民",在皇帝的视野中,不仅仅包括老百姓,还包括豪强兼并者。此处宋神宗所说畏"民",是豪强兼并者,自上制法要"便"的"民"。在变法的整个过程中,宋神宗既采纳变法派的主张抑制兼并以缓和社会矛盾的建议,又在反对派影响下深恐抑制豪强引发特权阶级分裂。由于陷入这种无法解决的矛盾,宋神宗在变法中表现出游移不定、动摇彷徨的特点。这种特点表现为在他自己主持变法后,采用"异论相搅"的牵制策略,使变法出现了停滞甚至后退,与王安石的理想预期产生了巨大落差。

这种偏差,导致原来"立法之意,取民之财,还以助民"的初衷,从某种角度讲只能局部适用于王安石执政期间的变法,根本不适用于宋神宗主持的变法阶段。[2]到了宋神宗,变法成为积累财富用于战争的手段。宋神宗心中渴望国家统一的火焰比宋真宗、宋仁宗和宋英宗更加强烈,他登上皇位时便决定消灭西夏,然后亲目领兵去征服辽国。在宋神宗统治时期,在这种激情、民族主义、边境冒险主义煽动下,包括边将、太监和强硬派官员在内的北宋官僚阶层通过战争邀功,将对外进攻作为强有力的政治资本。这种政治资本在接下来的半个世纪,继续推动宋神宗的儿子宋哲宗、宋徽宗致力于完成父亲的梦想,如同飞蛾扑火般地进行军事冒险。

征伐西夏的失败是宋神宗万万不愿见到的后果。军事的不利,不仅浪费了变法积累的财富,最关键的是使变法失去了合理性。变法不但没有实现大宋中兴的梦想,反而增加了老百姓的负担,引发很多抱怨。外部战争的失败,进一步影响了内部发展,为部分裂无法弥补,最终导致内外危机大爆发。这样的结局,恐怕是宋神宗和王安石二人在变法之初根本无法想象的噩梦。更为可怕的是,后来这种敛财的"手段"又被蔡京利用,通过满足宋徽宗的骄奢淫佚,"以万民之膏血,搏一己之尊荣",诱使宋朝走上了灭亡的不归路。

---

1 [宋]李焘:《续资治通鉴长编》卷二二一"熙宁四年三月丁末"。
2 漆侠:《王安石变法》,第214—215页。

第三，变法最大的风险是什么？

变法遭到很强烈的反对其实早在宋神宗、王安石的预想之中，然而，王安石没有想到的是，他的变法开创了一个国家资本全面介入经济的先例，政府直接参与经济，乃至成为经济活动的主体。这种国家资本与权力相结合的特征，短期看是治愈财政弊病的"兴奋剂"，从长期看却成为权力腐败、百业凋敝的"慢性毒药"。而且，这种短期权力欲与经济欲如同"兴奋剂"一样，能够让历届统治者"上瘾"，不知不觉地进行效仿。

宋朝之后的明朝，与宋初社会经济繁荣活跃而国家（政府）却积贫积弱的局面相反，通过国家管制取得了打退蒙古进犯、郑和下西洋的盛举。朱元璋治国的特点是"立法多佑贫抑富"，从表面上看有利于重农抑商，崇本抑末，抑制兼并，严肃吏治，控制民间的竞争力与分化，保持社会秩序和国家稳定。然而，这种治国方法严重压抑了民间经济活力，阻碍了商品经济的发展，结果不仅使富户遭受打击，而且对贫苦百姓也没有好处。让人意想不到的是，大明王朝二百年的统治，唯一获利的是那些借国家管制而自肥的权势集团，他们获得了用专制权力榨取超额利益的机会，造成"法律重农夫，而农夫贫贱矣；法律贱商人，而商人（特权商人）富贵矣"[1]的矛盾性局面。这种与预期相反的后果，固然违背了朱元璋的本意，但不受限制的权力，也恰恰是产生这种腐败的原因。这种以弱化民间社会为代价的政策实施的代价，逐步显现出来，随着明政权进取性丧失、权力腐败的加深，"国强民弱"的状况很快便被"国与民俱贫，而权贵独富"的社会危机所取代。[2]

所以，无论"国富民弱"还是"国弱民富"，都不是一个稳定状态，而理想中的"国富民强"，也是一个难达、难守的顶峰。因此，面对集权或分权，单靠国家集权或地方宗法的单一控制都不是历史的真实情况，历史大都是从一端走向另一端，而在这个走向的转折点，变法或改革就出现了。变法并不意味着一定成功，改革也不意味着一定胜利。只有能让大多数人获得利益的改革，才能获得大

---

[1] 漆侠：《王安石变法》，第290页。
[2] 同上。

第十章 千古功过

多数人的支持；让老百姓获得实实在在的利益，改革才能由下而上获得支持，动员整个社会的力量加以推进。[1]

所以，读《宋史》，令人时而由衷赞叹，时而扼腕叹息。大宋繁华而开放的表面，与"积贫积弱"的客观现实形成了无比鲜明的对比，宋神宗与王安石"富国强兵"的理想与变法推行后的惨淡现实存在着难以逾越的鸿沟。甚至北宋灭亡后的八九百年间，对变法功过评价还在争论不休。在众多历史学者的努力下，王安石及其变法成为中国历史上最具魅力的研究主题，产生了丰硕的研究成果，形成了多种分析角度和研究视野，对我们理解宋朝社会、王朝兴衰以至于传统中央集权体制具有很多启迪。在充分借鉴吸收这些丰硕研究成果的基础上，本书另辟蹊径，从另一个角度审视这场满是争议的变法。

这个不同的角度就是从基层调研看变法的整个过程。"情况不明决心大"是决策之大忌。我国自古就有基层调查的良好传统，从传说中的大禹治水勘察华夏各地，到秦始皇巡游、汉武帝视察黄河以及包拯判案，决策制定和执行一刻也离不开社会调查。王安石变法非常重视基层调查，很多变法措施出台前后都进行过调查。于是，运用案例分析法，以两个宦官到基层调查为线索分析青苗法利弊之争，成为本书的开篇。案例分析发现，基层调研不仅没有使执行中出现的弊病和偏差得到及时纠正，反而加剧了派系之间的激烈斗争，致使新法由"惠民政策"向"逐利行为"蜕变。本书力图解释这种事与愿违的现象，分析制度存在负效应的因素，发现于传统专制权力和利益集团基础上形成的不同立场及主观认识差异，导致基层调研这种方法缺乏执行、评估及反馈的客观标准和政策环境。因此，通过分析，基层调查中人的问题就变成了政策环境问题，新法利弊争论的事实、依据、标准，也就变成了所处环境中人的利益、态度和立场差异之辨，而这些又深深受到当时政策环境的影响。

由于涉及人的问题、制度问题与政策环境的问题，所以我们采用了综合政策分析工具。

---

[1] 陈胜利：《当改革遇见王安石》，第266—267页。

变　　宋

首要的考量因素是政策决策者——北宋皇帝宋神宗。当我们走近这位年轻的皇帝时，赫然发现宋神宗素有大志，力图改变受辽夏欺辱的被动局面，甚至收复燕云，威服辽国，再造汉唐辉煌。理想很丰满，但现实很骨感，刚刚继承大统的皇帝发现财政匮乏，钱袋空空，能干的人不多，添乱的人不少，寻找治国的英才成为皇帝首先解决的急迫问题。于是，倡导变法的王安石青云直上，越次入对成为推动变法的股肱之臣。我国传统的政策制定过程基本上属于"关门模式"[1]，政策空间较小，官僚集团特别是以皇权为代表的特权阶层具有政策的"拍板权"。这种政策制定模式表面上有一定的合法流程，但实质是各个利益集团实现利益的手段。表面看政策决策是一种方案的选择过程，而实质上是各种利益主体的博弈过程。因此，变法整个过程都会受到利益冲突的影响。历代王朝其"其兴也勃焉，其亡也忽焉"，兴衰之间，并不像拨弄钟摆那般自然、简单、容易，无情的客观现实告诉我们，判断在左或右并在高点"倒行逆施"，并不是一件轻松而快乐的事，而是一次根本利益的调整，充满着"夺妻杀父"般的血腥与仇恨。

王安石推行变法非常重视人的因素，他已经意料到了权贵阶层的激烈反对，也明白改革会触动不同阶层的根本利益，但是改革方案的设计与实施却没有将这些参与主体（各级官僚）设定为追求利益最大化的利益相关者，而是相信统治的手法，依凭行政权力，寄希望于他们服从命令、本着对帝国负责的态度做出选择。这种政治幻想的落空说明推进变法必须充分考虑人性，考虑人是"理性人"和"社会人"的特点，要通过变法过程中的利益关系，分析利益受益者和受损者的反应。各个利益相关方相互作用的净作用，决定着改革的实际效果，改革就是相关利益博弈的结果。[2] 而这个结果可能与当初设想的目标差异很大，改革不可能只追求哪一方面特别满意，不能只求结果最优，而是各方面都能接受。

第二个考量因素是政策制定过程。变法之初，朝廷命令"熙宁八使"到各地察访，设立了变法机构三司条例司，推出一系列富国、强兵、取士之法。在轰

---

[1] 庄德水：《公共政策失败的利益冲突因素分析》，《学术交流》，2010年第1期，第23页。
[2] 江小涓：《江小涓学术自传》，第24页。

轰烈烈的变法中、东明县群访、上香引起彻查之争中，都能发现政策制定中基层调研与调适的推动作用。如果我们站在现代的立场分析，发掘王安石变法对现代社会的启示，会发现在变法中进行了多次调查（监察或巡查），大臣上报了信息、基层来人汇报了信息……但这些信息是矛盾的、冲突的。如何处理信息、判断信息、如何决策也就成为一个至关重要的问题。在传统社会，官僚集团几乎垄断了决策信息的全部环节，掌握着决策信息的收集、筛选、加工、处理、传递等权力，他们的利益偏好和价值判断就会主导信息沟通的内容，其后果是"信息失真"，一些"正面""有利"的信息被放大，一些"负面""不利"的信息被压制，使高层决策者无法获知真正的信息资料，失去对问题的正确认识，既导致政策决策的缺乏社会现实性，又损害了决策的公正性。信息处理看似仅仅是一个技术性问题，但是这个技术由谁掌握、是否采用以及怎么使用，则不再是一个技术问题，而变成了一个复杂的社会性问题。

对待信息，立场与观念不一致，也会出现不同的认识，而最可怕的是只认为自己的认识正确。因此，对待信息的问题变成了一个认识论的问题。怎样形成正确的认识？正确的思想是怎么来的？是根据态度选择信息，还是根据信息改变态度？这就是认识正确与否的关键。认识论要求理论联系实践，这是人类认识客观世界的一个基本方法，也是我们日常生活中做事的一个准则，这个方法和准则不仅仅对历代王朝有意义，而且对我们认识这个世界以及探索未来的世界都有不可忽略的影响。因此，越是遇到问题，越是在改革的重要关头，就越需要深入实际调查研究，去寻找解决问题的正确方法。调查研究，是对客观实际情况的调查了解和分析研究，目的是把事情的真相和全貌调查清楚，把问题的本质和规律把握准确，把解决问题的思路和对策研究透彻。看到了现象并不意味着找到了问题与解决的办法，调查结束后一定要进行深入细致的思考，把零散的认识系统化，把粗浅的认识深刻化，直至找到事物的本质规律，找到解决问题的正确办法。在调查基础上，对政策执行效果进行评估与反馈，是国家治理体系科学化的技术保障。

第三个考量因素是政策的效果与反馈。要了解政策的执行效果，不能不走到基层，看看开封府外保甲法试行对老百姓带来的影响，看看一个小小保丁在大变局中的生活轨迹。在政策执行的末端，听听青州故事，看看齐州烟云，欣赏杭州美景，感受陕西边境血雨腥风，细察政策具体执行环节的地方主义与小小衙吏，从中可以看出虽然王安石提出了变风俗、立法度的主张，而改变风俗并不是一个一蹴而就的事情，也不是一件依靠行政命令就能轻易落地的事情，需要甚至几代人的持续努力。这就涉及一个重要的因素，社会政策的相互协调、持续性及连贯性。王安石变法失效的历史原因之一是政策实施的断裂，直接现实原因之一是政策风险的链条断裂。风险管理要求发现风险、评估风险、判定风险、处置风险、评估及回馈后减轻风险。但王安石变法发现了帝国的风险，也采取了措施应对风险，却没有将措施推行过程中的问题从基层反馈上来以评估推行的效果，更没有根据效果评估采取修正的措施。

第四个考量因素是政策环境。从北宋王朝基层走了一遍之后，我们还得再看看"天时"，分析变法所处的内外环境。一般说，王朝过了一百多年，既出现资源聚集的问题，又有利益板结的窘况。北宋中期，表面上经济繁荣、科技文化空前发达，但政府财政吃紧、社会差距增大，面临严重的政治、经济、军事、社会治理矛盾。为了解决财政危机，有作为的皇帝、大臣奋起变革，对官商勾结的利益体系进行调整，力图用变法来解决系统性社会危机。然而，在专制主义的政治环境下，小农经济为主的经济环境、传统儒家重义轻利的文化环境以及改造自然有效的生态环境，都时刻影响着变法政策施行的整个过程。另外，天灾人祸导致王安石两次罢相，而独掌天下的宋神宗伐夏失败，让人得以窥见这场轰轰烈烈的变法的"宿命"。

从历代王朝兴衰周期分析，王朝之初与王朝中后期，相似的一套制度在执行时会出现"失灵"。在王安石变法中表现为变法措施由"惠民政策"到"逐利行为"的蜕变。导致产生这种偏差或目标偏离的原因，从根本上说，源于专制权力，权力不但顽固地不肯退出市场，反而强化对市场自由交换的压制和控制，造成了普遍的腐败寻租活动的基础，所以，阿克顿勋爵（Lord Acton）说："权力通常导致腐败，绝对的权力绝对导致腐败。"[1] 由于历史发展阶段的局限，王安石

---

[1] 转引自樊建政：《绝对权力，绝对导致腐败》，《行政与法》，2009年第6期，第12—15页。

第十章　千古功过

不可能触动专制权力与等级制度，更无法用法治公平以及公众监督来推进社会改革。王安石变法采取的策略是"得君行道"，依靠的是专制皇权，采用的方法是强化官僚政府干预，让权力控制市场，汲取社会资源满足财政需求。但变法必须借助各级官吏执行。地方官僚在执行新法的过程中，假皇权之名，行搜刮民财之实，导致变法没有按照设计初衷指向大地主大商人等"形势之家"。青苗钱"盖名则二分之息，而实有八分之息"。而这些民息，朝廷实得者仅有二分，余者多为贪官污吏中饱私囊或为地方官府所挪用。在宋徽宗时期，有些豪强与官吏互相勾结，故意拖欠，使得应收利息不能及时收回，甚至出现散多敛少的反常现象。分析其原因，当然不能仅仅归咎于某一个因素，而应该在变法所处的政策环境中去分析。

从政策因素和环境看，社会变革并不是好的想法就一定成功，而是要认清发展的阶段，把握社会发展特点，符合历史发展的规律。政策执行需要各种支持和条件，包括人力、物力、财力和信息等资源和保障。同时，政策制定和执行也是一个动态的活动过程，在政策执行过程中，要根据实际情况不断追踪决策，根据反馈信息不断调适政策和方案。所以，老子称"治大国，若烹小鲜"，变革是一门充满艺术性的社会工程。违反历史发展规律、违背人的自然和社会属性的改革，不仅可能出现"好心办坏事"的结果，而且往往变成历史发展中的悲剧。而且，越努力，结局越悲壮。以青苗法为例，不论在什么时代人总会不可避免地遇到"手头紧"的时候，而"青苗法"的出现正是为了让北宋农户在手头紧的时候，可以向朝廷申请"贷款"，再用这笔"贷款"去购买种子进行耕种，然后等丰收时归还本息。看着好像与现代小额贷款类似，但深入分析却发现青苗法不仅没有小额贷款鼓励扩大生产的金融属性，而且还失去了原来"无偿"的救济属性。尤其是在青苗法执行过程中，过于强调推行力度，特别是后期推出"计息推赏"考课制度，推波助澜，更是让本来具有救济属性的政策让位于政府官员的逐利行为。所以，如同历史上大多数变法一样，王安石变法招致强烈的反对，以"失效"而告终。这里之所以用"失效"两字，是因为对王安石变法是否失败存在很大争议。著名历史学家秦晖认为，从宏观看，宋神宗后的北宋，新法虽几经

变　　宋

反复，但总的来说变法派在政治斗争中取得了最后的权力，北宋是在他们手里而不是保守派手里覆灭的。所以，宋史专家邓广铭、李华瑞等提出新法被推翻不等于新法失败的判断。变法"失效"的说法，可用"药"做比喻，新法实施之初，像"药"一样解决问题的效果明显，但由于存放条件等原因，或过了保质期，药效发生了变化，在这种情况下如果继续服用，或没有效果，或者有些轻微副作用，或甚至像毒药一样致命。这就要检查药效是否适当，社会改革也一样，必须顺应形势，顺时变化。

中华文明源远流长，治国理念、制度和方法异常丰富。然而与传统社会"管商学派""法家霸术"不同，王安石变法不是简单的"富国强兵"，而是一次治理思想、制度和方法的系统性变革，其所针对的问题、思想、做法、经验教训都具有很强的普遍性，往往能在近现代国家治理中找到回应与启迪。纵观世界各国历史，既有统治者为维护自身统治自上而下进行的内部改革，如中国历史上的北魏孝文帝改革、日本的明治维新等；也有人民群众自下而上进行的暴力革命，如英国资产阶级革命、法国大革命和中国的辛亥革命等。每一次顺应历史潮流的政治变革，都在人类历史上留下了光辉的一页，它不但推动了社会文明的进步，还逐步将自由、民主、科学的思想根植进了人们的生活之中！分析这些问题，不仅仅对于认识千年前的北宋有意义，而且对上下五千年的中华民族都有意义。社会改革像钟摆一样，不能幻想停滞在平衡点不动，只能在摆动中寻求最佳平衡点。左到一定程度（无法忍受损失）向右调，右到一定程度向左调。这样，就回到了引言中我们提到的历代王朝兴衰周期率。

但是，人的认识并不是一次形成的，也不会永远停留在一个方面。而基层调查，则是沟通理论与实际、理想和现实的一种方法，正确、合理、科学地使用好这个工具，也许不能达到至善至美的境界，至少能让我们更多地了解得失所在。对于王安石及其变法，相信今后一定会有更多的视角、更多的分析框架，将来也一定会出现更好的研究成果，为我们提供更多的历史智慧和启迪。

后　　记

最早关注宋朝，是二十年前研究历代灾害史时，我发现北宋是一个非常特别的时期，在表面的繁荣浮华与外敌欺凌的矛盾之中，天灾频发。两宋三百多年，遭受各种灾害八百七十四次，平均每年有两三次灾害。在应对灾害的过程中，各种观点、思想、人物、举措激荡，反映出王朝进入中期之后危机与变革的阵痛。

循着救灾这条线索，我发现宋朝的确与众不同，自然灾害、社会危机与王朝中兴联系在一起。北宋中期，面对历经"百年无事"后形成的庞大臃肿的官僚机构、入不敷出的财政危机和外族威胁的不利环境，很多有识之士呼吁改革，变法成为时代的需求。朝廷上下希望通过变法，实现大宋"统一富强"之梦，也就是说，期望通过改革实现富国强兵、打垮西夏、收复燕云、威服辽国，恢复汉唐辉煌！

历史也许存在偶然。缘起于鄞县抗旱救灾的诸多措施，成为解决政府财政危机和周边军事危机、力求富国强兵的王安石变法源头。而变法第一次被废除，也是拜旱灾所赐。因旱灾严重，城门小吏画的《流民图》送给皇帝御览的第二天，新法就在全国被废除。遥想当年，二十多岁的鄞州县令王安石通过抗旱救灾、兴修水利获得了将来升迁的政绩和名誉，成为将"危"转为"机"的典范。但二十年后，一场旱灾成为压倒新法的最后一根稻草。由于没有很好地应对风险，大宋

变　宋

王朝从一次危机走向另一次更大的危机，灾难不断，祸乱不停，直至被异族鲸吞蚕食而灭亡。

受灾害史的启发，我产生了写这本书的冲动。我首先要感谢那些致力于防灾减灾救灾的朋友们。从事灾害管理工作十多年，交往了很多行内专家与知名人士，他们的博学、精深、专业、责任与炽热的情怀，感染着我翻开浩如烟海的史籍，静下心来梳理历史的智慧和应对危机的经验。2009年至2010年，我到美国新奥尔良市的杜兰大学访学，在考察卡特里娜飓风影响的基础上写了《城市化生存——卡特里娜飓风的应急和救助》一书，系统梳理了灾害对美国南方最大城市生产生活的影响，在此也感谢杜兰大学的老师同学对我的帮助。

我还要感谢从事社会政策研究时结识的前辈和朋友们。2014年，我从灾害管理领域转到社会政策领域工作，从一个具体领域跨到综合领域，如同由一条河流进入了汪洋，多学科在此交汇，跨领域研究在此并行，不同背景、专业的研究专家都对本书提出了很多宝贵的建议。一位擅长政策分析的长辈提出，王安石变法可能存在政策执行失效的问题；一位具有社会学背景的专家提出分析不同地方政策执行的情况更能反映出深层次的问题；一位长期从事经济学研究的专家指出，帝国的财政措施更像是变法的关键；还有很多朋友从政治、文化、制度、利益群体等角度给予我很多帮助；更有到基层调研时各级部门对我的帮助，让我加深了对政策基层落实逻辑的理解。因此，本书在分析王安石变法的背景、理念及决策后，具体到青州、齐州、杭州和西北边陲，从政策执行的末梢探究政策的效果，丰富了王安石变法分析的层次和内容。

在阅读国内相关资料的同时，我也获得了一个到国外学习的机会。感谢美国加利福尼亚大学伯克利分校周镇忠教授的邀请，我于2019年至2020年到美国加州大学做访问学者，查阅了加州大学伯克利分校图书馆的相关资料，也有机会认识了一批专家和新朋友。不同的视角、分析方法与宋代面临的世纪转折点交汇在一起，更加深了我对历史及社会政策的认知。

推动本书完善和提升的重要因素是，与相关领域专家的学习和交流。2020年，我参加了中国灾害防御协会灾害史专业委员会第十七届年会暨"历史视野下

后 记

的灾害文化与灾害治理"国际学术研讨会,并有幸以北宋青苗法为例介绍了《我国传统灾害文化中的权力制衡研究》一文。同行的交流和点评,更激发了我写好本书的信心。因此,还要感谢宋史研究会和灾害史专业委员会的专家学者,通过与该领域专家交流,使我增强了史料的收集和分析能力,拓宽了分析问题的视野。特别感谢宁夏大学杨浣研究员和中央民族大学马金生教授,多次对本书进行专业指导和深入研讨,提升了我对历史研究的认知,杨浣研究员还亲自推荐使本书顺利通过了出版社选题,马金生教授通读全稿并与学生帮忙校对了部分史料。在此,还要感谢李大成帮助我做了相关史实考证和文献校对工作。

另外一次推动本书写作的学术活动,是 2021 年王安石诞辰 1000 周年学术研讨会的召开,我有幸在北京会场聆听了高翔、邱水平、邓小南、朱虹、莫砺锋、康震、李华瑞、方笑一等知名专家学者的高水平报告,他们精益求精、高山景行、提携后进、宽容大度的学风德行让人无限敬佩。在王安石学术研讨会政治经济议题中,我应邀作了《基层调查在王安石变法中的应用及功效探析》报告,由此结识了一大批该领域的研究专家。在此,衷心感谢宋史研究的前辈、专家和学者,让我感受到了历史学大家庭的温馨与友善;感谢学术研讨会主办单位及参会代表分享最新研究成果,使我有机会吸取最前沿、最深入、最广泛的研究成果,开阔了视野,加深了认识,获得了理论上的智慧启迪。

作为灾害和社会学方面的研究人员,我缺乏文献考证方面的科班训练,只能博采众家研究成果,在前人研究基础上对历史事件进行社会政策分析,在灾害风险治理及政策分析方面谈一点浅显的认识。由于王安石变法涉及的领域太多,个人能力和水平有限,书中存在的错误在所难免,希望读者不吝指正。虽然本书已经完稿,但相关的历史还没有说完,王安石改革之后到北宋灭亡的四十多年间,断断续续的改革造成了什么样的后果?励精图治的改革怎样演变成了昏君巨贪的敛财手段?繁华鼎盛时期的大宋为何陡然之间山河破碎?宋人的精气神怎样一步一步退化消失?那将是另外一个个丰富多彩的故事,盼望着有更多的人关注宋朝的历史与人物。

主要参考文献

［明］陈邦瞻：《宋史纪事本末》，明万历刻本，2018年。

程民生：《宋代物价研究》，人民出版社，2008年。

［英］崔瑞德、［美］史乐民：《剑桥中国宋代史》（上卷），中国社会科学出版社，2020年。

蔡东藩：《蔡东藩历朝通俗演义·宋史通俗演义》，中华书局，2015年。

邓广铭：《北宋政治改革家王安石》，北京出版社，2016年。

［德］迪特·库恩：《儒家统治的时代：宋的转型》，李文锋译，中信出版社，2016年。

方诚峰：《北宋晚期的政治体制与政治文化》，北京大学出版社，2015年。

高天流云：《天命不足畏》，北京联合出版公司，2015年。

黄仁宇：《中国大历史》，生活·读书·新知三联书店，1997年。

江小涓：《江小涓学术自传》，广东经济出版社，2021年。

李华瑞：《王安石变法研究史》，人民出版社，2004年。

［宋］李焘：《续资治通鉴长编》，中华书局，1985年。

梁启超：《王安石传》，商务印书馆，2015年。

林语堂：《苏东坡传》，北京联合出版公司，2014年。

刘成国：《王安石年谱长编》，中华书局，2018年。

［美］刘子健：《中国转向内在：两宋之际的文化转向》，赵冬梅译，江苏人民出版社，2002年。

［元］马端临：《文献通考》，（清）浙江书局本，2011年。

蒙文通：《蒙文通文集》第五卷《古史甄微》，巴蜀书社，1999年。

漆侠：《宋代经济史》，上海人民出版社，1987年。

漆侠：《王安石变法》，河北人民出版社，2001年。

钱穆：《国史大纲》，商务印书馆，1996年。

秦晖：《王气黯然：宋元明陕西史》，山西人民出版社，2020年。

上海古籍出版社编：《宋元笔记小说大观·邵氏闻见录》，上海古籍出版社，2007年。

沈冬梅、范立舟：《浙江通史》（第5卷宋代卷），浙江人民出版社，2005年。

［元］脱脱：《宋史》，中华书局，1977年。

［宋］王安石：《临川先生文集》，《四部丛刊》景明嘉靖本，1959年。

王水照、崔铭：《欧阳修传》，人民文学出版社，2019年。

魏峰、刘成国、郭红超：《王安石鄞县足迹》，人民出版社，2017年。

吴钩：《风雅宋：看得见的大宋文明》，广西师范大学出版社，2018年。

吴钩：《宋：现代的拂晓时辰》，广西师范大学出版社，2015年。

吴慧：《中国商业通史》（第二卷），中国财政经济出版社，2006年。

吴思：《我想重新解释历史：吴思访谈录》，复旦大学出版社，2011年。

［清］徐松辑：《宋会要辑稿》，上海古籍出版社，2014年。

徐文明：《十一世纪的王安石：一个政治家的进退之路》，当代中国出版社，2007年。

许倬云：《万古江河：中国历史文化的转折与开展》，上海文艺出版社，2006年。

杨硕：《宋神宗与王安石变法》，贵州人民出版社，2005年。

杨伟民编著：《社会政策导论（第二版）》，中国人民大学出版社，2010年。

易中天：《王安石变法》，浙江文艺出版社，2017年。

游彪:《追宋:细说古典中国的黄金时代》,天地出版社,2021年。

余英时:《朱熹的历史世界》,生活·读书·新知三联书店,2011年。

虞云国:《宋代台谏制度研究》,上海社会科学院出版社,2001年。

虞云国:《细说宋朝》,上海人民出版社,2020年。

安作璋主编:《济南通史》,齐鲁书社,2008年。

张晓珉:《宋朝果然很有料》,中国工人出版社,2018年。

赵冬梅:《大宋之变,1063—1086》,广西师范大学出版社,2020年。

[宋]赵汝愚编:《宋朝诸臣奏议》,上海古籍出版社,1999年。